LE CANON GRAPHIQUE

VOLUME 1

HA HA HA HA HA
VOUS... VOUS AVEZ PROMIS DE...
HA HA HA HA HA HA HA HA HA HA HA
ME SUIVRE

Volume 1

DE *L'ÉPOPÉE DE GILGAMESH*
AUX *LIAISONS DANGEREUSES*
EN PASSANT PAR SHAKESPEARE

Le CANON GRAPHIQUE

Directeur de publication :
RUSS KICK

éditions
TÉLÉMAQUE

Titre original :
The Graphic Canon. From The Epic of Gilgamesh *to Shakespeare* to Dangerous Liaisons. *Volume 1.*

Publié pour la première fois aux États-Unis par Seven Stories Press, 140 Watts Street New York, NY 10013, USA. www.sevenstories.com
Conception : Pollen/Stewart Cauley, New York

Pour la traduction française :
Studio Makma (pour les bandes dessinées) :
Mathieu Auverdin, Nick Meylaender, Laurent Queyssi, Benjamin Rivière, Edmond Tourriol et Jérôme Wicky.
Florence Moreau pour les textes.
Lettrage Studio Makma : Stephan Boschat, Seb Hombel et Pauline Pernette.
Bibliographie : Véronique Barbier.

Éditions Télémaque 7, rue Pérignon, 75015 Paris
www.editionstelemaque.com
ISBN : 978-2-7533-0165-8
Dépôt légal : octobre 2012
Numéro d'adition : 1210/01

Pour les autorisations, voir page 499

Imprimé en Italie

SOMMAIRE

Revue en trois vignettes
Lisa Brown

REMERCIEMENTS

L'ÉLABORATION D'UN OUVRAGE REQUIERT LE CONCOURS de nombreuses personnes, surtout quand il s'agit d'une anthologie colossale. Je suis infiniment reconnaissant à Dan Simon, fondateur et président de Seven Stories Press, d'avoir immédiatement adhéré à la vision que j'avais du *Canon graphique* et d'avoir, dès son deuxième courrier électronique, abordé les détails pratiques. À l'origine, j'avais prévu un énorme ouvrage de 400 pages. Mais, à mesure que le projet prenait forme, quand j'ai annoncé à Dan qu'il pourrait facilement comprendre 500 pages, voire 600 , il a décidé de publier deux volumes. Puis, quelques semaines après, il portait leur nombre à trois, chaque volume passant de 400 à presque 500 pages. Oubliant les quelques planches en couleurs prévues initialement, on opta pour la couleur intégrale. Tout comme la plupart des reproductions retenues au début devinrent en grande partie des nouveautés. Tous les deux, nous aimons voir grand.

Un grand merci à ma rédactrice en chef et compagne de mes nuits blanches, Veronica Liu, avec qui ce fut un tel plaisir de travailler que je n'avais pas la sensation de le faire, même quand elle me montrait des quantités d'erreurs que j'étais confus d'avoir laissé passer, ou qu'elle faisait claquer affectueusement son fouet lorsque j'abandonnais telle ou telle tâche. *Merci beaucoup* à chaque membre de l'équipe vedette de Seven Stories : Liz DeLong, Phoebe Hwang et Jon Gilbert pour la production, Ruth Weiner pour la promotion et Linda Trepanier pour la comptabilité. *Gracias* à Eva Fortes pour la vérification des données et à Liz Byer.

Je serre dans mes bras mes parents, Ruthanne et Derek, Kiki, Sky, Terence et Rebekah, Darrell, Billy Dale, Cat et David, Kelly et Kevin, Mary, Z, Hawk, Songtruth, Fred et Dorothy, Jeff et Christy, ainsi que Jenny. Je lève un verre à Gary Baddeley et Ralph Bernardo de Disinformation. Je salue les artistes qui m'ont conduit à d'autres artistes – Molly Kiely, Onsmith, Molly Crabapple, Ed Choy Moorman et Zak Smith.

Un coup de chapeau à Lora Fountain, Denis Kitchen, Stacey Kitchen et Eric Reynolds de Fantagraphics, Melanie Blais de Candlewick Press, Charlotte Baron de Fulcrum Publishing, Claudia Cappelli de Jewish Publication Society, Rosemary Kiladitis de Bloomsbury, Tobias Steed de Can of Worms Enterprises ainsi qu'à Charlotte Sheedy, Meredith Kaffel et Mackenzie C. Brady de Charlotte Sheedy Literay Agency.

De grands remerciements à tous ceux qui ont contribué à la fabrication de cet ouvrage et au fait qu'il se retrouve entre vos mains : les papetiers, les imprimeurs, le service de distribution, les conducteurs de camion, les libraires... Et bien sûr, les nombreux arbres qui ont donné tout ce qu'ils avaient. Je suis reconnaissant à tous les auteurs, poètes et dramaturges qui nous ont livré ces œuvres littéraires. Beaucoup d'entre eux ont sacrifié leur liberté, leur confort économique, leur santé mentale, leurs relations, leur foie et leur vie pour illuminer la condition humaine. Et je réserve une place spéciale dans mon cœur à tous les artistes de cet ouvrage qui ont produit avec enthousiasme un travail formidable. Sans vous, les amis, *Le Canon graphique* n'aurait pu voir le jour.

PRÉFACE AU VOLUME 1

NOUS VIVONS À L'ÂGE D'OR DU ROMAN GRAPHIQUE, du neuvième art, et de l'illustration en général. Les artistes talentueux sont légion ! Recourant à toutes les techniques, tous les styles et toutes les approches imaginables, ils créent un tel flux de matériau incroyable, formidable, divertissant et révolutionnaire qu'il est pratiquement impossible de suivre le rythme. Et si parmi eux, un groupe d'artistes utilisait comme source les plus grandes œuvres littéraires jamais écrites ?

Telle était la question qui m'avait traversé l'esprit, il y a quelques années, alors que j'étais à la section Romans graphiques d'une librairie. Ayant feuilleté la version graphique du *Procès* de Franz Kafka (adapté par Mairowitz et Montellier), j'eus une sorte de révélation. Je pris conscience que de nombreuses adaptations graphiques extraordinaires d'œuvres littéraires avaient été publiées, ces dernières années. Mes instincts d'anthologiste entrèrent alors en action. Il me fallait répertorier le meilleur de ce qui avait déjà été fait, commander de nombreuses nouvelles adaptations et assembler le tout. Cela me semblait une évidence, et pourtant personne n'avait encore pensé à créer un immense livre construit brique par brique, qui traverserait les siècles, les pays, les langues et les genres et engloberait les romans, les nouvelles, les poèmes, les pièces de théâtre, les autobiographies, les discours et les lettres destinés à une occasion précise, ainsi que les travaux scientifiques, philosophiques et religieux.

J'ai rapidement trouvé un éditeur qui partageait ma vision des choses – Seven Stories Press – et la gestation du *Canon Graphique* a alors commencé pour de bon. Bientôt, l'ouvrage s'est transformé en triplés. Il y avait bien trop de matériau pour tout faire rentrer dans un seul volume, même très épais, aussi l'a-t-on divisé en trois. *Gilgamesh* ouvre le premier et *Infinite Jest* (*Plaisanterie infinie*) de David Foster Wallace clôt le dernier. Entre ces deux extrémités, tous les livres importants de la littérature occidentale sont représentés. Mais ce n'est pas tout. À mesure que je prenais contact avec de nouveaux artistes, la portée des travaux s'élargissait à la littérature asiatique – japonaise, chinoise, indienne, tibétaine. Au domaine religieux, spirituel et philosophique. À des sources grivoises, des drames grecs, des écrits médiévaux, au romantisme, au modernisme et au post-modernisme, à la littérature beat, à des travaux menés par des autochtones, à des contes, à des visions mystiques, à *Candide*, à des poèmes d'Emily Dickinson, au *Mangeur de haschich*, à une des premières histoires peu connues d'Hemingway, à *Vol au-dessus d'un nid de coucou*, et bien plus encore. En tout, cela représente 190 œuvres, dont 55 figurent dans ce premier volume (qui nous mène jusqu'à la fin du XVIIIe siècle).

De la même façon, le nombre d'artistes devint impressionnant. Des dessinateurs légendaires, tels que Robert Crumb, Will Eisner, Sharon Rudahl, S. Clay Wilson, Roberta Gregory et Kim Deitch – avaient accepté de collaborer. D'autres grands noms se joignirent à l'aventure. Des artistes qui avaient dessiné pour Marvel and DC montèrent à bord. Les lumières de la scène alternative, de la mini-BD et de la web-BD donnèrent leur accord. Je recrutais sans problème des nouveaux venus talentueux. Des artistes en provenance du Brésil, d'Italie, de Belgique, de Suède, de Corée du Sud, du Royaume-Uni et du Canada rejoignirent leurs collègues américains. Et pas seulement des dessinateurs de bandes dessinées. Je recevais des travaux étonnants d'illustrateurs, de peintres, de sérigraphes, d'un artiste spécialisé dans des collages, d'un concepteur graphique radical et de deux artistes qui créent des photo-dioramas.

J'ai demandé aux artistes de rester fidèles au matériau source – de ne pas le situer dans le futur, de ne pas placer les personnages au cœur de nouvelles aventures, etc. Les œuvres volumineuses seraient bien sûr largement raccourcies ou l'on en extrairait de simples passages. Mais, à l'intérieur de ce cadre, ils avaient carte blanche en ce qui concernait l'approche, le support, le style. Je n'étais pas intéressé par un travail de fourmi, une retranscription mot pour mot de l'œuvre originale. Les adaptations sont de véritables collaborations entre les auteurs ou poètes originaux et les artistes.

Chaque création existe par elle-même, mais assemblée aux autres, elle contribue à former un riche et vaste kaléidoscope de l'art et de la littérature. Un arc-en-ciel d'approches visuelles a été projeté sur le trésor mondial des grandes œuvres littéraires, et quelque chose d'extraordinairement nouveau a pris forme.

Et c'est là le principal objectif du *Canon graphique.* Il peut être considéré comme un outil éducatif, et j'espère que c'est de cette façon qu'il s'affirmera. On peut aussi espérer qu'il incitera les gens à lire les œuvres originales, ce qui me réjouirait. Mais, en elle-même, cette anthologie titanesque de trois volumes est une œuvre artistico-littéraire autonome, une fin en soi.

RUSS KICK

L'Épopée de Gilgamesh

Tablettes babyloniennes

Dessins et adaptation de **Kevin Dixon**

Interprétation de **Kent Dixon**

ON ENTEND SOUVENT *dire que L'Épopée de Gilgamesh* est la plus ancienne œuvre littéraire du monde, mais ce n'est pas tout à fait vrai. De nombreuses œuvres plus courtes originaires de la région mésopotamienne et de l'Égypte, entre autres des hymnes, des incantations, des recueils de maximes, des codes de conduite, des histoires sur la création et même quelques brefs poèmes sur Gilgamesh, l'ont précédée. Mais il s'agit incontestablement du tout premier poème épique, et de la toute première œuvre narrative au style soutenu qui nous soit parvenue.

Comme beaucoup d'œuvres littéraires prémodernes, *Gilgamesh* présente une histoire alambiquée et obscure. La « version standard » de l'épopée se fonde sur douze tablettes en argile écrites en akkadien, environ 1 000 ans avant J.-C., et apparemment rédigées à Babylone par un érudit (qui était aussi exorciste et peut-être également poète) : Sîn-leqi-unninni. Il a assemblé des sources écrites plus anciennes, des traditions orales et s'est servi de son imagination pour créer l'épopée telle que nous la connaissons aujourd'hui. Ces tablettes sont restées enfouies pendant environ 2 500 ans, perdues pour le monde de 600 avant J.-C. jusqu'aux années 1840-1850, époque à laquelle un archéologue anglais amateur et son assistant découvrirent un palais assyrien enterré, dont la bibliothèque contenait plus de 100 000 tablettes et fragments gravés. Mais il fallut attendre 1872 pour qu'un conservateur adjoint du British Museum lise une des tablettes de *Gilgamesh* et se rende compte qu'il tenait entre là quelque chose d'extraordinaire.

Les tablettes racontent l'histoire du puissant demi-dieu Gilgamesh, roi d'Uruk (l'actuel Irak), environ 2 500 ans avant J.-C. Gilgamesh est un homme plein de morgue, qui tyrannise son peuple, aussi les dieux décident-ils de créer un homme féroce, Enkidu, pour distraire le roi et donner un nouvel objet à son énergie sans borne. Le sauvage Enkidu ayant été apprivoisé et civilisé par une prostituée du temple après un « sexathon » de sept jours, celle-ci l'amène à Uruk. Il livre alors un combat déchaîné à Gilgamesh, à l'issue duquel les deux hommes deviennent des amis inséparables. Le nouveau duo de copains décide de se lancer dans une aventure : ils se rendent dans la Forêt des Cèdres où ils tuent le monstre qui en est le gardien, Humbaba. De retour à Uruk, Gilgamesh repousse les avances sexuelles de la déesse Ishtar, qui demande à son père, le dieu Anu, de lancer le Taureau céleste sur Uruk, en guise de vengeance. Gilgamesh et Enkidu réduisent la bête en petits morceaux et Enkidu lance les restes du taureau sur Ishtar. En punition, les dieux tuent Enkidu, ce qui cause un chagrin insupportable à Gilgamesh. Redoutant désormais la mort, il entreprend un voyage épique dans les montagnes, la rivière de la mort et d'autres contrées hostiles afin de découvrir le secret de l'immortalité auprès d'Utnapishtim, que les dieux ont décrétée immortelle. Utnapishtim apprend à Gilgamesh qu'il ne pourra jamais devenir immortel, mais qu'il peut retrouver sa jeunesse en mangeant une plante qui pousse au fond de la mer. Celui-ci parvient à la trouver, mais, dans l'un des moments les plus cruels de la littérature, un serpent la dévore alors que Gilgamesh prend un bain. Plus qu'un simple récit d'aventures, *Gilgamesh* se double d'une littérature d'idées, avec des questionnements sur l'amitié, la mort et le sens de la vie.

Dans ce volume, l'adaptation relate l'épisode du Taureau céleste, et commence lorsque Gilgamesh et Enkidu se débarrassent de la saleté qui les recouvre après leur bataille avec Humbaba. Elle provient de la série de bandes dessinées autopubliées par Kevin Dixon et retranscrivant l'épopée dans son intégralité. Le texte lui a été fourni par son père, le Dr Kent H. Dixon, professeur d'anglais à l'université de Wittenberg, qui explique :

> Ma traduction de L'Épopée de *Gilgamesh* est ce qu'on appelle en réalité une interprétation, c'est-à-dire une traduction établie à partir d'autres traductions, et non du texte original. De fait, près de la moitié des traductions qui existent de *Gilgamesh* sont des interprétations, comme celle de John Gardner ou la dernière en date, plus racoleuse, de Stephen Mitchell (un formidable traducteur de Rilke). J'ai néanmoins suivi un cours de cunéiforme par correspondance électronique avec un assyriologue du célèbre institut oriental de l'université de Chicago, et j'ai ainsi appris à lire environ un tiers des 600 à 800 symboles qui constituent le syllabaire assyrien. J'ai aussi consulté plus de douze traductions et interprétations en anglais, trois en français, ainsi qu'une en italien et une en allemand.
>
> Désireux que ma traduction s'adresse à la fois aux étudiants et aux lecteurs en général, je lui ai donné une dimension sensorielle, qui fait défaut à l'original. C'est pourquoi je qualifie mon travail d'« interprétation enrichie » : je l'ai dynamisé à l'aide d'un style et d'un vocabulaire qui évoquent un monde des sens extrêmement saisissant. Si vous souhaitez lire un texte anglais plus proche de l'original en babylonien et en akkadien, consultez la traduction d'Alexander Heider de 1948, et comparez-la à d'autres traductions. Vous verrez ainsi quelle latitude les érudits et les poètes ont prise avec la toute première œuvre littéraire mondiale. Ma propre démarche, même si elle est – je ne m'en cache pas – orientée vers le monde sensoriel, est l'une des plus précises sur le plan littéral.

SOURCE

George, A. R., *The Babylonian Gilgamesh Epic : Introduction, Critical Edition and Cuneiform Texts* (Volume One), Oxford University Press, 2003.

Damrosch, David, *The Buried Book : The Loss and Rediscovery of the Great Epic of Gilgamesh,* New York, Henry Holt and Company, 2007.

De retour à Uruk, ils purifièrent leurs corps. Gilgamesh lava ses cheveux pleins de caillots et gratta le sang de ses armes.
SPLISH SPLASH!
PLOOOSH!
RUB A DUB!
GLUG!
FWUSH!
BLUP!
PLIP!
SPLUB!
PLOIK!
FWAP
Il libère ses boucles qui lui tombent sur le dos.
FLIP!
KA-THWAK
Il jette ses habits sales et enfile une robe immaculée.
SNIP! CLIP! SNIP!
Il passe des bracelets et serre bien sa ceinture.
SPROUT
POING!
Et, désormais souverain, pose sa couronne sur sa tête.
Ce qui ne passe pas inaperçu. La déesse Ishtar lève les yeux sur le sublime Gilgamesh.
Viens, Gilgamesh, deviens mon amant. Offre-moi le fruit de ton corps. Sois mon mari, prends-moi pour femme. Je t'offrirai un chariot d'or et de pierres précieuses, aux roues étincelantes, et tiré par des démons sortis des tempêtes !
ZZAAP!

Gilgamesh resta silencieux. Ishtar reprit :
Les senteurs de cèdres t'accueilleront chez toi. Les serviteurs et les prêtres s'agenouilleront plus bas que terre pour te baiser les pieds.
Les rois aussi s'inclineront. Les princes, les seigneurs et les gouvernants iront creuser les montagnes et les plaines pour te rapporter, en hommage, des minerais.
Écoute-moi Gilgamesh, tes chèvres auront des triplés, ton mouton des jumeaux, ton étalon sera renommé pour son galop, les mules de ton chariot seront inégalables.
Gilgamesh ouvrit la bouche :
Chère dame, si je vous épousais, que devrais-je vous offrir ?
De l'huile, pour votre corps divin. Des robes célestes. Mangez-vous du pain ? Dois-je préparer du pain digne d'une déesse ?
Du vin, quel genre de vignes pousse au paradis ? Suis-je assez grand ? Qu'y gagnerais-je ?
Vous épouser serait comme emménager dans une maison sans toit. Vous n'êtes qu'une porte arrière qui claque dans le vent. Un turban qui glisse sur les yeux, une bouteille qui goutte sur celui qui la porte, du charbon qui tâche, un trou où tombe celui qui le creuse, l'éléphant qui se débarrasse sans cesse de sa couverture. Déesse, vous êtes le calcaire qui s'écroule au milieu d'un rempart.
BUMP
WWHOOOOSSHHH!!!
PWUFF
KLAKKETY KLAK!
BONK!
BONK
SPLAT
SMUSH!
SQUICH!

Vous êtes comme un superbe palais de chevaliers qui s'effondre sur des têtes - Ô., vos sandales entament les pieds... Dites-moi, madame, lequel de vos maris avez-vous aimé pour toujours ?
Lequel de vos petits bergers, Ô étoile du matin et du soir, a pu vous contenter, ne serait-ce qu'une partie de l'éternité ? Prêtez l'oreille, déesse, car je peux répondre. Je peux vous réciter la liste de vos anciens amants :
Le premier, Tammuz, berger d'Uruk, dont nous pleurons la mort chaque année. Chaque printemps, nous le voyons revenir des enfers, en pleurs, victime de vos instructions...
Et l'oiseau aux plumes colorées que vous aimiez et que vous avez frappé et qui ne vole désormais plus droit et parvient à peine à tenir sur une branche avec son aile cassée :"kappi, kappi ! Mon aile !"
WAAUGHHK! KAPPI-KAPPI!
Kappi-kappi?
N'y avait-il pas un lion, puissant et magnifique, pour lequel vous avez creusé une fosse profonde ?
WHOOARRRARAW!!!
FWUNCH!
SNAP!
"Un étalon, il me semble, inégalable au combat, que vous avez gratifié de coups de fouet et d'éperons, fait courir durant des lieues au galop et, une fois épuisé, que vous avez fait boire dans l'eau boueuse où il se tenait."
GASP! HUFF
WHAKOW!
SPLERCH
GLOP!
PLUFF!
"Sa mère, Silili, le pleure encore."

"Et parmi les bergers se trouvait leur chef qui tuait ses enfants chaque jour pour vous."
Phew!
GAAK!
"Qui vous faisait des offrandes de nourriture chaude et dorée ?"
"Vous l'avez bien remercié en le transformant en chacal !"
KAZOINK
BZZAP!
!?
"Ses propres hommes l'ont chassé tandis que ses chiens lui mordaient les pattes."
WROARHFFF!!
YAP
AWROOO!
YIP
CHOMP!
GNAARR!!
"Vous aimiez beaucoup Ishullanu, le jardinier de votre père qui vous rassasiait de fleurs et de dattes succulentes."
Il a attiré votre attention. "Ô, Ishullanu, viens mon amour. Il est temps de goûter à ta virilité. Donne-moi ta main et touche ma fente, ouverte comme les dattes des longues palmes."

J'ai assez à manger, déesse. Je n'en veux pas. Ma mère cuisine pour moi. Devrais-je faire preuve de cruauté ?
Et mon manteau d'herbe me tient assez chaud.
"Vous l'avez bien pris..."
"Un petit coup sur la tête et il s'est transformé en insecte !"
BZZWONT!
ZORT!
?!
"Bloqué, il n'a pu remonter la gouttière..."
BLUP
Uh oh...
FLOOSH
"... Et est tombé dans le baquet en dessous."
DRIP!
SPLISH SPLASH
OOOOF!
BLOOP!
Et je devrais suivre leurs traces, c'est ça ? Vous m'aimeriez avec autant d'égards ?
Ishtar écouta :
Sa colère la fit remonter tout droit vers les cieux.
PÈRE !!!

Elle alla hurler auprès d'Anu, son père, et pleurer auprès d'Antu, sa mère.
Ô, père, il n'a cessé de m'insulter, m'a mis le nez sur ma mauvaise conduite, mes péchés vénaux, mes erreurs.
Certes et ne l'as-tu pas provoqué ? N'as-tu pas cherché à obtenir la virilité de Gilgamesh ? Les hommes feraient bien de réfléchir à tes "erreurs" - ton affreuse dot est dure à porter !
Cher père. Créez pour moi un taureau céleste que l'on enverra sur Uruk, les naseaux enflammés, pour qu'il encorne Gilgamesh !
Anu la regarda en se frottant le front. Ishtar se rapprocha :
Si vous ne le faites pas, je briserai les portes de l'enfer, je détruirai leur verrou pour qu'elles s'ouvrent et des légions de morts poussiéreux viendront dîner avec les vivants.
Beurk!
Non ! Grand-mère, non ! Argh !
Aiee!
Ishtar, si tu exiges ce taureau, une famine s'en suivra. Sept ans de graines grillées au soleil, sèches comme du parchemin. As-tu amassé du grain ou du fourrage pour le bétail ?
CLAP! CLAP!
Bien sûr ! J'ai fait des tas de blé dans les granges, j'ai fait pousser de l'herbe pour les vaches. Personne ne mourra de faim. J'ai rassemblé des céréales pour les hommes et planté du foin pour les bêtes.

À ces mots, Anu lui donna une corde.
PAT PAT
?
Qui se tendit.
POING!
!!!
Et passa dans les narines noires et écumantes d'un taureau monstrueux.
LE TAUREAU CÉLESTE !!
KBZZZZVVRRRREEEEEEEEEEEEOOOOOOOOOSHHHHHHHHH!!!!!!
Elle l'emmena joyeusement jusqu'à Uruk.

Il s'arrêta à la rivière, où on le vit.
Beaucoup d'hommes s'en approchèrent.
Son premier éternuement créa un trou qui engloutit une centaine d'hommes.
KWA-BOOOOOMM!!
WRHOOWAUGHH!!
KLONK
Le deuxième…
SNOOOORRRKK!
GNERT
Chuff
…en fit tomber cent autres, puis encore cent dans la fosse.
PFA-DOOOOM!!!
WRHOOWAUGHH!!
CHARGEZ! …Bon, tant pis…
DOOONT!
TROMP
THUD!
SMUSH!

Pour la troisième fois, Enkidu se fit engloutir jusqu'à la taille...
WAWOOOOOOOOORF!
Beeeurk !!
GRRRRRR !!
SCRUFF!
SKRFF!
Il bondit et attrapa le taureau.
AAAARGHHH !!
WRHOOOWAUGHH !!
BOING!
SKRUNK!

Avec ses cornes glissantes, sa bouche écumante…
Oups !
SSLIP
RUMBLE! RUMBLE!
CLOPPITY
CLOP
KA-POW!!
…Sa queue battante…
LASH!
ZING!!
SCRAMBLE
…Il le couvrit d'excréments !
KA-BLOOOOK!!!
GUH SPLATCH
FFWUUUP!!!
SPLERT
PLOOPHFF!
GWAP!

MMMOOOOOOWRONK!!
Gilgamesh, je le tiens par les cornes, vise la nuque !
SPROING
GALUMPH! GALOOMPH!
RUMBLE !! THUD!
ZZOOOP!!
YOINK!
ERT!
SSKREEEE
RRRIP!!
CRUNCH!
GORE!! GORE!
SKRAATCH
Ils en firent le tour…
GRAAHGOOAHH!
MULCH!!
SLASH!
UNGH!!
SSKKRAAPE!!
… puis…
Par la queue ! Attention à ses cornes effilées !!
WWHiiiP!
SNORT!

Tandis qu'Enkidu était secoué par les coups de corne, Gilgamesh toucha au but !
FLU-CHUK!
SWWOOOP
Un boucher n'aurait pu, sur une carcasse encore dépourvue de mouches, trancher aussi net.
WOBBLE
GLUK
BLUP!
PLIP
Ils l'abattirent…
KA-FLUMP!
GUSH!
BOING!
…puis lui retirèrent aussitôt les entrailles.
FLURP
SPLORTCH!
GLOOP

Ils déposèrent l'offrande sur l'autel Shamash et placèrent le cœur au sommet.
Miam !
SLURP!
Ils prièrent, prostrés, puis s'en allèrent, leurs hommages rendus.
Oh merci mercimercimerci! Oh mercimercimerci merci!
Puis ils s'assirent ensemble, comme deux frères, satisfaits du travail accompli.
Ishtar monta au sommet des remparts...

En haut du mur, elle s'accroupit pour la lamentation rituelle. Enragée, elle maudit le héros :
Ce Gilgamesh, qui m'a couvert d'injures, vient de tuer le taureau céleste. Malheur à celui qui me déshonore ! Malheur à celui qui a abattu le taureau !!
Enkidu écouta sa plainte perçante, se leva...
... arracha la cuisse droite de la bête...
RRRRiPP!
SNAP!
CRACKLE!
POP!
... Et la lui jeta à la figure !
FWUP!
HO HISSE
KBLONK!
SPLAT!
zzzzZWiP!
OW!
Si je vous attrapais, déesse, je vous ferais subir le même sort ! Je vous passerais des entrailles autour du cou pour faire un joli collier sanglant !

Ishtar, qui en avait assez, rassembla en secret ses femmes, prêtresses et courtisanes sacrées…
…et elles se lamentèrent devant la cuisse ensanglantée.
Quant à lui, Gilgamesh fit venir les maîtres artisans…
…Les artistes, les armuriers, tous les fabricants, pour leur montrer l'envergure des cornes…
…Des cornes azur, pesant douze kilos chacune, que l'on couvrit de deux doigts d'épaisseur de lapis-lazuli et qui nécessitèrent des récipients de 100 litres pour être vidées.
Il présenta l'huile ainsi obtenue à Lugal Banda, son dieu tutélaire, dont il fit l'onction la nuit même.
SBLP!
GLUB
Puis il apporta les cornes dans cette pièce calme, les accrocha sur les murs de la demeure de la sainte famille, foyer de tous ses ancêtres.

Ils descendirent ensuite jusqu'à l'Euphrate se laver les mains...
...puis retournèrent en ville, genou contre genou, cuisse contre cuisse, les mains levées.
Le peuple envahit les rues pour les voir. Les hommes, les femmes puis les chanteurs et les danseurs à leur suite ; Gilgamesh se pencha et demanda :
Qui est le géant désormais ? Qui affronte les taureaux ? Qui est le plus magnifique des héros ?
C'est le meilleur des hommes, dirent-ils - et les femmes le pensèrent aussi. Même si Ishtar est en colère, qui d'autre pourrait la satisfaire ?

"Coyote et les galets"

Conte populaire amérindien

Texte de **Dayton Edmonds**

Dessins de **Micah Farritor**

AVANT L'ARRIVÉE DES EUROPÉENS, LES TRIBUS autochtones d'Amérique du Nord possédaient des pictogrammes et des pétroglyphes, mais pas de langage écrit fondé sur un alphabet. La connaissance, les divertissements et la sagesse étaient avant tout transmis de manière orale, de sorte qu'un canon d'histoires existait depuis des millénaires uniquement dans les mémoires et par les voix.

Dès l'invasion européenne, ces histoires, se déclinant en infinies variations, furent fixées sur papier, et c'est en 2010 qu'un ensemble de contes populaires indiens a été adapté graphiquement dans un ouvrage extraordinaire, *Trickster*. Le directeur de publication, Matt Dembicki, a associé par paires des artistes graphiques et des auteurs amérindiens (quarante-deux en tout). Parmi eux, figurait Dayton Edmonds, de la nation Caddo, qui a raconté comment sa tribu explique le fait que le ciel de la nuit ressemble à ce qu'il est (grâce à l'arrogance et la maladresse de ce filou de Coyote). Micah Farritor – qui a illustré *La Guerre des mondes* de H. G. Wells et *Un Chant de Noël* de Charles Dickens – nous livre une iconographie hautement évocatrice de cette œuvre séculaire de la littérature orale.

COYOTE ET LES GALETS
HISTOIRE DE DAYTON EDMONDS - DESSINS DE MICAH FARRITOR
QUAND MÈRE NATURE ÉTAIT TRÈS JEUNE, LES CHOSES N'ÉTAIENT PAS CE QU'ELLES SONT MAINTENANT.
TOUT COMME ELLES CHANGERONT DANS LE FUTUR. SEUL LE CHANGEMENT EST CONSTANT.
UN SOIR, LES CRÉATURES DE LA NUIT SE RÉUNIRENT ET FIRENT APPEL AU GRAND MYSTÈRE, CELUI QUI VIT EN NOUS ET AUTOUR DE NOUS.
GRAND MYSTÈRE, NOUS DEMANDONS AUDIENCE.
QUE VOULEZ-VOUS ?

DAVANTAGE DE LUMIÈRE.
CRAPAUD A RAISON. LE JOUR, LES CRÉATURES ONT LE SOLEIL...
RENARD SE CHANGEA ALORS EN FEMME...
... ET LE SOLEIL LEVÉ, TOUJOURS ILS VOIENT.
MÊME AVEC LES NUAGES, ILS VOIENT.
NOUS N'AVONS QUE LA LUNE.
PARFOIS, ELLE BRILLE LE JOUR, SANS RIEN NOUS LAISSER APRÈS.
CES NUITS-LÀ, IL NOUS FAUT PLUS DE LUMIÈRE POUR VOIR..

AHH... JE VEUX QUE VOUS DESCENDIEZ DANS LA VALLÉE, AU RUISSEAU, À LA RIVIÈRE ET AU LAC.
RASSEMBLEZ AUTANT DE GALETS BRILLANTS QUE VOUS POURREZ TROUVER DANS L'EAU.
JE VEUX QUE VOUS EMMENIEZ CES GALETS AU SOMMET DE LA MONTAGNE, AUSSI HAUT QUE VOUS POUVEZ. ET VOUS DESSINEREZ UN PORTRAIT DE VOUS DANS LE CIEL.

COYOTE, UNE CRÉATURE DU JOUR ET DE LA NUIT, ÉTAIT UN PEU EN RETARD POUR LA RÉUNION.
CERTAINS DISAIENT QU'IL VIVAIT À L'HEURE INDIENNE.
QUE FONT-ILS ?
RÉVEILLE-TOI, MON VIEUX ! ILS ONT COMMENCÉ SANS TOI !
LE GRAND MYSTÈRE A RÉPONDU À LEUR DEMANDE DE LUMIÈRE DANS LES TÉNÈBRES. IL A DIT À TOUTES LES CRÉATURES DE LA NUIT DE PRENDRE DES GALETS DANS LES RIVIÈRES, LES LACS ET LES RUIS-SEAUX...
COYOTE PRIT FORME HUMAINE...
... ET IL LEUR A DEMANDÉ DE "LES EMMENER DANS LA MON-TAGNE POUR DESSINER UNE IMAGE D'EUX DANS LE CIEL."
REGARDEZ-MOI CES ÉGOÏSTES !

ILS NE PENSENT QU'À EUX ?
JE SUIS LE PLUS GRAND ARTISTE DU MONDE !
MON DESSIN SERA LE PLUS GRAND ET LE PLUS BEAU DE TOUS !
LE CORBEAU SE CHANGEA EN FEMME...
HUMF !
EH BIEN, MAESTRO, TU AS INTÉRÊT À TE DÉPÊCHER. LES AUTRES ONT DE L'AVANCE !

COYOTE DESCENDIT DANS LA VALLÉE.
D'ABORD À LA RIVIÈRE.
OH, ÇA NE SUFFIRA JAMAIS !
IL REPRIT FORME ANIMALE...
... ET COURUT AU RUISSEAU.

HUM, ÇA NE SUFFIRA PAS ! JE N'EN AI PAS ASSEZ !
SUR LE CHEMIN DE LA MONTAGNE, LE LAC SCINTILLA.
IL REGARDA ET VIT DES GALETS BRILLANTS.
IL LES RAMASSA ET LES MIT DANS SA CHEMISE.
BON, JE FERAI AVEC ÇA, JE NE PEUX EN PORTER PLUS !

AU SOMMET DE LA MONTAGNE...
REGARDEZ ÇA !
ILS ONT PRIS TOUTE LA PLACE, NE PENSANT QU'À EUX !
QUEL-QU'UN A-T-IL RÉALISÉ QUE JE N'AVAIS PAS COM-MENCÉ ?
SI ÉGOÏSTES ! CORBEAU, NE SA-VENT-ILS PAS QU'ILS PRENNENT TOUTE LA PLACE ET NE ME LAISSENT RIEN ?
ÉGOÏSTES, EN EFFET !

COYOTE REGARDA ET COURUT À GAUCHE, PUIS À DROITE...
... ET ENCORE À GAUCHE, ET À DROITE, DE PLUS EN PLUS VITE POUR TROUVER OÙ DESSINER SON PORTRAIT.
HUGH !
JE VAIS ESSAYER AILLEURS. IL Y A BIEN DU CIEL VIDE QUELQUE PART !
CHAQUE ESPACE ÉTAIT DE PLUS EN PLUS PETIT, JUSQU'À LA SEULE PLACE LIBRE ADÉQUATE.
PARFAIT.
NE QUITTANT PAS DES YEUX L'ENDROIT OÙ IL VOULAIT ÊTRE, OUBLIANT DE SURVEILLER OÙ IL POSAIT LES PIEDS...

... COYOTE TRÉBUCHA, CHUTA ET FIT TOMBER LES GALETS DE SON SAC, SON CHAPEAU ET SA CHEMISE.
OH NON !
LES GALETS S'ÉPARPILLÈRENT, DE PLUS EN PLUS HAUT, SE HEURTANT LES UNS LES AUTRES, JUSQU'À CE QU'ILS PERCUTENT LES PORTRAITS DE TOUTES LES AUTRES CRÉATURES.
NON, NON, NON...
UN GALET EN HEURTANT UN AUTRE, UNE RÉACTION EN CHAÎNE ENTRAÎNA LA DESTRUCTION DES ŒUVRES DE TOUS.
IMPUISSANTES, LES CRÉATURES DE LA NUIT NE POUVAIENT QUE REGARDER LEURS PORTRAITS DÉTRUITS.

MAIS À QUOI PENSAIS-TU ?
TU AS TOUT GÂCHÉ... ENCORE !
COYOTE, REGARDE CE QUE TU AS FAIT À NOS PORTRAITS !!
QUE SE PASSE-T-IL ?
REGAR-DEZ CE QUE COYOTE A FAIT !
NOUS AVONS FAIT CE QUE VOUS NOUS AVIEZ DEMANDÉ ET IL A TOUT GÂCHÉ!

ASSEYONS-NOUS ET PARLONS DE CE QUE COYOTE A FAIT.
TOUTES LES CRÉATURES DE LA NUIT GROGNÈRENT ET SE PLAIGNIRENT MAIS ILS FINIRENT PAR S'ASSEOIR.
COYOTE AVAIT HONTE DE CE QUI ÉTAIT ARRIVÉ ET IL FILA AVANT QUE LE GRAND ESPRIT RASSEMBLE À NOUVEAU LES CRÉATURES DE LA NUIT.
L'ORDRE DE LA CRÉATION EST DÉJÀ EN PLACE.
QUOI ?! NOUS DEVONS ACCEPTER CE QU'A FAIT COYOTE ?
OUI, L'ORDRE DE LA CRÉATION EST DÉJÀ EN MARCHE.
COMMENT ÇA ?

NOUS NE POUVONS CHANGER CE QUI EST ARRIVÉ.
NOUS NE POUVONS REVENIR À LA SEMAINE OU AU MOIS D'AVANT. NI MÊME UN INSTANT DANS LE PASSÉ.
LA GUÉRISON EST POSSIBLE. CELUI QUI REGARDE HIER ET SES CONSÉQUENCES PEUT CHANGER DEMAIN.
MAIS POUR NOS PORTRAITS GÂCHÉS ?
VOUS N'AVIEZ PAS DEMANDÉ DE PORTRAITS. VOUS VOULIEZ PLUS DE LUMIÈRE ET VOUS L'AVEZ.
NOUS ACCEPTERONS LES ACTES DE COYOTE MAIS NOUS SOMMES TOUJOURS EN COLÈRE CONTRE LUI.

AAAAARROOOOOO
LE SOIR, ON PEUT ENTENDRE COYOTE HURLER AU DESSUS DU LAC, DANS LA PLAINE OU BIEN PLUS LOIN.
VOYEZ-VOUS, LES CRÉATURES DE LA NUIT LUI EN VEULENT ENCORE ET NE LE LAISSERONT PAS SE JOINDRE À LEURS FESTIVITÉS.
SACHEZ QUE COYOTE S'ADRESSE AU GRAND MYSTÈRE ET LUI DEMANDE UNE AUTRE CHANCE POUR QUE LES CRÉATURES DE LA NUIT PUISSENT REDESSINER LEUR PORTRAIT.
ET EN ENTENDANT COYOTE, LEVEZ LES YEUX, REGARDEZ AU DESSUS DES ARBRES, DES MONTAGNES, DES NUAGES ET DE LA LUNE...
... ET VOUS VERREZ LES GALETS QU'IL A ÉPARPILLÉS.
NOUS APPELONS CES GALETS...
... ÉTOILES.
FIN

L'Iliade

Homère

Dessins et adaptation d'**Alice Duke**

VÉRITABLES MONOLITHES INFLUENÇANT inlassablement la littérature, *l'Iliade* et *l'Odyssée* sont des œuvres si colossales qu'on en oublie facilement leurs débuts humbles et brumeux. Le professeur Ralph Hexter nous rappelle que ces deux sommets de la littérature occidentale ont commencé par être des « divertissements chantés dans des salles de banquets organisés par des chefs de second ordre, en Grèce et autour du bassin égéen, durant la période souvent appelée l'Âge noir de la Grèce (en gros, les années 1150-800 avant J.-C.) ».

Il continue ainsi : « Peu importe le rôle qu'un barde nommé Homère ait joué dans la mise en forme et le polissage finaux des épopées, la force durable des deux œuvres s'explique par le fait qu'il s'agit de produits vivants de cultures entières, l'addition de talents narratifs d'on ne sait combien de bardes et d'auditoires, chaque partie apportant sa propre contribution au drame, aux images, à la sagesse, bref, au fait qu'on découvre l'humanité dans ces poèmes. »

L'Iliade retrace des événements se déroulant sur quelques semaines lors de la dernière année du siège de Troie, qui durera une décennie, par les soldats grecs, entre le XIIIe et le XIIe siècle avant J.-C. (Il existe des preuves indiquant que cette guerre a vraiment eu lieu, même si tout le monde ne les reconnaît pas.) La guerre a été déclarée après l'enlèvement par Pâris, prince de Troie, de la superbe Hélène, femme du roi de Sparte, Ménélas. Dans le livre III, la partie qui a été adaptée ici, Pâris et Ménélas décident de régler le conflit par un duel personnel (c'est d'ailleurs vraiment la façon dont les guerres devraient se passer : deux hommes devraient se faire la peau, et le pays du vainqueur en sortirait auréolé de gloire). Mais, comme c'est aussi le cas dans *l'Iliade*, les dieux et les déesses se mêlent des événements humains...

Alice Duke, illustratrice spécialisée dans le domaine fantastique, avait initialement prévu un traitement polychrome de ce moment pivot de *l'Iliade*, avant d'opter pour des teintes monochromes et des ombres, ce qui confère à son adaptation une atmosphère à la fois surannée et intense.

SOURCE

Hexter, Ralph, *A Guide to The Odyssey : A Commentary on the English Translation of Robert Fitzgerald*, Vintage, 1993.

L'ILIADE
D'HOMÈRE
DESSINS D'ALICE DUKE
DURANT LA DERNIÈRE ANNÉE DE LA GUERRE DE TROIE
LE VOILÀ...
PÂRIS, PETIT PLEUTRE !

GUERRIER EFFÉMINÉ, MAIS LÂCHE SÉDUCTEUR ET BEAU PARLEUR !
LES ACHÉENS SE RIENT DE NOUS ! ILS DISENT QUE NOUS ENVOYONS UN CHAMPION AU JOLI VISAGE, MAIS DÉPOURVU DE COURAGE.
N'AS-TU PAS ENLEVÉ D'UNE LOINTAINE CONTRÉE UNE FEMME MARIÉE ISSUE D'UN PEUPLE DE GUERRIERS ?
ET MAINTENANT TU N'OSES AFFRONTER MÉNÉLAS, CE VALEUREUX HÉROS DONT TU AS VOLÉ LA FEMME ?
À QUOI TE SERVIRONT TA LYRE ET TES DONS D'APHRODITE, TA SUPERBE CHEVELURE ET TA BEAUTÉ LORSQU'IL T'AURA TRAÎNÉ DANS LA POUSSIÈRE ?
HECTOR, TES REPRO-CHES SONT JUSTES.
SI TU VEUX QUE J'AFFRONTE MÉNÉLAS, ARRÊTE TROYENS ET ACHÉENS. NOUS NOUS BATTRONS SEULS AU MILIEU DES DEUX CAMPS POUR HÉLÈNE ET SES TRÉSORS.
LE VAINQUEUR, CELUI QUI AURA PROUVÉ ÊTRE LE MEILLEUR, EMPORTERA LA FEMME ET SES BIENS CHEZ LUI.
QUE LES DEUX CAMPS CONCLUENT UN PACTE DE PAIX SELON LEQUEL LES TROYENS POUR-RONT RESTER ICI, À TROIE, ET LES AUTRES POURRONT RETOURNER EN ARGOS ET EN ACHAÏE.
ARRÊTEZ !

ARRÊTEZ, ARGIENS ! NE TIREZ POINT, FILS DES ACHÉENS. HECTOR DÉSIRE PARLER !
ENTENDEZ DE MA BOUCHE, TROYENS ET ACHÉENS, LES MOTS DE PÂRIS, PAR QUI CETTE GUERRE ÉCLATA !
IL SOUHAITE QUE TROYENS ET ACHÉENS DÉPOSENT LES ARMES AFIN QUE MÉNÉLAS ET LUI PUISSENT SE BATTRE EN DUEL POUR HÉLÈNE ET SES RICHESSES.
QUE LE VAINQUEUR, CELUI QUI AURA PROUVÉ ÊTRE LE MEILLEUR, EMPORTE LA FEMME ET SES TRÉSORS CHEZ LUI. QUE LES AUTRES PRÊTENT SERMENT DE PAIX.
JE SUIS LE PLUS LÉSÉ, ET J'ESTIME QUE TROYENS ET ACHÉENS DOIVENT SE SÉPARER CAR ILS ONT TROP SOUFFERT DE MA QUERELLE AVEC PÂRIS, L'AGRESSEUR.
QUE CELUI QUI DOIT MOURIR MEURE. ET QUE PLUS AUCUN NE COMBATTE.
APPORTEZ UNE BREBIS ET DEMANDEZ AU GRAND PRIAM LUI-MÊME DE PRÊTER SERMENT DE PAIX, SES FILS ÉTANT PARJURES.

AUX PORTES DE TROIE...
IL EST PEU ÉTONNANT QUE TROYENS ET ACHÉENS ENDURENT TANT DE MAUX POUR UNE FEMME SI MERVEILLEUSEMENT ET DIVINEMENT BELLE.
MALGRÉ CELA, MIEUX VAUT QUE LES ACHÉENS LA REPRENNENT, DE PEUR QU'ELLE NE NOUS LAISSE QUE PEINE, À NOUS ET À NOS ENFANTS.
MON ENFANT, PRENDS PLACE AVEC MOI AFIN DE VOIR TON ANCIEN MARI, TES PARENTS ET TES AMIS.
JE NE TE BLÂME POINT. CE SONT LES DIEUX QUI SONT FAUTIFS. PAS TOI.
DIS-MOI, QUI EST CE HÉROS À LA GRANDE ET VIGOUREUSE STATURE ? IL A L'ASPECT D'UN ROI.
VÉNÉRABLE PÈRE DE MON MARI, J'AURAIS DÛ CHOISIR LA MORT PLUTÔT QUE VOTRE FILS.
LE HÉROS DONT VOUS PARLEZ EST AGAMEMNON, FILS D'ATRÉE. C'EST UN BON ROI ET UN BRAVE SOLDAT.
IL FUT MON BEAU-FRÈRE, À MOI LA MISÉRABLE, ET QUE NE L'EST-IL ENCORE !

ET DIS-MOI, QUI EST CELUI-CI, QUI EST PLUS PETIT D'UNE TÊTE QU'AGAMEMNON, MAIS PLUS LARGE D'ÉPAULES ? IL MARCHE DEVANT LES TROUPES COMME UN BÉLIER À LA FIÈRE TOISON AU MILIEU DE SES BREBIS.
C'EST L'INGÉNIEUX ULYSSE, FILS DE LAËRTE. NÉ EN LA DURE ITHAQUE, IL EXCELLE DANS LA STRATÉGIE ET LA RUSE.
JE VOIS BEAUCOUP D'ACHÉENS DONT JE POURRAIS VOUS DIRE LE NOM, MAIS JE M'APERÇOIS QU'IL EN MANQUE DEUX.
CASTOR, LE DOMPTEUR DE CHEVAUX, ET POLLUX, IMBATTABLE AU PUGILAT. MES FRÈRES N'ONT-ILS POINT QUITTÉ LA CÉDÉMONE ?
OU SONT-ILS VENUS SUR LEUR NEF, MAIS NE VEULENT-ILS PAS SE MÊLER AU COMBAT À CAUSE DE LA HONTE ET DU DÉSHONNEUR QUE JE LEUR AI INFLIGÉS ?
LÈVE-TOI, FILS DE LAOMÉDON ! LES PRINCES TROYENS ET ACHÉENS T'INVITENT DANS LA PLAINE POUR PRÊTER SERMENT DE PAIX. PÂRIS ET MÉNÉLAS VONT SE BATTRE EN COMBAT SINGULIER AFIN QU'HÉLÈNE ET SES RICHESSES AILLENT AU VAINQUEUR.

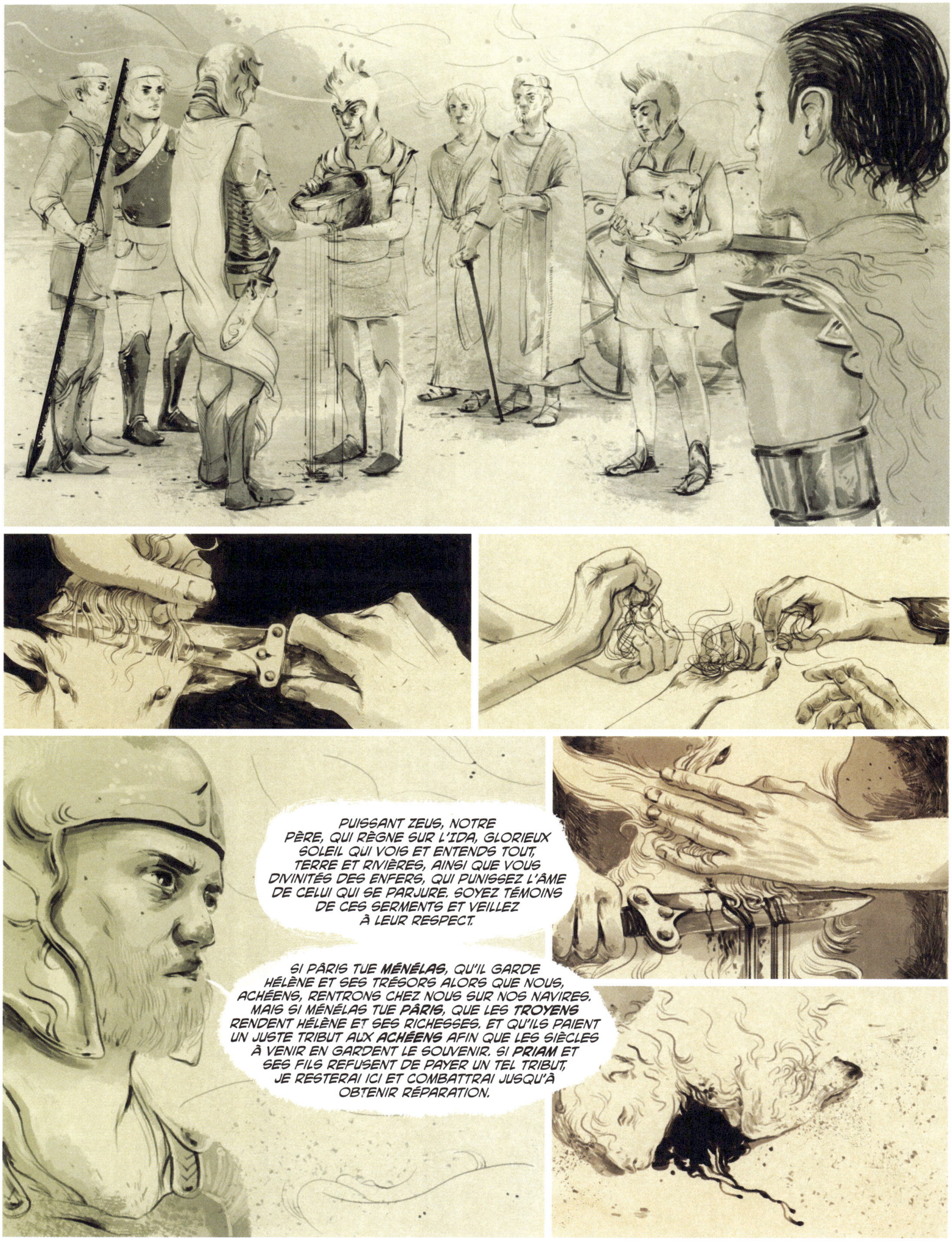
PUISSANT ZEUS, NOTRE PÈRE, QUI RÈGNE SUR L'IDA, GLORIEUX SOLEIL QUI VOIS ET ENTENDS TOUT, TERRE ET RIVIÈRES, AINSI QUE VOUS DIVINITÉS DES ENFERS, QUI PUNISSEZ L'ÂME DE CELUI QUI SE PARJURE. SOYEZ TÉMOINS DE CES SERMENTS ET VEILLEZ À LEUR RESPECT.
SI PÂRIS TUE **MÉNÉLAS**, QU'IL GARDE HÉLÈNE ET SES TRÉSORS ALORS QUE NOUS, ACHÉENS, RENTRONS CHEZ NOUS SUR NOS NAVIRES. MAIS SI MÉNÉLAS TUE **PÂRIS**, QUE LES **TROYENS** RENDENT HÉLÈNE ET SES RICHESSES. ET QU'ILS PAIENT UN JUSTE TRIBUT AUX **ACHÉENS** AFIN QUE LES SIÈCLES À VENIR EN GARDENT LE SOUVENIR. SI **PRIAM** ET SES FILS REFUSENT DE PAYER UN TEL TRIBUT, JE RESTERAI ICI ET COMBATTRAI JUSQU'À OBTENIR RÉPARATION.

TROYENS ET ACHÉENS, ÉCOUTEZ-MOI ! JE M'EN RETOURNE MAINTENANT À TROIE BATTUE PAR LES VENTS, CAR JE N'OSE POINT VOIR CE COMBAT ENTRE MON FILS ET MÉNÉLAS.
SEULS ZEUS ET LES AUTRES IMMORTELS SAVENT LEQUEL TOMBERA.

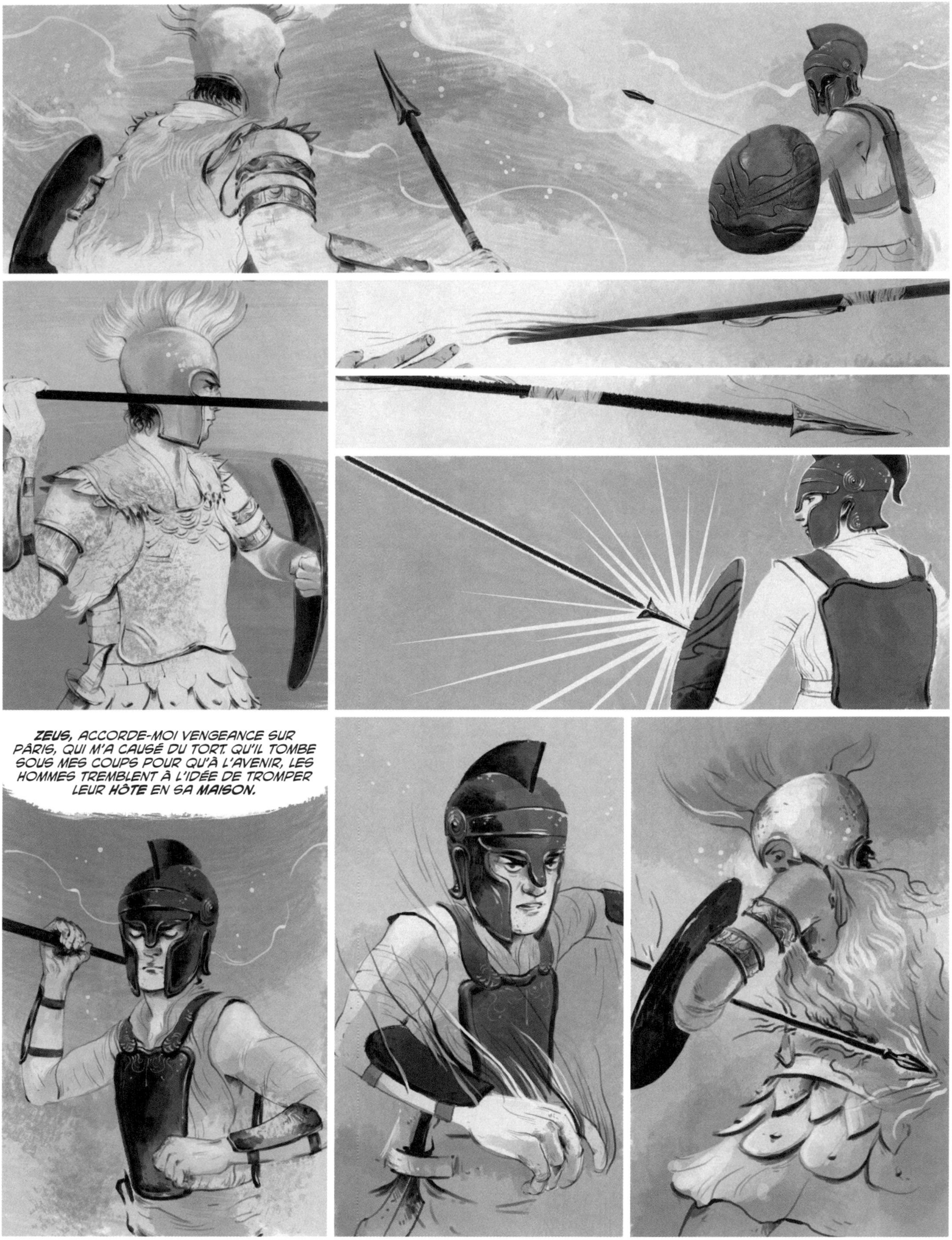
ZEUS, ACCORDE-MOI VENGEANCE SUR PÂRIS, QUI M'A CAUSÉ DU TORT. QU'IL TOMBE SOUS MES COUPS POUR QU'À L'AVENIR, LES HOMMES TREMBLENT À L'IDÉE DE TROMPER LEUR HÔTE EN SA MAISON.

ZEUS ! TU ES LE PLUS INJUSTE DES DIEUX. JE NE DÉSIRE QUE VENGEANCE, MAIS MON ÉPÉE S'EST BRISÉE ET J'AI LANCÉ MA PIQUE EN VAIN. QUE NE L'AI-JE POINT ENCORE TUÉ.

VIENS, HÉLÈNE...
PÂRIS DÉSIRE QUE TU LE REJOIGNES. IL EST SUR SA COUCHE DANS SA CHAMBRE, RAYONNANT DE BEAUTÉ. PERSONNE NE CROIRAIT QU'IL REVIENT D'UN COMBAT, MAIS QU'IL VA DANSER, OU QU'IL SE REPOSE APRÈS UNE DANSE.
DÉESSE, POURQUOI TENTES-TU DE ME TROMPER AINSI ? MÉNÉLAS VIENT DE VAINCRE PÂRIS ET M'EMMÈNERA, MOI L'ODIEUSE.
POURQUOI ME TRAHIR ? RESTE AUPRÈS DE PÂRIS ET PRENDS SOIN DE LUI JUSQU'À CE QU'IL FASSE DE TOI SA FEMME. MOI, JE NE PEUX PLUS PARTAGER SA COUCHE, CAR LES FEMMES DE TROIE SE RIRAIENT DE MOI.
NE ME PROVOQUE PAS, PERFIDE, OU JE TE LAISSE À TON DESTIN ET TE HAÏRAI COMME JE T'AI AIMÉE.
J'ATTISERAI UNE IMPLACABLE HAINE ENTRE TROYENS ET ACHÉENS ET TU SERAS VICTIME D'UNE FUNESTE DESTINÉE.

TE VOICI DONC REVENU DU COMBAT.
QUE N'AS-TU SUCCOMBÉ AUX COUPS DE CET HOMME BRAVE QUI FUT MON MARI ? TU TE VANTAIS QUE TA LANCE ET LA FORCE DE TES BRAS TE RENDAIENT MEILLEUR QUE MÉNÉLAS.
OSE ENCORE LE DÉFIER ! MAIS JE TE CONSEIL-LE DE NE POINT LE FAIRE ET DE METTRE FIN À CETTE GUERRE, CAR, SINON, SA LANCE TE TUERA.
FEMME, NE M'ACCABLE POINT DE REPROCHES. MÉNÉLAS L'A CERTES EMPORTÉ AVEC L'AIDE D'ATHÉNA, MAIS LA PROCHAINE FOIS, JE SERAI VAINQUEUR CAR NOUS AUSSI, AVONS DES DIEUX À NOS CÔTÉS.
VIENS, ALLONGEONS-NOUS ET AIMONS-NOUS. JAMAIS JE N'AI ÉTÉ SI PASSIONNÉMENT AMOUREUX DE TOI QUE MAINTENANT...
ENTENDEZ-MOI, TROYENS ET ALLIÉS ! LA VICTOIRE REVIENT À MÉNÉLAS, ALORS RENDEZ-NOUS HÉLÈNE ET SES RICHESSES ET PAYEZ UN JUSTE TRIBUT, TEL QUE LES SIÈCLES À VENIR S'EN SOUVIENDRONT !

L'Odyssée

Homère

Dessins et adaptation de **Gareth Hinds**

UNE FOIS LA GUERRE DE TROIE TERMINÉE GRÂCE au brillant stratagème de l'immense cheval en bois creux dissimulant des soldats, l'aventurier astucieux et égotique, alias Ulysse, met les voiles vers Ithaque pour regagner son foyer et retrouver, dans cette suite de *l'Iliade*, sa femme à la patience sans borne, Pénélope. Il ignore alors que le voyage va lui prendre une décennie, qu'il échappera à des monstres, à des dieux furieux, à des périls naturels, à des femmes séduisantes, à des drogues soporifiques, et à d'autres obstacles susceptibles de le tuer ou de faire échouer son entreprise et celle de son équipage.

Gareth Hinds a fait carrière grâce à des adaptations graphiques de la littérature classique qui ont connu un immense succès (vous trouverez son *Beowulf* et *Les Voyages de Gulliver* dans ce volume ; il a également travaillé sur Shakespeare et les frères Grimm). Il tient son adaptation de *l'Odyssée* pour son œuvre maîtresse : il y retrace fidèlement l'ancien poème épique grec en 250 pages d'encres et d'aquarelles. Pour *Le Canon graphique*, j'ai choisi le célèbre épisode avec Polyphème, lorsque le guerrier grec et ses hommes se retrouvent piégés dans une caverne, en compagnie d'un cyclope géant. Non seulement c'est une géniale mini-aventure autonome, mais elle montre encore une fois l'intelligence sournoise d'Ulysse, tout comme son arrogance. Il confie à Polyphème son véritable nom, ce qui est remarquablement maladroit dans la mesure où le père de ce monstre aveugle est Poséidon. Quand on entreprend un voyage au long cours, il est préférable de ne pas s'attirer les foudres du dieu des océans ! À cause de Poséidon, il faudra donc dix ans à Ulysse pour rentrer chez lui, et il perdra tout son équipage et ses bateaux en chemin.

SOURCE

Hexter, Ralph, A Guide to The Odyssey : A Commentary on the English Translation of Robert Fitzgerald, Vintage, 1993.

Près du rivage, nous aperçûmes la bouche d'une large grotte, entourée d'un enclos. Je partis l'explorer avec mes douze meilleurs combattants, et un étrange pressentiment me poussa à emporter un baril de notre vin le plus fruité et enivrant.
La grotte était inoccupée lorsque nous y entrâmes.
L'intérieur était immense. Une partie était réservée à des enclos, emplis d'agneaux et de chevreaux. Il y avait aussi là les pierres d'un feu de grande taille, et de ces seaux et paniers qui servent à faire le fromage.
Certains de mes hommes étaient d'avis de voler le fromage et de retourner discrètement au navire, mais, curieux de connaître l'habitant de ces lieux, j'eus l'envie de tester son hospitalité. J'aurais mieux fait d'écouter leur conseil.

Nous n'attendîmes pas longtemps son retour. Il conduisait à la caverne un troupeau de béliers et de moutons bien gras.
Ceci fait, il roula avec aisance une lourde et épaisse pierre plate en travers de l'entrée.
Sa force et sa corpulence nous terrifiaient, et nous nous tapîmes dans l'ombre alors qu'il trayait ses brebis. Il laissa cailler une partie du lait pour en faire du fromage, et mis de côté deux grands seaux pour les boire.
Puis, il rendit chaque brebis à ses agneaux, alluma un feu, et s'aperçut de notre présence.

Des étrangers dans ma caverne ? Petits hommes, qui vous a permis cette intrusion ?

Zeus, ô seigneur, car il protège les humbles voyageurs en quête d'hospitalité. Et tu sais que quiconque ose défier la puissance de Zeus doit être puni.
Zeus ? Ha ! Nous autres cyclopes ne craignons pas les dieux.

Où est le bateau qui vous a menés à mon rivage ? Et le reste de ton équipage ?
Seigneur, notre bateau s'est brisé contre les récifs et a sombré dans les eaux glacées, avec le reste de nos compagnons.
SPLURNCH !

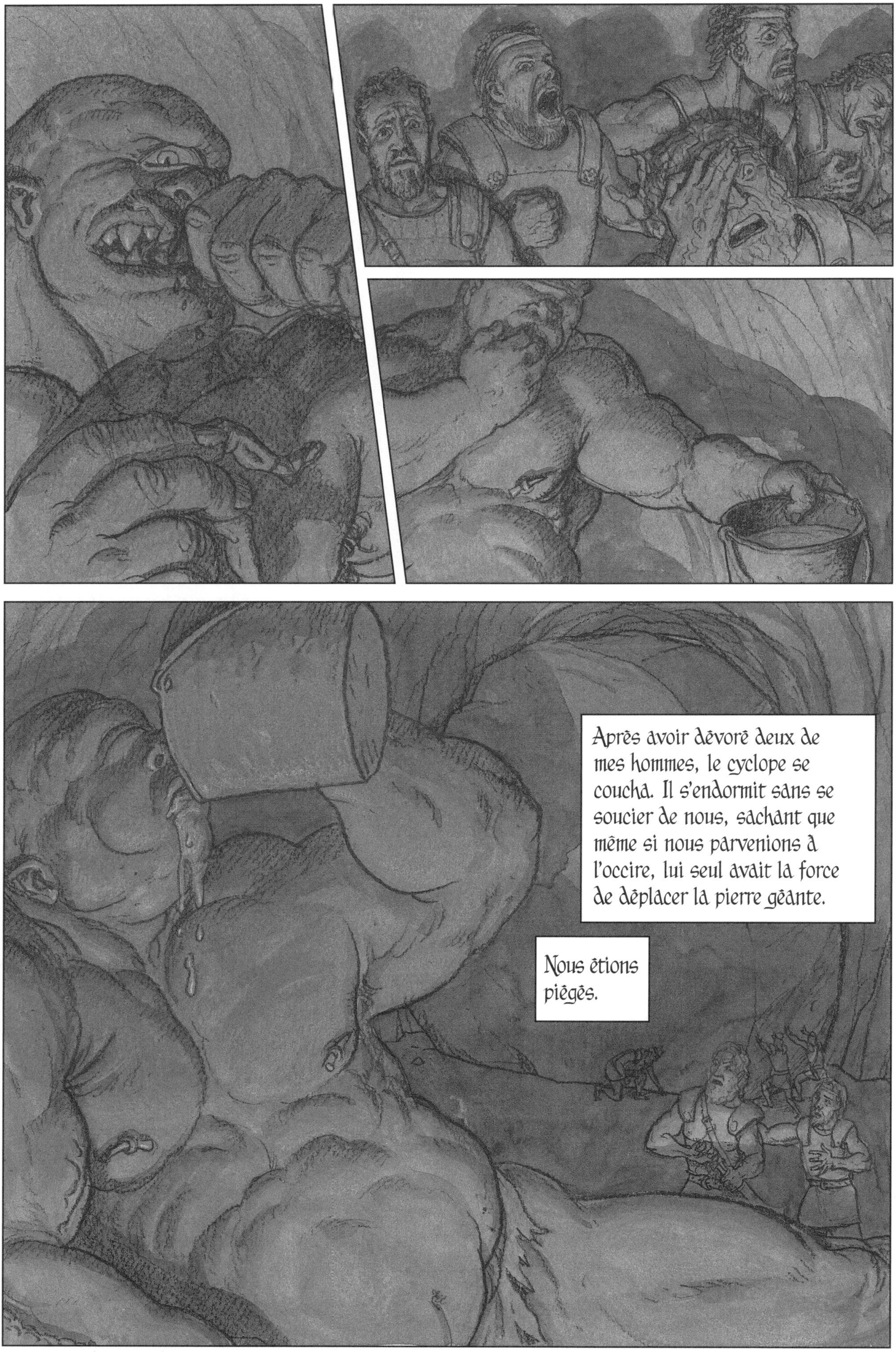
Après avoir dévoré deux de mes hommes, le cyclope se coucha. Il s'endormit sans se soucier de nous, sachant que même si nous parvenions à l'occire, lui seul avait la force de déplacer la pierre géante.
Nous étions piégés.

Au matin, le cyclope avala deux autres hommes pour son petit-déjeuner. Puis il fit sortir son troupeau et reboucha l'entrée de la grotte aussi facilement qu'un homme rebouchant une amphore.
Je me creusai alors la tête. Dans mon esprit germa le meilleur moyen d'échapper vivants aux griffes du monstre.
Un jeune tronc gisait sur le sol de la caverne. J'en taillai l'extrémité en pointe, et dit à mes quatre hommes les plus robustes de se tenir prêts à le soulever à mon signal.
À l'heure du souper, je dus supporter à nouveau la vision du cyclope se repaissant de deux de mes hommes. Lorsqu'il eût fini, je m'en approchai.

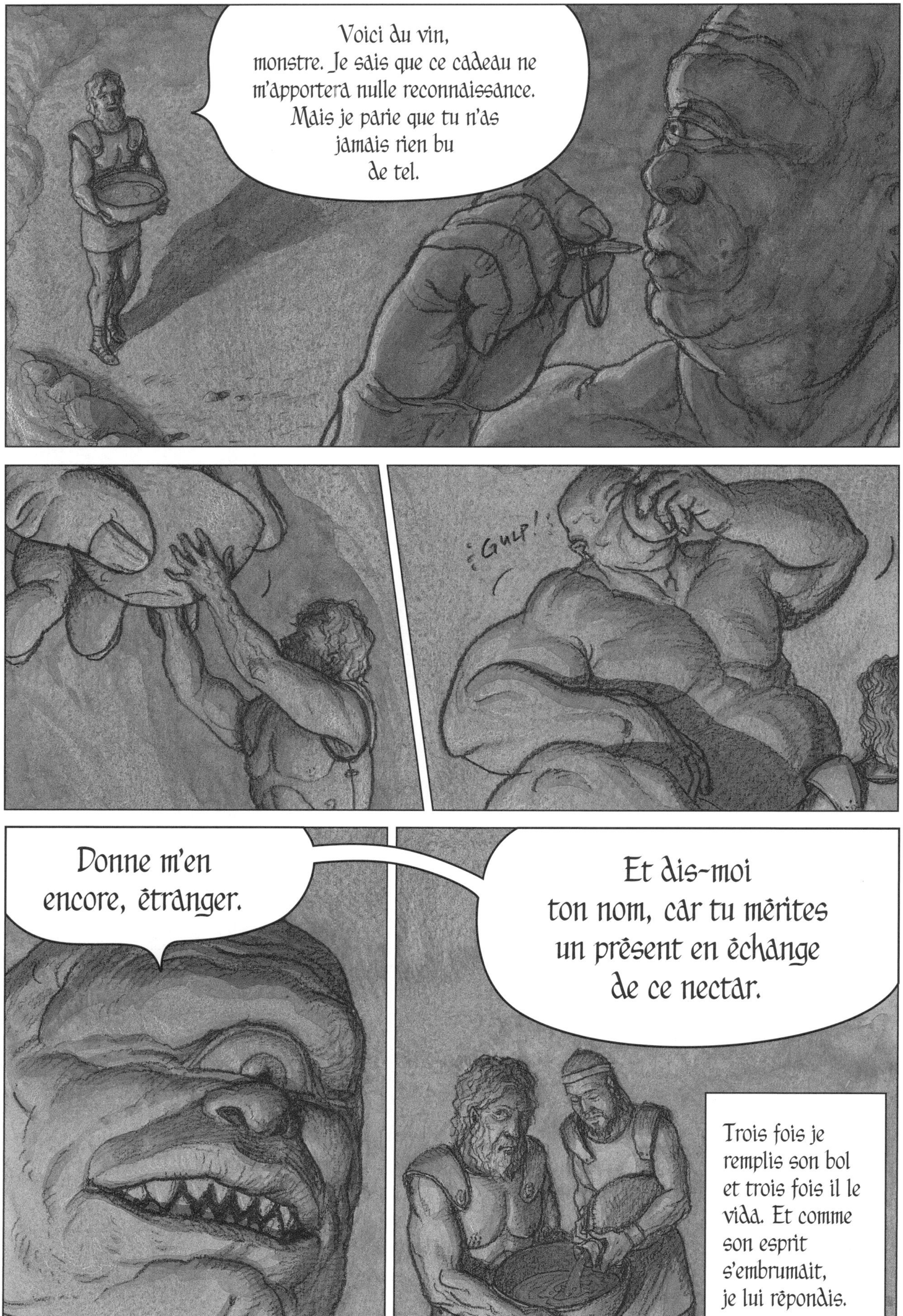
Voici du vin, monstre. Je sais que ce cadeau ne m'apportera nulle reconnaissance. Mais je parie que tu n'as jamais rien bu de tel.
¡GULP!
Donne m'en encore, étranger.
Et dis-moi ton nom, car tu mérites un présent en échange de ce nectar.
Trois fois je remplis son bol et trois fois il le vida. Et comme son esprit s'embrumait, je lui répondis.

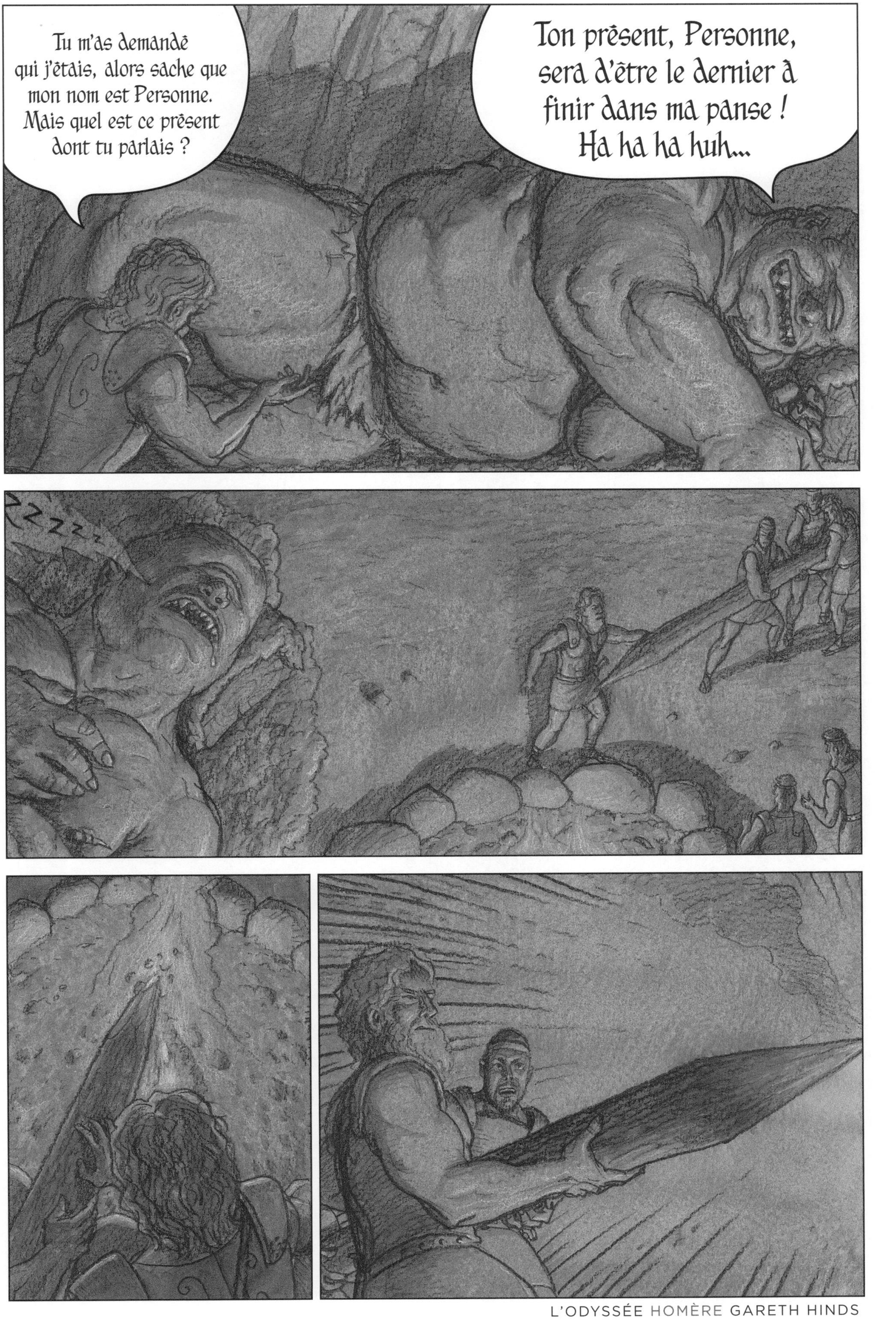
Tu m'as demandé qui j'étais, alors sache que mon nom est Personne. Mais quel est ce présent dont tu parlais ?
Ton présent, Personne, sera d'être le dernier à finir dans ma panse ! Ha ha ha huh...
ZZZZ

KSSSSS

Enfoncez ! Et pivotez !
EEEARGGH!
NOOON!

Je vous aurai !
Polyphème, que t'arrive-t-il ? Quelqu'un attente-t-il à ta vie ou veut-il dérober ton troupeau ?
C'est Personne ! Je suis la victime de Personne !
Je vois, tu dois être malade. Dans ce cas, il ne te reste qu'à prier ton père Poséidon.

Non ! Revenez, imbéciles... !
CRUNCH
Essaie donc de sortir d'ici, Personne !

Comment lui échapper ?
Mes yeux s'attardèrent sur
les béliers à la laine traînante.
BÊÊÊÊ...
BÊÊÊÊ!!
Je les attachai par
groupes de trois, et fis
signe à mes hommes
de se cacher dessous.
Je gardai le plus gros
pour moi-même, et,
suspendu contre son
flanc, les doigts enfoncés
dans son épaisse toison,
j'attendis l'aurore.
BÊÊÊÊ!!
BÊÊÊÊ!!
Excitées par les premiers rayons du soleil, les bêtes
se bousculaient vers la sortie. Avant de les libérer,
Polyphème inspecta leurs dos de ses doigts, sans
déceler mes hommes rampant sous leurs ventres.

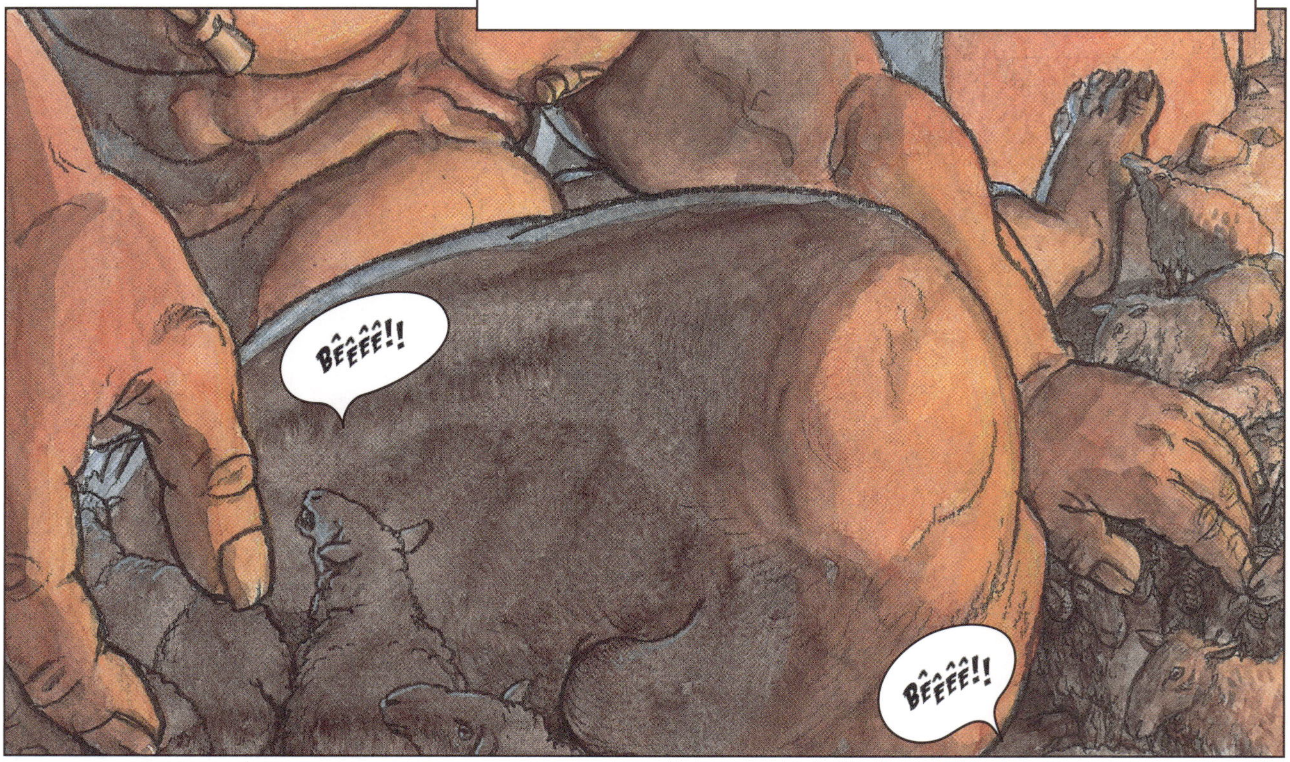
BÊÊÊÊ!!
BÊÊÊÊ!!

Vieil ami, pourquoi t'attardes-tu, toi qui mène les autres d'ordinaire ?
Porterais-tu le deuil de mon pauvre œil, crevé par le maudit Personne qui m'a enivré ? Ah, que n'as-tu le don de la parole, afin de me dire où il se cache et le livrer à ma vengeance !

Cyclope ! Tes prisonniers se sont échappés, et les dieux t'ont puni pour tes méfaits !
CRACK!
FLING!
!
BLOOSH

La lourde pierre leva une vague qui faillit renverser le navire. Mes hommes ramèrent de toutes leurs forces, doublant la distance entre nous et la rive. Ils me supplièrent de ne pas irriter davantage le géant, mais je n'en eus cure.
Cyclope, si l'on te demande qui a crevé ton œil, réponds que c'était Ulysse d'Ithaque !
Oh non ! L'ancienne prophétie s'est accomplie ! L'on m'avait prévenu qu'Ulysse me priverait de la vue ! Or, je m'attendais à un géant, pas à un minuscule mauvais plaisant !

Mais je suis le fils de Poséidon, et il entendra ma prière :
Exauce-moi, Poséidon ! Si vraiment le cyclope est ta créature, accorde-moi que jamais Ulysse ne revienne en sa maison ! Si les autres dieux s'y opposent, rends son retour long et semé d'embuches, prive-le de tous ses compagnons, et que le chaos l'accueille sur les rivages d'Ithaque !

Telle fut sa prière, et le dieu des mers l'entendit. Puis le cyclope saisit un rocher plus gros encore et le jeta dans notre direction. Mais il perça les eaux derrière notre navire, et ne fit que le propulser plus loin, jusqu'à la petite île où nous attendaient nos compagnons.

Poèmes et fragments

Sappho

Dessins et adaptation d'**Alessandro Bonaccorsi**

COMPTANT PARMI LES PLUS GRANDS POÈTES DE l'Antiquité, considérée comme l'égale d'Homère et baptisée la « dixième muse » par Platon, Sappho est l'une des premières, peut-être même la première, à ne pas utiliser la poésie à des fins rituelles ou militaires (récits guerriers, oraisons funèbres de personnages importants, hymnes aux dieux), mais à y recourir pour exprimer nos vies intérieures, notamment des histoires de cœur. Chantée au son d'une lyre dans son école hautement réputée de poésie sur l'île de Lesbos, son œuvre n'a pas été transcrite pendant sa vie (environ 610-570 avant J.-C.), mais quand ce fut le cas, plus d'un siècle plus tard, elle a rempli neuf rouleaux de papyrus. De ces richesses littéraires, seuls 200 fragments ont survécu, ainsi qu'un poème complet de vingt-huit vers, « Ode à Aphrodite », qui est arrivé jusqu'à nous parce qu'il figure dans son intégralité dans l'un des manuscrits d'un orateur romain, que celui-ci écrivit plus de 500 ans après la mort de Sappho. De fait, jusqu'au début du XXe siècle, la seule façon de lire Sappho consistait à se plonger dans les œuvres des écrivains antiques et médiévaux qui citaient un ou deux de ses vers, car ils avaient eu accès à des manuscrits aujourd'hui perdus. Par la suite, d'autres fragments ont été découverts sur des bandes de rouleaux de papyrus, dans la décharge d'une ville ; ils avaient été préservés grâce aux conditions atmosphériques.

La poésie de Sappho nous prouve que l'amour n'a pas changé d'un iota durant les deux millénaires et demi qui se sont écoulés. La joie, l'extase et l'excitation y sont présentes, tout comme le désespoir, la jalousie et la confusion. Les vers « J'hésite entre deux choix / Je ne sais pas quoi faire » auraient tout à fait pu être écrits par un poète d'aujourd'hui.

S'appuyant sur des fragments traduits par Edwin Marion Cox et choisis par mes soins, l'illustrateur et graphiste italien Alessandro Bonaccorsi a conçu un dessin argenté, baignant dans le clair de lune.

SOURCE

Reynolds, Margaret (directrice de publication), *The Sappho Companion,* New York, Palgrave, 2002.

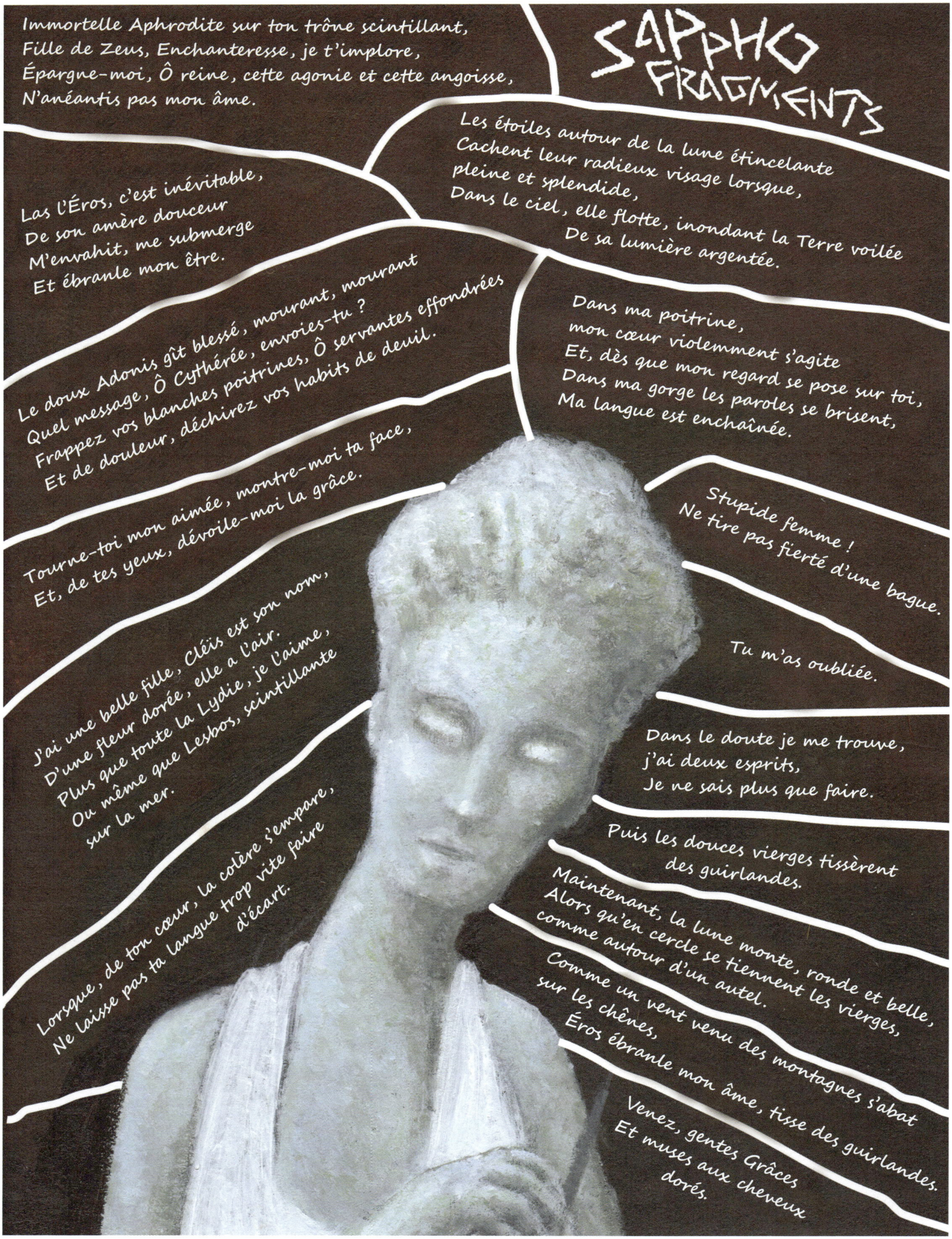
SAPPHO
FRAGMENTS
Immortelle Aphrodite sur ton trône scintillant,
Fille de Zeus, Enchanteresse, je t'implore,
Épargne-moi, Ô reine, cette agonie et cette angoisse,
N'anéantis pas mon âme.
Les étoiles autour de la lune étincelante
Cachent leur radieux visage lorsque,
pleine et splendide,
Dans le ciel, elle flotte, inondant la Terre voilée
De sa lumière argentée.
Las l'Éros, c'est inévitable,
De son amère douceur
M'envahit, me submerge
Et ébranle mon être.
Le doux Adonis gît blessé, mourant, mourant
Quel message, Ô Cythérée, envoies-tu ?
Frappez vos blanches poitrines, Ô servantes effondrées
Et de douleur, déchirez vos habits de deuil.
Dans ma poitrine,
mon cœur violemment s'agite
Et, dès que mon regard se pose sur toi,
Dans ma gorge les paroles se brisent,
Ma langue est enchaînée.
Tourne-toi mon aimée, montre-moi ta face,
Et, de tes yeux, dévoile-moi la grâce.
Stupide femme !
Ne tire pas fierté d'une bague.
Tu m'as oubliée.
J'ai une belle fille, Cléïs est son nom,
D'une fleur dorée, elle a l'air.
Plus que toute la Lydie, je l'aime,
Ou même que Lesbos, scintillante
sur la mer.
Dans le doute je me trouve,
j'ai deux esprits,
Je ne sais plus que faire.
Puis les douces vierges tissèrent
des guirlandes.
Lorsque, de ton cœur, la colère s'empare,
Ne laisse pas ta langue trop vite faire
d'écart.
Maintenant, la lune monte, ronde et belle,
Alors qu'en cercle se tiennent les vierges,
comme autour d'un autel.
Comme un vent venu des montagnes s'abat
sur les chênes,
Éros ébranle mon âme, tisse des guirlandes.
Venez, gentes Grâces
Et muses aux cheveux
dorés.

Médée

Euripide

Dessin et adaptation de **Tori McKenna**

LA FIGURE MYTHOLOGIQUE DE MÉDÉE EST le prototype de la femme trahie qui assouvit un besoin insondable de vengeance dans le sang. Fille du roi barbare de Colchide (aujourd'hui la Géorgie) et petite-fille du dieu soleil Hélios, Médée fournit une aide déterminante au héros Jason dans sa fameuse quête de la Toison d'or. Ayant accepté de l'épouser en remerciement, il tient sa promesse. Ils ont même deux enfants, mais... bon... voilà que maintenant, le roi Créon de Corinthe souhaite que Jason épouse sa fille, ce qui représente une bonne manœuvre politique pour ce dernier. Aussi accepte-t-il. C'est là que commence la *Médée* d'Euripide, l'une des plus grandes tragédies de la Grèce antique.

Outre cette pièce, jouée pour la première fois en 431 avant J.-C., l'histoire de Médée a été racontée par de nombreux auteurs grecs et romains de l'Antiquité. Le thème a été repris plus tard dans des opéras, des ballets, des comédies à Broadway ainsi qu'au cinéma, notamment par Pasolini. Comme nous l'a expliqué Sarah Iles Johnson dans une collection d'essais sur Médée qu'elle a coéditée : « Elle fascinait aussi les artistes de l'Antiquité. Elle est peinte sur des vases grecs, gravée sur des merveilles romaines, représentée sur des poteries italiennes, sur des peintures murales de Pompéi. » Et aujourd'hui, un autre artiste s'est emparé du mythe de Médée, cette fois sous forme de bande dessinée séquentielle. Tori McKenna a d'abord adapté la pièce d'Euripide dans le cadre d'un projet scolaire. Des années plus tard, quand j'ai pris contact avec elle pour cet ouvrage, elle a accepté de recommencer de zéro, et a admirablement présenté l'œuvre dans son intégralité en 14 pages.

SOURCE

Clauss, James J. , et Iles Johnston, Sarah, (directeurs de publication), Introduction, *Medea : Essays on Medea in Myth, Literature, Philosophy, and Art,* Princeton University Press, 1997.

MÉDÉE
d'Euripide

Adaptation
et dessin
de Tori McKenna

Je ne serais alors jamais venue ici, rejetée par un époux pour qui j'avais tout sacrifié.

COMME J'AI SOUFFERT, ABANDONNÉE ICI PAR MON MARI.
SES VOEUX ! OUBLIÉS ! IL EST DÉSORMAIS OBLIGÉ D'ÉPOUSER UNE AUTRE ! LA FILLE DU ROI !
UN JOUR, JE LE TUERAI ! ET ELLE AUSSI ! CETTE DOULEUR ME RONGE !

OH, MON PÈRE !
OH, MA VILLE !
MON COURAGEUX FRÈRE ! TUÉ DE MES PROPRES MAINS ! ET POURQUOI ? L'AMOUR ?
PURE FOLIE ...
OH, ENFANTS DE JASON, FILS D'UNE AFFREUSE MÈRE, PUISSIEZ-VOUS PÉRIR AVEC VOTRE PÈRE.
SPUECH !
MÉDÉE !

CRÉON ?
SORCIÈRE ! JE T'ORDONNE DE PRENDRE TES ENFANTS ET DE QUITTER CETTE TERRE SUR-LE-CHAMP.
MAIS POURQUOI ? POURQUOI M'EXILES-TU ?
TOUS ONT ENTENDU TES FOLLES MENACES ! J'AI PEUR POUR LA VIE DE MA FILLE ! MIEUX VAUT SE DÉBARRASSER DE TOI ! TOUT DE SUITE !
C'EST VRAI ! JE SUIS MALHEUREUSE ! ET PAR LE PASSÉ, J'AI MIS MES TALENTS AU SERVICE DU MAL.
SLUMP
MAIS JE NE HAIS QUE MON MARI ! JE NE VEUX AUCUN MAL À TOI NI AUX TIENS !
JE TE FAIS ENCORE MOINS CONFIANCE QU'AVANT ! HORS D'ICI, HARPIE !

S'IL TE PLAÎT ! LAISSE-MOI RESTER ! JE T'EN SUPPLIE À GENOUX !
INUTILE DE PARLER ! TU NE ME CONVAINCRAS PAS !
MAIS, MES ENFANTS !! LAISSE-MOI UNE JOURNÉE POUR PRÉPARER LEUR AVENIR.
UN JOUR, PUIS JE PARTIRAI.
JE T'EN CONJURE... TU AS DES ENFANTS TOI AUSSI.
TRÈS BIEN.
POUR L'AMOUR DE MA FILLE, JE VAIS T'ACCORDER UNE JOURNÉE. MAIS SI, PASSÉ CE DÉLAI, TU ES ENCORE LÀ, JE VIENDRAI TE TUER DE MES MAINS !

LE MAL EST DANS CHAQUE CAMP, ON NE PEUT LE NIER. JE VAIS TRANSFORMER MES ENNEMIS EN CADAVRES. LE ROI, SA FILLE ET MON MARI.
MAIS COMMENT PERPÉTRER MA VENGEANCE ?
DOIS-JE METTRE LE FEU AU LIT NUPTIAL ?
OU TRANCHER LEUR GORGE DURANT LEUR SOMMEIL ?
NON. LE CHOIX LE PLUS SIMPLE EST LE MEILLEUR...
DU POISON.

J'ai donc fait appel à mon art obscur et introduit le poison dans une robe digne d'une princesse…
Lorsque mon ancien mari passa me voir…
TU SAIS… TU AURAIS PU GARDER CETTE "MAISON"…
JASON ?
NE M'AS-TU DONC PAS ASSEZ FAIT SOUFFRIR ?
TU L'AS CHERCHÉ. TES MENACES CONTRE LA MAISON ROYALE T'ONT VALU D'ÊTRE BANNIE.
MAIS JE T'AI SAUVÉ ! J'AI TUÉ MA FAMILLE POUR TE SAUVER ET TOI, TU M'ABANDONNES ? OÙ PUIS-JE ALLER ?
CE N'EST PAS VRAIMENT DE MA FAUTE, NON ? CRÉON A ÉTÉ SI RECONNAISSANT QU'IL M'A PROPOSÉ SA FILLE, UNE FILLE DE ROI. COMMENT AURAIS-JE PU REFUSER ? QUE VOULAIS-TU QUE JE FASSE ?

IL NE S'AGIT PAS DE MOI... MAIS DES ENFANTS. JE PARTIRAI VOLONTIERS S'ILS PEUVENT RESTER.
TON INTÉRÊT EST TOUCHANT - MAIS POURQUOI T'EN SOUCIES-TU AUTANT ?
JE LEUR AI DONNÉ NAISSANCE ET JE SAIS QUE TU TIENS À LEUR BIEN-ÊTRE.
JE NE SUIS PAS SÛR DE POUVOIR PERSUADER CRÉON.
PRENDS-LES AVEC TOI. PEUT-ÊTRE INFLUEN-CERONT-ILS TA FEMME ET ELLE CONVAINCRA CRÉON.
JE LES PREN-DRAI AVEC MOI. PEUT-ÊTRE POURRAIS-JE FAIRE APPEL À SA COMPASSION FÉMININE.
MERCI. EN SIGNE DE BONNE VOLONTÉ, JE TE PROPOSE D'APPORTER CETTE JOLIE ROBE À TA DOUCE ÉPOUSE.
C'EST UN BEAU CADEAU. CRÉON SERA RAVI D'APPRENDRE QUE TU NE RESSENS PLUS D'ANIMOSITÉ.

Ainsi, Jason ramena
nos fils au palais
et les présenta
en même temps
que mon cadeau
à la jeune princesse.

La robe l'enchanta
tellement qu'elle céda
à la demande de Jason
concernant les enfants.

Elle enfila le joli vêtement.
Elle fit quelques pas et s'étira
pour voir comment il lui allait.

Puis elle poussa un cri
horrible, une écume
blanche coula sur ses lèvres
et ses yeux se révulsèrent.

Créon tenta de la soulager,
mais la robe s'accrochait à son
corps comme le lierre à une branche.

L'habit piqua et brûla le père
et la fille jusqu'à ce qu'il n'en
reste guère plus que des os.

Un serviteur consterné me rapporta la nouvelle de leur mort en même temps que mes fils…
JE SAIS QUOI FAIRE. DÈS QUE POSSIBLE, JE VAIS TUER LES FILS DE JASON ET PARTIR.
MON CŒUR, REVÊTS TON ARMURE ! J'AI TROP LONGTEMPS RETARDÉ CET ACTE HORRIBLE, MAIS NÉCESSAIRE.
ALLONS, MISÉRABLE MAIN AUDACIEUSE ! RENDS L'ÉPÉE !
VENEZ, LES ENFANTS…
MAMAN ?

SORCIÈRE
TU AS TUÉ TES PROPRES FILS
Pleurez les enfants
Encore un fils disparu
Jason…
… tes fils sont morts…
… tués par leur propre mère…

Ma vengeance accomplie, j'ai appelé mes véritables enfants…
Ils sont venus et j'ai pu quitter cette terre honnie…
Je me suis enfuie, laissant Jason seul…

Il ne lui restait rien que la coque décrépite de l'Argo…
Jusqu'à ce que le grand œil tombe de son emplacement et l'écrase…
KKKRR-
POP
-KREUK!!
FIN

Lysistrata

Aristophane

DESSINS, ADAPTATION ET TRADUCTION DE **Valerie Schrag**

ARISTOPHANE FUT L'UN DES GRANDS DRAMATURGES de la Grèce antique, mais tandis que Sophocle, Euripide et d'autres titans du théâtre se concentrèrent sur la tragédie, Aristophane devint le roi de la comédie. Parmi les onze pièces qui sont parvenues jusqu'à nous (sur au moins quarante), *Lysistrata* est la plus connue.

Athènes et une coalition de cités-États grecques menée par Sparte étaient en guerre depuis deux ans, et les Grecques en avaient assez. Elles voulaient que leurs maris et leurs fils reviennent. Lysistrata, une Athénienne, conçut alors un plan : les femmes se refuseraient à leurs maris jusqu'à ce qu'ils arrêtent de faire la guerre. La grève du sexe représentait un bon moyen de pression si tant était que les femmes fussent capables de s'y tenir... (Moins connue, la deuxième partie du plan de Lysistrata prévoit d'empêcher l'approvisionnement en argent de la machine de guerre athénienne en demandant à un groupe de vieilles femmes d'occuper l'Acropole, qui abrite le trésor.)

La pièce est connue pour sa grivoiserie, qui est parfois fort explicite. Un passage célèbre, où Lysistrata se plaint non seulement du manque d'amants mais aussi de godemichés, est presque toujours censuré dans les traductions anglaises. Aristophane utilise en effet le mot grec correspondant à « godemiché », mais ses traducteurs l'ont pratiquement toujours rendu par la « chose », l'« instrument », ou bien ont coupé le passage. De même, Aristophane utilise le mot grec « pénis », qui est en général édulcoré dans les traductions (et remplacé par « homme », « amour », etc.). Et puis il y a aussi le fait que, pendant la grève du sexe, les hommes sur scène exhibaient des érections tout à fait visibles.

Pas d'inquiétude concernant la censure dans *Le Canon graphique* ! La dessinatrice Valerie Schrag nous livre une adaptation totalement paillarde et torride, tout à fait dans l'esprit d'Aristophane. Elle a d'ailleurs traduit elle-même son texte du grec ancien, ayant étudié la littérature classique à l'université de Chicago.

(P.-S. : dans la réalité, bien sûr, il n'y eut pas de grève du sexe, et la coalition menée par les Spartiates finit par vaincre Athènes dans la guerre du Péloponnèse. Mais, pour citer des cas où la vie imite l'art, on a signalé ces dernières années des grèves du sexe, à l'échelle locale ou nationale, de la part des femmes au Kenya, au Liberia, en Colombie et aux Philippines.)

SOURCE

Roberts, Deborah H., « Translation and the "Surreptitious Classic" : Obscenity and Translatability » in *Translation and the Classic : Identity as Change in the History of Culture,* sous la direction d'Alexandra Lianeri et Vanda Zajko, Oxford University Press, 2008.

LYSISTRATA

d'Aristophane

Adapté du grec par

Valerie Schrag

MMXII

REGARDE ! VOILÀ LA FEMME DE THÉOGÈNE ! ET UN AUTRE GROUPE !
BEUAH ! D'OÙ EST-CE QU'ELLES SORTENT ?
D'ANAGYROS.
EH BIEN, ON DIRAIT QU'ELLES ONT AMENÉ ANAGYROS AVEC ELLES !
LYSISTRATA ! JE NE SUIS PAS EN RETARD, SI ?
JE SUIS CONTRARIÉE, MYRRHINE.
MAIS JE NE TROUVAIS PAS MES VÊTEMENTS DANS LE NOIR ! ALLEZ, LYSISTRATA, DIS-MOI QUAND MÊME POURQUOI ON EST LÀ.
ATTENDS UN PEU... J'ATTENDS QUE D'AUTRES ARRIVENT.
OH ! TES SEINS SONT SI FERMES, PITO ! TU POURRAIS ÉTRANGLER UN BŒUF AVEC !
HEP ! PAS TOUCHE !C'EST PAS DE LA BIDOCHE !
LAMPITO, MA CHÈRE SPARTIATE ! TU ES VENUE !
ET D'OÙ VIENT CETTE JOLIE FILLE ?
ELLE, C'EST UNE BÉOTIENNE.
MAIS QUELLE SILHOUETTE !
OK, QUI A ORDONNÉ CE RASSEMBLEMENT DE FEMELLES ?
C'EST MOI ET JE VAIS VOUS EXPLIQUER POURQUOI. MAIS J'AI D'ABORD UNE QUESTION À POSER.
N'EN AVEZ-VOUS PAS ASSEZ D'ATTENDRE VOS MARIS MOBILISÉS ? JE CROIS QUE TOUS NOS MARIS ONT ÉTÉ ENVOYÉS À LA GUERRE UN LONG MOMENT.
LE MIEN EST RESTÉ SEPT MOIS À PYLOS !
ET MOI, NEUF MOIS À THRACE !
MOI AUSSI.
LE MIEN, PAREIL !
OUI !
ALORS, QUI VEUT ARRÊTER LA GUERRE AVEC MOI ?
JE GRIMPERAIS EN HAUT DU MONT TAYGÈTE POUR VOIR ÇA !
JE COUPERAIS MON CORPS EN DEUX ET LE VENDRAIS AU MARCHÉ !
MOI !
MOI AUSSI !

ALORS, JE VAIS VOUS EXPLIQUER MON PLAN. SI ON VEUT VRAIMENT FORCER LES HOMMES À FAIRE LA PAIX, NOUS DEVONS LES PRIVER DE...
DE QUOI ?
VOUS LE FEREZ ?
OUI ! MÊME SI J'EN MEURS !
ON LE FERA ! DIS-NOUS !
ON DOIT SE PRIVER DE QUÉQUETTE.
PARDON ? POURQUOI VOUS REGARDEZ AILLEURS ? VOUS ALLEZ LE FAIRE, HEIN ?
NON !
JE PRÉFÈRE QU'IL Y AIT LA GUERRE ...
AH VRAIMENT ? TOI, TU PARLAIS DE TE COUPER EN DEUX !
TOUT MAIS PAS ÇA, LYSISTRATA ! JE VEUX BIEN MARCHER SUR DES BRAISES MAIS PAS ÇA !
MOI AUSSI ! TOUT MAIS PAS ME PRIVER DE SEXE !
ARRRGH !!!
NOUS SOMMES VRAIMENT PATHÉTIQUES ! PAS ÉTONNANT QUE LES FEMMES SOIENT LES SUJETS DE TOUTES LES TRAGÉDIES !
MAIS MA CHÈRE SPARTIATE LAMPITO, SI TU TE JOINS À MOI, ON PEUT RÉUSSIR !
PAR TOUS LES DIEUX, C'EST TROP DUR POUR UNE FEMELLE DE DORMIR SANS UN PÉNIS BIEN RAIDE À SON CÔTÉ... MAIS JE TE SUIS, LYSISTRATA, POUR QU'ON AIT LA PAIX !
OH, LAMPITO ADORÉE ! TU ES LA SEUL E VRAIE FEMME ICI !
MAIS, LYSISTRATA, SI ON SE PASSE VRAIMENT...DE CE QUE TU DIS, CELA AMÈNERA LA PAIX ?

OUI ! CE QUE L'ON VA FAIRE, C'EST SE FAIRE BELLES, SE MAQUILLER, ENFILER NOS PLUS BELLES ROBES ET LES MEILLEURS PARFUMS ...
... ET LES HOMMES SERONT DURS ET SE JETTERONT SUR NOUS MAIS ON NE LES LAISSERA PAS FAIRE ! ON LES REPOUSSERA ET ON VERRA À QUELLE VITESSE ILS FERONT LA PAIX !
ÇA, C'EST BIEN VRAI ! MÉNÉLAS LUI-MÊME A TOMBÉ L'ÉPÉE QUAND IL A VU LES NIBARDS D'HÉLÈNE !
MAIS S'ILS NOUS PRENNENT DE FORCE ?
RÉSISTEZ.
FEMMES, PEUT-ÊTRE QUE LES HOMMES NOUS PRENDRONT DE FORCE, QU'ILS NOUS BATTRONT. MAIS ÇA NE LES RENDRA PAS HEUREUX.
IL N'Y A AUCUN PLAISIR À TIRER DE TELS ACTES. SEULE LA RÉCIPROCITÉ, LE RESPECT MUTUEL ET L'AMOUR PEUVENT RENDRE UN HOMME HEUREUX.
OK, ALORS. JE VAIS FORCER LES SPARTIATES À FAIRE LA PAIX MAIS, LYSISTRATA, COMMENT TU VAS FAIRE AVEC LES ATHÉNIENS ET TOUS CES DÉMOCRATES ?
POUR NOS HOMMES, PAS DE SOUCI, JE M'EN OCCUPE.
OUI MAIS POUR CE QUI EST DE L'OR ET DE L'ARGENT DE L'ACROPOLE ? C'EST CE QUI FINANCE LA GUERRE !
J'AI AUSSI UN PLAN POUR ÇA ! EMPARONS-NOUS DE L'ACROPOLE ET OCCUPONS-LA DÈS AUJOURD'HUI !
MAIS AVANT, PRÊTONS SERMENT. VENEZ TOUTES ET UNISSEZ VOS MAINS SUR CETTE AMPHORE DE VIN SACRÉE.
MAÎTRESSE DE LA PERSUASION, APHRODITE, ACCEPTE NOTRE OFFRANDE ET FAIS QUE NOTRE PLAN RÉUSSISSE ! MAINTENANT, BUVONS TOUTES ET JURONS DE NOUS PRIVER DE SEXE TANT QU'ILS N'AURONT PAS FAIT LA PAIX !

OUI ! ALORS, BUVONS !
JE VEUX JURER D'ABORD !
ET MOI APRÈS !
LAISSEZ-EN AUX AUTRES !
AÏÏÏÏE !
C'ETAIT QUOI ?
CE SONT LES FEMMES ÂGÉES QUI S'EMPARENT DE LA CITELLE COMME JE L'AI DEMANDÉ !
JE VEUX JURER ENCORE.
NON ! C'EST MON TOUR DE JURER !
MAINTENANT, PARS, LAMPITO !APPLIQUE NOTRE PLAN À SPARTE !
... MAIS LAISSE CES FEMMES ICI... NOUS ALLONS CONTRIBUER AU BLOCAGE DE L'ACROPOLE.
ALORS, MES SŒURS ATHÉNIENNES, AU SOMMET !
LYSISTRATA, TU NE PENSES PAS QUE LES ANCIENS RESTÉS ICI NOUS REPOUSSERONT ?
JE NE ME SOUCIE PAS D'EUX. J'AI UN PLAN... QUI FONCTIONNERA SI ON FAIT TOUTES CE QUE JE DIS !
AILLEURS...
EN AVANT, MES BRAVES ! MÊME SI CE TRONC D'ARBRE PÈSE LOURDEMENT SUR VOS ÉPAULES !
LA VIE RÉSERVE DE NOMBREUSES SURPRISES.QUI AURAIT IMAGINÉ QUE LES FEMMES QUE NOUS ENTRETENONS SE SERAIENT EMPARÉES DE L'ACROPOLE ET EN AURAIENT BLOQUÉ LES PORTES !
NOUS DEVONS NOUS PRESSER POUR MONTER UN BÛCHER AFIN DE TOUTES LES BRÛLER. PAS DÉMÉTER, MOI VIVANT, ELLES NE SE PAIERONT PAS MA TÊTE !
MAIS PAR ZEUS, ON NE PEUT PAS PRENDRE UN ÂNE POUR PORTER CE BOIS SUR LA COLLINE ?
NON ! AVEC L'AIDE DES DIEUX, NOUS ALLONS ALLUMER CE TRONC ET S'EN SERVIR COMME BÉLIER SUR LES PORTES !

SAUF SI, HEU, LES FEMMES DÉVERROUILLENT LES PORTES QUAND NOUS LEUR DEMANDERONS ...
... SINON, NOUS BRÛLERONS LES PORTES ET NOUS LES ENFUMERONS ! Ô, MAÎTRESSE VICTOIRE SOIS MON ALLIÉE POUR QUE JE TRIOMPHE DE LA RÉBELLION DES FEMMES DE LA CITÉ !
HEU... ÇA NE S'ALLUME PAS, ANDROCLÈS ...
DONNE-MOI LA LENTILLE, IMBÉCILE ! JE VAIS M'EN OCCUPER !
JE VOIS DE LA FUMÉE ! CE SONT LES VIEILLARDS, EN BAS DE LA CITADELLE ! COURS, NIKODIKE, COURS ! AMÈNE AUTANT D'EAU QUE TU POURRAS AVANT QU'ILS NOUS BRÛLENT VIVES !
J'AI ENTENDU QUE CES VIEUX FOUS AMENAIENT DU BOIS JUSQU'À L'ACROPOLE ET MENAÇAIENT DE RÉDUIRE LES FEMMES EN CENDRE !
CHÈRE ATHÉNA, DIVINE PROTECTRICE DE LA VILLE, FAITES QUE JE NE VOIE PAS LES FEMMES BRÛLER ! QU'ELLES VIVENT POUR PROTÉGER LA GRÈCE ET SES CITOYENS DE CETTE GUERRE ET DE CETTE FOLIE ! JE FAIS APPEL À TOI : SI CES VIEILLARDS BRÛLENT LES FEMMES, APPORTE-LEUR DE L'EAU !
ARRÊTEZ TOUT DE SUITE ! VIEIL HOMME PATHÉTIQUE !
PAR PHÈDRE ! NOUS TE BATTRONS AVEC DES BÂTONS !
VAS-Y, ESSAIE ET JE TE FRAPPE SI FORT DANS LES NOIX QUE TU IMPLORERAS PARDON !
ARGH ! SI QUELQU'UN L'AVAIT DÉJÀ FRAPPÉE EN PLEINE MÂCHOIRE, ELLE ARRÊTERAIT CES PALABRES !
SI TU NE LA FERMES PAS, JE TE TAPERAI DESSUS SI FORT QUE ÇA T'EN DÉCOLLERA LA PEAU !
VAS-Y ! SI TU POSES UN DOIGT SUR MOI, JE T'ARRACHE LE CŒUR AVEC LES DENTS ET JE LE MANGE !

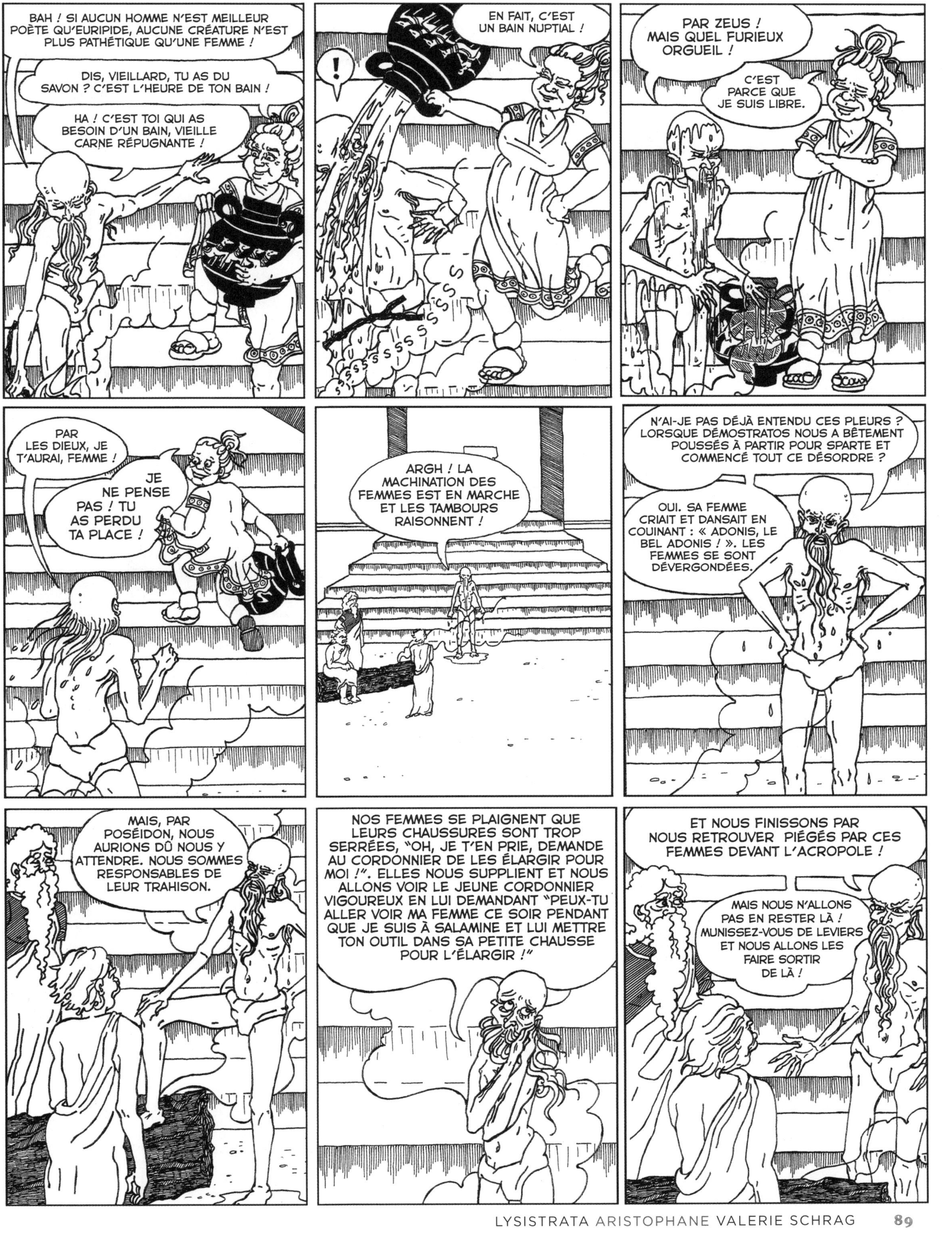

BAH ! SI AUCUN HOMME N'EST MEILLEUR POÈTE QU'EURIPIDE, AUCUNE CRÉATURE N'EST PLUS PATHÉTIQUE QU'UNE FEMME !
DIS, VIEILLARD, TU AS DU SAVON ? C'EST L'HEURE DE TON BAIN !
HA ! C'EST TOI QUI AS BESOIN D'UN BAIN, VIEILLE CARNE RÉPUGNANTE !
!
EN FAIT, C'EST UN BAIN NUPTIAL !
SSSSSSSSSSSSSSSS
PAR ZEUS ! MAIS QUEL FURIEUX ORGUEIL !
C'EST PARCE QUE JE SUIS LIBRE.
PAR LES DIEUX, JE T'AURAI, FEMME !
JE NE PENSE PAS ! TU AS PERDU TA PLACE !
ARGH ! LA MACHINATION DES FEMMES EST EN MARCHE ET LES TAMBOURS RAISONNENT !
N'AI-JE PAS DÉJÀ ENTENDU CES PLEURS ? LORSQUE DÉMOSTRATOS NOUS A BÊTEMENT POUSSÉS À PARTIR POUR SPARTE ET COMMENCÉ TOUT CE DÉSORDRE ?
OUI. SA FEMME CRIAIT ET DANSAIT EN COUINANT : « ADONIS, LE BEL ADONIS ! ». LES FEMMES SE SONT DÉVERGONDÉES.
MAIS, PAR POSÉIDON, NOUS AURIONS DÛ NOUS Y ATTENDRE. NOUS SOMMES RESPONSABLES DE LEUR TRAHISON.
NOS FEMMES SE PLAIGNENT QUE LEURS CHAUSSURES SONT TROP SERRÉES, "OH, JE T'EN PRIE, DEMANDE AU CORDONNIER DE LES ÉLARGIR POUR MOI !". ELLES NOUS SUPPLIENT ET NOUS ALLONS VOIR LE JEUNE CORDONNIER VIGOUREUX EN LUI DEMANDANT "PEUX-TU ALLER VOIR MA FEMME CE SOIR PENDANT QUE JE SUIS À SALAMINE ET LUI METTRE TON OUTIL DANS SA PETITE CHAUSSE POUR L'ÉLARGIR !"
ET NOUS FINISSONS PAR NOUS RETROUVER PIÉGÉS PAR CES FEMMES DEVANT L'ACROPOLE !
MAIS NOUS N'ALLONS PAS EN RESTER LÀ ! MUNISSEZ-VOUS DE LEVIERS ET NOUS ALLONS LES FAIRE SORTIR DE LÀ !

ATTENDEZ. PAS BESOIN DE LEVIER, JE VIENS DE MON PLEIN GRÉ !
VITE ! ATTRAPEZ-LA ! ATTACHEZ-LUI LES MAINS DANS LE DOS !
VOUS NE ME TOUCHEREZ PAS ! J'AI DES TROUPES DE FEMMES ARMÉES DERRIÈRE LES PORTES. MES PETITES VENDEUSES DE LÉGUMES ET SERVANTES VOUS ATTAQUERONT !
VRAIMENT ? IL DOIT Y AVOIR UNE TAVERNE NON LOIN POUR QUE TU SOIS SI EXCITÉE !
TU GASPILLES TON SOUFFLE À DÉBATTRE AVEC CETTE CRÉATURE !
T ÉCOUTEZ, NOUS NE VOULONS PAS NOUS BATTRE. NOUS PRÉFÉRERIONS RESTER À LA MAISON ET NOUS CONDUIRE COMME DES JOLIES JOUVENCELLES MAIS QUAND ON NOUS AGACE, NOUS SOMMES COMME DES GUÊPES À QUI ON A VOLÉ DU MIEL
EH BIEN, TU AS TORT SI TU CROIS QUE C'EST L'ARGENT QUI MOTIVE LA GUERRE.
TOUT CE DÉSASTRE A COMMENCÉ À CAUSE DE LA POLITIQUE ET DE L'ARGENT. VOUS, LES HOMMES, POUVEZ CONTINUEZ À FAIRE LA POLITIQUE MAIS NOUS NOUS OCCUPERONS DE L'ARGENT.
VOUS OCCUPER DE L'ARGENT ?! HA !
OH, TU TROUVES ÇA DRÔLE ? NE GÉRONS-NOUS PAS DÉJÀ TOUTES LES AFFAIRES DE LA MAISON ?
MAIS C'EST DIFFÉRENT ! C'EST LA GUERRE ! CE N'EST PAS L'AFFAIRE DES FEMMES !
ECOUTEZ, PENDANT LONGTEMPS, NOUS AVONS GARDÉ LE SILENCE, QUOIQUE VOUS FASSIEZ. NOUS N'AVIONS PAS NOTRE MOT À DIRE ! MAIS NOUS N'ÉTIONS PAS HEUREUSES. INTÉRIEUREMENT NOUS PLEURIONS.
MAIS COMMENT RESTER SILENCIEUSES ALORS QUE LÀ, IL NE RESTE MÊME PLUS UN JEUNE HOMME CÉLIBATAIRE EN VILLE ?! LA SEULE SOLUTION, C'ÉTAIT DE RASSEMBLER TOUTES LES FEMMES DE GRÈCE POUR LA SAUVER.
ALORS SI VOUS POUVEZ ÉCOUTER CE QUE NOUS AVONS À DIRE, COMME SI NOUS ÉTIONS VOS FEMMES, NOUS POUVONS VOUS SAUVER !
COMMENT JE POURRAIS T'ÉCOUTER ALORS QUE TU PORTES CE RUBAN DANS LES CHEVEUX ! PLUTÔT MOURIR !
ARGH ! SI CE STUPIDE RUBAN EST UN TEL OBSTACLE ALORS PRENDS-LE, METS-LE AUTOUR DE TON CRÂNE ET TAIS-TOI !
OUI ! ET PRENDS CETTE GUIRLANDE ! ET CE PANIER DE COUTURE !

LA GUERRE EST L'AFFAIRE DES FEMMES.
NOUS LES FEMMES, NOUS AVONS LE COURAGE, L'INTELLIGENCE, LE PATRIOTISME ET LE BON SENS ! OH MES MAGNIFIQUES VIERGES ET MÈRES FERTILES, SOYEZ FORTES ET RÉSISTEZ À VOS PULSIONS ! LES DIEUX NOUS SONT FAVORABLES !
MAINTENANT, AMADOUONS ÉROS ET LAISSONS LE SOUFFLE D'APHRODITE NOUS CARESSER LES SEINS ET LES CUISSES POUR FAIRE DURCIR TOUS LES HOMMES !
PLUS TARD, ON NOUS APPELLERA « LYSIMAQUES » OU « BRISE-BATAILLES » DANS TOUTE LA GRÈCE !
FOLIE ! COMMENT ALLEZ-VOUS ARRÊTER LE CHAOS QUI SE RÉPAND SUR NOS TERRES ?!
FACILE ! C'EST COMME LORSQUE LE FIL DU FUSEAU EST TOUT EMMÊLÉ ! NOUS SAVONS COMMENT LE DÉFAIRE DÉLICATEMENT... ET DE LA MÊME FAÇON, NOUS ARRÊTERONS LA GUERRE !
BAH ! VOUS PENSEZ ARRÊTER LA GUERRE EN FAISANT DE LA COUTURE !? VOUS NE CONNAISSEZ RIEN À LA GUERRE !
AU CONTRAIRE ! SI VOUS ÉTIEZ SENSÉS, VOUS MÈNERIEZ LA GUERRE COMME NOUS LE FAISONS AVEC NOTRE OUVRAGE !
REGARDEZ, TOUTES CES COLONIES ET CES DIFFÉRENTES RACES SONT SÉPARÉES COMME DES FILS DE LAINE ET NOUS POUVONS LES ASSEMBLER ET EN FAIRE UN MANTEAU POUR TOUT LE PEUPLE !
ET EN PLUS, NOUS LES FEMMES, SUPPORTONS LE PRIX DE LA GUERRE PLUS QUE VOUS ! NE DONNONS-NOUS PAS NAISSANCE AUX FILS QUI DEVIENDRONT SOLDATS ?
ET PIRE DE TOUT, ALORS QUE NOUS SOMMES JEUNES ET VOULONS EN PROFITER, NOUS SOMMES COINCÉES À LA MAISON, SEULES, À CAUSE DE LA GUERRE ! PENSEZ À TOUTES CES PUCELLES QUI FLEURISSENT SEULES DANS LEUR CHAMBRE !
PFF ! LES HOMMES VIEILLISSENT AUSSI !

NON, PAR ZEUS, CE N'EST PAS PAREIL. UN VIEIL HOMME GRIS PEUT ENCORE MARIER UNE JEUNE PUCELLE ET AVOIR PLEIN D'ENFANTS... MAIS LE BEL ÂGE DE LA FEMME EST BREF. SI ELLE N'EN PROFITE PAS LORSQU'ELLE LE PEUT, PERSONNE NE VOUDRA LA MARIER ET ELLE RESTERA SEULE À LA MAISON, À REGARDER LES ÉTOILES ET À LIRE SON HOROSCOPE !
ELLE A FAIT QUOI ?
LYSISTRATA, REINE DES AFFAIRES DE L'ÉTAT, QUE SE PASSE-T-IL ? POURQUOI PLEURES-TU ?
C'EST UNE HONTE DE LE DIRE MAIS C'EST UN TROP GRAND FARDEAU POUR ÊTRE TU !
QUOI ? QU'EN EST-IL ?
EN BREF : NOUS DEVONS BAISER.
MOI SEULE, JE NE POURRAIS VOUS ÉLOIGNER DES HOMMES ! JE VIENS D'APPRENDRE QU'UNE AUTRE FEMME...
HÉ ! OÙ VAS-TU ?!
MOI ? HEU... CE SONT MES DRAPS ! ILS SONT PRIS D'ASSAUT PAR LES MITES ! JE DOIS Y ALLER !
NON, ARRÊTE DE PENSER AUX GROSSES MITES DANS TES DRAPS !
FEMMES ! ARRÊTEZ AVEC LES EXCUSES ET LES MENSONGES ! SI VOS HOMMES VOUS MANQUENT, VOUS NE PENSEZ PAS QUE VOUS LEUR MANQUEZ AUSSI ? TENEZ BON, MES SŒURS, SOYEZ PERSÉVÉRANTES. SI NOUS RESTONS FORTES, NOUS TRIOMPHERONS !
OH OH ! JE VOIS UN JEUNE HOMME TRANSI D'AMOUR PRÈS DU TEMPLE DE CÉRÈS !
QUELQU'UN LE RECONNAÎT ?
C'EST CINESIAS, LE MARI DE MYRRHINE !
ALORS C'EST SON DEVOIR DE LE TORTURER ! VITE ! VA DIRE À MYRRHINE DE L'AIMER ET D'ARRÊTER. DE LE TENTER PAR TOUS LES MOYENS SEXUELS, HORMIS LA FINALITÉ, COMME NOUS L'AVONS JURÉ !

PITIÉ ! CE SEXE TOUT DUR ME FAIT MAL ! C'EST DE LA TORTURE ! C'EST INSOUTENABLE !
BONJOUR ! TU ES CINESIAS ?
OUI... ON SE CONNAÎT ?
OH, TA FEMME MYRRHINE N'ARRÊTE PAS DE PARLER DE TOI...
ELLE A TON NOM PLEIN LA BOUCHE !
ALORS AMÈNE-LA-MOI, FEMME !
ET J'AURAI QUOI EN ÉCHANGE ?
JE T'OFFRE CETTE
VERGE, PAR ZEUS !
HMF ! D'ACCORD, JE VAIS LA CHERCHER...
ET PRESSE-TOI ! JE NE JOUIS PLUS DE LA VIE DEPUIS QUE MYRRHINE M'A QUITTÉ... MA MAISON SENT LE DÉSESPOIR. JE NE PEUX DORMIR OU MANGER. JE NE PENSE QU'À BAISER.
MYRRHINE ! VA LE VOIR ET N'OUBLIE PAS TON SERMENT !
OH, JE L'AIME ! J'AIME CET HOMME ! MAIS IL NE M'AIME PAS VRAIMENT... NE ME FORCE PAS À ALLER LE VOIR.
MYRRHINE, TU LE DOIS !
MYRRHINE, MON AMOUR ! APPROCHE-TOI !
NON. PAS TANT QU'IL N'Y AURA PAS LA PAIX !
JE T'EN PRIE, MA CHÉRIE, ALLONGE-TOI AVEC MOI RIEN QU'UNE MINUTE !
NON, MON AMOUR... JE T'AIME MAIS JE NE PEUX PAS.
EN PLUS, TU VEUX QUE JE M'ALLONGE ICI, PAR TERRE ?!
LE TEMPLE DE CÉRÈS, C'EST AUSSI BIEN QU'AILLEURS !
NON, PAS DANS LA FANGE !
ET SURTOUT, JE NE ME PARJURERAI PAS !
J'ASSUMERAI POUR TOI !
D'ACCORD, MAIS LAISSE-MOI AU MOINS ALLER CHERCHER UN MATELAS...

OK ! MAINTENANT, NOUS POUVONS NOUS DÉSHABILLER !
HUM... IL MANQUE QUELQUE CHOSE !
UN OREILLER ! VOILÀ !
BON SANG, FEMME ! TOUT CE QUE JE VEUX, C'EST BAISER !
CHHH... CHÉRI, J'ARRIVE TOUT DE SUITE...
OÙ EST PASSÉE CETTE FEMME !?
ARRGH ! ELLE M'A TROMPÉ ! J'AI ÉTÉ ABUSÉ ET DÉTRUIT PAR LA PLUS BELLE ET BANDANTE FEMME DE LA TERRE !
HÉ TOI, LÀ-BAS ! SAIS-TU OÙ SONT LES CHEFS D'ATHÈNES ? J'AI UN MESSAGE URGENT DE SPARTE !

DIS, MON BRAVE, TU PORTES UN JAVELOT SOUS TES VÊTEMENTS !
EUH ? OH NON... C'EST UNE SCYTALE LACONIENNE !
AH OUI ? ET ÇA, C'EST AUSSI UNE SCYTALE LACONIENNE ?
OUI, EH BIEN, TOUS LES SPARTIATES ONT LE GOURDIN PLEIN DE SANG ! TOUS NOS ALLIÉS, PAREIL, ON L'A AUSSI DUR QUE DU CAILLOU !
C'EST LAMPITO, JE CROIS, QUI A COMMENCÉ. ELLE A FORCÉ TOUTES LES FEMELLES À PAS S'APPROCHER DES HOMMES TANT QU'ON N'AURA PAS FAIT LA PAIX.
HUM... ALORS TOUTES LES FEMMES DE GRÈCE SE SONT MISES D'ACCORD !
EH BIEN, TU FERAIS BIEN DE RETOURNER À TES CHEFS ET LEUR DIRE QU'ON EST PRÊTS À DISCUTER D'UN TRAITÉ DE PAIX, PRONTO !
D'ACCORD, J'Y COURS !
OH, IL N'Y A AUCUN FAUVE PLUS REDOUTABLE QU'UNE FEMME ! NI AUCUN FEU PLUS BRÛLANT !
VA.
VIENS ICI, BÉBÉ, REDEVENONS AMIS.
OÙ QU'ELLE EST, CETTE LYSISTRATA ?! ON VEUT CAUSER TRAITÉ DE PAIX !
BIENVENUE, AMBASSADEURS SPARTIATES ! JE SUIS LYSISTRATA, VENEZ DONC, NOUS ALLONS DISCUTER !
TOUT D'ABORD, HOMMES D'ATHÈNES, AVEZ-VOUS OUBLIÉ LA FOIS OÙ LES SPARTIATES SONT VENUS POUR VOUS LIBÉRER DE VOS ENNEMIS ? ET QU'ILS VOUS ONT HABILLÉS AVEC LEURS PROPRES VÊTEMENTS POUR QUE VOUS N'AYEZ PLUS L'AIR D'ESCLAVES ?

ET VOUS ! HOMMES DE SPARTE, AVEZ-VOUS OUBLIÉ QUAND PÉRICLIDÈS EST VENU AVEC 4 000 SOLDATS ATHÉNIENS POUR SAUVER SPARTE ? ET MAINTENANT, VOUS RAVAGEZ NOS TERRES ET PILLEZ NOS VILLES ?
CHERS HOMMES, AVEC TOUT CE PASSÉ D'ENTRAIDE, POURQUOI SE BATTRE ? METTONS UN TERME À CETTE FOLIE ET FAISONS LA PAIX !
... ET ENSUITE, VOUS POURREZ DISPOSER DE VOS FEMMES.
D'ACCORD !
OUAIS ! AU SOMMET, POUR CÉLÉBRER !
HOURRAH !
PARURES, VÊTEMENTS, LAINAGES ET OR, PEU IMPORTE CE QUE JE POSSÈDE ! DÉSORMAIS, À N'IMPORTE QUELLE HEURE, L'IMPORTANT C'EST QUE TU ME CÈDES ! TOUT CE QUE J'AI, TOUT CE QUE JE POSSÈDE, L'IMPORTANT C'EST QUE TU ME CÈDES !
J'AVAIS JAMAIS VU D'ORGIES PLUS SPLENDIDES !
C'EST BIEN VRAI, MON BON ! NOUS NE SOMMES NOUS-MÊMES QUE LORSQUE NOUS BUVONS !
SI JE FAISAIS CE QUEJE VOULAIS, J'SERAIS TOUJOURS IVRE POUR PRENDRE LES DÉCISIONS IMPORTANTES !
BONNE NUIT À TOUS ! REMERCIONS LA BONNE FORTUNE ET JURONS DE NE PAS LA DÉCEVOIR !
LYSISTRATA ?
TU ES PRÊTE À RENTRER, MAINTENANT ?
OUI, MON AIMÉ, RENTRONS MAINTENANT.
FIN.

Le Livre d'Esther
de la Bible hébraïque

Dessins, adaptation et traduction de **J. T. Waldman**

LE LIVRE D'ESTHER, LIVRE INJUSTEMENT NÉGLIGÉ de la Bible hébraïque (ce que les chrétiens appellent l'Ancien Testament) et probablement écrit au IVe siècle avant J.-C., met en scène l'un des personnages féminins les plus forts de la Bible. Lors d'une grande fête donnée par le roi Assuréus de Perse, ce dernier, ivre et désireux de fanfaronner, ordonne qu'on amène la reine Vashti nue (à l'exception de sa couronne). Mais celle-ci refuse et, pour la punir de son insubordination, le roi la déchoit de son titre. Après avoir passé une année à tester les plus belles vierges de son empire, Assuréus choisit Esther comme nouvelle reine ; celle-ci lui dissimule alors qu'elle est juive. Toutefois, quand le Premier ministre d'Assuréus lance une campagne de terreur et d'exécutions contre les juifs à travers tout le pays, Esther, au risque de sa propre vie, s'élève contre l'initiative et sauve son peuple. La fête juive Pourim célèbre cette libération.

De façon surprenante, peu de livres bibliques ont été adaptés dans leur intégralité sous des formes graphiques. J. T. Waldman, artiste de Philadelphie, nous livre l'une de ces œuvres rares avec *Megillat Esther,* en 2005 : l'iconographie y est audacieuse et complexe. Waldman mêle des intrigues secondaires et ajoute des couches de sens tirées du commentaire en hébreu rabbinique (le Talmud). Quant au texte intégral en ancien hébreu, merveilleusement lettré à la main, il étend son tissage sur chaque page.

Les pages suivantes correspondent à la première partie de l'histoire.

הי בימי אחשורוש
CELA SE PASSAIT AU TEMPS

D' ASSUÉRUS

הוא אחשורוש המלך
מהדו ועד כוש
LE ROI ASSUÉRUS RÉGNAIT DE L'INDUS AU ROYAUME DE KOUSH –
ומאה
מדינה:
CENT
SUSE
INDUS
VINGT-SEPT PROVINCES.
KOUSH

בימים ההם כשבת המלך
אחשורוש על כסא מלכותו אשר
EN CE TEMPS-LÀ
LE ROI ASSUÉRUS
ÉTAIT ASSIS SUR LE TRÔNE
DE SON ROYAUME.

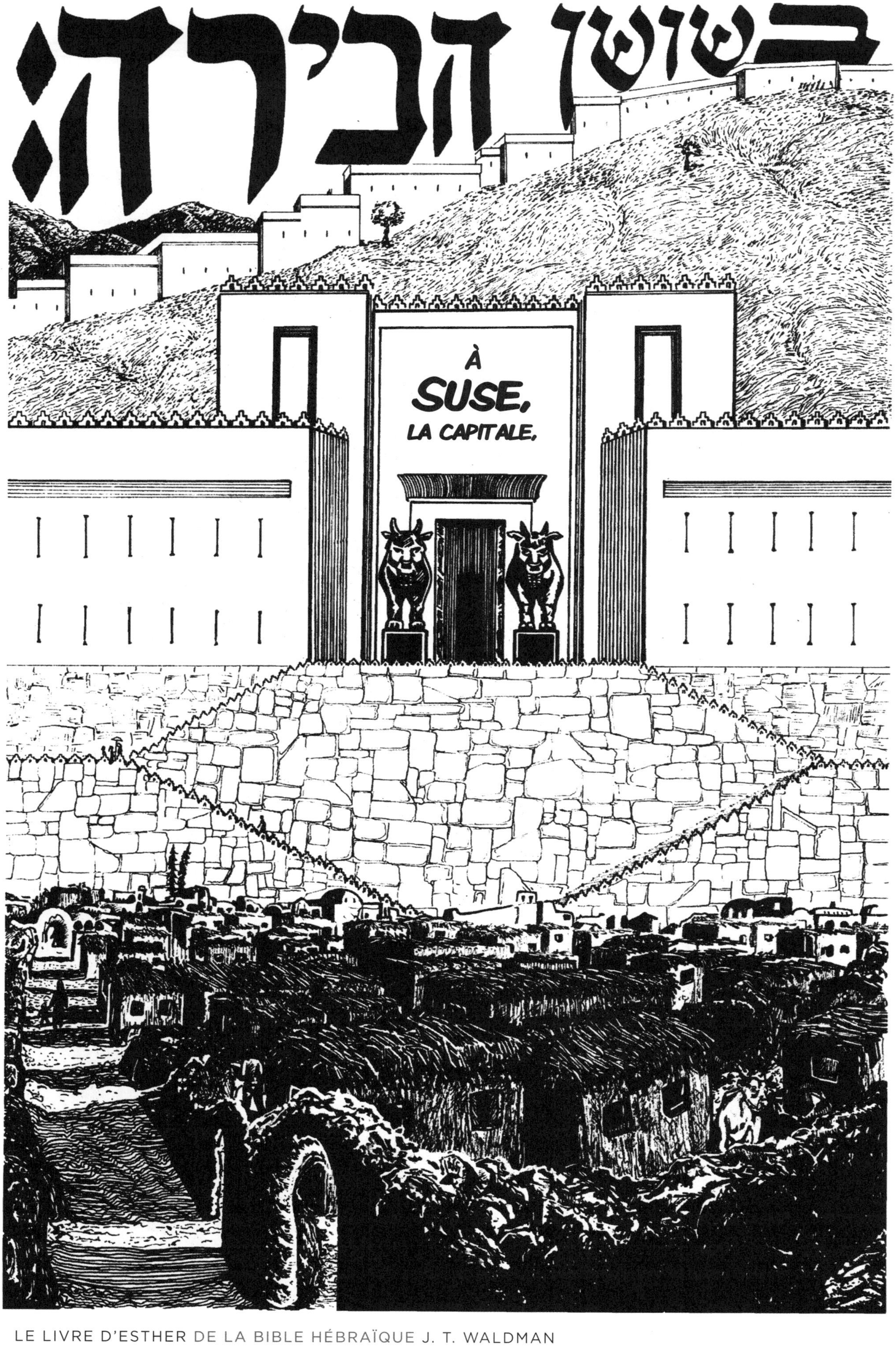
בשושן הבירה׃
À
SUSE,
LA CAPITALE,

בשנת שלוש למלכו עשה
DURANT LA TROISIÈME ANNÉE DE SON RÈGNE, IL FIT UN FESTIN À TOUS SES PRINCES.
ET À SES SERVITEURS.
משתה לכל שריו ועבדיו חיל פרס
L'ARMÉE DE PERSE ET DE MÉDIE.
LES GRANDS SEIGNEURS ET LES GOUVERNEURS DES PROVINCES ÉTAIENT DEVANT LUI
ומדי הפרתמים ושרי המדינות לפניו:

IL MONTRA LA RICHESSE DE LA GLOIRE DE SON ROYAUME ET L'ÉCLATANTE
בהראתו את עשר
כבוד מלכותו ואת יקר
תפארת גדולתו ימים רבים
MAGNIFICENCE DE SA GRANDEUR PENDANT UN GRAND NOMBRE DE JOURS.
LE VOILÀ QUI EXHIBE ENCORE LES VÊTEMENTS DES HAUTS PRÊTRES JUIFS !
1

* CENT QUATRE-VINGTS JOURS.

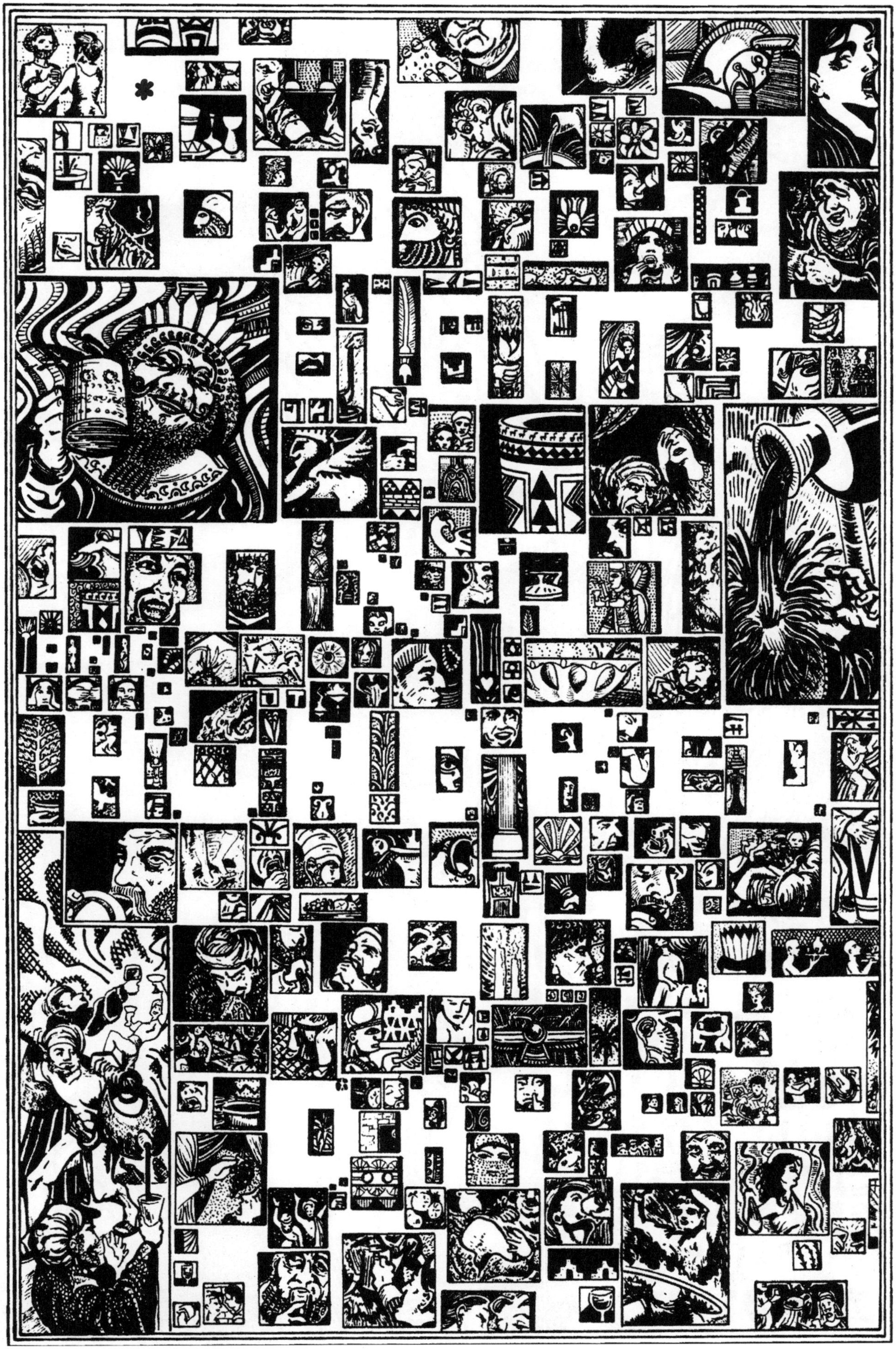

Et au bout de ces jours-là, le roi fit un festin pendant sept jours, dans la cour du jardin du palais du roi,
à tout le peuple qui se trouvait à Suse, du plus grand au plus petit.
חור כרפס
ותכלת אחוז
בחבלי בוץ
וארגמן על
גלילי כסף
ועמודי שש
מטות זהב
וכסף על רצפת
בהט ושש
ודר וסחרת:

DES TENTURES BLANCHES, VERTES ET POURPRES, ÉTAIENT RETENUES PAR DES CORDONS ÉCARLATES À DES COLONNES DE MARBRE BLANC AUX ROUES D'ARGENT.
LES LITS ÉTAIENT D'OR ET D'ARGENT SUR UN SOL DE MARBRE BLANC, DE NACRE ET AUTRES PIERRES PRÉCIEUSES.
ובמלואת הימים
האלה עשה
המלך לכל העם
הנמצאים בשושן
הבירה למגדול
ועד קטן משתה
שבעת ימים
בחצר גנת
ביתן המלך:

והשקות בכלי זהב וכלים מכלים שונים ויין מלכות רב כיד המלך
והשתיה כדת אין אנס כי־כן יסד המלך על כל־רב ביתו לעשות כרצון איש־ואיש:
PENDANT CE TEMPS...
ON DONNAIT À BOIRE DANS DES VASES D'OR, QUI ÉTAIENT DE DIVERSES FAÇONS, ET IL Y AVAIT DU VIN ROYAL EN ABONDANCE. AINSI QUE L'ORDONNAIT LA LOI DU ROI, ON NE CONTRAIGNAIT PERSONNE À BOIRE CAR, SOUS SOUS SON TOIT, CHACUN (POURVU QU'IL SOIT UN HOMME) POUVAIT FAIRE CE QU'IL VOULAIT.

VASTHI, LA REINE, FAISAIT AUSSI UN FESTIN POUR LES FEMMES, DANS LA MAISON ROYALE DU ROI ASSUÉRUS.
גם ושתי המלכה עשתה
משתה נשים בית המלכות
אשר למלך אחשורוש:

יום השביעי כטוב ל
LE SEPTIÈME JOUR, COMME LE ROI AVAIT LE CŒUR ÉGAYÉ PAR LE VIN,
המלך ביין
אמר למהומן בזתא חרבונא
IL CONVOQUA SES EUNUQUES :
MÉHUMAN, BIZTHA,
HARBONA, BIGTHA, ABAGTHA, ZÉTHAR ET CARCAS.

ALLEZ !
להביא את-ושתי המלכה לפני
"AMENEZ, DEVANT LE ROI, LA REINE VASTHI COIFFÉE DE LA COURONNE."
המלך בכתר מלכות להראות
העמים והשרים את-יפיה
"QUE JE PUISSE MONTRER SA BEAUTÉ AUX PEUPLES ET AUX SEIGNEURS."
כי-טובת מראה היא:
"CAR ELLE EST D'UNE BEAUTÉ REMARQUABLE !"

ותמאן המלכה ושתי לבוא
בדבר המלך אשר ביד הסריסים
AVEC LA COURONNE UNIQUEMENT ?!
DITES-LUI QUE J'AI LA LÈPRE... OU QU'UNE QUEUE M'A POUSSÉ ! JE NE SUIS LE JOUET DE PERSONNE.
2
MAIS LA REINE VASTHI REFUSA D'OBÉIR AU COMMANDEMENT DU ROI ET NE SUIVIT PAS LES EUNUQUES.

Le Banquet

Platon

Dessins et adaptation de **Yeji Yun**

***LE BANQUET* EST L'UN DES PLUS GRANDS ÉCRITS** philosophiques et littéraires sur l'amour. Comptant parmi les quelque trente dialogues de Platon et remontant probablement à 380 avant J.-C., il se situe dans la maison d'un poète athénien, Agathon, qui donne un banquet où les convives sont uniquement des hommes. Le festin est suivi de l'absorption rituelle d'une grande quantité de vins tandis que l'on s'engage dans des débats fougueux et que l'on tient des discours. Sept éminents intellectuels – dont un médecin et Socrate lui-même – figurent parmi les invités, chacun ayant accepté de faire un laïus à l'éloge du dieu Éros (alias Amour, l'équivalent grec du Cupidon romain). L'amour, le désir et le sexe y sont vantés, disséqués et débattus. Le dramaturge Aristophane (celui qui a écrit la comédie sexuelle *Lysistrata*) manque d'abord son tour à cause d'un hoquet, puis finit par tenir l'un des discours les plus célèbres du banquet : il s'agit d'un mythe hilarant de la création, mais curieusement plausible, qui explique pourquoi les êtres humains sont attirés les uns par les autres.

Au début, nous explique Aristophane, chaque être humain était en réalité un duo d'êtres soudés, présentant quatre bras, quatre jambes, deux têtes et deux appareils génitaux. Nos ancêtres, qui étaient très forts et impétueux, avaient essayé de prendre d'assaut le mont Olympe et d'usurper la place des dieux. Contrarié, et un peu inquiet, Zeus décida alors de châtier ces premiers humains, c'est-à-dire de les couper en deux, chaque individu ayant désormais deux bras, deux jambes, une tête unique et un seul appareil génital. Depuis, nous ressentons tous qu'il nous manque une moitié et nous passons notre existence à la rechercher afin d'être temporairement réunis. (La plupart des humains à quatre jambes avaient deux appareils génitaux différents, mais certains en avaient deux identiques, deux pénis ou deux vagins, ce qui explique que d'aucuns soient attirés par les personnes de leur sexe.)

L'illustratrice Yeji Yun – née à Séoul et vivant maintenant à Londres – a dessiné ces événements sans texte sur trois doubles pages, qu'elle a appelées *The Origins of Love* (Les Origines de l'amour).

SOURCE

Platon, *Le Banquet*, édité, traduit et préfacé par Christopher Gill, Penguin Classics, 2003.

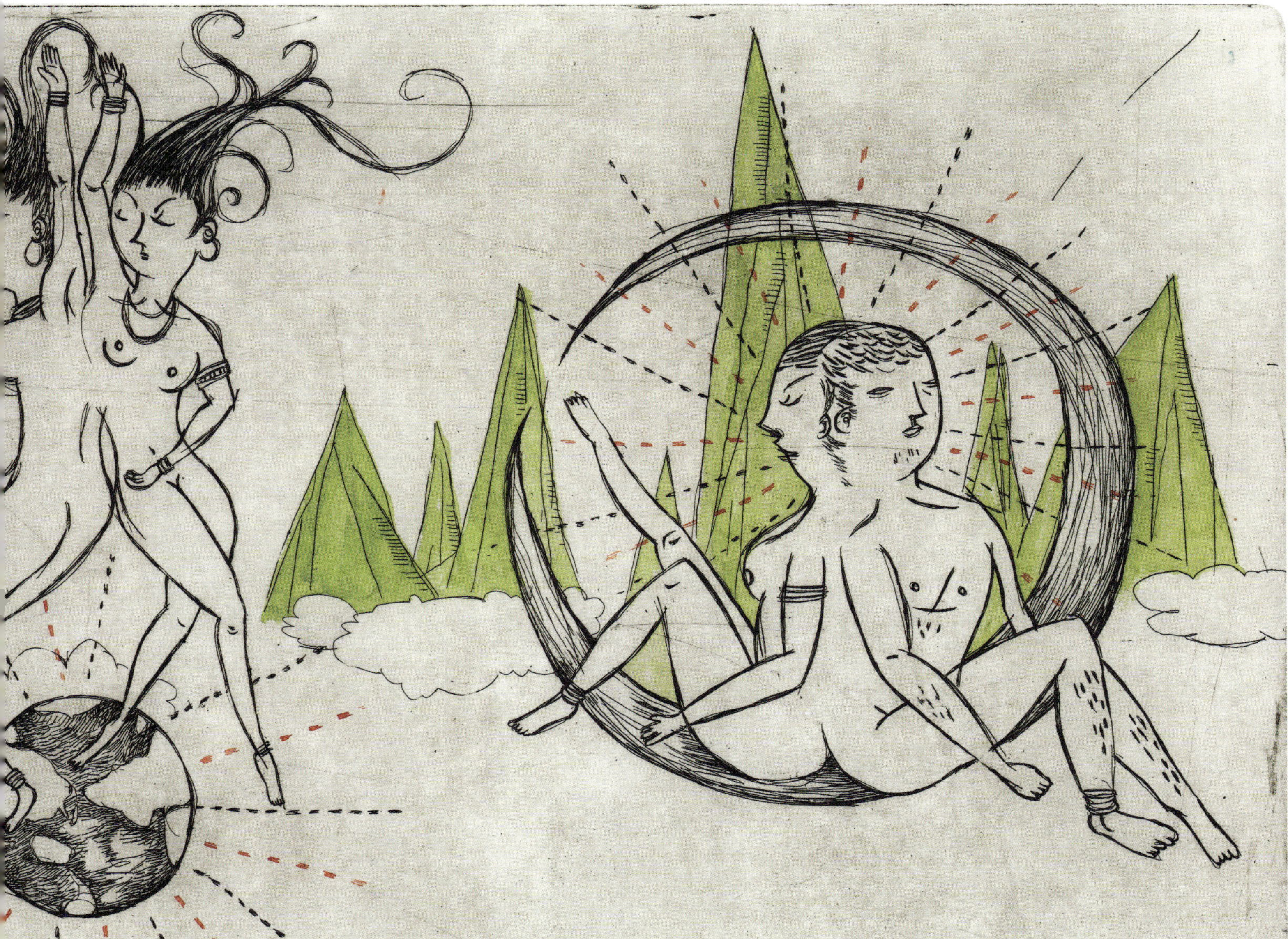

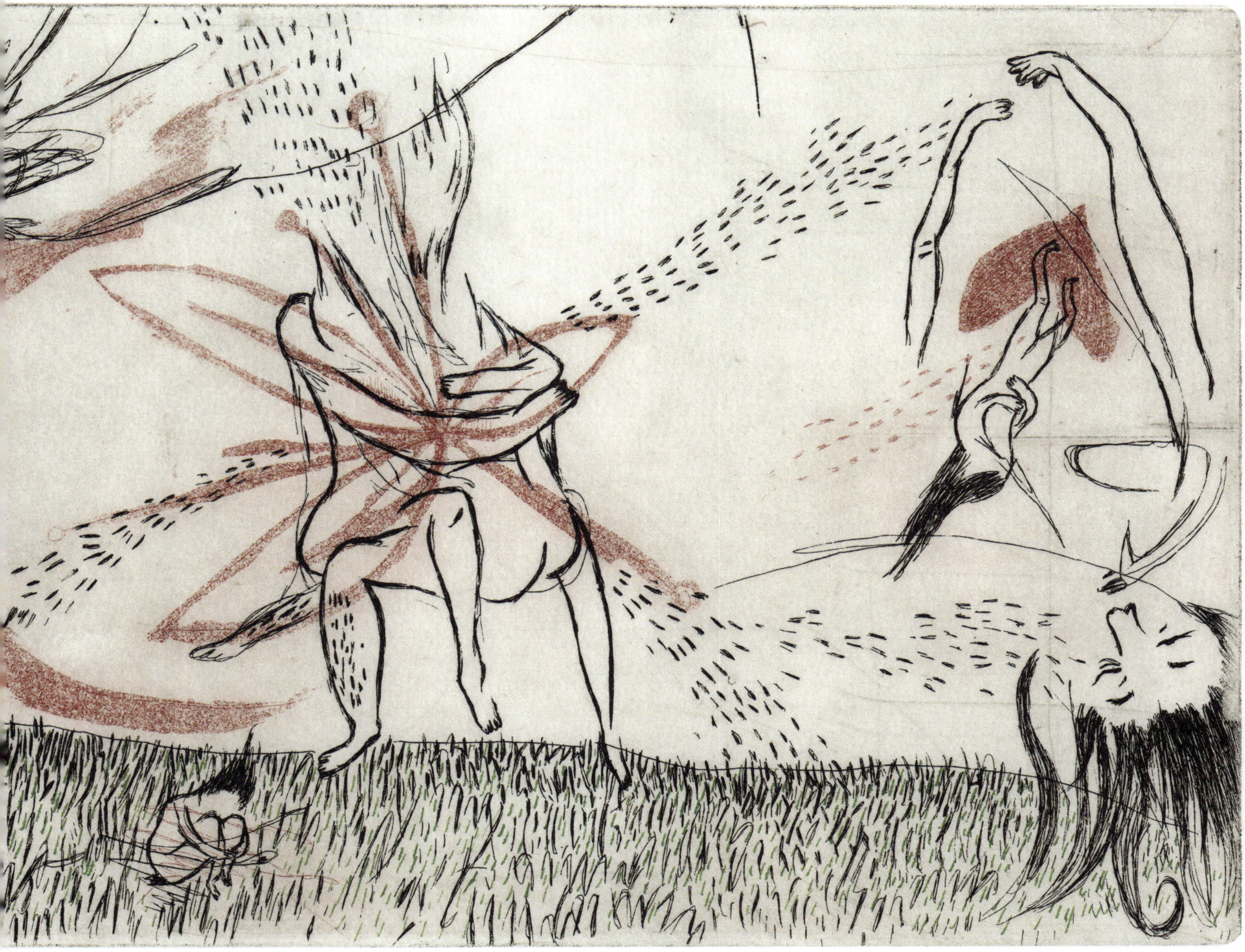

Tao Te King (Le Livre de la voie et de la vertu)

Lao Tseu

Adaptation de **Fred Van Lente**

Dessins de **Ryan Dunlavey**

LE *TAO TE KING* A ÉTÉ ÉCRIT IL Y A ENVIRON 2 500 ans par, semble-t-il, un philosophe spirituel chinois appelé Lao Tseu (qui signifie tout simplement « Vieux Maître »). On ne sait pas si ce dernier a ou non existé. Indépendamment de ses origines brumeuses, ce recueil de quatre-vingt-un textes brefs et poétiques sur la nature suprême de la réalité constitue le document fondateur du taoïsme. Il a influencé tous les systèmes religieux orientaux et est devenu un classique mondial de la spiritualité, traduit environ deux cents fois en anglais. Dans ses essais célèbres sur les œuvres classiques, Kenneth Rexroth explique que la « meilleure façon d'aborder ce livre est de le considérer comme un recueil de sujets permettant de méditer, comme des catalyseurs menant à la contemplation. Ce n'est certainement pas un traité de philosophie ou de religion, au sens où nous entendons les mots religion, philosophie ou traité. » De la même façon, Lam Surya Das écrit :

> *Un petit Tao* fait un long chemin. Le *Tao Te King* doit être savouré feuille par feuille, ligne par ligne, comme un poème haïku – lu et apprécié, puis médité et relu. Ces déclarations travaillées, provocatrices et définitives regorgent de sermons énoncés en une phrase, incarnant l'essence de la sagesse universelle sous la forme charmante d'un poème qui donne place à plus d'interprétation qu'un test de Rorschach.

L'extrait impertinent du *Tao Te King* que nous livrent Fred Van Lente et Ryan Dunlavey provient de leur ingénieuse série de bandes dessinées *Action Philosophers !*, qui contient en essence les plus grands penseurs du monde, de Platon à Derrida, en passant par Thomas d'Aquin, Bacon, Schopenhauer et Jung.

SOURCE

Lao Tseu, Derek Lin, *Tao Te Ching : Annoted and Explained*, Wookstock, Vermont, SkyLight Paths Publishing, 2006.
Rexroth, Kenneth, *More Classics Revisited*, New Direction Publishing, 1989.

LAO TSEU
MME MMOW MIH MEH MET MOMMEH MET MAH ME MOW MEMERNAL.*
MMON MOUH MOUH MÉMENMONS MEH MEMREH MUIMANTS MUH MEMEUF MIMIMUEM MU MAH MÉMENMÈRE MOW MEH MMIN MANH MOMEMEM !*
* : "... LE TAO (LE "CHEMIN" OU LA "VOIE" EN CHINOIS) QUI PEUT ÊTRE NOMMÉ N'EST PAS LE TAO ÉTERNEL".
dit...
* "DONC, NOUS VOUS PRÉSENTONS LES EXTRAITS SUIVANTS DU CHEF-D'ŒUVRE SPIRITUEL DU SAGE LÉGENDAIRE, LE TAO TE KING ("LE LIVRE DU CHEMIN ET DE SA VERTU", 600 AV JC), SANS COMMENTAIRE !"
SOUS LES CIEUX, ON NE PEUT DISTINGUER LA BEAUTÉ QUE GRÂCE À LA LAIDEUR.
ON NE POURRAIT SAVOIR CE QUI EST BON SI LE MAL N'EXISTAIT PAS.
C'EST POURQUOI AVOIR ET NE PAS AVOIR VONT DE PAIR.
LA DIFFICULTÉ ET LA FACILITÉ SE COMPLÉMENTENT L'UNE ET L'AUTRE.
C'EST POURQUOI LE SAGE AVANCE SANS AGIR ET ENSEIGNE LE SILENCE.
LE TRAVAIL EST FAIT, PUIS OUBLIÉ.
AINSI, IL DEMEURE À JAMAIS.
CHIP
POURQUOI LE CIEL ET LA TERRE SONT-ILS ÉTERNELS ?
ILS NE SONT JAMAIS NÉS ET VIVENT AINSI À JAMAIS.
R.I.P.
PENSEZ-VOUS QUE L'ON PEUT AMÉLIORER L'UNIVERS ?
JE NE CROIS PAS QUE CELA PUISSE ÊTRE FAIT.
L'UNIVERS EST SACRÉ. SI VOUS ESSAYEZ DE LE CHANGER, VOUS LE GÂCHEREZ. SI VOUS ESSAYEZ DE LE POSSÉDER, VOUS LE PERDREZ.

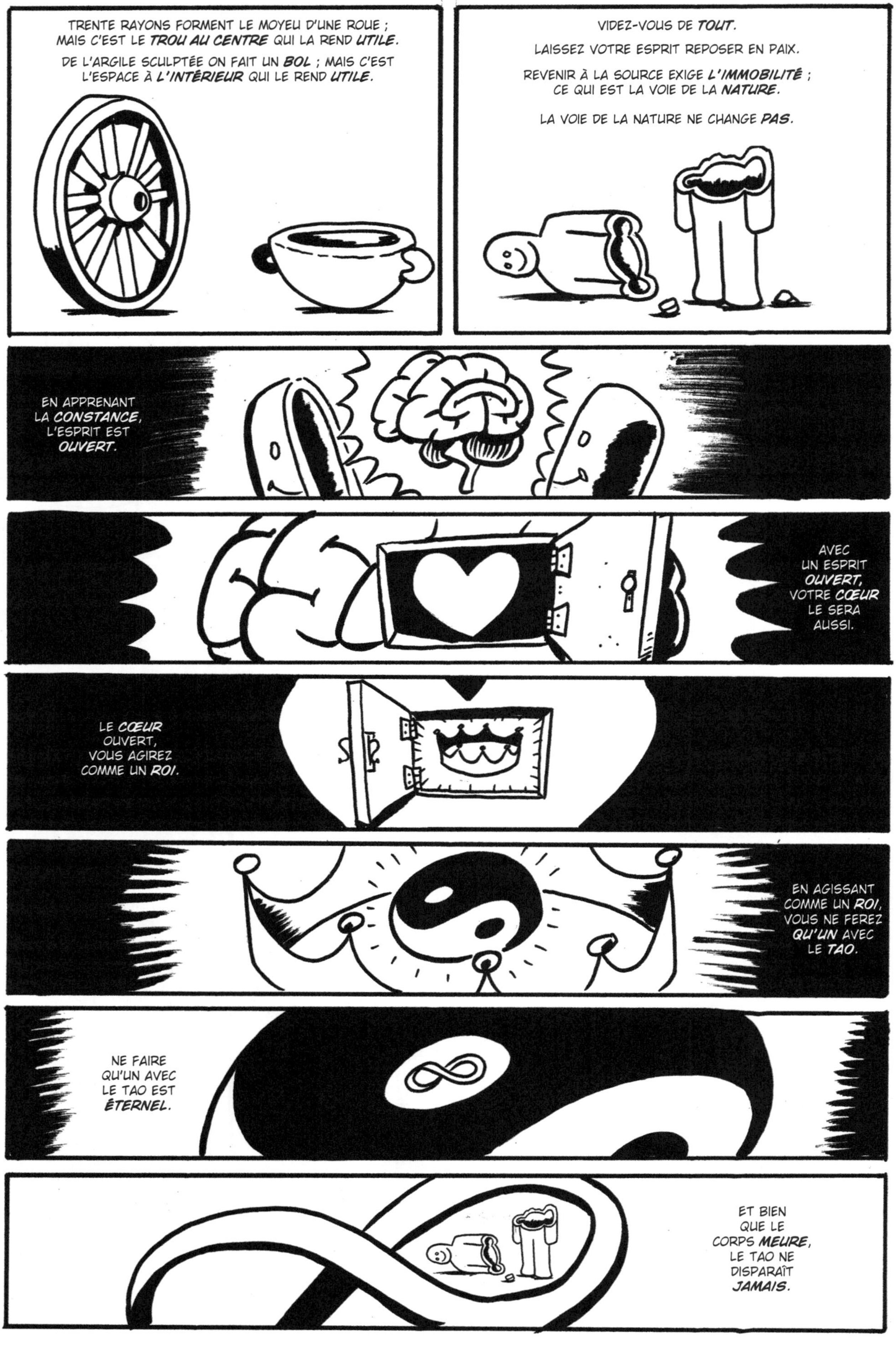

TRENTE RAYONS FORMENT LE MOYEU D'UNE ROUE ; MAIS C'EST LE TROU AU CENTRE QUI LA REND UTILE.
DE L'ARGILE SCULPTÉE ON FAIT UN BOL ; MAIS C'EST L'ESPACE À L'INTÉRIEUR QUI LE REND UTILE.
VIDEZ-VOUS DE TOUT.
LAISSEZ VOTRE ESPRIT REPOSER EN PAIX.
REVENIR À LA SOURCE EXIGE L'IMMOBILITÉ ; CE QUI EST LA VOIE DE LA NATURE.
LA VOIE DE LA NATURE NE CHANGE PAS.
EN APPRENANT LA CONSTANCE, L'ESPRIT EST OUVERT.
AVEC UN ESPRIT OUVERT, VOTRE CŒUR LE SERA AUSSI.
LE CŒUR OUVERT, VOUS AGIREZ COMME UN ROI.
EN AGISSANT COMME UN ROI, VOUS NE FEREZ QU'UN AVEC LE TAO.
NE FAIRE QU'UN AVEC LE TAO EST ÉTERNEL.
ET BIEN QUE LE CORPS MEURE, LE TAO NE DISPARAÎT JAMAIS.

CONNAÎTRE LES AUTRES EST SAGESSE :
SE CONNAÎTRE SOI-MÊME EST ILLUMINATION.
MAÎTRISER LES AUTRES EXIGE DE LA FORCE ;
SE MAÎTRISER SOI-MÊME EXIGE D'ÊTRE FORT ;
UN HOMME VÉRITABLEMENT BON IGNORE SA BONTÉ ET SERA BON.
UN HOMME MAUVAIS ESSAYE D'ÊTRE BON ET NE LE SERA PAS.
CEUX QUI SAVENT GARDENT LE SILENCE.
CEUX QUI PARLENT NE SAVENT PAS.
GARDEZ VOTRE BOUCHE FERMÉE. PROTÉGEZ VOS SENS. NE FAITES QU'UN AVEC LA POUSSIÈRE DE LA TERRE.
C'EST L'UNION PRIMORDIALE.
CANCRE
YAK YAK YAK
L'HOMME NAÎT DOUX ET FAIBLE. À SA MORT, IL EST DUR ET RAIDE.
LA DURETÉ ET L'INFLEXIBILITÉ SONT DONC LES DISCIPLES DE LA MORT.
LA DOUCEUR ET LA REDDITION, LES DISCIPLES DE LA VIE.
MORT
BIEN SÛR, LES HISTORIENS D'AUJOURD'HUI NE PENSENT PAS QU'UN TEL HOMME, APPELÉ "LAO TSEU" (QUI SIGNIFIE "VIEUX MAÎTRE") AIT VRAIMENT EXISTÉ...
SON TAO EST UNE COMPILATION D'APHORISMES D'UNE MULTITUDE D'AUTEURS !
MAIS POUR UN PERSONNAGE APOCRYPHE, IL EST VRAIMENT CRAQUANT, NON ? GUILI-GUILI !
HI
HI
HI !

Le Mahâbhârata

Vyâsa

Dessins et adaptation de **Matt Wiegle**

***LE MAHÂBHÂRATA* EST L'UN DES DEUX PRINCIPAUX** poèmes épiques de l'Inde ancienne. Et en l'occurrence, le terme « épique » n'est pas exagéré. C'est le plus long poème du monde, il surpasse largement l'*Odyssée*, *Beowulf*, *la Reine des fées* ou *Paradis perdu* : on y trouve plus de 200 000 vers, comptant plus de 1,8 million de mots. Comme beaucoup d'œuvres anciennes, il a commencé sous forme de récits courts et oraux récités par des conteurs et de saints hommes. Un peu après 350, les morceaux furent assemblés, codifiés et écrits en sanscrit. (La paternité du *Mahâbhârata* est traditionnellement attribuée au sage hindou Vyâsa, qui apparaît également dans le poème.) Le professeur James L. Fitzgerald de l'université de Brown, qui dirige actuellement une traduction en anglais de l'intégralité du *Mahâbhârata* à partir du sanscrit, résume comme suit cette œuvre titanesque :

> Le cœur narratif même du *Mahâbhârata* présente l'histoire de deux groupes de cousins germains paternels – les cinq fils du défunt prince Pându (les cinq Pândavâs) et les cent fils du roi aveugle Dhritarâshtra (les cent Dhritarâshtras) – qui devinrent d'amers rivaux et se firent la guerre pour entrer en possession du royaume ancestral de Bharata, ayant pour capitale la « ville de l'éléphant », Hâstinapura, sur les rives du Gange, dans le nord central de l'Inde. Ce qui est extrêmement intéressant, dans cette simple opposition, c'est le grand nombre de desseins que poursuivent les innombrables personnages, et les abondants conflits personnels, énigmes morales, complots secondaires et rebondissements qui confèrent à l'histoire une puissance frappante.

Outre le poids des événements, les Pândavâs étaient en réalité engendrés par les dieux, tandis que les Dhritarâshtras étaient issus de démons, sans compter la présence de Lord Krishna, avatar du dieu Vishnu à la peau bleue. Le *Mahâbhârata* représente la colonne vertébrale de l'hindouisme, tout comme il a grandement influencé les autres religions orientales. Quelques pages suffisent pour présenter une tranche caractéristique de cette histoire tentaculaire. Matt Wiegle se concentre sur un épisode (« La Maison du lac ») qui se déroule avant la guerre décisive des dix-huit jours, durant les années où les Dhritarâshtras sont continuellement persécutés et malmenés par les Pândavâs. Lauréat du prix Ignatz 2010 qui récompense les nouveaux talents prometteurs, Wiegle utilise de façon ingénieuse la couleur et des panneaux dans cette histoire de massacre planifié.

SOURCE

The *Mahabharata : The Great Epic of India,* par James L. Fitzgerald, titulaire d'un doctorat, [www.brown.edu/Departments/Sanskrit_in_Classics_at_Brown/Mahabharata/]

La Maison du Lac

TIRÉ DU *MAHÂBHÂRATA*, ATTRIBUÉ À VYASA : ADAPTÉ PAR MATT WIEGLE

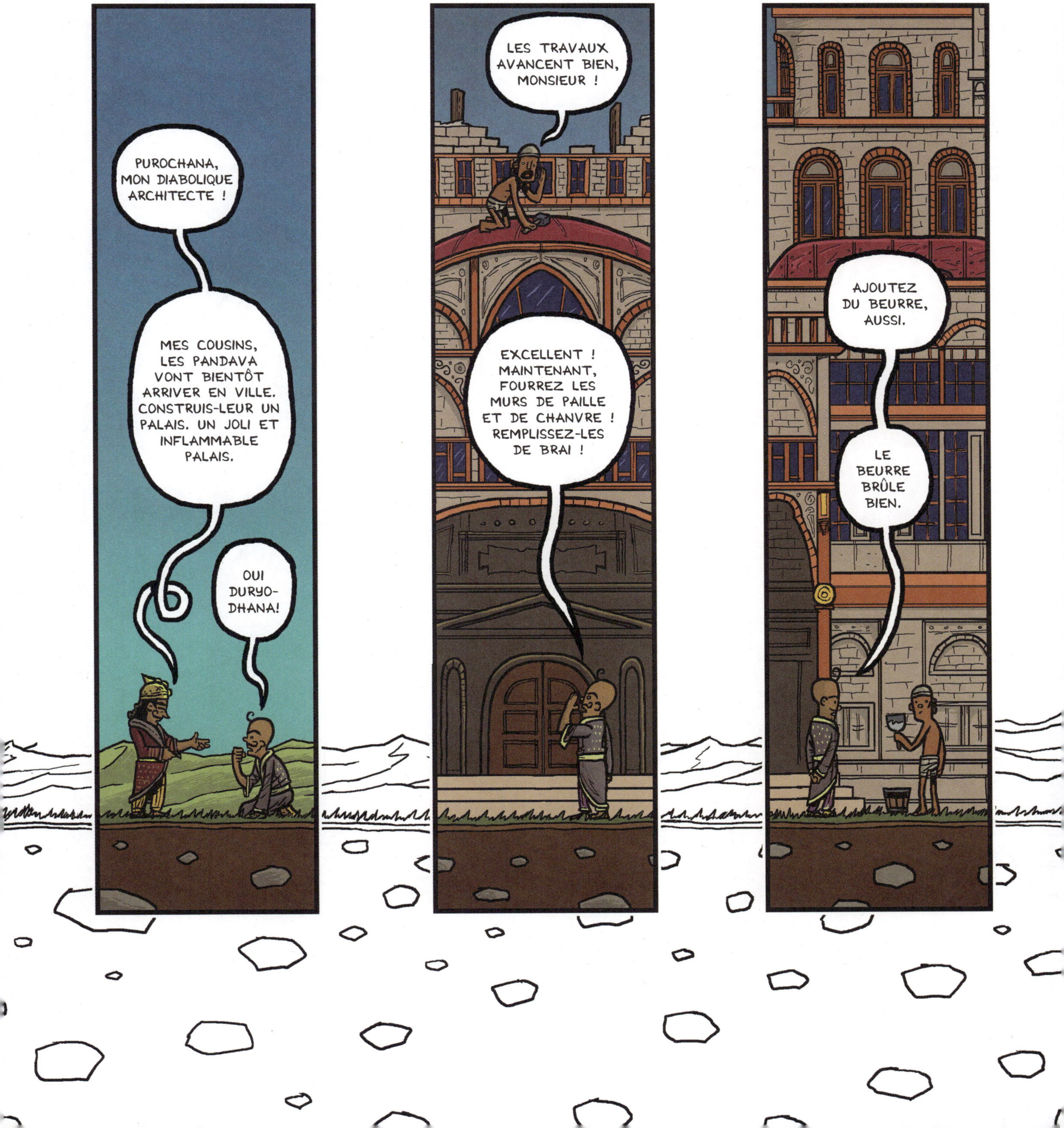

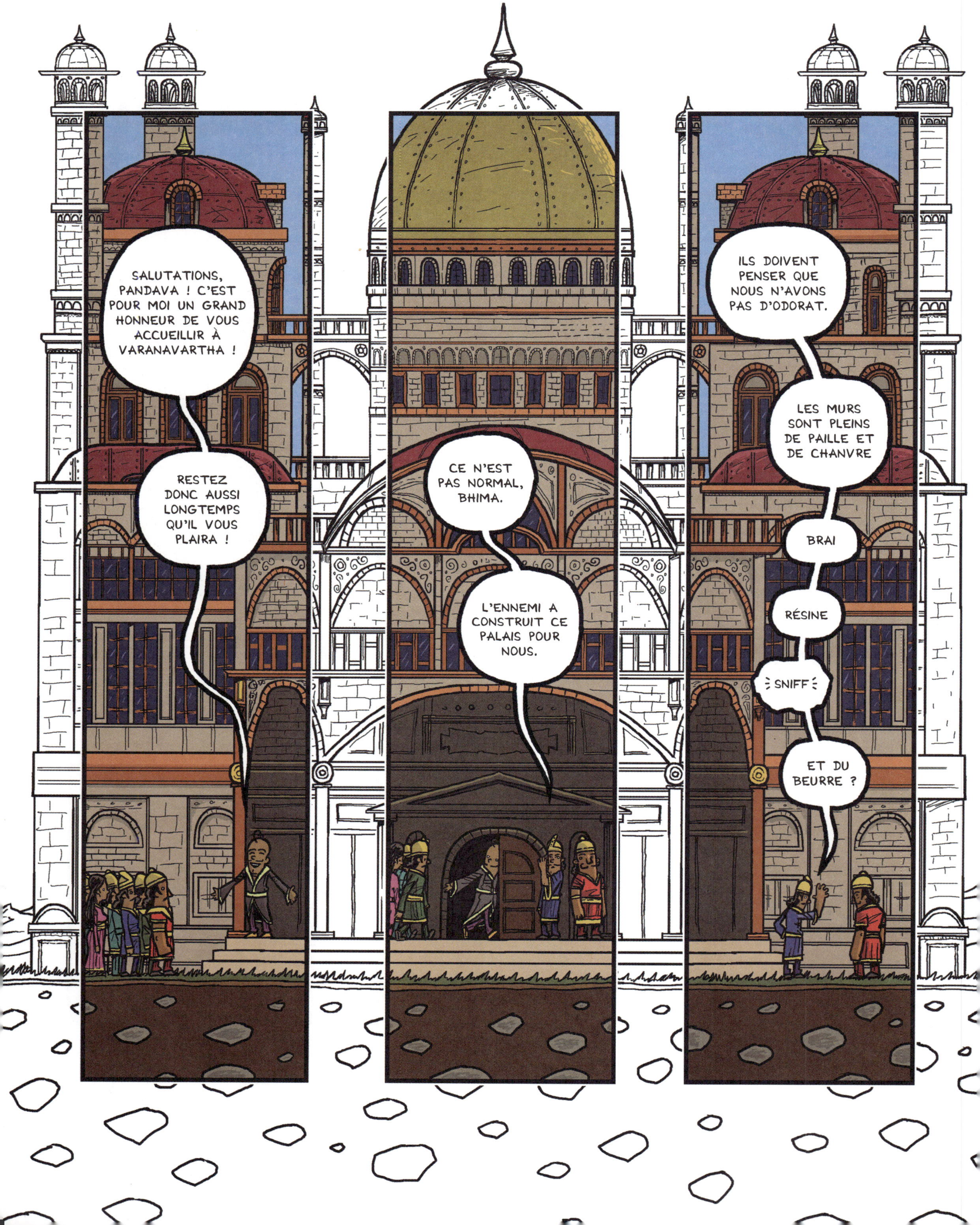
SALUTATIONS, PANDAVA ! C'EST POUR MOI UN GRAND HONNEUR DE VOUS ACCUEILLIR À VARANAVARTHA !
RESTEZ DONC AUSSI LONGTEMPS QU'IL VOUS PLAIRA !
CE N'EST PAS NORMAL, BHIMA.
L'ENNEMI A CONSTRUIT CE PALAIS POUR NOUS.
ILS DOIVENT PENSER QUE NOUS N'AVONS PAS D'ODORAT.
LES MURS SONT PLEINS DE PAILLE ET DE CHANVRE
BRAI
RÉSINE
SNIFF
ET DU BEURRE ?

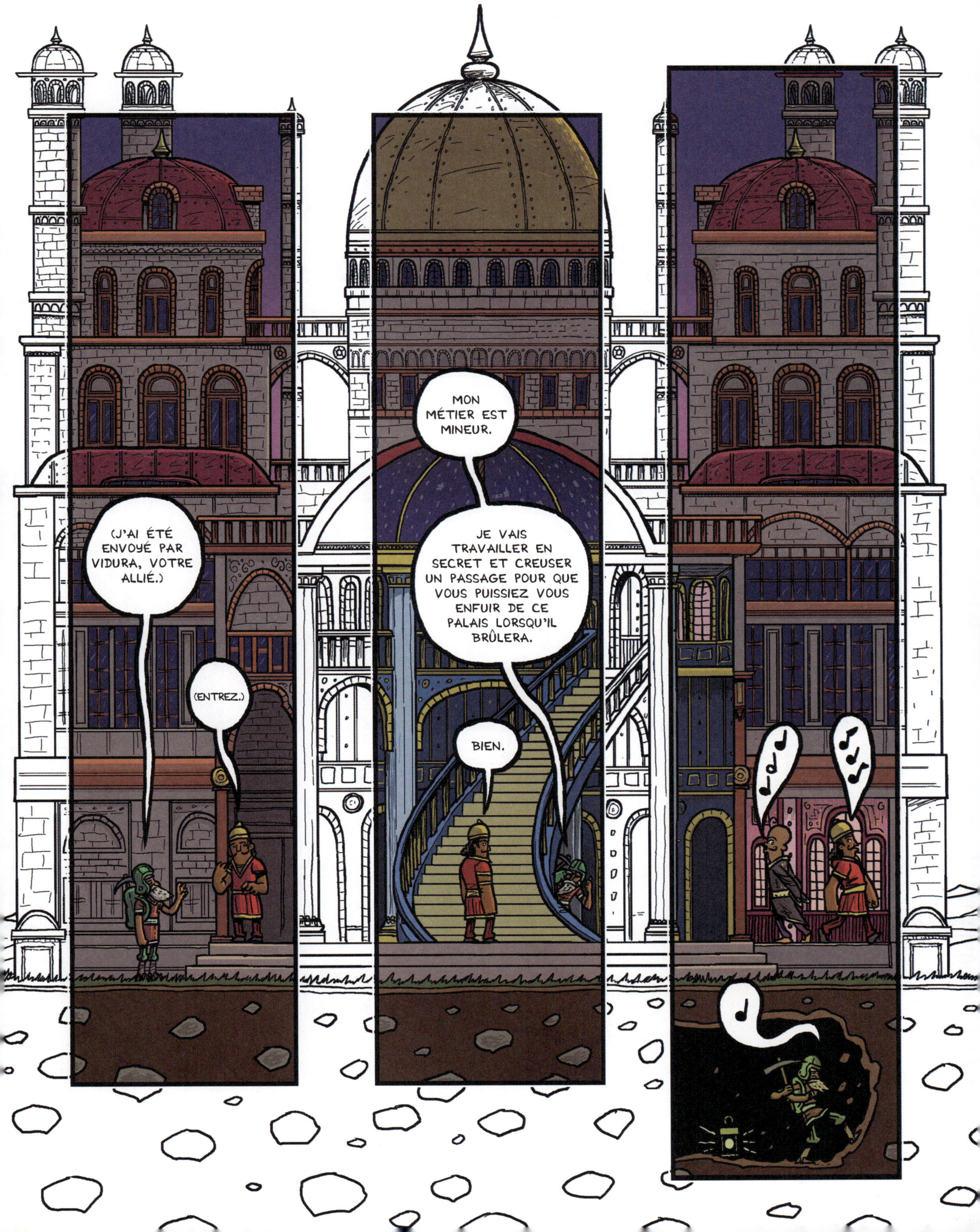
(J'AI ÉTÉ ENVOYÉ PAR VIDURA, VOTRE ALLIÉ.)
(ENTREZ.)
MON MÉTIER EST MINEUR.
JE VAIS TRAVAILLER EN SECRET ET CREUSER UN PASSAGE POUR QUE VOUS PUISSIEZ VOUS ENFUIR DE CE PALAIS LORSQU'IL BRÛLERA.
BIEN.

CHH!
PANDAVA!
AAH!
AIIIIIIIIIIIIIIIE

Analectes et autres écrits

Confucius

Adaptation de **Fred Van Lente**

Dessins de **Ryan Dunlavey**

COMME POUR LES AUTRES ÉCRIVAINS ANCIENS tels qu'Homère ou Lao Tseu, on ne peut affirmer avec certitude que Confucius ait existé. On rapporte toutefois qu'il est né en 551 avant J.-C. dans une famille de très basse noblesse. Indépendamment de sa réalité en chair et en os, les œuvres qui lui sont attribuées, ainsi qu'à ses élèves (en tant qu'auteurs ou rédacteurs), sont pour la plupart des livres qui ont influencé l'histoire de la Chine. Professeur d'histoire, Michael Nylan affirme que les *Cinq Classiques* du confucianisme « ont occupé autrefois en Asie orientale une place à peu près analogue à la Bible pour le monde occidental ».

Les *Analectes* sont le recueil des aphorismes que Confucius « déversait » sur ses disciples au cours de conversations sur le droit, sur les actions vertueuses comme apprendre, gouverner, enseigner, savoir se comporter avec ses parents et vivre d'une manière générale. Par ailleurs, les travaux connus sous le nom des *Cinq Classiques* (à la rédaction et à l'édition desquelles Confucius et ses disciples auraient pu participer) comprennent des chants populaires, des hymnes, des mythes, un court journal, des écrits philosophiques, des règles de conduite, des conseils sur la façon de gouverner ainsi que le célèbre *Yi Jing* (*Classique des changements*), qui est un manuel de divinations.

Dans leur indispensable série *Action Philosophers !*, Fred Van Lente et Ryan Dunvaley nous présentent le maître Kong (traduction littérale de Confucius).

BIEN QUE CONNU EN OCCIDENT EN TANT QUE CONFUCIUS (551-479 AVANT JC), LE LÉGENDAIRE PENSEUR CHINOIS EST PLUS CÉLÈBRE DANS SON PAYS NATAL SOUS LE NOM DE KONGZI, CE QUI SE TRADUIT LITTÉRALEMENT PAR...
MAÎTRE KONG
ON EN SAIT PEU SUR LA VIE DE CONFUCIUS MAIS IL AURAIT SERVI EN TANT QUE SHI OU PRÉCEPTEUR DE LA CLASSE MOYENNE, DANS L'ÈRE CHINOISE DITE "DES PRINTEMPS ET DES AUTOMNES" (DE 800 À 400 AVANT JC)...
... OÙ DE MESQUINS CHEFS DE CLANS SE BATTAIENT POUR DES FRAGMENTS DE LA DYNASTIE ZHOU.
CES BRUTES FÉODALES TENAIENT ABSOLUMENT À AJOUTER DE LA LÉGITIMITÉ ET DE LA RESPECTABILITÉ À LEUR RÈGNE EN APPRENANT D'ÉRUDITS ITINÉRANTS COMME CONFUCIUS, LES US DE LA COUR ET LE PROTOCOLE DIPLOMATIQUE DES ZHOUS.
LES ENSEIGNEMENTS DE CONFUCIUS ONT ÉTÉ RASSEMBLÉS DANS LES "CINQ CLASSIQUES", QUI SONT DEVENUS PAR LA SUITE LES FONDATIONS NATIONALES DE L'ÉTHIQUE CHINOISE.
DÈS 136 AVANT JC, LA LECTURE DES CINQ CLASSIQUES ÉTAIT OBLIGATOIRE POUR TOUS LES ASPIRANTS HOMMES D'ÉTAT.

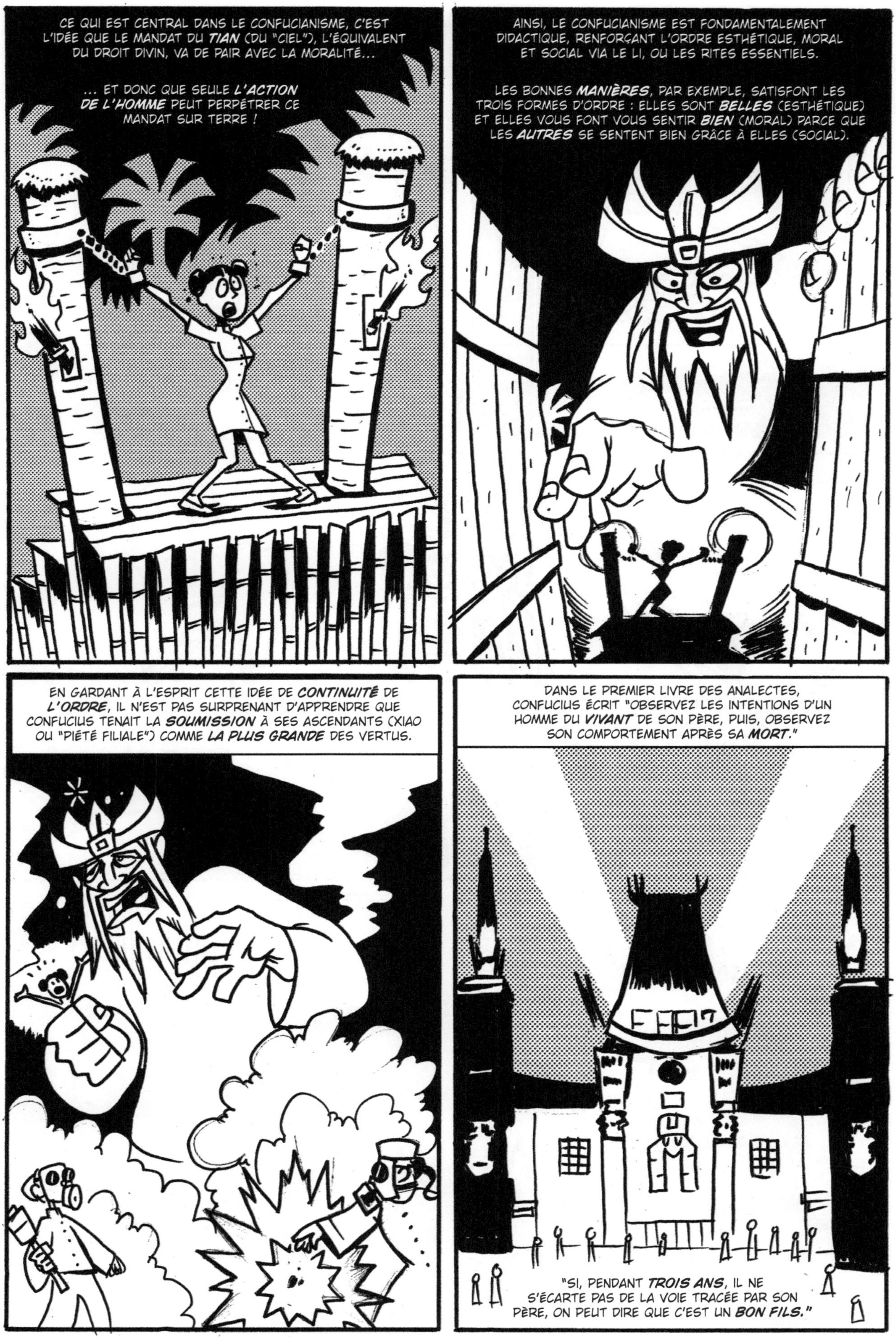
CE QUI EST CENTRAL DANS LE CONFUCIANISME, C'EST L'IDÉE QUE LE MANDAT DU TIAN (DU "CIEL"), L'ÉQUIVALENT DU DROIT DIVIN, VA DE PAIR AVEC LA MORALITÉ...
... ET DONC QUE SEULE L'ACTION DE L'HOMME PEUT PERPÉTRER CE MANDAT SUR TERRE !
AINSI, LE CONFUCIANISME EST FONDAMENTALEMENT DIDACTIQUE, RENFORÇANT L'ORDRE ESTHÉTIQUE, MORAL ET SOCIAL VIA LE LI, OU LES RITES ESSENTIELS.
LES BONNES MANIÈRES, PAR EXEMPLE, SATISFONT LES TROIS FORMES D'ORDRE : ELLES SONT BELLES (ESTHÉTIQUE) ET ELLES VOUS FONT VOUS SENTIR BIEN (MORAL) PARCE QUE LES AUTRES SE SENTENT BIEN GRÂCE À ELLES (SOCIAL).
EN GARDANT À L'ESPRIT CETTE IDÉE DE CONTINUITÉ DE L'ORDRE, IL N'EST PAS SURPRENANT D'APPRENDRE QUE CONFUCIUS TENAIT LA SOUMISSION À SES ASCENDANTS (XIAO OU "PIÉTÉ FILIALE") COMME LA PLUS GRANDE DES VERTUS.
DANS LE PREMIER LIVRE DES ANALECTES, CONFUCIUS ÉCRIT "OBSERVEZ LES INTENTIONS D'UN HOMME DU VIVANT DE SON PÈRE, PUIS, OBSERVEZ SON COMPORTEMENT APRÈS SA MORT."
"SI, PENDANT TROIS ANS, IL NE S'ÉCARTE PAS DE LA VOIE TRACÉE PAR SON PÈRE, ON PEUT DIRE QUE C'EST UN BON FILS."

IL Y A UN EFFET DE RUISSELLEMENT À CETTE PIÉTÉ FILIALE : UN BON FILS SERA UN BON PÈRE ET ÉLÈVERA DONC UN BON FILS.
UN BON ROI FERA EN SORTE QUE SA BONTÉ PROFITE À SES SUJETS.
AINSI, LA FORCE MORALE (DE) EST CONTAGIEUSE.
"LE GENTILHOMME" (JUNZI) CULTIVE LE DE ET FAIT AINSI PREUVE DE VERTU (JEN). IL ACCOMPLIT ALORS LE TIAN :
"LE GENTIL-HOMME... NE FOCALISE PAS SON ESPRIT POUR OU CONTRE QUELQUE CHOSE ; CE QUI EST JUSTE, IL LE FERA", ÉCRIT CONFUCIUS.
MAIS LE XIAOREN, LE PETIT HOMME, LUI, N'ADHÈRE PAS AU PROGRAMME :
"LE GENTILHOMME COMPREND CE QUI EST MORAL ; LE PETIT HOMME COMPREND CE QUI EST PROFITABLE." (ANALECTES 4 :16)
"CE QUE CHERCHE LE GENTILHOMME EST EN LUI. CE QUE CHERCHE LE PETIT HOMME EST CHEZ LES AUTRES." (15 :20)
ALORS QUELLE EST LA MORALE DE L'HISTOIRE DU MAÎTRE KONG ? OUI, C'EST BIEN ÇA :
LE PETIT HOMME, IL CRAINT.

Le Livre de Daniel

de la Bible Hébraïque

Dessins et adaptation de **Benjamin Frisch**

LE LIVRE DE DANIEL FAIT À LA FOIS PARTIE DE LA Bible hébraïque et de l'Ancien Testament et est, à cet égard, considéré comme sacré par les juifs, les chrétiens et, fait moins connu, par les musulmans. C'est une œuvre anonyme de la littérature juive ancienne que la plupart des érudits font remonter à 165-164 avant J.-C., même si selon les croyants, elle est bien plus ancienne, datant du VIe siècle avant J.-C. et écrite par Daniel lui-même pendant les événements qui y sont décrits. La première moitié du texte raconte les aventures de Daniel et de trois autres juifs du royaume de Juda, lorsque le roi Nabuchodonosor de Babylone conquiert leur terre et les contraint à servir dans sa cour. Daniel est alors capable d'interpréter les rêves du roi, de sorte qu'il est élevé à une fonction importante. La deuxième moitié du livre retrace les quatre visions prophétiques de Daniel, ce qui en fait, dans l'Ancien Testament, le précurseur du livre de l'Apocalypse. L'adaptation de cet ouvrage est un épisode autonome du chapitre III : les trois jeunes compagnons de Daniel – Shadrach, Meshach et Abednego – montrent au païen Nabuchodonosor le pouvoir de la foi dans le dieu des juifs. (Dans un récit parallèle à ce livre, Daniel est, comme nous le savons, contraint d'entrer dans la fosse aux lions d'où il ressortira indemne le lendemain, grâce à l'intervention divine.) Benjamin Frisch – dont le roman graphique *Ayn Rand's Adventures in Wonderland* fut d'abord publié sous forme d'épisodes sur le site Web Wonkette – a créé pour cet ouvrage une adaptation hautement stylisée, avec un choix chromatique flamboyant. À travers les siècles, de nombreux illustrateurs de cette histoire ont présenté les jeunes hommes sous des traits féminins (de façon parfois très surprenante) ; Benjamin a choisi de se conformer à cette fascinante convention androgyne.

Jadis, le roi Nabuchodonosor bâtit une grande idole et toute la population vint la voir.
Un héraut cria. “Voici ce qu'il vous est ordonné : prosternez-vous et adorez la statue d'or ou vous serez jetés dans une fournaise ardente !”
Et tous se prosternèrent et l'adorèrent.

Mais dans les quartiers du roi...

Peu après...

Est-ce vrai ? Vous refusez de vous prosterner et d'adorer mon idole. Voulez-vous tous mourir ?
Nous ne voulons pas mourir, mais nous n'adorerons jamais ton idole ou tes dieux, car si nous sommes condamnés...
... notre dieu nous délivrera de ta fournaise. Mais s'il ne le fait pas, nous ne te servirons quand même pas.
Quelle impudence !
Gardes, attachez ces hommes et jetez-les dans ma fournaise ardente !
Et faites-la chauffer sept fois plus qu'il convient de la chauffer !

Comment est-ce possible ? Les flammes du feu ont tué mes hommes mais ont laissé ces trois-là indemnes !

Et tous les gens rassemblés virent que le feu n'avait aucun pouvoir sur le corps de ces hommes. Le roi fut stupéfié et il promulgua un grand décret.
Je décrète : tout homme, à quelque peuple, nation ou langue qu'il appartienne, qui parlera mal du dieu de ces trois hommes sera mis en pièces, et sa maison sera réduite en un tas d'immondices, parce qu'il n'y a pas d'autre dieu qui puisse sauver de la sorte !
Fin
Les trois jeunes et la fournaise ardente
par Benjamin Frisch

De rerum natura (De la nature des choses)

Lucrèce

Dessins et adaptation de **Tom Biby**
et **Jonathan Fetter-Vorm**
(alias **Two Fine Chaps**)

PEU D'ŒUVRES PHILOSOPHIQUES MAJEURES peuvent se prévaloir d'avoir été écrites scus forme de poème épique. De fait, il y en a même très peu. Certains tentent de faire entrer dans cette catégorie le *Tao Te King*, *La Divine Comédie* et *Faust*, mais en réalité, si nous parlons de longs essais descriptifs de philosophie écrits en vers, il n'y a que *De rerum natura* (*De la nature des choses*) et un petit nombre d'œuvres extrêmement obscures.

Lucrèce – un Romain vivant au Ier siècle avant J.-C. – a écrit ce poème en 7 400 vers pour expliquer ce qu'est l'épicurisme, philosophie prônant de minimiser la douleur physique et les conflits émotionnels pour privilégier une tranquillité confortable. Cependant, Lucrèce s'intéresse moins à la façon dont la vie doit être vécue qu'à la physique que défend l'épicurisme, à son explication de la structure de l'univers, de la terre, du corps humain, etc. Il débat des atomes et de l'évolution, de l'âme et de la mort, des orages et des tremblements de terre, de l'amour et de l'amitié, du langage et de ses sens physiques, et bien plus encore, peignant des tableaux vivants de la condition humaine et de tous les phénomènes naturels.

Tom Biby et Jonathan Fetter-Vorm, ayant pris pour pseudonyme Two Fine Chaps (Deux chics types), créent et publient de superbes versions illustrées d'œuvres littéraires classiques imprimées à petit tirage. Leur charmante brochure oblongue illustrant *De la nature des choses* ouvre sur une double feuille, puis se déplie en un stupéfiant feuillet à quatre tableaux. Seules 200 copies numérotées individuellement en ont été tirées, et je suis ravi de pouvoir reproduire ici l'ouvrage dans son intégralité. Les artistes ont choisi d'illustrer la partie finale du Livre II, expliquant qu'ils « avaient replacé le poème ancien au cœur d'une iconographie moderne et de métaphores. Le récit de Lucrèce sur la terre surexploitée et les terrains asphyxiés pour rapporter, est revu ici sous un angle précis : celui des fermiers américains durant la Grande Dépression. »

SOURCE

Sedley, David, « Lucretius », Encyclopedia Stanford de Philosophie (Édition automne 2008), Edward N. Zalta (éd.), http://plato.stanford.edu/archives/fall2008/entries/lucretius/.

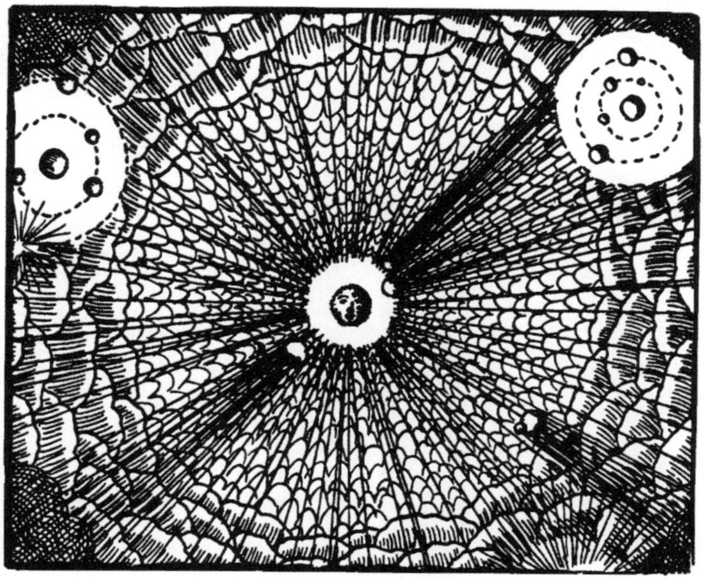

Au TEMPS où

notre monde se forma, où la terre, les ondes et le soleil surgirent du chaos, les flots superflus de la matière, versés de tous les points de l'espace, déposèrent sur notre globe de nombreux corps étrangers et d'innombrables semences...

CE SONT CES ÉLÉMENTS QUI permirent au ciel et à la terre de puiser des forces nouvelles, aux voûtes célestes de s'agrandir et se dresser au-dessus du sol et à l'air enfin de s'élever dans l'espace.
MAIS CES ÉLÉMENTS supplémentaires sont entraînés par des chocs vers les objets analogues à leur substance et s'allient : les humides à l'eau, les terrestres au sol, les ignés au feu et les fluides à l'air, jusqu'à ce que tous les corps arrivent à la maturité fixée par la nature créatrice.
ET LORSQUE TOUT CE QUI ENTRE DANS LE TISSU VITAL arrive à égalité avec ce qui s'écoule et fuit ; la vie en tous les êtres arrête son progrès et la nature met un frein à ses largesses.

EN EFFET, LES CORPS QUE TU VOIS croître avec une abondance joyeuse et insouciante jusqu'à maturité reçoivent plus qu'ils ne dissipent tant que la nourriture atteint librement le sang et que les tissus ne sont pas assez distendus pour perdre beaucoup de substance et laisser la dépense l'emporter sur l'acquis.
NOS CORPS FONT DES pertes considérables, convenons-en, mais le compte des acquisitions domine jusqu'au jour où le faîte de la croissance est atteint. Ensuite, progressivement, l'âge brise la vigueur de la maturité, ses forces diminuent et le corps glisse vers la décrépitude.

ET PLUS EST GRAND ET LARGE UN CORPS QUI CESSE de croître, plus d'éléments de sa substance s'échappent. La nourriture ne rejoint plus aussi aisément ses veines, et ce qui les atteint ne suffit jamais, comparé à tout ce qui s'en déverse, ne pouvant ainsi fournir la substance de remplacement.
IL EST DONC INÉVITABLE que les corps périssent, racornis par leurs pertes incessantes jusqu'à ce qu'ils s'écroulent.
LA NOURRITURE FINIT TOUJOURS PAR manquer au grand âge. Et nul être ne peut résister aux assauts acharnés du dehors.

DE MÊME, LES MURAILLES de notre vaste monde succomberont aux assauts du temps et tomberont en ruines. Tous les corps ont besoin de nourriture pour être renouvelés ; elle renforce et soutient tout.
MAIS LA TÂCHE EST VAINE CAR notre sang n'en a jamais assez et la nature ne fournit plus le nécessaire. Déjà, le pouvoir de la vie fléchit, et la terre lasse, qui engendra jadis de gigantesques bêtes, peine aujourd'hui à enfanter de chétifs vermisseaux.

C'EST ELLE QUI créa les moissons et les vignobles ; elle aussi qui offrit les fruits sucrés et les gras pâturages qui poussent maintenant avec peine malgré nos efforts. Nous accablons nos bœufs, épuisons nos bras, émoussons nos socs et malgré tout, nos champs nous nourrissent à peine.
JE NE CROIS PAS QU'UN câble d'or nous ait fait descendre du ciel dans les plaines de la terre ; ni que la mer et les vagues qui viennent battre les rochers nous ont créés. Non, c'est cette même terre qui nourrit aujourd'hui toute vie qui nous a engendrés.

VOIS MAINTENANT LE VIEUX laboureur hocher la tête et penser en soupirant que le travail de ses mains usées est inutile et comparant les temps d'aujourd'hui à ceux d'autrefois, il ne manque pas de vanter le sort de son père.
LE CULTIVATEUR DÉPITÉ AUX plantations fanées fulmine contre la marche du temps et maudit le présent, regrettant le bonheur des siècles passés où l'homme rempli de piété vivait bien mieux sur une minuscule parcelle de terre et avec un patrimoine plus modeste que maintenant.
ET IL NE SAISIT PAS QUE TOUTES les choses doivent lentement dépérir puis passer dans la tombe, épuisées par le long chemin de la vie.

L'Énéide

Virgile

DESSINS ET ADAPTATION DE **Michael Lagocki**

L'ÉNÉIDE A ÉTÉ COMMANDITÉE PAR L'EMPEREUR Auguste qui désirait un poème héroïque épique ayant pour sujet le mythe fondateur de Rome. Quel que soit le prix qu'il ait payé pour cette commande, il a obtenu bien plus que la valeur de son argent. Il confia la tâche à Virgile, qui était déjà célèbre pour les deux poèmes aussi longs qu'un roman qu'il avait écrits. Celui-ci travailla pendant dix ans (de 29 à 19 avant J.-C.) sur ce poème constitué de 10 000 vers. L'ayant terminé, il eut alors l'impression qu'il requérait une révision substantielle quand il tomba malade. Sur son lit de mort, il demanda que son manuscrit fût brûlé. Par chance, l'empereur Auguste arriva au moment opportun et sauva ce qui est universellement reconnu comme l'œuvre suprême de la littérature antique romaine.

L'Énéide commence là où se termine l'Iliade. Alors que Troie est en feu – en raison des soldats grecs cachés dans le cheval de bois –, le pieux guerrier troyen Énée échappe aux flammes en compagnie de son père, son fils et d'autres citoyens. La première moitié de l'Énéide retrace le voyage périlleux vers l'Italie par voie maritime, avec escales. Le long de son chemin, des esprits, des déesses et des prophètes prédisent à Énée qu'il fondera une grande ville, une nouvelle Troie. Énée et son équipage – plus réduit au départ qu'à l'arrivée – atteignent finalement l'Italie, et leurs aventures constituent la deuxième partie de l'Énéide.

Lorsque j'ai pris contact avec Michael Lagocki, un artiste de Dallas-Fort Worth, pour lui demander d'adapter l'Énéide, il rentrait juste de voyage la veille. Il revenait de Rome ! La coïncidence m'a plu. Michael est parvenu à condenser le long et complexe récit en 9 pages. Les trois premières présentent une vue d'ensemble du voyage maritime, tandis que les autres se consacrent à la guerre entre les troupes d'Énée et ceux du chef italien Turnus, qui se termine finalement par un combat entre les deux hommes. Le sang de Turnus sera versé et constituera le terreau symbolique sur lequel grandira Rome.

SOURCE

Perkell, Christine (directeur de publicaton), *Reading Vergil's Aeneid: An Interpretive Guide*, University of Oklahoma Press, 1999.

Que peuvent comprendre les hommes à ce qu'entendent les **Dieux ?**
Leurs jalousies et vengeances mesquines montent les hommes les uns contre les autres et ***scellent leurs destinées*** dans les larmes.
Et pourtant, nous accomplissons leur volonté.
Défait, j'ai quitté ma ville qui ne l'est plus.
Troie est tombée aux mains des Grecs. Ma chère patrie n'est ***plus.***
L'Énéide
Nous naviguons.
de Virgile
Adapté par
Michael Lagocki

Cette époque nous est cruelle.
Notre voyage est long et parcouru de sanglots. Depuis la chute de Troie, nous avons combattu les plus effroyables créatures...
... été tentés et abusés par les plus désirables des déesses.
Nous avons tout perdu. Nos familles, nos terres et tout espoir.
Lors des plus sombres instants, j'ai souhaité la mort.

Mais on m'a annoncé que j'avais une *destinée.*
Je dois trouver une nouvelle cité pour mon peuple, une ville glorieuse qui demeurera *éternellement.*
Rome.
En rêve, en vision et par la voix de mon défunt père, les Dieux ne cessent de me le rappeler.
Rome.
Où te trouverai-je ?
Énée !
Terre en vue.

Mais même *là,* il y a la...
Guerre !
Encore une fois, nous perdons nos amis les plus chers.
Comme j'ai perdu mon père, j'ai perdu mon fils et ***perdu...*** ma patrie.
Cela doit cesser.

Un message est envoyé.
Le chef des envahisseurs accepte de t'affronter en combat singulier pour qu'aucun autre homme ne meure.
Qu'il en soit ainsi ! Préparez mon armure !
Turnus, non !
Énée a les faveurs des Dieux.
Il te battra.
Peu importent les Dieux ! Son sang et le mien décideront de cette guerre !
Nous nous rencontrons sur le champ de bataille.
Les charognards nous survolent déjà. Ils savent que leur pitance sera bientôt servie.

Nos hommes ont pour ordre de rester en retrait.
Aucun d'eux ne doit bouger tant que l'un de nous deux n'est pas tombé.
Et ils pourront alors récupérer la dépouille du vaincu.
Mais presque aussitôt, la dévotion de ces hommes pour leurs chefs les trahit.
Et nous nous lançons dans un combat furieux et enragé.
Comme il se doit.

La bataille est longue et féroce mais en vérité, son dénouement a été décidé bien avant qu'elle ne commence.
Turnus est doué et il se bat vaillamment. Mais la destinée est de mon côté. Les Dieux sont avec moi. Rome est avec moi.
Même s'il pouvait me toucher, mes blessures guériraient.
Ce n'est qu'une question de temps.
Pitié !
J'ai même considéré la lui accorder.
Mais mes yeux se sont alors posés sur lui...
La ceinture autour de son torse a autrefois été celle d'un compagnon si cher. Mon ami tombé, Turnus l'a portée... comme un trophée.
Cela me provoque et me rappelle amèrement tout ce que j'ai perdu.

JE FONDE CETTE VILLE...
AVEC TON SANG !
Même après que ma lame lui perce le cœur, mon ennemi lutte et se bat dans l'espoir vain de vivre et de protéger son peuple.
C'est *honorable.*
Je fais tourner mon épée.
Jusqu'à ce que l'agonie l'emporte.

Qu'est-ce qu'un homme peut comprendre aux raisonnements des Dieux ? Au prix qu'ils nous demandent de payer ? À tout ce que nous devons sacrifier ?
Rome.
Sous quelle tutelle et par quel miracle, je n'en sais rien…
… mais cette cité demeurera deux mille ans.
Nous ne comprenons pas les Dieux.
Quand bien même… nous accomplissons leurs volontés.
~Fin.

L'Apocalypse
du Nouveau Testament

Dessins et adaptation de **Rick Geary**

LE DERNIER LIVRE DU NOUVEAU TESTAMENT, ET partant de toute la Bible chrétienne – l'Apocalypse –, est sans doute l'ouvrage le plus curieux du « canon » littéraire. Peuplé par la Prostituée de Babylone, les quatre Chevaliers de l'Apocalypse, la Bête, l'Agneau à sept cornes et sept yeux, des sauterelles à visages humains, un dragon à sept têtes, un faux prophète, Satan, des anges soufflant dans les trompettes de la destruction, et d'autres personnages singuliers, cet ensemble de quatre visions a été interprété comme un guide littéral sur une fin de monde violente dans un bain de sang et l'établissement du royaume de 1 000 ans du Christ sur terre, comme un guide codé pour un développement spirituel, ou encore comme un « trip » foisonnant et intense.

À propos de l'Apocalypse, Jonathan Kirsch déclare :

> Le lecteur qui lit l'Apocalypse du début à la fin fait l'expérience d'un rêve enfiévré ou d'un cauchemar : des personnages et des objets curieux apparaissent, disparaissent et réapparaissent. L'auteur lui-même fait des allers-retours entre le passé et le futur, se trouvant tantôt au ciel, tantôt sur terre, quelquefois ici et maintenant, et parfois à la fin des temps, décrivant les aventures soit avec distance, soit au cœur de l'événement. L'auteur cite les mêmes personnages sous des noms et des titres différents, et il relate des épisodes identiques selon des points de vue différents. Parallèlement, les personnages et les péripéties, les mots et les phrases, même les lettres et les nombres de l'Apocalypse étincellent d'une signification symbolique qui flotte simplement hors de notre portée.

Selon les croyants, ce livre aurait été écrit par saint Jean, mais la plupart des érudits affirment qu'il a été écrit autour de 92-96 par un autre prophète chrétien inconnu plus ancien s'appelant lui aussi Jean. Kirsch estime que l'Apocalypse est :

> profondément imbriqué dans la construction de la civilisation occidentale, tant dans la culture élitiste que populaire, de l'Antiquité biblique lointaine à nos jours. La bataille d'Armageddon, les quatre Chevaliers de l'Apocalypse, le Septième Sceau, la Grande Prostituée de Babylone, et plus indirectement l'Antéchrist, la Faucheuse et les Raisins de la colère ont migré des pages de l'Apocalypse vers quelques-unes de nos œuvres littéraires, cinématographiques et musicales les plus exaltées, tout comme ils se retrouvent dans les pages sportives, sur les écrans de cinéma et les best-sellers en format de poche. [...] La conquête de Jérusalem par les croisés médiévaux, le bûcher des Vanités de Florence pendant la Renaissance, le nom attribué aux Amériques nouvellement découvertes, à savoir le Nouveau Monde, ainsi que le royaume de mille ans promis par Adolf Hitler sont des exemples démontrant les façons inattendues et dérangeantes dont l'Apocalypse a résonné à travers l'histoire.

Le livre de l'Apocalypse a été considéré comme « le plus grand poème que la première période chrétienne ait produit ». Thomas Jefferson a pour sa part déclaré qu'il s'agissait « tout simplement des divagations d'un dément ». Lorsque j'ai pris contact avec Rick Geary, qui a collaboré régulièrement pendant des années au *National Lampoon* et au magazine *MAD*, pour lui proposer d'adapter cette anthologie, je pensais qu'il choisirait une œuvre de la littérature victorienne. Il avait déjà publié huit volumes d'une œuvre graphique non romanesque, *A Treasury of Victorian Murder,* sur Jack l'Éventreur, Lizzie Borden, Abraham Lincoln, etc., et adapté des œuvres de Dickens, Twain, Poe ainsi que d'autres auteurs du XIXᵉ siècle. Je fus à la fois surpris et enthousiasmé qu'il choisisse l'Apocalypse, et qu'il parvienne à condenser cette œuvre chaotique en 12 pages denses, pour nous livrer cette succession d'images extraordinaires.

SOURCE

Kirsch, Jonathan, *A History of the End of the World : How the Most Controversial Book in the Bible Changed the Course of Western Civilization,* HarperOne, 2007.

L'APOCALYPSE
NOUVEAU TESTAMENT ADAPTÉ PAR RICK GEARY ©2010
CHAPITRE I
RÉVÉLATION DE JÉSUS-CHRIST, QUE DIEU LUI A DONNÉE POUR MONTRER À SES SERVITEURS LES CHOSES QUI DOIVENT ARRIVER BIENTÔT.
ET QU'IL A FAIT CONNAÎTRE, PAR L'ENVOI DE SON ANGE, À SON SERVITEUR JEAN.
JE TOMBAI EN EXTASE, LE JOUR DU SEIGNEUR ET J'ENTENDIS DERRIÈRE MOI UNE VOIX CLAMER COMME UNE TROMPETTE.
JE SUIS L'ALPHA ET L'OMÉGA, CELUI QUI EST, QUI ÉTAIT ET QUI VIENT, ET CE QUE TU VOIS, ÉCRIS-LE DANS UN LIVRE, ET ENVOIE-LE AUX SEPT ÉGLISES QUI SONT EN ASIE.
JE VIS SEPT CANDÉLABRES D'OR ET AU MILIEU D'EUX, QUELQU'UN RESSEMBLANT À UN FILS D'HOMME.
SA TÊTE ET SES CHEVEUX ÉTAIENT BLANCS COMME LA LAINE ET SES YEUX COMME UNE FLAMME ARDENTE.
IL AVAIT DANS SA MAIN DROITE SEPT ÉTOILES, ET DE SA BOUCHE SORTAIT UNE ÉPÉE ACÉRÉE À DOUBLE TRANCHANT.
ET SON VISAGE ÉTAIT COMME LE SOLEIL QUI BRILLE DANS TOUT SON ÉCLAT.
ET À SA VUE, JE TOMBAI À SES PIEDS, COMME MORT.
N'AIE CRAINTE. JE FUS VIVANT, ET JE FUS MORT, ET ME VOICI VIVANT POUR LES SIÈCLES DES SIÈCLES.

ET LES SEPT ÉTOILES SONT LES ANGES DES SEPT ÉGLISES, ET LES SEPT CANDÉLABRES SONT LES SEPT ÉGLISES.
CHAPITRES 2-3
SMYRNE : JE CONNAIS TES ŒUVRES, TA TRIBULATION ET TA PAUVRETÉ.
PERGAME : JE SAIS OÙ TU DEMEURES, JE SAIS QUE LÀ EST LE TRÔNE DE SATAN.
THYATIRE : JE CONNAIS TA CHARITÉ, TON DÉVOUEMENT ET TA FOI.
ÉPHÈSE : JE CONNAIS TES ŒUVRES, TON TRAVAIL, ET TA PERSÉVÉRANCE.
PHILADELPHIE : CELUI QUI OUVRE, PERSONNE NE FERMERA.
LAODICÉE : JE SAIS QUE TU N'ES NI FROID NI BOUILLANT.
SARDES : JE SAIS QUE TU AS UN NOM, TU PASSES POUR VIVANT MAIS TU ES MORT.
CHAPITRE 4
J'EUS ENSUITE UNE VISION. VOICI, UNE PORTE ÉTAIT OUVERTE DANS LE CIEL.
MONTE ICI, ET JE TE FERAI VOIR CE QUI DOIT ARRIVER PAR LA SUITE.

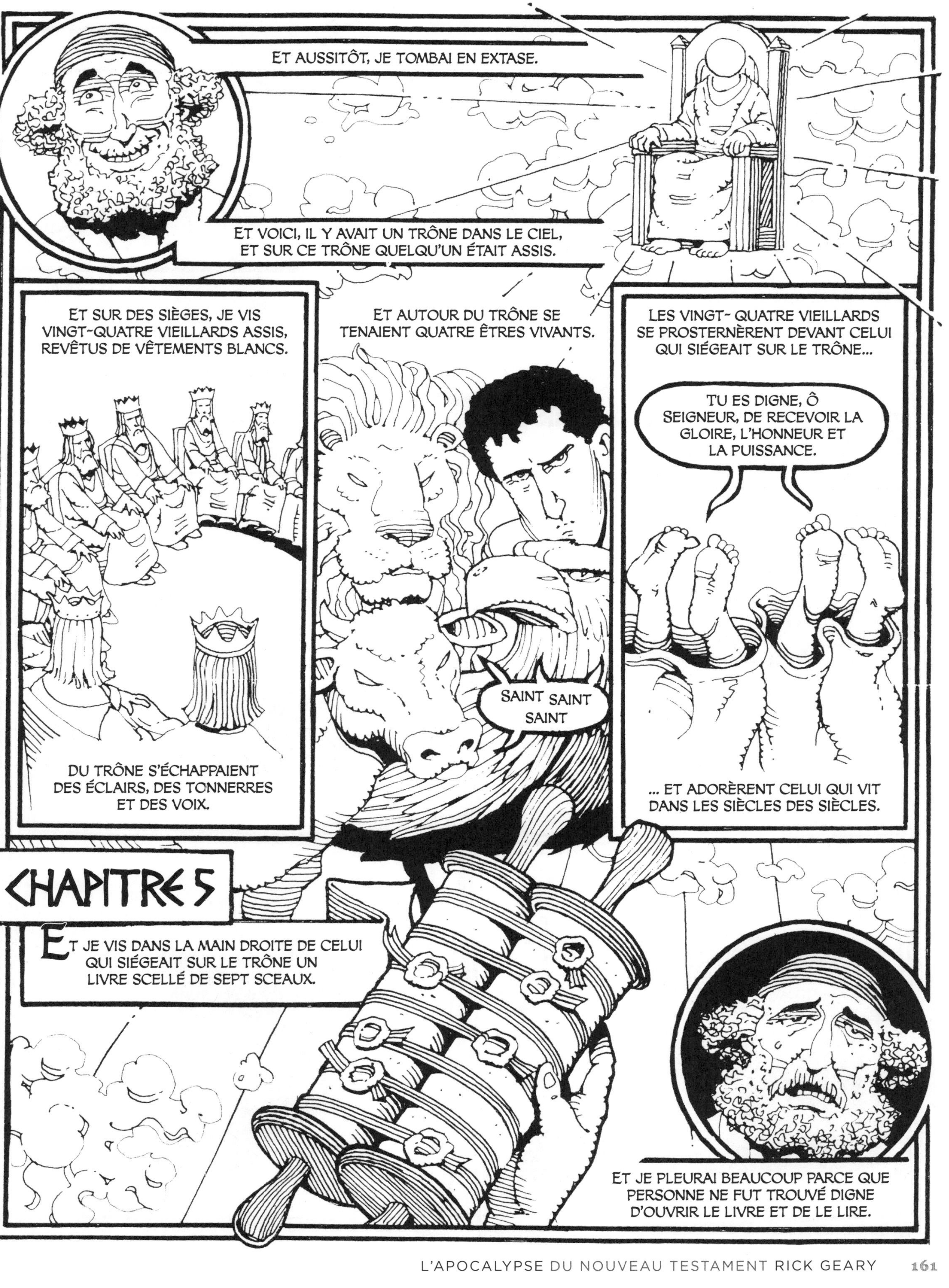
ET AUSSITÔT, JE TOMBAI EN EXTASE.
ET VOICI, IL Y AVAIT UN TRÔNE DANS LE CIEL, ET SUR CE TRÔNE QUELQU'UN ÉTAIT ASSIS.
ET SUR DES SIÈGES, JE VIS VINGT-QUATRE VIEILLARDS ASSIS, REVÊTUS DE VÊTEMENTS BLANCS.
DU TRÔNE S'ÉCHAPPAIENT DES ÉCLAIRS, DES TONNERRES ET DES VOIX.
ET AUTOUR DU TRÔNE SE TENAIENT QUATRE ÊTRES VIVANTS.
SAINT SAINT SAINT
LES VINGT- QUATRE VIEILLARDS SE PROSTERNÈRENT DEVANT CELUI QUI SIÉGEAIT SUR LE TRÔNE...
TU ES DIGNE, Ô SEIGNEUR, DE RECEVOIR LA GLOIRE, L'HONNEUR ET LA PUISSANCE.
... ET ADORÈRENT CELUI QUI VIT DANS LES SIÈCLES DES SIÈCLES.
CHAPITRE 5
ET JE VIS DANS LA MAIN DROITE DE CELUI QUI SIÉGEAIT SUR LE TRÔNE UN LIVRE SCELLÉ DE SEPT SCEAUX.
ET JE PLEURAI BEAUCOUP PARCE QUE PERSONNE NE FUT TROUVÉ DIGNE D'OUVRIR LE LIVRE ET DE LE LIRE.

ET JE VIS, AU MILIEU DU TRÔNE ET DES QUATRE ÊTRES VIVANTS ET AU MILIEU DES VIEILLARDS, UN AGNEAU QUI ÉTAIT LÀ...
IL AVAIT SEPT CORNES ET SEPT YEUX, QUI SONT LES SEPT ESPRITS DE DIEU ENVOYÉS PAR TOUTE LA TERRE.
TU ES DIGNE DE PRENDRE LE LIVRE ET D'EN OUVRIR LES SCEAUX.
J'ENTENDIS LA VOIX D'UNE MULTITUDE D'ANGES RASSEMBLÉS AUTOUR DU TRÔNE. LEUR NOMBRE ÉTAIT DES MYRIADES DE MYRIADES ET DES MILLIERS DE MILLIERS.
CHAPITRE 6
ET MA VISION SE POURSUIVIT. QUAND L'AGNEAU OUVRIT UN DES SEPT SCEAUX, J'ENTENDIS L'UN DES QUATRE ÊTRES VIVANTS CRIER : "VIENS."
JE REGARDAI QUAND PARUT UN CHEVAL BLANC. CELUI QUI LE MONTAIT AVAIT UN ARC...
ET IL PARTIT EN VAINQUEUR, ET POUR VAINCRE ENCORE.
ET QUAND IL OUVRIT LE DEUXIÈME SCEAU, SURGIT UN AUTRE CHEVAL QUI ÉTAIT ROUGE FEU.
ET CELUI QUI LE MONTAIT REÇUT LE POUVOIR DE BANNIR LA PAIX HORS DE LA TERRE.
ET QUAND IL OUVRIT LE TROISIÈME SCEAU, APPARUT À MES YEUX UN CHEVAL NOIR...
ET CELUI QUI LE MONTAIT TENAIT UNE BALANCE DANS SA MAIN.
ET QUAND IL OUVRIT LE QUATRIÈME SCEAU, APPARUT À MES YEUX UN CHEVAL PÂLE.
ET CELUI QUI LE MONTAIT SE NOMMAIT LA MORT, ET L'ENFER L'ACCOMPAGNAIT.

ET QUAND IL OUVRIT LE CINQUIÈME SCEAU, JE VIS LES ÂMES DE CEUX QUI AVAIENT ÉTÉ IMMOLÉS À CAUSE DE LA PAROLE DE DIEU.
JUSQU'À QUAND, SEIGNEUR, TARDERAS-TU À JUGER ET À VENGER NOTRE SANG ?
ET MA VISION SE POURSUIVIT. QUAND IL OUVRIT LE SIXIÈME SCEAU, IL Y EUT UN GRAND TREMBLEMENT DE TERRE, LE SOLEIL DEVINT NOIR ET LA LUNE DEVINT COMME DU SANG...
ET LES ASTRES DU CIEL S'ABATTIRENT SUR LA TERRE.
ET LES ROIS DE LA TERRE, LES HAUTS PERSONNAGES ET LES RICHES ALLÈRENT SE TERRER DANS LES ROCHERS DES MONTAGNES.
CACHEZ-NOUS DES YEUX DE CELUI QUI SIÈGE SUR LE TRÔNE !
CAR LE GRAND JOUR DE SA COLÈRE EST ARRIVÉ ET QUI PEUT SUBSISTER ?
CHAPITRE 7
ET APRÈS TOUT CELA, JE VIS QUATRE ANGES DEBOUT AUX QUATRE COINS DE LA TERRE, RETENANT LES QUATRE VENTS DE LA TERRE.
PUIS JE VIS UN AUTRE ANGE MONTER DE L'ORIENT, QUI PORTAIT LE SCEAU DU DIEU VIVANT.
ATTENDEZ, POUR MALMENER LA TERRE, QUE NOUS AYONS MARQUÉ AU FRONT LES SERVITEURS DE DIEU.
ET J'ENTENDIS LE NOMBRE DE CEUX QUI AVAIENT ÉTÉ MARQUÉS DU SCEAU : CENT QUARANTE-QUATRE MILLE, DE TOUTES LES TRIBUS DES FILS D'ISRAËL.
LE SALUT À NOTRE DIEU, QUI EST ASSIS SUR LE TRÔNE, AINSI QU'À L'AGNEAU.
CE SONT CEUX QUI VIENNENT DE LA GRANDE ÉPREUVE : ILS ONT LAVÉ LEURS ROBES DANS LE SANG DE L'AGNEAU.
CHAPITRE 8
ET QUAND IL OUVRIT LE SEPTIÈME SCEAU, IL Y EUT DANS LE CIEL UN SILENCE D'ENVIRON UNE DEMI-HEURE.

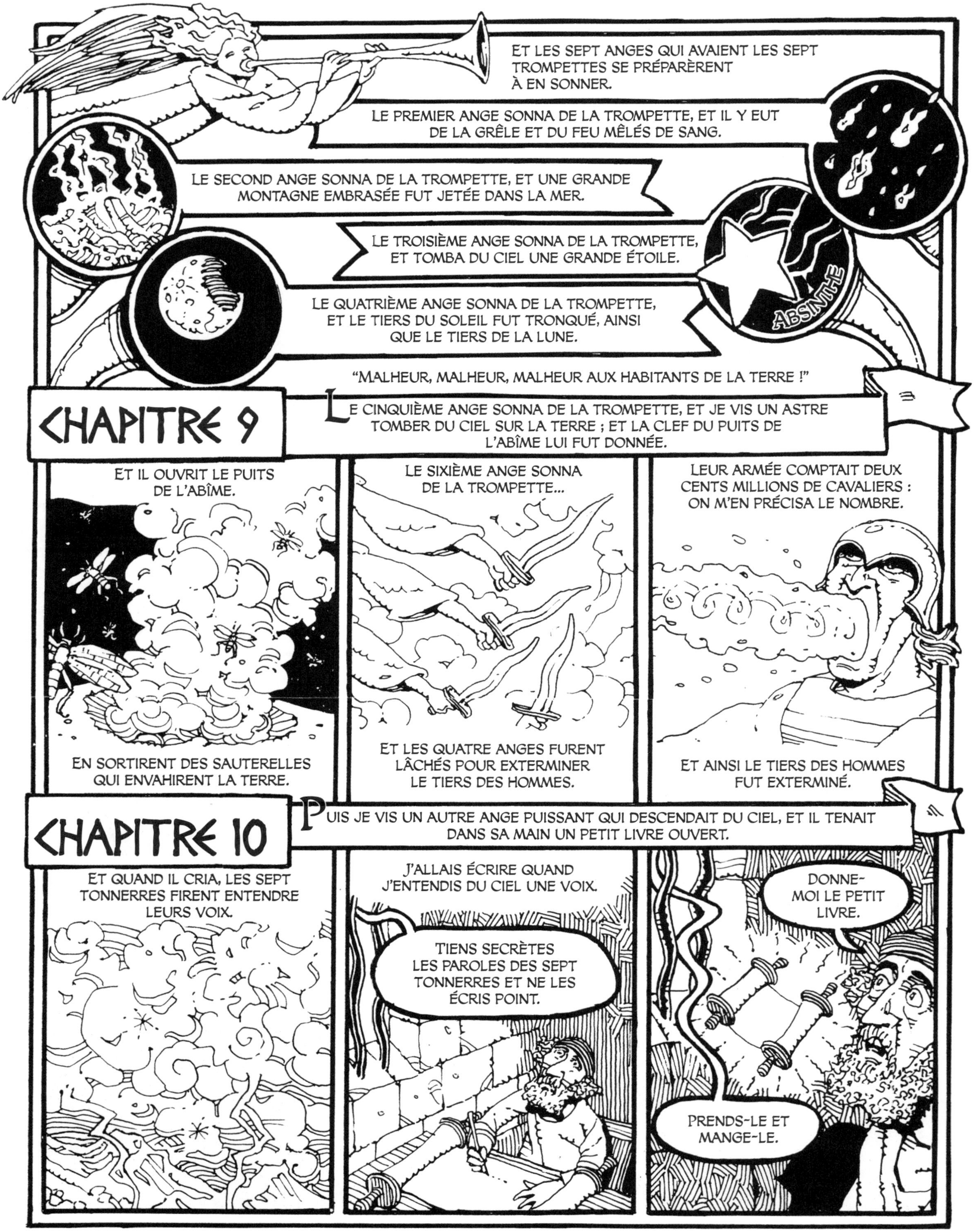

ET LES SEPT ANGES QUI AVAIENT LES SEPT TROMPETTES SE PRÉPARÈRENT À EN SONNER.
LE PREMIER ANGE SONNA DE LA TROMPETTE, ET IL Y EUT DE LA GRÊLE ET DU FEU MÊLÉS DE SANG.
LE SECOND ANGE SONNA DE LA TROMPETTE, ET UNE GRANDE MONTAGNE EMBRASÉE FUT JETÉE DANS LA MER.
LE TROISIÈME ANGE SONNA DE LA TROMPETTE, ET TOMBA DU CIEL UNE GRANDE ÉTOILE.
ABSINTHE
LE QUATRIÈME ANGE SONNA DE LA TROMPETTE, ET LE TIERS DU SOLEIL FUT TRONQUÉ, AINSI QUE LE TIERS DE LA LUNE.
"MALHEUR, MALHEUR, MALHEUR AUX HABITANTS DE LA TERRE !"
CHAPITRE 9
LE CINQUIÈME ANGE SONNA DE LA TROMPETTE, ET JE VIS UN ASTRE TOMBER DU CIEL SUR LA TERRE ; ET LA CLEF DU PUITS DE L'ABÎME LUI FUT DONNÉE.
ET IL OUVRIT LE PUITS DE L'ABÎME.
EN SORTIRENT DES SAUTERELLES QUI ENVAHIRENT LA TERRE.
LE SIXIÈME ANGE SONNA DE LA TROMPETTE...
ET LES QUATRE ANGES FURENT LÂCHÉS POUR EXTERMINER LE TIERS DES HOMMES.
LEUR ARMÉE COMPTAIT DEUX CENTS MILLIONS DE CAVALIERS : ON M'EN PRÉCISA LE NOMBRE.
ET AINSI LE TIERS DES HOMMES FUT EXTERMINÉ.
CHAPITRE 10
PUIS JE VIS UN AUTRE ANGE PUISSANT QUI DESCENDAIT DU CIEL, ET IL TENAIT DANS SA MAIN UN PETIT LIVRE OUVERT.
ET QUAND IL CRIA, LES SEPT TONNERRES FIRENT ENTENDRE LEURS VOIX.
J'ALLAIS ÉCRIRE QUAND J'ENTENDIS DU CIEL UNE VOIX.
TIENS SECRÈTES LES PAROLES DES SEPT TONNERRES ET NE LES ÉCRIS POINT.
DONNE-MOI LE PETIT LIVRE.
PRENDS-LE ET MANGE-LE.

CHAPITRE 11
PUIS ON ME DONNA UN ROSEAU SEMBLABLE À UNE VERGE, ET L'ANGE ME DIT : "LÈVE-TOI ET MESURE LE TEMPLE DE DIEU ET LES ADORATEURS QUI S'Y TROUVENT."
MAIS LE PARVIS EXTÉRIEUR DU TEMPLE, NE LE MESURE PAS, CAR IL A ÉTÉ DONNÉ AUX PAÏENS.
ET ILS FOULERONT DES PIEDS LA VILLE SAINTE PENDANT QUARANTE-DEUX MOIS.
ET À LA MÊME HEURE, IL Y EUT UN GRAND TREMBLEMENT DE TERRE ET SEPT MILLE HOMMES PÉRIRENT.
LE SECOND MALHEUR EST PASSÉ ET VOICI QUE LE TROISIÈME MALHEUR ACCOURT.
LE SEPTIÈME ANGE SONNA DE LA TROMPETTE ET ALORS S'OUVRIT LE TEMPLE DE DIEU DANS LE CIEL.
ET IL Y EUT DES ÉCLAIRS, DES VOIX, DES TONNERRES, UN TREMBLEMENT DE TERRE ET UNE FORTE GRÊLE.
CHAPITRE 12
PUIS UN GRAND SIGNE APPARUT DANS LE CIEL : UNE FEMME BAIGNÉE PAR LE SOLEIL. ELLE ÉTAIT ENCEINTE ET CRIAIT DANS LES DOULEURS ET LE TRAVAIL DE L'ENFANTEMENT.
PUIS UN SECOND SIGNE APPARUT DANS LE CIEL : UN ÉNORME DRAGON ROUGE FEU.
LE DRAGON SE POSTA DEVANT LA FEMME EN VUE DE DÉVORER SON ENFANT DÈS QU'IL SERAIT NÉ.
ET ELLE ENFANTA UN FILS, QUI DEVAIT RÉGNER SUR TOUTES LES NATIONS AVEC UN SCEPTRE DE FER.
ALORS IL Y EUT LA GUERRE DANS LE CIEL : MICHEL ET SES ANGES AFFRONTÈRENT LE DRAGON.
ET LE GRAND DRAGON, APPELÉ LE DIABLE ET SATAN, FUT PRÉCIPITÉ SUR LA TERRE.
ET LE DRAGON FUT IRRITÉ CONTRE LA FEMME, ET S'EN ALLA GUERROYER CONTRE LE RESTE DE SA POSTÉRITÉ.
CHAPITRE 13
ALORS JE VIS SURGIR DE LA MER UNE BÊTE QUI AVAIT SEPT TÊTES ET DIX CORNES, SUR SES CORNES DIX DIADÈMES, ET SUR SES TÊTES DES TITRES BLASPHÉMATOIRES.
ET LE DRAGON LUI TRANSMIT SA PUISSANCE, ET SON TRÔNE, ET UNE GRANDE AUTORITÉ.
ELLE FOURVOIE LES HABITANTS DE LA TERRE : NUL NE POURRA RIEN ACHETER NI VENDRE S'IL N'A PAS LA MARQUE OU LE NOM DE LA BÊTE.
666
ET TOUS LES HABITANTS DE LA TERRE L'ADORERONT, CEUX DONT LE NOM N'A PAS ÉTÉ ÉCRIT DANS LE LIVRE DE VIE.
C'EST ICI QU'IL FAUT DE LA FINESSE ! QUE L'HOMME DOUÉ D'ESPRIT CALCULE LE NOMBRE DE LA BÊTE : SIX CENT SOIXANTE-SIX.

CHAPITRE 14
PUIS L'AGNEAU M'APPARUT, SE TENANT SUR LA MONTAGNE DE SION...
... ET AVEC LUI CENT QUARANTE-QUATRE MILLE PERSONNES, QUI AVAIENT SON NOM ET LE NOM DE SON PÈRE ÉCRITS SUR LE FRONT.
ET DANS LEUR BOUCHE IL NE TROUVA NUL MENSONGE, CAR ILS SONT IRRÉPRÉHENSIBLES DEVANT LE TRÔNE DE DIEU.
VENDANGEZ LES GRAPPES DE LA VIGNE DE LA TERRE, ET JETEZ-LES DANS LA GRANDE CUVE DE LA COLÈRE DE DIEU.
PUIS ILS FOULÈRENT LA CUVE, ET IL EN SORTIT DU SANG.
CHAPITRE 15
PUIS JE VIS DANS LE CIEL UN AUTRE SIGNE, SEPT ANGES PORTANT LES SEPT DERNIERS FLÉAUX :
SEPT COUPES EN OR REMPLIES DE LA COLÈRE DE DIEU.
CHAPITRE 16
ET J'ENTENDIS UNE VOIX FORTE VENANT DU TEMPLE QUI DISAIT AUX SEPT ANGES, "VERSEZ SUR LA TERRE LES SEPT COUPES DE LA COLÈRE DE DIEU."
LE PREMIER ANGE ALLA VERSER SA COUPE SUR LA TERRE.
ET UN ULCÈRE MALIN ET DOULOUREUX FRAPPA LES HOMMES QUI AVAIENT LA MARQUE DE LA BÊTE.
ET LE DEUXIÈME ANGE VERSA SA COUPE DANS LA MER.
ET ELLE DEVINT DU SANG COMME CELUI D'UN MORT.
LE TROISIÈME ANGE VERSA SA COUPE DANS LES FLEUVES ET DANS LES SOURCES.
ET ILS DEVINRENT DU SANG.
ET LE QUATRIÈME ANGE VERSA SA COUPE SUR LE SOLEIL...
ET LES HOMMES FURENT BRÛLÉS PAR UNE GRANDE CHALEUR.
ET LE CINQUIÈME ANGE VERSA SA COUPE SUR LE TRÔNE DE LA BÊTE...
ET SON ROYAUME FUT COUVERT DE TÉNÈBRES, ET L'ON SE MORDAIT LA LANGUE DE DOULEUR.
ET LE SIXIÈME ANGE VERSA SA COUPE SUR LE GRAND FLEUVE, L'EUPHRATE.
ET JE VIS SURGIR TROIS ESPRITS IMPURS, SEMBLABLES À DES GRENOUILLES, DE LA BOUCHE DU DRAGON.

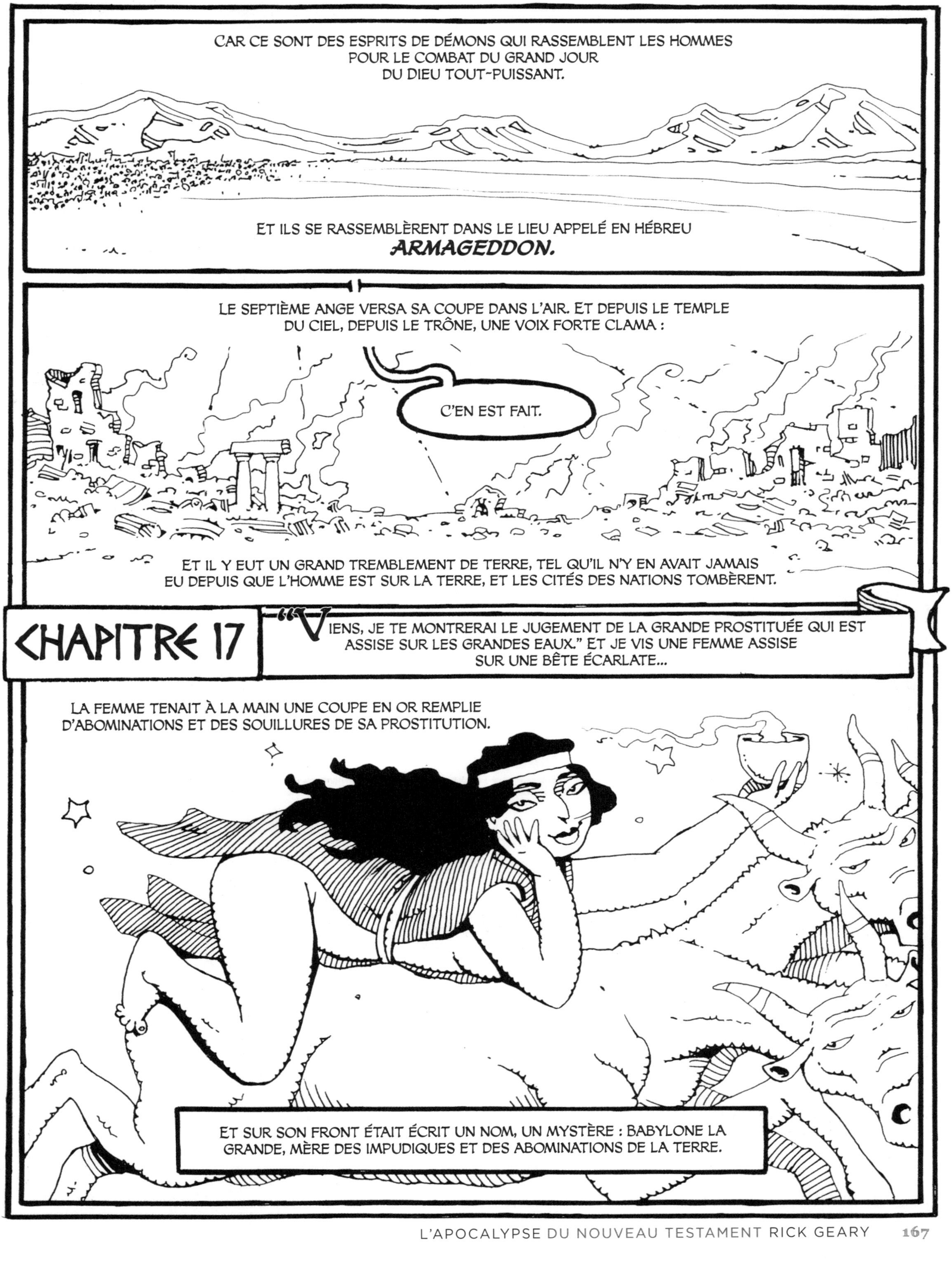
CAR CE SONT DES ESPRITS DE DÉMONS QUI RASSEMBLENT LES HOMMES POUR LE COMBAT DU GRAND JOUR DU DIEU TOUT-PUISSANT.
ET ILS SE RASSEMBLÈRENT DANS LE LIEU APPELÉ EN HÉBREU ARMAGEDDON.
LE SEPTIÈME ANGE VERSA SA COUPE DANS L'AIR. ET DEPUIS LE TEMPLE DU CIEL, DEPUIS LE TRÔNE, UNE VOIX FORTE CLAMA :
C'EN EST FAIT.
ET IL Y EUT UN GRAND TREMBLEMENT DE TERRE, TEL QU'IL N'Y EN AVAIT JAMAIS EU DEPUIS QUE L'HOMME EST SUR LA TERRE, ET LES CITÉS DES NATIONS TOMBÈRENT.
CHAPITRE 17
"VIENS, JE TE MONTRERAI LE JUGEMENT DE LA GRANDE PROSTITUÉE QUI EST ASSISE SUR LES GRANDES EAUX." ET JE VIS UNE FEMME ASSISE SUR UNE BÊTE ÉCARLATE...
LA FEMME TENAIT À LA MAIN UNE COUPE EN OR REMPLIE D'ABOMINATIONS ET DES SOUILLURES DE SA PROSTITUTION.
ET SUR SON FRONT ÉTAIT ÉCRIT UN NOM, UN MYSTÈRE : BABYLONE LA GRANDE, MÈRE DES IMPUDIQUES ET DES ABOMINATIONS DE LA TERRE.

CHAPITRE 18
ET APRÈS CELA, JE VIS DESCENDRE DU CIEL UN AUTRE ANGE.
BABYLONE LA GRANDE EST TOMBÉE ! TOMBÉE !
CAR SES PÉCHÉS SE SONT AMONCELÉS JUSQU'AU CIEL, ET DIEU S'EST SOUVENU DE SES INIQUITÉS.
ET TOUS LES ROIS DE LA TERRE QUI SE SONT LIVRÉS AVEC ELLE À L'IMPUDICITÉ ET AU LUXE, PLEURERONT ET SE LAMENTERONT À CAUSE D'ELLE.
Ô CIEL, RÉJOUIS-TOI SUR ELLE, CAR DIEU T'A FAIT JUSTICE EN LA JUGEANT.
CHAPITRE 19
J'ENTENDIS COMME UN GRAND BRUIT DE FOULE IMMENSE AU CIEL, CLAMANT :
ALLÉLUIA ! SALUT ET GLOIRE ET HONNEUR ET PUISSANCE AU SEIGNEUR NOTRE DIEU !
PUIS JE VIS LE CIEL OUVERT ET APPARUT UN CHEVAL BLANC. CELUI QUI LE MONTAIT S'APPELAIT FIDÈLE ET VÉRITABLE.
ET LES ARMÉES QUI ÉTAIENT DANS LE CIEL LE SUIVAIENT SUR DES CHEVAUX BLANCS, REVÊTUES D'UN FIN LIN D'UNE BLANCHEUR PARFAITE.
JE VIS ALORS LA BÊTE, AVEC LES ROIS DE LA TERRE ET LEURS ARMÉES RASSEMBLÉS...
... POUR FAIRE LA GUERRE À CELUI QUI ÉTAIT ASSIS SUR LE CHEVAL ET À SON ARMÉE.
ET LA BÊTE FUT CAPTURÉE, ET AVEC ELLE LE FAUX PROPHÈTE QUI AVAIT SÉDUIT ET FOURVOYÉ CEUX QUI AVAIENT REÇU LA MARQUE DE LA BÊTE.
ILS FURENT TOUS LES DEUX JETÉS DANS L'ÉTANG ARDENT DE FEU ET DE SOUFRE.
TOUS LES AUTRES FURENT TUÉS PAR L'ÉPÉE DE CELUI QUI ÉTAIT ASSIS SUR LE CHEVAL...
... ET CETTE ÉPÉE SORTAIT DE SA BOUCHE.

CHAPITRE 20
PUIS JE VIS DESCENDRE DU CIEL UN ANGE, QUI AVAIT LA CLEF DE L'ABÎME ET UNE ÉNORME CHAÎNE DANS SA MAIN.
IL MAÎTRISA LE DRAGON, L'ANTIQUE SERPENT, QUI EST LE DIABLE ET SATAN, ET L'ENCHAÎNA POUR MILLE ANS.
ET IL LE JETA DANS L'ABÎME SANS FOND.
PUIS JE VIS LES ÂMES DE CEUX QUI AVAIENT ÉTÉ DÉCAPITÉS À CAUSE DU TÉMOIGNAGE DE JÉSUS, ET ILS REPRIRENT VIE ET RÉGNÈRENT AVEC LE CHRIST PENDANT MILLE ANS.
LES AUTRES MORTS NE REVINRENT POINT À LA VIE AVANT L'ACHÈVEMENT DES MILLE ANS. C'EST LA PREMIÈRE RÉSURRECTION.
ET QUAND LES MILLE ANS SE SERONT ÉCOULÉS, SATAN SERA RELÂCHÉ DE SA PRISON.
ET IL SORTIRA POUR SÉDUIRE LES NATIONS QUI SONT AUX QUATRE COINS DE LA TERRE, GOG ET MAGOG, AFIN DE LES RASSEMBLER POUR LA GUERRE.
ET UN FEU DESCENDIT DE DIEU DANS LE CIEL ET LES DÉVORA.
ET JE VIS LES MORTS, GRANDS ET PETITS, QUI SE TENAIENT DEVANT DIEU. ET UN LIVRE FUT OUVERT, CELUI QUI EST LE LIVRE DE VIE.
ET LES MORTS FURENT JUGÉS SELON LEURS ŒUVRES, D'APRÈS CE QUI ÉTAIT ÉCRIT DANS CE LIVRE.
ET LA MER RENDIT LES MORTS.
ALORS LA MORT ET L'ENFER FURENT JETÉS DANS L'ÉTANG DE FEU. C'EST LA SECONDE MORT.
ET QUICONQUE NE FUT PAS TROUVÉ ÉCRIT DANS LE LIVRE DE VIE FUT JETÉ DANS L'ÉTANG DE FEU.

CHAPITRE 21
PUIS JE VIS UN NOUVEAU CIEL ET UNE NOUVELLE TERRE, CAR LE PREMIER CIEL ET LA PREMIÈRE TERRE AVAIENT DISPARU.
ET MOI JEAN, JE VIS LA VILLE SAINTE, LA NOUVELLE JÉRUSALEM, DESCENDRE DU CIEL D'AUPRÈS DE DIEU, PRÉPARÉE COMME UNE ÉPOUSE S'EST PARÉE POUR SON ÉPOUX.
C'EN EST FAIT. JE SUIS L'ALPHA ET L'OMÉGA, LE COMMENCEMENT ET LA FIN.
ET LA VILLE N'AVAIT BESOIN NI DU SOLEIL NI DE LA LUNE POUR L'ÉCLAIRER ; CAR LA GLOIRE DE DIEU L'ILLUMINAIT.
CHAPITRE 22
ET IL ME MONTRA UN FLEUVE D'EAU DE LA VIE, LIMPIDE COMME DU CRISTAL, QUI JAILLISSAIT DU TRÔNE DE DIEU ET DE L'AGNEAU.
ET DE PART ET D'AUTRE DU FLEUVE, IL Y AVAIT UN ARBRE DE VIE, PRODUISANT DOUZE FOIS DES FRUITS.
ET LES FEUILLES DE L'ARBRE SERVAIENT À LA GUÉRISON DES NATIONS. ET IL N'Y AURA PLUS DE MALÉDICTION.
C'EST MOI JEAN QUI AI ENTENDU ET VU CES CHOSES. ET JE TOMBAI AUX PIEDS DE L'ANGE QUI ME LES MONTRAIT POUR L'ADORER.
HEUREUX CEUX QUI SUIVENT SES COMMANDEMENTS, ILS POURRONT PÉNÉTRER PAR LES PORTES DANS LA CITÉ.
MOI, JÉSUS, J'AI ENVOYÉ MON ANGE POUR VOUS ATTESTER CES CHOSES.
CELUI QUI ATTESTE CES CHOSES DIT : "OUI, MON RETOUR EST PROCHE".
AMEN. VIENS, SEIGNEUR JÉSUS.

Trois poèmes des Tang

Wang Han, Cui Hu, et Li Bai

Dessins, adaptation et traduction de **Sharon Rudahl**

DANS LES DOCUMENTS TRAITANT DE LA POÉSIE chinoise pendant la dynastie Tang (618-907), l'expression « âge d'or » revient souvent. Les plus grands vers de l'histoire nationale ont été écrits durant ces trois siècles, et il est souvent rapporté que les trois ou quatre poètes chinois les plus importants ont vécu pendant cette période. Non qu'ils aient été les seuls : un nombre étonnant de 49 000 poèmes écrits par 2 200 poètes de la dynastie Tang ont survécu jusqu'à nos jours. Les plus célèbres d'entre eux font partie de l'anthologie datant de 1763 de Sun Zhu, *Tang Shi San Bai Shou* (*Trois Cents Poèmes des Tang*), qui comprend les trois dont il s'agit ici.

On ne connaît à peu près rien de Wang Han, qui a écrit « Chanson frontière ». Il existe en revanche une histoire, sans doute apocryphe, liée à Cui Hu et son poème « Un village au sud de la capitale ». On raconte que Cui Hu était un fringant lettré qui s'était rendu à la capitale pour passer un examen de fonctionnaire. Lors de son voyage à travers la campagne, il frappa à la porte d'un fermier pour lui demander un verre d'eau. Ce fut la fille de ce dernier, d'une beauté stupéfiante, qui lui ouvrit. L'année suivante, se présentant à un nouvel examen, il frappa de nouveau à la porte, mais personne ne lui répondit. Découragé, il laissa son poème sur le seuil. Quelques jours plus tard, il repassa et le fermier, fort agité, lui annonça que sa fille s'était évanouie après avoir lu ses vers. Entendant que son chevalier servant était de retour, elle reprit connaissance et les deux jeunes gens se marièrent bien vite.

Li Bai, également connu sous le nom de Li Po et auteur de « Boire seul sous la lune », est l'un des immenses poètes chinois susmentionnés et quasiment déifiés en Chine. Selon son traducteur David Hinton, « il fut pendant un certain temps un “chevalier errant” qui réparait les injustices subies par les gens sans défense, et l'on raconte même qu'à ce titre, il tua plusieurs personnes avec son épée. Il vécut aussi de longues années taoïstes, reclus dans les montagnes près de chez lui. Ces deux activités sont emblématiques du caractère de Li Po : une spiritualité profonde et douce d'un côté, et de l'autre, une impertinence fanfaronne. »

Pionnière de la bande dessinée underground, Sharon Rudahl fait partie de la génération qui a créé ce moyen d'expression. Entre autres choses, elle a cofondé, au début des années 1970, le révolutionnaire *Wimmen's Comix*, pour lequel elle a aussi dessiné. Ici, elle nous livre ce qui semble être les premières adaptations graphiques des poèmes des Tang, auxquelles se superposent ses propres traductions en anglais et une superbe calligraphie du chinois original.

SOURCE

Po, Li, *The Selected Poems of Li Po*, traduit par David Hinton, New Directions, 1996.

Gill, John, et Tidwell, Susan (directeurs de publication), *After Many Autumns : A Collection of Chinese Buddhist Literature, Buddha's Light Publishing*, 2011.

3 Poèmes des Tang
Adaptés et illustrés par Sharon Rudahl
Chant de Frontière
par Wang Han
王翰
凉州词
葡萄美酒夜光杯
欲饮琵琶马上催
醉卧沙场君莫笑
古来征战几人回
Dans les coupes de jade le vin coule à foison
Un cavalier joue l'air
Qui pousse à la boisson
Ne ris pas de nous voir ivres morts sur ce champ de bataille désert.
Qui sait depuis des siècles
Combien d'hommes y tombèrent ?

un Village au Sud
de la Capitale par Cui Hu
题都城南庄
崔护
去年今日此门中
人面桃花相映红
人面不知何处去
桃花依旧笑春风
Au travers de cette porte, il y a tout juste un an
Un visage imitait des fleurs l'éclat charmant
Du minois de cette fille,
j'ignore la destinée
Mais les pétales reviennent,
sous le vent printanier
Sharon Rudahl '10

月下独酌
李白
花间一壶酒
独酌无相亲
举杯邀明月
对影成三人
月既不解饮
影徒随我身
暂伴月将影
行乐须及春
我歌月徘徊
我舞影零乱
醒时同交欢
醉后各分散
永结无情游
相期邈云汉
UNE BEUVERIE SOLITAIRE AU CLAIR DE LUNE
PAR LI BAI
POSÉ PARMI LES FLEURS, UN PICHET D'EAU-DE-VIE
JE N'AI POUR M'ENIVRER PAS D'AUTRE COMPAGNIE.
Sharon Rudahl 2010
ALORS JE LÈVE MA COUPE À LA LUNAIRE CLARTÉ
QUI DESSINE MON OMBRE, LA TROISIÈME À TRINQUER.
LA LUNE N'OSE PAS ALLER JUSQU'À L'IVROGNERIE
ET L'OMBRE M'HORRIPILE, CAR PARTOUT ELLE ME SUIT.
CEPENDANT JE CONSENS À GARDER CES CONVIVES

POUR FÊTER LE PRINTEMPS, ET SE RÉJOUIR QU'IL VIVE.
JE CHANTE; LA LUNE GIGOTE, COMME MÂT-DE-COCAGNE
JE DANSE; ET MA SILHOUETTE, PAR SA DANSE M'ACCOMPAGNE.
NOTRE IVRESSE EST PASSÉE; NOUS VOILÀ VIEUX AMIS
IL FAUT NOUS SÉPARER, CAR LA FÊTE EST FINIE.
MÊME SI NOS FLÂNERIES NOUS ÉLOIGNENT, TOUJOURS LIÉS,
NOUS NOUS REVERRONS PAR-DELÀ LA VOIX LACTÉE.
SHARON RUDAHL 2010

Beowulf

Poème épique anglo-saxon

Dessins et adaptation de **Gareth Hinds**

COMME TANT D'ŒUVRES DE LA LITTÉRATURE ancienne, les origines de ce grand poème épique anglo-saxon restent désespérément brumeuses. Était-ce initialement un poème oral qui fut ensuite immortalisé sur le papier par un scribe, ou bien un poète a-t-il écrit une œuvre originale tout en se fondant sur des légendes ? A-t-il été créé au VIIIe siècle (comme le pense J. R. R. Tolkien) ou aux alentours de l'an mille, ou encore entre les deux ? Si vous avez soif de certitudes, ce n'est pas la littérature qui vous apportera du réconfort.

Ce poème, comportant près de 3 200 vers et écrit en vieil anglais, se déroule en Scandinavie, au Ve siècle. Dans la première partie, le roi des Danois (une tribu germanique qui occupait l'actuel Danemark) doit faire face à un animal nuisible : le monstre Grendel envahit en effet son immense palais où l'hydromel coule à flots, et massacre des guerriers. Beowulf, héros d'une autre tribu germanique (les Goths, alors implantés dans une zone géographique correspondant aujourd'hui à la Suède), attaque l'exterminateur, ce qui nous vaut l'une des scènes les plus épiques de combat de toute la littérature.

Dans la deuxième partie, Beowulf affronte la mère déchaînée de Grendel, dans sa tanière sous-marine. La troisième partie, qui est aussi la dernière, se déroule cinquante ans plus tard, lorsque Beowulf, devenu roi des Goths, fait face à un dragon. Tous deux s'entre-tueront. Gareth Hinds – qui a aussi collaboré aux adaptations de l'*Odyssée* et des *Voyages de Gulliver* pour cet ouvrage – a autopublié une série de bandes dessinées où il adaptait l'épopée dans toute sa gloire sanglante, chacune des trois parties correspondant à un style différent et divers matériaux (encre, peinture, panneaux de bois, charbon de bois blanc, coloriage numérique). Elles ont ensuite été rassemblées dans un roman graphique édité par Candlewick Press. Dans les pages qui suivent, vous trouverez une version courte de la première partie, telle que l'a abrégée Gareth pour notre ouvrage.

Aquila
Lacerta

Pegasus
Androme
Lacerta
ygnus
Lyra
rona Borealis
Ophiuchus

PLOP

CRUNCH

SKUTCHLP
SMASH

Aquarius
Cancer
Leo

Le Dit de Genji

Murasaki Shikibu

Dessins et adaptation de **Molly Kiely**

***LE DIT DE GENJI* EST GÉNÉRALEMENT CONSIDÉRÉ** comme le premier roman du monde et il reste l'œuvre littéraire absolue au Japon. Écrit il y a environ 1 000 ans par Murasaki Shikibu, une dame de la cour japonaise, c'est un ouvrage colossal : les traductions anglaises non abrégées comportent en général 1 100 pages. Il retrace essentiellement les exploits romantiques du personnage éponyme, un fils de l'empereur et d'une de ses concubines de basse extraction, et le montre courtisant, poursuivant de ses assiduités et parfois même contraignant diverses femmes ou jeunes filles, en général des aristocrates, tout en négociant le paysage politique de l'époque impériale de Heian. À sa mort, le prétendu fils de Genji (qui en réalité n'est pas le sien) et son petit-fils deviennent les protagonistes de la dernière partie de l'ouvrage : ils y poursuivent différentes femmes, et se disputent parfois la même. *Le Dit de Genji* a été adapté d'innombrables fois en mangas, et notamment en une série de 13 volumes qui s'est vendue à plus de 14 millions d'exemplaires.

Molly Kiely est l'une des toutes premières artistes féminines à avoir conçu des bandes dessinées érotiques, c'est ce qui lui a valu sa réputation. Ses histoires séquentielles et ses pin-up sur une pleine page sont encore bien vivantes dans les souvenirs de ses fans, pas seulement pour leur sensualité débordante, mais aussi pour leur humour omniprésent – décliné sous tous les modes, du sournois au plus intelligent, en passant par la bêtise tout simplement charmante – ainsi que pour la joie de vivre qui s'en dégage. Après la publication de deux romans graphiques, de deux séries et de deux exemplaires uniques (entre autres choses) édités chez Fantagraphics' Eros, Molly a mis sa carrière entre parenthèses pour fonder une famille. Les adaptations que l'on retrouve dans les trois volumes du *Canon graphique* marquent son retour éclatant dans le domaine de la bande dessinée et de l'illustration : la large palette de belles femmes présentes dans *Le Dit de Genji* lui permet d'appliquer son art des pin-up et son style à la Beardsley à une œuvre du Japon médiéval, prêtant une identité aux femmes qui restaient littéralement enfermées à la cour, cachées derrière des paravents, rarement aperçues par d'autres personnes que leurs serviteurs.

SOURCE

Puette, William J., *The Tale of Genji : A Reader's Guide*, Tokyo et North Clarendon, VT, Tuttle Publishing, 1983.

inspiré du roman de Lady Murasaki
Molly Kiely 2011
Les femmes du
Genji

Fujitsubo
... convaincue
de sa propre
perte, était
tombée dans
une profonde
mélancolie.
Kiritsubo : bien que
faible et lasse, je resterai et
ne vivrai que pour toi...
Molly Kiely 2011

Jamais auparavant sa merveilleuse beauté
ne l'avait autant impressionné... était-ce
concevable qu'année après année, il eut permis
à une telle femme de rester aussi loin de lui ?
Aoi.........
MOLLY KIELY 11

Yugao…
Je suis comme la lune marchant dans le ciel…
… ignorant quelle menace…
… les cruelles collines pourraient révéler…

Elle avait longtemps souffert de
la plus déconcertante des sensations…
… être étranger
à soi-même.
Dame
Rokujo
MOLLY KIELY 2011

(les chardons n’ont rien à dire)
Magnifique cigale… il y en a une que j’aime mais son cœur ne bat pas pour moi.

La fête
des
fleurs
Rien n'est plus doux
que
la pâleur
de la lune
MOLLY KIELY 2011

Akashi...
la fleur d'oranger...
Akiko...
... la confidente
Murasaki...
la fleur cachée...

Murasaki…
la violette éternelle
molly kiely

Sannomiya
MOLLY KIELY 2011
et l'œuf du coucou…

Lettres d'Abélard et d'Héloïse

Dessins et adaptation d'**Ellen Lindner**

QUINTESSENCE DES AMANTS MAUDITS PAR LE sort, le couple médiéval français le plus mythifié – Abélard et Héloïse – a donné à la littérature une belle correspondance complexe de sept lettres d'amour. Même si Abélard est aujourd'hui quasiment tombé dans l'oubli, il fut l'un des plus grands philosophes français de son époque (au début des années 1100). À l'instar d'une rock star, il attirait les foules où qu'il aille. Héloïse, jeune fille de noble extraction vivant chez son oncle, passait pour « la Française la plus savante de son temps ». Abélard accepta d'être le tuteur de la jeune fille pendant qu'elle vivait chez son oncle, ayant en tête de la séduire. Mission qu'il réussit. (Nul ne connaît avec exactitude la date de naissance d'Héloïse, ni celle de sa rencontre avec Abélard. On estime toutefois qu'elle avait entre 15 et 30 ans à peine lorsque ce dernier devint son tuteur, tandis que lui-même approchait de la quarantaine.)

Mis au courant de ces « leçons » non autorisées, l'oncle d'Héloïse fut extrêmement contrarié et contraignit alors les deux amants à se séparer. Quand Héloïse écrivit à Abélard qu'elle était enceinte, ils se réfugièrent chez la sœur de ce dernier. (L'enfant, un fils, fut confié à la sœur et appelé – aussi incroyable que cela puisse paraître – Astrolabe, en référence à l'instrument scientifique.) Pour apaiser l'oncle d'Héloïse, et en dépit des réticences extrêmes de celle-ci, les amants se marièrent secrètement, bien que la jeune femme continuât à vivre chez son oncle. Quand celui-ci se mit à la maltraiter physiquement, Abélard la fit entrer dans un couvent, à l'extérieur de Paris. Furieux, l'oncle pénétra par effraction chez Abélard et le castra. Ce dernier rejoignit bientôt lui aussi un monastère. Les deux amants prirent chacun la direction de leur cloître et ne se revirent jamais.

Quelque quinze ans plus tard, Abélard écrivit une longue lettre autobiographique à un moine, qui finit par arriver entre les mains d'Héloïse. Elle n'était pas au courant de la mutilation brutale qu'il avait subie, ni de ses prises de bec ultérieures avec les autorités cléricales (il avait adopté des positions théologiques non orthodoxes). Elle écrivit alors à son mari une lettre pleine d'angoisse et d'amour. C'était la première fois qu'ils communiquaient depuis les événements tumultueux du passé. Abélard lui répondit, et la correspondance donna lieu à trois autres lettres de la part d'Héloïse, et quatre d'Abélard. Il avait dix ans à vivre après cet échange épistolaire, Héloïse encore trente. Conformément à la demande d'Abélard, la dépouille de son épouse fut enterrée près de la sienne.

Recourant à des couleurs automnales chaudes, Ellen Lindner – qui a dirigé et coédité la série anthologique des bandes dessinées conçues uniquement par des femmes, *Whores of Mensa et The Strumpet* – extrait et enlumine la première lettre de chaque page en reprenant le style d'un manuscrit médiéval. Si vous parvenez à la dernière ligne de cette adaptation les yeux secs, vous êtes une brute encore plus froide que moi.

SOURCE

Levitan, William (traducteur), *Abelard & Heloise : The Letters and Other* Writings, Indianapolis, Indiana, Hackett Publishing Company, 2007. Traduction de The Love Letters of Abelard and Heloise, Londres, J. M. Dent & Co, Aldine House, 1904.

D'Héloïse à Abélard

Extraits de sa première lettre

À son seigneur, père, époux, et frère : Héloïse, sa servante, enfant, épouse et sœur écrit ceci pour exprimer tout ce qui est d'humilité, de respect et d'amour à son Abélard :

Le hasard a mené dans mes mains la lettre que tu as écrite à un ami pour le consoler de ses peines ; à travers ton écriture je reconnus la main tant aimée et ne pus résister à la curiosité de te lire. Bien mal m'en pris ! Cent fois je rencontrai mon nom, toujours suivi d'une calamité. Et je vis le tien tout aussi mal loti.

Aie le coeur, je t'en prie, de ne pas me priver de ce léger soulagement que toi seul peut m'accorder. Ne me cache rien de ce qui te concerne, car en mêlant mes soupirs aux tiens, peut-être allègerai-je ta souffrance.

Ton portrait orne ma chambre, et je ne puis passer devant sans l'admirer. Si une image, simple représentation muette, peut donner tant de joie, que ne pourrait accomplir une missive ? Elle parlerait comme parle une âme !

Je suis venue ici pour m'abîmer dans un emprisonnement perpétuel et t'assurer une vie tranquille et confortable. Il n'est que la vertu, associée à un amour strictement détaché des sens qui puisse produire de tels effets. Le vice n'inspire jamais de telles choses... Mon oncle cruel... croyait que c'est le mâle en toi et non l'âme que j'aimais. Mais plus que jamais je t'aime et ainsi me venge de lui.

Mais dis-moi... Pourquoi m'avoir négligée depuis que j'ai revêtu l'habit ? Serait-ce la concupiscence plutôt que la tendresse qui t'attachait à moi ?

Car une lettre coûte si peu à qui aime écrire... Et je ne demande pas de ces épîtres gorgées de ton savoir... Je ne veux que de ces messages que la main peine à transcrire, tant le cœur allègrement les dicte. Me serais-je fourvoyée en t'imaginant tout à moi lorsque je pris le voile pour vivre à jamais selon tes lois ? Car mes vœux solennels n'eurent d'autre but pour moi que d'être toute à toi, et si je me suis soumise à ce confinement, c'est que tu me le destinais. Seule la mort peut me faire quitter le cloître où tu m'as placée.
MARIE MADELEINE

Ainsi c'est en vain que je m'évertue à diriger l'abbaye du Paraclet. Car Abélard, seul est l'objet de mon dévouement. Quel monstre d'abbesse je suis ! Oui, Abélard, je te conjure d'alléger le poids des chaînes qui m'enserrent. Enseigne-moi l'arcane de l'amour Divin ; puisque tu m'abandonnes, laisse-moi au moins épouser le Ciel.

Je m'attends à ce que tu ne puisses me refuser telle faveur. Dieu jouit d'un droit particulier sur les cœurs des grands hommes : lorsqu'il lui plait de les toucher, Il les brûle, et ne les laisse parler ou respirer que pour Sa gloire. En attendant que cette grâce te touche, pense à moi, ne m'oublie pas, aime-moi comme ton amante, chéris-moi comme ton enfant, ta sœur, ton épouse. Je termine cette longue lettre en t'adressant, si tel est ton souhait (puisse le Ciel me donner la force de le partager), mes ADIEUX !

D'Abélard à Héloïse

Extraits de sa première lettre

Si j'avais pu imaginer qu'une lettre ne t'étant pas destinée échouât entre tes mains, j'aurais pris garde à n'y rien insérer qui puisse réveiller le souvenir de nos infortunes passées. Si… je t'ai perturbée, je me propose désormais de sécher les larmes que ma triste description t'auront fait couler, en exposant… tous mes affres… que ma vanité m'a jusque là poussé à cacher au reste du monde, et que tu me pousses à révéler bien que je fus résolu à n'en rien faire.

J'ai souhaité trouver dans la philosophie et la religion le remède à ma disgrâce, et j'ai cherché un asile où me libérer de l'amour. Mais qu'ai-je tiré de cela ? Si ma passion est désormais muselée, mes pensées toujours galopent. Je me suis promis de t'oublier, mais ne puis songer à cette épreuve sans que ton amour m'assaille.

Tu m'appelles maître : et, au vrai, l'on t'a confiée à moi. Je t'ai enseigné avec ferveur des savoirs vains qui t'ont coûté ton innocence et m'ont coûté la liberté. Ton oncle, épris de toi, devint mon ennemi et se vengea de moi.

Ne me considère plus, je te l'implore, comme un modèle ni un personnage d'envergure ; tes éloges ne s'accordent guère à mes multiples faiblesses. Je ne suis qu'un misérable pécheur, prosterné devant mon juge, et face contre terre je mêle mes larmes à la poussière.

Par cette option glorieuse tu te rachèteras ; que ta vertu soit un spectacle digne des hommes et des anges. Sois humble parmi tes ouailles, assidue dans tes choix, exacte dans ta discipline, appliquée dans tes lectures ; que même tes récréations soient utiles.

N'oublie pas que ma dernière entreprise séculière fut de séduire ton coeur ; celle que tu fus disparut par ma faute, et celui que je fus avec, tous deux engloutis par les mêmes courants. Nous attendîmes la mort avec la même indifférence, et elle nous entraîna tête la première vers les mêmes châtiments. Mais la providence détourna son souffle et nos épaves s'échouèrent à l'abri.

Je suis résolu à ce que la présente lettre soit ma dernière faute. ADIEU. J'espère, au terme de ta vie mortelle, que tu consentiras à reposer auprès de ma dépouille. Tes cendres froides n'auront rien à craindre de ma passion, et mon tombeau n'en sera que plus riche et renommé.

el'11

"O nobilissima viriditas"

Hildegarde de Bingen

DESSINS ET ADAPTATION DE **Molly Kiely**

À L'INSTAR DE THÉRÈSE D'AVILA, JULIENNE DE Norwich et d'autres encore, Hildegarde de Bingen est considérée comme l'une des grandes religieuses mystiques. Durant toute sa vie, elle eut des visions et des transes. (Elle a décrit et analysé ses visions dans trois livres, le premier d'entre eux, *Scivias*, étant un classique spirituel.) Toutefois, cette religieuse allemande du XIIe siècle ne peut pas être réduite à ses visions. Elle était la définition même de « l'homme de la Renaissance ». Elle fonda et géra deux couvents tout en menant des études, des recherches de première main, des observations sur les plantes, les animaux, les cieux et le corps humain, ce qui l'éleva au rang de scientifique et de médecin médiéval. Qui plus est, elle était théologienne, philosophe, poète, biographe des saints, et compositrice de soixante-dix-sept chants, plus un drame liturgique, qui sont aujourd'hui encore enregistrés. (Elle est considérée dans le monde entier comme l'une des plus grandes compositrices de l'histoire et peut-être même la première, indépendamment de son sexe.) Parallèlement, elle rédigea la première moralité existante complexe et achevée, ainsi que deux œuvres classiques sur la guérison par les plantes (*Causae* et *Curae* et *Physica*), inventant un nouvel alphabet et une autre langue, correspondant avec les empereurs et les papes.

« *O nobilissima viriditas* » est l'un de ses hymnes, connus pour son absence de référence directe à Dieu, Jésus-Christ, la Sainte Vierge ou tout autre saint. Il expose, à la place, le concept clé d'Hildegarde sur la *viriditas*, ce qui, traduit littéralement du latin, signifie « verdeur ». Ce n'est cependant pas aussi simple qu'il y paraît. Selon la vision du monde d'Hildegarde, la *viriditas* correspond à la force de vie mystérieuse et merveilleuse qui anime et dynamise la nature. Elle est portée en ce monde par le soleil, même si Hildegarde affirme clairement dans d'autres travaux que son origine ultime, c'est Dieu. (Le mot a aussi été traduit par « verdure », « à feuilles persistantes », « puissance verte » ou « force verte ». Or, ces termes ne rendent compte que du monde naturel, alors que *viriditas* est aussi une force du domaine spirituel.)

Molly Kiely, que nous avons rencontrée il y a quelques pages pour *Le Dit de Genji*, nous livre une interprétation vibrante de cet hymne à la nature, riche en couleurs, et non numérique : elle a en effet été réalisée en conformité avec le sujet et repose sur des pigments à base de plantes et de terre à l'état brut. Molly a déclaré : « La célébration sans mesure du féminin et de la nature chez Hildegarde m'a d'autant plus séduite qu'aujourd'hui, la religion est entièrement dominée par les hommes et s'est éloignée du monde naturel. »

SOURCE

Flanagan, Sabina, *Hildegard of Bingen : A Visionary Life,* Londres, Routledge, 1989.

Ô très noble verdeur, toi qui prends racine dans le soleil,
Qui brilles, sur la roue, d'une radieuse tranquillité
Qu'aucune excellence terrestre ne surpasse,
Enveloppée de l'étreinte des mystères divins,
Tu flamboies comme l'aube et brûles comme le soleil.
"Ô très noble verdeur" De Hildegarde de Bingen
MOLLY KIELY 2011

“Le pêcheur et le génie”

Les Mille et Une Nuits

DESSINS ET ADAPTATION D'**Andrice Arp**

***LES MILLE ET UNE NUITS* CONTIENNENT DES** centaine d'histoires indépendantes les unes des autres, réunies dans un immense ouvrage. Le roi Shahryar a l'habitude d'épouser une belle jeune femme, d'apprécier énormément leur nuit de noces, puis de la faire exécuter au petit matin. Il répète toujours le même scénario. Pour échapper à ce destin (et sauver d'autres femmes), sa nouvelle épouse Schéhérazade ourdit un stratagème : elle lui raconte chaque nuit une histoire qu'elle ne termine pas en lui promettant la suite le soir suivant. Souvent, un personnage à l'intérieur de l'histoire raconte un autre récit, et il arrive que celui-ci en contienne lui aussi un. De la sorte, Schéhérazade échappe à la lame du bourreau et, au bout de mille et une nuits, Shahryar est si satisfait d'elle que, dans un élan de magnanimité, il lui épargne la vie.

Comme il s'agit d'un immense recueil d'histoires en provenance de Perse, d'Inde et d'autres pays de la région, *les Mille et Une Nuits* présentent une histoire complexe, l'œuvre prenant une forme reconnaissable dans la première moitié du XIVe siècle. À cette époque, une personne, au Caire, assemble les différents récits et manuscrits en un seul ouvrage, en y mêlant une couleur locale. D'autres récits seront ajoutés à des versions arabes ultérieures ; les histoires les plus connues en Occident, comme celles d'Ali Baba, de Sinbad ou d'Aladin, constituent des ajouts tardifs effectués par les traducteurs européens (même si ce sont bien des récits du Moyen-Orient). *Les Mille et Une Nuits* furent d'abord traduites en français dans une édition publiée entre 1704 et 1717. La traduction anglaise et légendaire de Richard Burton – intégrale et sans censure – fut publiée à titre privé dans les années 1880.

Dans son *Companion* (manuel) accompagnant cet ouvrage, l'historien Robert Irwin explique :

> Il est généralement considéré comme un recueil de contes de fées arabes, l'équivalent oriental des *Märchen* (contes de fées ou populaires) des frères Grimm. S'il est vrai qu'il y a des récits dans *les Mille et Une Nuits* qui peuvent correspondre à des contes de fées, le recueil relève d'une autre envergure. Il comprend aussi de longues épopées héroïques, des œuvres littéraires d'idées, des fables, des fantaisies cosmologiques, de la pornographie, des blagues scatologiques, des récits mystiques et pieux, des chroniques de mauvaise vie, des débats rhétoriques et des centaines de poésies. Certains récits font des centaines de pages, alors que d'autres ne dépassent pas un paragraphe court.

« Le Pêcheur et le génie » est l'un des premiers récits des *Mille et Une Nuits*. C'est un exemple d'histoires qui s'emboîtent : le pêcheur raconte au génie une histoire où il est question d'un roi, qui raconte une histoire comprenant un perroquet, l'oiseau ayant lui-même une histoire à raconter. Pour traduire cette approche gigogne, Andrice Arp – codirectrice de la collection anthologique de la bande dessinée *Hi-Horse* – a choisi de réduire peu à peu la taille des vignettes où se niche chaque récit pour, vers la fin, les agrandir de nouveau afin de revenir à la taille initiale.

SOURCE

Irwin, Robert, *The Arabian Nights : A Companion,* Londres & New York, J. B., Tauris & Co Ltd, 2004.

Chaque jour, un pauvre pêcheur allait sur la côte afin de jeter son filet.

En ce jour, la Fortune n'était pas vraiment de son côté.

DERNIER ESSAI...
PRIONS POUR QUE CE SOIT LE BON.
NNNG
IL DOIT ÊTRE COINCÉ. JE VAIS DEVOIR PLONGER POUR LE DÉGAGER.

JE POURRAI EN TIRER QUELQUES DINARS...
MAIS, C'EST TROP LOURD À PORTER.
VOYONS VOIR CE QU'ELLE CONTIENT.

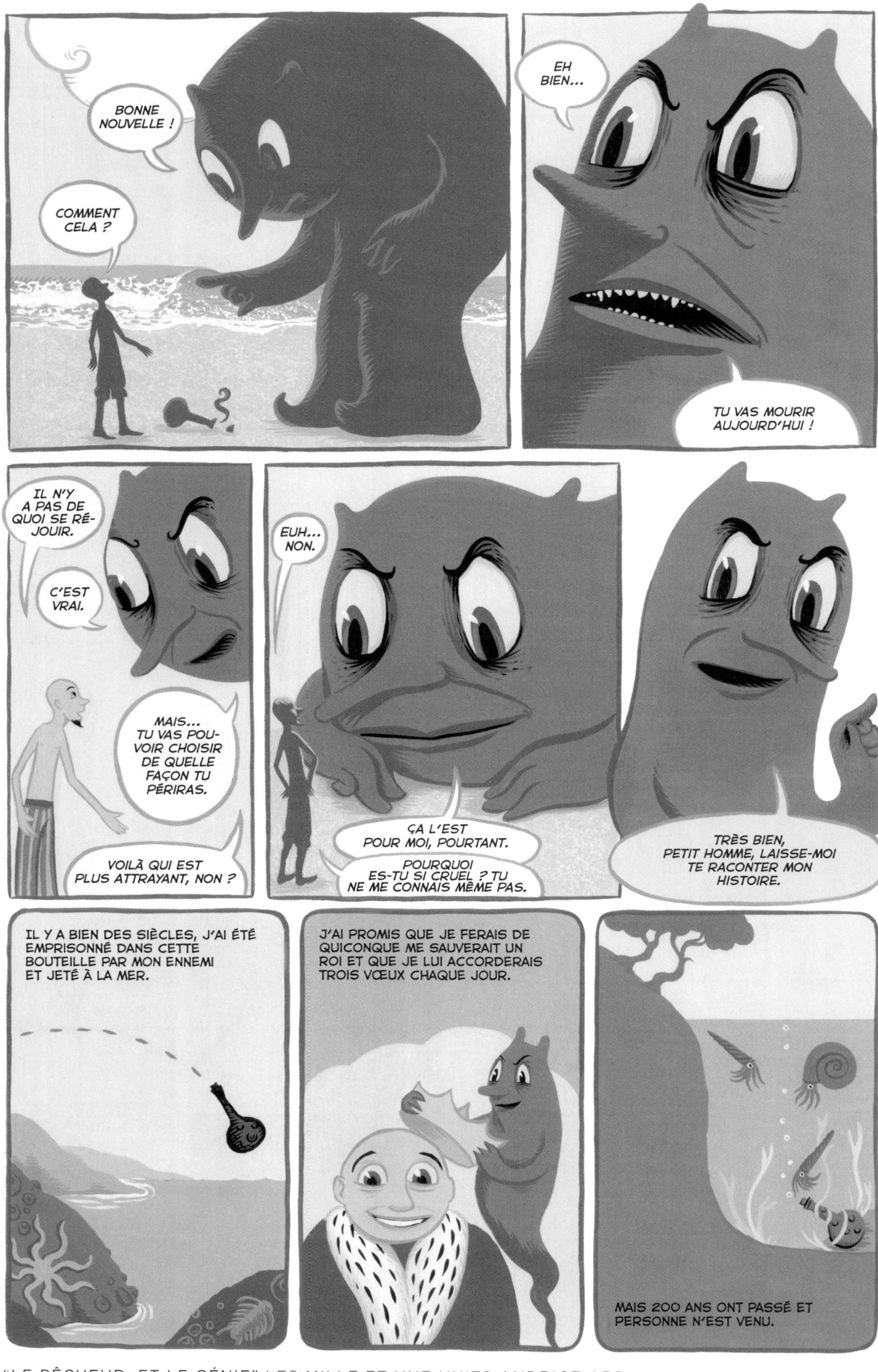
BONNE NOUVELLE !
COMMENT CELA ?
EH BIEN...
TU VAS MOURIR AUJOURD'HUI !
IL N'Y A PAS DE QUOI SE RÉJOUIR.
C'EST VRAI.
MAIS... TU VAS POUVOIR CHOISIR DE QUELLE FAÇON TU PÉRIRAS.
VOILÀ QUI EST PLUS ATTRAYANT, NON ?
EUH... NON.
ÇA L'EST POUR MOI, POURTANT.
POURQUOI ES-TU SI CRUEL ? TU NE ME CONNAIS MÊME PAS.
TRÈS BIEN, PETIT HOMME, LAISSE-MOI TE RACONTER MON HISTOIRE.
IL Y A BIEN DES SIÈCLES, J'AI ÉTÉ EMPRISONNÉ DANS CETTE BOUTEILLE PAR MON ENNEMI ET JETÉ À LA MER.
J'AI PROMIS QUE JE FERAIS DE QUICONQUE ME SAUVERAIT UN ROI ET QUE JE LUI ACCORDERAIS TROIS VŒUX CHAQUE JOUR.
MAIS 200 ANS ONT PASSÉ ET PERSONNE N'EST VENU.

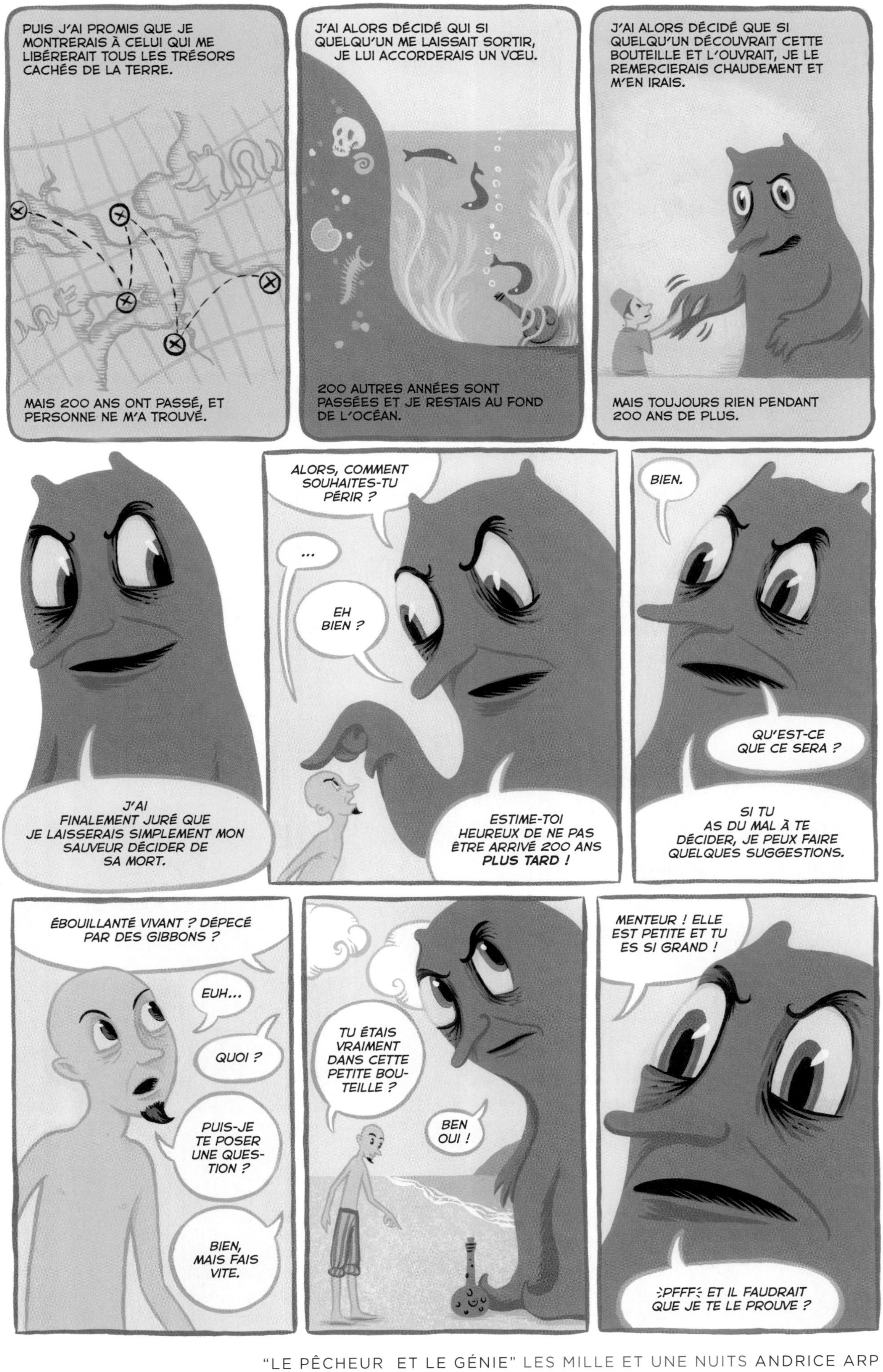
PUIS J'AI PROMIS QUE JE MONTRERAIS À CELUI QUI ME LIBÉRERAIT TOUS LES TRÉSORS CACHÉS DE LA TERRE.
MAIS 200 ANS ONT PASSÉ, ET PERSONNE NE M'A TROUVÉ.
J'AI ALORS DÉCIDÉ QUI SI QUELQU'UN ME LAISSAIT SORTIR, JE LUI ACCORDERAIS UN VŒU.
200 AUTRES ANNÉES SONT PASSÉES ET JE RESTAIS AU FOND DE L'OCÉAN.
J'AI ALORS DÉCIDÉ QUE SI QUELQU'UN DÉCOUVRAIT CETTE BOUTEILLE ET L'OUVRAIT, JE LE REMERCIERAIS CHAUDEMENT ET M'EN IRAIS.
MAIS TOUJOURS RIEN PENDANT 200 ANS DE PLUS.
J'AI FINALEMENT JURÉ QUE JE LAISSERAIS SIMPLEMENT MON SAUVEUR DÉCIDER DE SA MORT.
ALORS, COMMENT SOUHAITES-TU PÉRIR ?
...
EH BIEN ?
ESTIME-TOI HEUREUX DE NE PAS ÊTRE ARRIVÉ 200 ANS PLUS TARD !
BIEN.
QU'EST-CE QUE CE SERA ?
SI TU AS DU MAL À TE DÉCIDER, JE PEUX FAIRE QUELQUES SUGGESTIONS.
ÉBOUILLANTÉ VIVANT ? DÉPECÉ PAR DES GIBBONS ?
EUH...
QUOI ?
PUIS-JE TE POSER UNE QUES-TION ?
BIEN, MAIS FAIS VITE.
TU ÉTAIS VRAIMENT DANS CETTE PETITE BOU-TEILLE ?
BEN OUI !
MENTEUR ! ELLE EST PETITE ET TU ES SI GRAND !
:PFFF: ET IL FAUDRAIT QUE JE TE LE PROUVE ?

ATTENDS... TU ESSAIES DE ME PIÉGER.
NON !
PROMIS ?
CROIX DE BOIS, CROIX DE FER.
BON, TRÈS BIEN.
HA !
ALORS, COMMENT SOUHAITES-TU PÉRIR ?
MAIS, TU...
JE CROISAIS LES DOIGTS.
NE FAIS PAS ÇA, JE PLAISANTAIS.
QUOI ?! PETIT MENTEUR.
JE VAIS TE REMETTRE À TA PLACE !
NON, JE T'EN PRIE !
C'EST D'UN ENNUI SANS FIN !
TU NE PEUX MÊME PAS IMAGINER !
TU AURAIS DÛ Y PENSER AVANT DE MENACER DE ME TUER.
PUIS-JE TE RACONTER UNE HISTOIRE ?
...
IL Y AVAIT, JADIS, UN ROI ATTEINT DE CALVITIE.
AUCUN DOCTEUR OU SAGE DU PAYS NE PARVENAIT À LE GUÉRIR.
UN VIEIL ÉRUDIT ARRIVA ALORS EN VILLE.
IL DEMANDA À ÊTRE INTRODUIT AUPRÈS DU ROI.
KNOK
JE PEUX VOUS GUÉRIR PAR VOIE EXTERNE SANS UTILISER NI REMÈDE NI ONGUENT.
EXTERNE ?
EXTERNE.
ACCORDEZ-MOI CETTE NUIT POUR ME PRÉPARER.

LE SAGE PASSA LA NUIT À PRÉPARER SES MÉDICAMENTS
QU'IL MIT DANS UNE POUPÉE DE CHIFFONS.
DORMEZ EN SERRANT CETTE POUPÉE ET COUVREZ-VOUS DE VINGT COUVERTURES. LE MÉDICAMENT QUI EST À L'INTÉRIEUR SE MÉLANGERA À VOTRE SUEUR
ET PASSERA DANS VOTRE CORPS.
LE LENDEMAIN,
LE ROI SE REGARDA DANS LE MIROIR. IL AVAIT DES CHEVEUX !
EMPLI DE JOIE, LE ROI COUVRIT LE SAGE DE ROBES D'HONNEUR ET LUI DONNA UNE POSITION À LA COUR.
MAIS L'ENVIEUX VIZIR AVAIT D'AUTRES PLANS...
VOTRE GRANDEUR, J'AI DES RAISONS DE PENSER QUE CE SAGE VEUT VOUS TUER.
QUOI ?!
C'EST INSENSÉ !
ES-TU JALOUX ? JE NE VEUX PAS FAIRE QUELQUE CHOSE QUE JE REGRETTERAI, ALORS LAISSE-MOI TE CONTER UNE HISTOIRE.
BIEN, VOTRE AL-TESSE.
IL Y AVAIT UN HOMME JALOUX QUI AVAIT UNE FORT BELLE...
... FEMME.
IL DÉTESTAIT LA PERDRE DE VUE. DEVANT S'ABSENTER POUR AFFAIRES, IL ACHETA UN PERROQUET...
... QUI LUI RACONTERAIT CE QU'IL S'ÉTAIT PASSÉ DURANT SON ABSENCE.
LORSQUE L'HOMME REVINT...
ALORS ?
etc.
LE PERROQUET LUI DÉTAILLA LES INFIDÉLITÉS DE SA FEMME.
LE MARI ÉTAIT TRÈS EN COLÈRE.
LA FEMME QUESTIONNA SES SERVANTES, AVANT DE DÉTERMINER QUE C'ÉTAIT LE PERROQUET, QUI AVAIT PARLÉ.
LORSQUE LE MARI REPARTIT, ELLE DEMANDA À SES BONNES DE TAPER SUR DES CASSEROLES, D'ÉCLAIRER ET DE JETER DE L'EAU SUR LA CAGE TOUTE LA NUIT.
LE LENDEMAIN.
MAÎTRE, JE N'AI RIEN VU NI ENTENDU À CAUSE D'UNE ÉNORME TEMPÊTE !
? ! ?
IL N'A PAS PLU DEPUIS DES MOIS.
ET IL TUA LE PERROQUET.
TU MENS !
PLUS TARD, DES VOISINS LUI APPRIRENT QUE LE PERROQUET AVAIT DIT VRAI...
... ET IL FUT SUBMERGÉ DE REGRETS.
NON !
VOIS-TU, JE NE VEUX PAS QUE TU ME FASSES FAIRE UNE BÊTISE !
NE VOYEZ-VOUS PAS ? IL VOUS A GUÉRI EN VOUS DONNANT QUELQUE CHOSE À TENIR.
IL POURRAIT VOUS TUER EN VOUS DONNANT QUELQUE CHOSE À SENTIR !
OU À REGARDER !
PETIT À PETIT, LE DOUTE S'INSTALLA DANS L'ESPRIT DU ROI.
FAITES VENIR LE SAGE !
SAIS-TU POURQUOI JE T'AI APPELÉ ?
NON.
JE VAIS TE COUPER LA TÊTE.
MAIS... POURQUOI ?
JE VAIS TE TUER AVANT QUE TU NE ME TUES.
QUOI ?
POUR QUELLE RAISON LE VOUDRAIS-JE ? N'AI-JE PAS...
COUPEZ-LUI LA TÊTE !

EST-CE MA RÉCOMPENSE POUR AVOIR GUÉRI VOTRE CALVITIE ? C'EST COMME L'HISTOIRE DU CROCODILE !
QUELLE EST CETTE HISTOIRE ?
JE NE VOUS LA RACONTERAI PAS MAINTENANT !
DISONS SIMPLEMENT QUE VOUS FAITES UNE GROSSE ERREUR.
MAIS PUISQUE C'EST AINSI, LAISSEZ MOI RENTRER CHEZ MOI METTRE MES AFFAIRES EN ORDRE ET PRENDRE UN LIVRE...
DONT LE TITRE EST "LE SECRET DES SECRETS", QUE J'AIMERAIS VOUS OFFRIR POUR VOTRE BIBLIOTHÈQUE.
"LE SECRET DES SECRETS" ? HMMM.
QUEL EST LE SECRET DE CE LIVRE ?
SI VOUS ME DÉCAPITEZ, OUVREZ LE LIVRE À LA SIXIÈME PAGE, LISEZ LES TROIS PREMIÈRES LIGNES, PUIS POSEZ UNE QUESTION. MA TÊTE Y RÉPONDRA.
OH ! IL FAUT QUE JE VOIE CELA !
LE SAGE RENTRA ALORS CHEZ LUI ET FIT SES ADIEUX À SA FAMILLE. IL REVINT LE LENDEMAIN AVEC LE LIVRE.
APPORTEZ-MOI UN PLATEAU.
LORSQUE MA TÊTE SERA COUPÉE, DÉPOSEZ-LA SUR CETTE POUDRE...
... PUIS OUVREZ LE LIVRE ET POSEZ UNE QUESTION.
MAIS JE VOUS PRÉVIENS, VOUS REGRETTEREZ VOS ACTES !
COMMENT POURRAIS-JE NE PAS TE TUER, MAINTENANT ? JE VEUX VOIR TA TÊTE ME PARLER !
COUPEZ-LUI LA TÊTE !
MAINTENANT, OUVREZ LE LIVRE, OTRE ALTESSE.
LES PAGES SONT COLLÉES.
IL N'Y A RIEN D'ÉCRIT !
TOURNEZ LES PAGES.
JE NE ME SENS PAS BIEN.

VOIS-TU, LES PAGES ÉTAIENT EMPOISONNÉES. SI LE ROI AVAIT ÉPARGNÉ LE SAGE, IL NE SERAIT PAS MORT.
MAIS IL A PÉRI D'UNE HORRIBLE MANIÈRE.
SI TU AVAIS ACCEPTÉ DE M'ÉPARGNER, J'EN FERAIS DE MÊME, MAINTENANT.
MAIS JE VAIS TE JETER AU FOND DE LA MER.
NE FAIS PAS CE QU'IMAMA A FAIT À 'ATIKA !
QU'A FAIT IMAMA À 'ATIKA ?
JE NE TE LE RACONTERAI PAS MAINTENANT !
SI TU ME LIBÈRES, JE PROMETS... JE JURE DE NE PAS TE FAIRE DE MAL.
JURÉ ?
JURÉ.
ET JE TE RENDRAI RICHE.
OK...

MON DIEU.
HA HA HA HA HA HA HA HA HA HA HA HA HA HA HA
HA HA HA HA HA
TU... TU AS PROMIS... DE...
HA HA HA HA HA HA HA HA HA HA HA
SUIS-MOI.

LANCE TON FILET DANS CE LAC.
WHOA ! DES POISSONS MAGIQUES !
APPORTE-LES AU ROI. IL T'EN DONNERA SUFFISAMMENT D'ARGENT POUR QUE TU N'AIES PLUS JAMAIS À TRAVAILLER.
EXCUSE-MOI, MAIS JE NE CONNAIS PAS D'AUTRE MOYEN DE TE RENDRE RICHE.
JE M'EN VAIS, MAINTENANT.
KRAK
TU VAS ME MANQUER.
Et il vendit les poissons au roi et vécut dans le confort jusqu'à la fin de ses jours.

“La femme aux deux vagins”

Les Mille et Une Nuits

DESSINS ET ADAPTATION DE **Vicki Nerino**

COMME NOUS L’AVONS SOULIGNÉ DANS LA présentation du récit « Le pêcheur et le génie », *les Mille et Une Nuits* ne se résument pas à Sinbad, Aladin et Ali Baba. Elles nous réservent bien d’autres surprises. Comme dans de nombreux recueils littéraires comprenant quantité de récits populaires, par exemple *Les Contes de Canterbury* et le *Décaméron*, bon nombre de ces longues histoires évoquent explicitement le sexe, et plus souvent encore l’adultère. Ou, pour préciser davantage le propos, les femmes négligées et rusées qui trouvent des moyens ingénieux pour tromper des maris balourds qui ne les satisfont pas. « La femme aux deux vagins » en est l’exemple le plus parfait et le plus scandaleux. Vous ne trouverez pas ce récit dans les versions abrégées des *Mille et Une Nuits* chez vos libraires. En revanche, cette histoire haute en couleur figure bel et bien ici dans sa version intégrale et sans censure, provenant de la traduction légendaire en seize volumes de Sir Richard Burton qui remonte aux années 1880 (il s’agit du neuvième récit du volume 15).

« La femme aux deux vagins » met en scène un responsable gouvernemental (peut-être même le gouverneur de Constantinople), son épouse et un garçon d’écurie. La femme est frustrée par le manque d’intérêt de son mari à son égard, aussi va-t-elle s’arranger pour coucher avec le garçon d’écurie, tout en le gardant comme garçon-jouet, avec l’approbation et l’aide de son époux. Elle raconte à son petit mari que sa mère vient de mourir et qu’elle doit s’absenter plusieurs jours pour assister à son enterrement, rassembler son héritage, etc. Cependant, elle redoute d’entreprendre le voyage seule, déclare-t-elle. Le mari ordonne alors au garçon d’écurie de l’accompagner. Jusque-là, tout va bien. Ils ont une semaine devant eux pour en profiter dans la maison du garçon d’écurie et dans un jardin adjacent. Quand ils « reviennent », la femme a une surprise pour son mari. Elle lui annonce que sa mère lui a légué son vagin et qu’elle l’a attaché derrière le sien. Nue devant son époux, elle désigne sa vulve, en lui précisant qu’il s’agit là de l’originale, c’est-à-dire celle à laquelle il peut accéder (non qu’il le fasse). Ensuite, elle se retourne et se penche en avant, affirmant alors que la prétendue vulve qu’elle lui montre est celle de sa mère. Il serait inconvenant pour lui d’avoir un rapport sexuel avec elle, lui dit-elle, aussi cette deuxième vulve a-t-elle besoin d’un mari à elle, une personne de leur connaissance et de confiance, qui n’oserait pas avoir un rapport sexuel avec le vagin appartenant au mari. Ce dernier propose spontanément le garçon d’écurie, et la femme accepte, tout en feignant la réticence. La version de Burton continue ainsi :

> Alors l’homme fit venir son domestique et lui dit : « Écoute-moi, ô Syce ! En vérité, la mère de ma femme lui a légué son vagin et nous avons l’intention d’en disposer dans les liens du mariage. Mais attention ! Tu ne dois pas t’approcher de notre propre propriété. » Le garçon d’écurie s’écria alors : « Bien sûr, monseigneur, je ne m’en approcherai jamais ! » Après qu’ils eurent trouvé un accord, chaque fois que la femme sentait monter en elle la fièvre du désir, elle envoyait chercher le Syce et l’entraînait dans un endroit privé du harem. Et tandis que son mari restait assis, l’air satisfait, ils se donnaient le plus grand plaisir. Après quoi, les époux s’affichaient ensemble. Chaque fois, le Kaim-makam ne manquait de dire : « Attention, ô Syce, à ne pas braconner sur ma propriété. » Et chaque fois, sa femme s’exclamait : « Par Allah, monseigneur, c’est un homme loyal, et un vrai. »

(J’ai éprouvé le besoin de résumer et de citer le récit afin de vous apporter la preuve qu’il existe vraiment et qu’il fait partie des œuvres classiques de la littérature mondiale ! Sachez que *Les Mille et Une Nuits* de Burton sont publiées en ligne dans leur intégralité sur plusieurs sites, au cas où vous souhaiteriez vérifier ces propos par vous-même.)

Vicki Nerino, dessinatrice de bandes dessinées et illustratrice canadienne, a apporté son style plaisamment grotesque à cette histoire, conservant son cadre original, mais adaptant les dialogues au goût du jour pour refléter la sensibilité du XXIe siècle (avec ici et là un petit vernis victorien). Et c’est tout à fait justifié, dans la mesure où il s’agit d’un conte populaire, qui sera toujours raconté dans la langue du peuple.

LES 1001 NUITS
LA FEMME AUX DEUX VAGINS
REVU PAR VICKI NERINO
IL ÉTAIT UN MEC ET SA FEMME TROP SEXY. LE TYPE ÉTAIT PAS INTÉRESSÉ PAR LES RELATIONS HOMMES FEMMES. MAIS GENRE, PAS DU TOUT. CE QUI ÉTAIT CHIANT PARCE QU'ELLE ÉTAIT CHAUDE ET TOUJOURS PARTANTE. ELLE ÉTAIT D'UNE GRANDE BEAUTÉ ET CHARMANTE ET AVAIT GRAVE BESOIN D'UN BON COUP.
SSSSShhhh h h...
IL Y AVAIT CE TYPE, LE PALEFRENIER. ELLE LE TROUVAIT BEAU GOSSE ET VOULAIT COUCHER AVEC LUI. ELLE A DONC CONCOCTÉ UN PLAN...

MA DARONNE EST MORTE. 'FAUT QUE J'SOIS PRÉSENTE À SON ENTERREMENT POUR LES CONDOLÉANCES ET TOUT ÇA. MAIS C'EST LOIN ET J'AI PEUR.
S'TE PLAÎT, S'TE PLAÎT, S'TE PLAÎT, S'TE PLAÎT, S'TE PLAÎT, S'TE PLAÎT
VAS-Y AVEC CE TYPE !
AINSI, LE PALEFRENIER L'A DONC ACCOMPAGNÉE.

Smack,
Smack,
Smack,
JOUR 1
ohLaLa
FuP phop
PhuP FoP
uuuuNGhhuh
JOUR 2
ohBoymMmmm m myc
JOUR 3
JOUR 4
SmOOchy
sLop
sLip
giGGidy GiGGidy
JOUR 5
oh Baby
JOUR 6

C'EST MOI ! BON, GENRE, MA MÈRE M'A LÉGUÉ UN TRUC VRAIMENT ZARB. TU VEUX SAVOIR CE QUE C'EST ?
PFF, LAISSE BÉTON. PUISQUE C'EST COMME ÇA, J'TE DIRAI RIEN.
DE TOUTE FAÇON, TU T'EN FOUS.

PLUS TARD
OH PUT... HÉ ! GENRE, J'EXISTE !
OOOH ! MA MÈRE VIENT D'CANER ET GENRE, TU T'FOUS D'SAVOIR QUEL HÉRITAGE ELLE M'A LAISSÉ !
MAIS NON, MAIS NON, MAIS NON
ELLE M'A LAISSÉ SA CHATTE.
C'EST QUOI, CE TRUC ? UN NOUVEAU SEX TOY ?

OK ! MATE ÇA ! C'EST MA CHATTE.
FLICK
ET ÇA, C'EST LA CHATTE DE MA MÈRE.
JE EUH... BONTÉ DIVINE ! MAIS CETTE CHOSE A BESOIN D'UN MARI !
EN TOUT CAS, J'Y TOUCHE PAS.

HMMM, MAIS QUI POURRAIT SE MONTRER DIGNE...
OUAIS OUAIS OUAIS OUAIS
DE LA VULVE DE NOTRE CHÈRE DISPARUE ?
TAP TAP TAP
ALLEZ, MOI, QUOI !
IDÉE !
POURQUOI T'ÉPOUSES PAS CE MEC ?
MAIS SEULEMENT DANS LE TROU DE SA MÈRE, OK !
POKE

HANDSHAKE
MARCHÉ CONCLU
4 SECONDES PLUS TARD...
OH C'EST BON... FAITES ÇA AILLEURS !
MAIS SEULEMENT DANS LA CHATTE À MAMAN...
LA FIN

Poèmes

Rûmî

Dessins et adaptation de **Michael Green**

Traductions de **Coleman Barks**

LA BRANCHE MYSTIQUE DE L'ISLAM EST LE soufisme et les soufistes ont créé un important corpus de superbes poèmes sur les unions joyeuses, enivrées et pleines d'amour avec le divin. Le plus connu de tous ces poètes est Rûmî, qui fut, au XIIIe siècle, professeur de religion musulmane, théologien, prêcheur et juriste (il a, par exemple, produit des lois sur certains sujets conformément à la loi islamique) dans ce qui constitue aujourd'hui la Turquie. C'était un grand érudit, et un nouveau monde s'est ouvert à lui quand il a rencontré le mystique et itinérant Shams, qui déclencha apparemment chez lui une sorte de révélation. Les deux hommes devinrent inséparables pendant de longs mois, et Shams sensibilisa Rûmî de façon subtile et ineffable au langage. Les disciples de Rûmî étaient extrêmement jaloux de cette relation, si bien que Shams commença à recevoir des menaces de mort, et finit par s'en aller. Anéanti, Rûmî se mit à composer de la poésie. Il allait écrire au total plus de 70 000 vers. Shams revint des mois plus tard, mais disparut bientôt pour de bon. On pense qu'il fut assassiné par l'un des disciples de Rûmî, voire par le fils de celui-ci. Encore une fois, le poète fut brisé et se mit à rechercher son bien-aimé Shams, mais cessa cette quête quand il comprit qu'il était lui-même Shams, car il portait en lui son ami et professeur.

Comme beaucoup de soufis, Rûmî écrivit sur l'enchantement de se fondre dans son véritable moi retrouvé, dans l'unité divine (qui peut être appelée Allah, Dieu ou de tant d'autres noms), processus qui s'accompagne souvent d'une fusion fondée sur l'amour non physique avec un être humain aimé (en effet, comme nous faisons tous partie d'une même unité, fusionner avec une autre personne, c'est fusionner avec le divin). L'amour joue un rôle central dans la vision soufiste du monde, car c'est la force fondamentale qui nous ramène vers l'unité. On appelle souvent Dieu « l'Aimé », et cette fusion est fréquemment décrite de la même manière que l'amour intense que l'on porte à une autre personne. Les choses les plus sages jamais écrites sur l'amour le furent par Rûmî. (« Notre tâche ne consiste pas à rechercher l'amour, mais à découvrir tous les obstacles à l'amour que nous avons construits en nous-mêmes. » « Il est plus noble de mourir sur les rocs de l'amour que de mener une existence de mort. »)

Rûmî est le poète dont l'œuvre se vend le mieux aux États-Unis. Coleman Barks a réalisé un travail remarquable sur ce mystique persan ayant vécu il y a 800 ans : il a en effet consacré une bonne partie de son travail à l'interprétation des différentes traductions de Rûmî pour en rendre des versions agréables, émouvantes, lucides et néanmoins profondes auxquelles sont sensibles des gens très différents. Les interprétations de Coleman ont été mises en images par l'artiste Michael Green dans le best-seller instaclassic *The Illuminated Rumi*, et dans sa suite *One Song*. Les pages suivantes comprennent le chapitre sur l'amour, tiré de *One Song.*

Ô Amour Étonnant

Ô AMOUR ÉTONNANT,
LAISSE-MOI CHANTER TES MERVEILLES.
AVEC CES MOTS
LAISSE-MOI OUVRIR
UNE PORTE
VERS LA LUMIÈRE

À un moment ou un autre, je crois que tout le monde reçoit l'Appel. Les volets s'ouvrent un instant et la perfection passe à travers. Peut-être que c'est un jour de pluie, et vous avez onze ans et vous regardez une goutte d'eau glisser lentement le long du carreau... vers l'éternité. Ou peut-être que c'est un lever de soleil et vous vous égarez, devenant une volée d'oiseaux. Mais après l'Appel il y a beaucoup d'oubli. Ou, si ce n'est pas de l'oubli, une réticence à accepter ces pleines conséquences, qui est de devenir obsédé par la reconquête de votre véritable identité. Rûmî dit que la seule chose qui puisse faire avancer cette quête est *une forme spéciale d'amour*. Il ne s'agit pas de béguin ou d'excitation sensuelle, même si ces agitations fonctionnent parfois pour produire de l'attirance. Cet amour, cet amour océanique est vraiment dangereux : une gorgée peut vous envoyer rouler à tout jamais. Rûmî est un artisan du changement, et il ne veut rien de plus que nous secouer au plus profond de nous-mêmes et nous retourner à tout jamais. Pouvons-nous nous fier à cet homme comme ami spirituel ? La vraie confiance ne résulte pas d'arguments persuasifs mais elle peut surgir d'un échantillon d'Amour Étonnant. Il y a plus qu'un échantillon chez Rûmî, il y a un fleuve de cœur. *La foi, l'espoir et l'amour,* dit la Bible, *de ces trois, le plus important est l'amour*. Je le suivrais n'importe où. Si nous pouvons nous tenir ne serait-ce qu'un instant sur la berge de son cœur, nous pourrons peut-être percevoir un petit aperçu de ce qu'il voit et de sa façon de connaître les choses. Ce qui est implicite dans tous ces poèmes, ces poèmes d'amour, est son invitation poignante : *Vous joindrez-vous à moi ?* Tous les paradis seront décorés, et tous les anges chanteront, le jour où son appel et notre réponse ne deviendront qu'un seul et même chant.

Si tu ne peux pas
t'envelopper dans cet amour comme
dans une cape à minuit, ne mets
rien d'autre, retourne te coucher.

Laisse CET AMOUR tournoyer
dans ta tête. C'est ce qui
maintient tout ensemble, et
c'est aussi le tout !

Sans un peu de danse, il
n'y a point de disparition.

UN AMOUR SI VASTE,

UN AMOUR QUE LE CIEL NE PEUT CONTENIR.

COMMENT TOUT CELA ENTRE-T-IL DANS MON CŒUR ?

Holà ! Dans cette foule de *je* à l'intérieur,
lequel est *moi* ?

Écoute-moi.
Je sais que je vagabonde, mais
ne commence pas à mettre un couvercle sur ce vacarme.
Car alors je ne répondrai plus de moi.

À chaque instant je suis déconcerté par
ton histoire. Un instant elle est heureuse, et
je chante. Un instant elle est triste et
je pleure. Elle devient amère, et
je prends mes distances.

Mais alors tu déverses un peu de grâce, et juste comme ça,
je suis tout lumineux.

Ce n'est pas si mal,
cet arrangement,
en fait.

Le bon vieux monothéisme a réussi à produire des versions plutôt cruelles de Yahvé en son temps. Quand Dieu le Dominateur lance des regards noirs depuis une église byzantine, il vaut mieux se jeter à couvert. Tout cela ne déborde pas vraiment d'amour. Mais avec Rûmî, nous avons droit à un vrai contact avec le caractère sacré, et la présence vivante est très différente. Les limites basées sur la peur et les certitudes mentales se dissolvent quand l'amour mystique commence à affluer. Ramakrishna (le saint hindou qui a adopté le christianisme puis l'islam uniquement pour voir si DIEU, ALLAH et la VÉRITÉ-CONSCIENCE-BÉATITUDE étaient identiques*) disait que ce contact était comme « une poupée de sel explorant la mer ». De telles explorations sont forcément un peu diffuses, comme nous le voyons dans le Tu divin multiforme à qui Rûmî s'adresse tout le temps. Parfois Tu est une présence divine prodigieuse qui englobe tout. Puis c'est l'intimité d'un ami, comme lorsqu'il fait l'expérience de cette immensité à travers la personne de Shams. Parfois Tu est une bien-aimée, toute féminine et séduisante, et Rûmî murmure *J'aimerais T'embrasser*. Somme toute, c'est une situation tendue, légèrement scandaleuse, et son génie est de nous rendre complices et coupables. En plongeant dans les profondeurs de l'océan, ou en ondoyant dans cette direction depuis le rivage, Rûmî doit transmettre un grand secret : *À un moment, la poupée de sel devient la mer*. Lorsque le rideau de fumée de l'égo abdique devant l'immensité, il ne reste rien qu'une identification totale, *toute sacrée* et extatique avec la divinité. Ça va un peu trop loin pour la plupart des gens, c'est quelque chose à renvoyer à l'Enlèvement des Saints. Mais pour le moment, nous voulons toujours que Rûmî nous dise, à l'envi, *en vérité vous êtes sacrés*. Il aimait invoquer le légendaire al-Hallaj, un soufi qui était constamment attiré vers l'union, puis incapable de s'empêcher de proclamer à l'intérieur du tourbillon galactique en train de s'écouler, « Je suis la Lumière ! Je suis la Vérité ! ».

* *Il conclut qu'ils l'étaient.*

Hier soir j'ai fait un serment, envers ta vie cette fois,
que je ne détournerais plus jamais mes yeux de ton visage.
Perce-moi avec une épée, je ne te lâcherai pas du regard.

Jette-moi dans un feu, je ne gémirai même pas.
Tu passes, et je me lève dans ton sillage comme de la poussière.
Maintenant, comme la poussière, je retourne à la terre.

VENEZ !
ÉCOUTEZ.

Nous connaissons un
passage depuis votre décor
jusqu'à l'Invisible.

Vous avez vécu trop
longtemps dans cette lugubre
demeure.

Ce chemin mène à un
jardin qui vous sortira
de vous-mêmes.

Le jardinier est un
vieil ami, les cyprès et
le jasmin aussi.

Chaque jour nous venons
et cueillons cent fleurs ici pour
les éparpiller entre vous.

Ne vous en faites pas, il n'y
a pas d'arrière-pensées, juste
trop d'amour qui s'épanouit
pour le garder pour nous.

Ces paroles sont des effluves
s'échappant de ce jardin.

Voyez comme le monde est
adouci par leur suavité.

Entendez-les chuchoter,
Venez ! Venez ! C'est vraiment
ainsi !

La première fois que
nous avons perçu le parfum,
il nous a emportés, puis il
nous a grandis.

Et même si nous ne sommes rien de plus que les serviteurs de l'amour à présent, prenez garde !

Comme l'amour, nous attendons en embuscade.

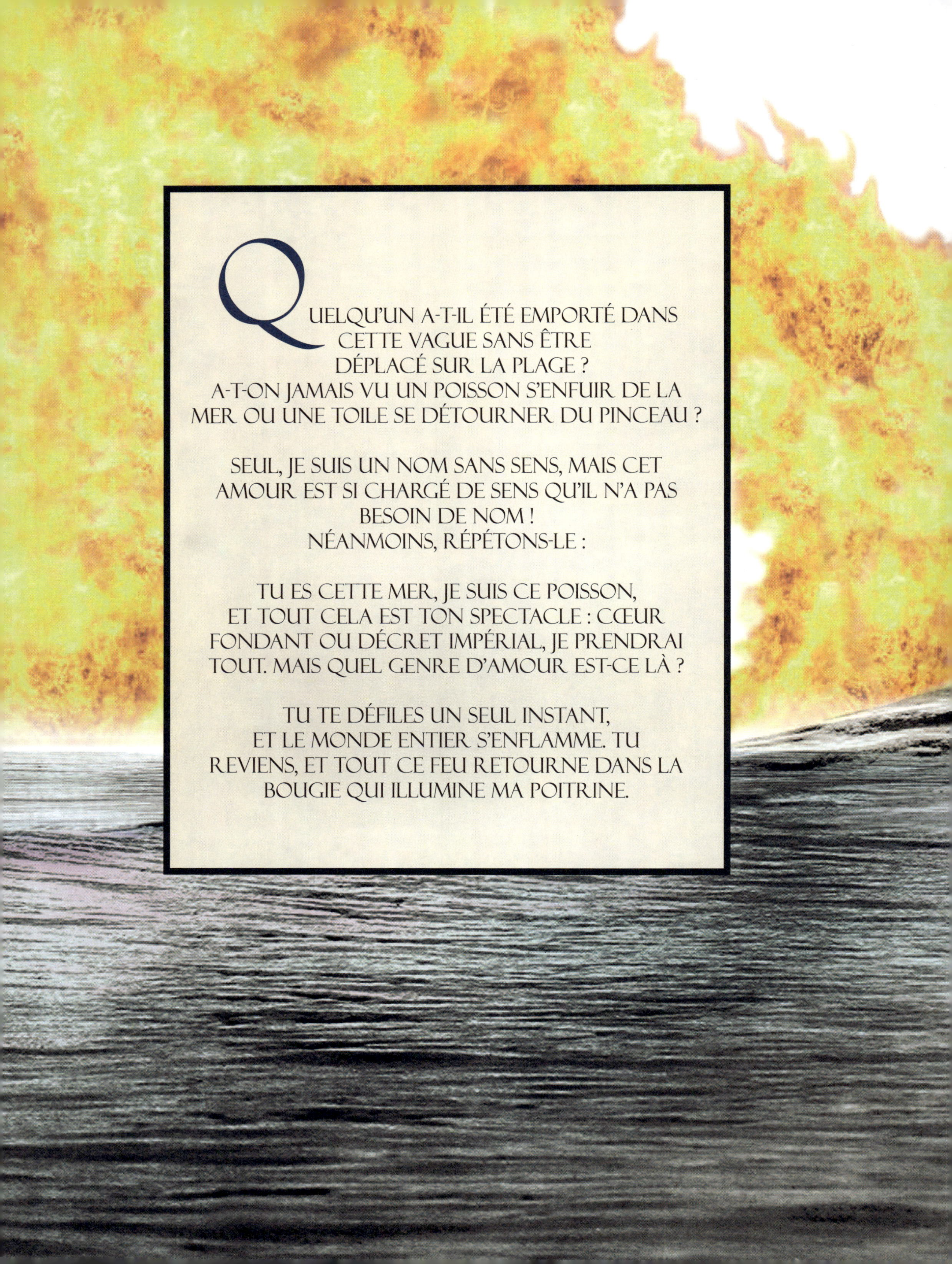
QUELQU'UN A-T-IL ÉTÉ EMPORTÉ DANS CETTE VAGUE SANS ÊTRE DÉPLACÉ SUR LA PLAGE ?
A-T-ON JAMAIS VU UN POISSON S'ENFUIR DE LA MER OU UNE TOILE SE DÉTOURNER DU PINCEAU ?
SEUL, JE SUIS UN NOM SANS SENS, MAIS CET AMOUR EST SI CHARGÉ DE SENS QU'IL N'A PAS BESOIN DE NOM !
NÉANMOINS, RÉPÉTONS-LE :
TU ES CETTE MER, JE SUIS CE POISSON, ET TOUT CELA EST TON SPECTACLE : CŒUR FONDANT OU DÉCRET IMPÉRIAL, JE PRENDRAI TOUT. MAIS QUEL GENRE D'AMOUR EST-CE LÀ ?
TU TE DÉFILES UN SEUL INSTANT, ET LE MONDE ENTIER S'ENFLAMME. TU REVIENS, ET TOUT CE FEU RETOURNE DANS LA BOUGIE QUI ILLUMINE MA POITRINE.

Si quelqu'un demande,
« quel genre d'amour est-ce là ? » disons,
lâche ta barre et vois ! Ceux
qui n'ont pas abandonné leur libre arbitre
ne sauront jamais.

Plonge dans cet amour
et le monde se sépare devant toi.
Cet amour et toi faites
des cercles en dehors du temps.
Tout le reste

est emprunté et s'écroule.
Ce qui est né au printemps se fane
à l'automne. Ne languis pas pour un
corps magnifique. Cet amour
est la rose

qui

S'OUVRE ÉTERNELLEMENT.

QUAND CE GENRE D'AMOUR FINIT PAR
FAIRE FONDRE LE CŒUR
LES CRITIQUES ET LES CONSEILS INUTILES NE MANQUENT PAS !
LES CHIENS ABOIENT À LA LUNE ET QUEL MAL Y A-T-IL ?
CE GENRE D'AMOUR
FAIT DE TOI UNE MONTAGNE, PAS UNE POUSSIÈRE DANS LE VENT.
Une règle quelque part dit que **Ce genre d'amour** recueille des reproches, une autre qu'il reste sourd aux reproches.
Cultive ce jardin, et tous les autres lieux ressembleront à la rue de la désolation.
"Bienvenue !"
JÉSUS CRIE
"Viens te laver à la source, viens t'asseoir à la table."
•C'EST LA TAVERNE DE L'ANNIHILATION•
VAS-Y. TU AS DÉJÀ PASSÉ TROP DE TEMPS À RÉCLAMER LA JUSTICE AU TRIBUNAL DU TROMPEUR. **VA SIMPLEMENT À CETTE TABLE.** UNE BOISSON T'Y ATTEND QUI APAISERA TOUT TON BAVARDAGE DE JUSTICE. APRÈS TOUT, TU ES UN AMOUREUX.
ET
CE GENRE D'AMOUR
EST
MEILLEUR SIROTÉ EN SILENCE

Es-tu une ombre amoureuse du soleil ?
LAISSE VENIR LE SOLEIL
• Avertissement •
Avec cet amour, l'amertume devient du miel • **Avec cet amour,** le cuivre devient de l'or • **Avec cet amour,** la lie devient du vin • **Avec cet amour,** la douleur devient une herbe curative • **Avec cet amour,** la mort devient la vie • **Avec cet amour,** le roi devient un esclave

fig. 2

LE CHANT DU ROSEAU

Pour Rûmî, la beauté de l'union est liée à son envie. La musique plaintive de la flûte de roseau reflète son désir ardent de retourner dans son foyer originel sur la berge de la rivière. Ceci est le poème d'ouverture de son chef d'œuvre, le Masnavi, et par une heureuse coïncidence, le premier que nous mettons en chanson.

Écoutez une simple histoire contée
Par un roseau arraché à son foyer.
C'est un conte pour vous tous qui avez
Longtemps erré, seuls et égarés.

Depuis que dans la roselière on m'a coupé
Je produis ce son larmoyant sans arrêt.
Quiconque a été séparé d'un amour vrai
Connaît le chagrin que j'ai trouvé.

Quiconque de la Source et du centre a été tiré
Et emmené loin de sa maison et son foyer
Désire au lieu où sont ses racines retourner,
Désire se reposer et cesser de vagabonder.

Si vous concluez que je serai là aussi,
Dans le rire et dans le tourment,
Et de l'un et de l'autre l'ami
Dessus, derrière, dessous, devant.

Mais peu entendront les secrets profonds
Dissimulés dans mon refrain tremblant.
Aucune oreille ne peut entendre ces secrets,
Seulement un cœur qui est dépouillé et vidé.

Le corps s'écoule depuis l'Esprit.
L'Esprit s'écoule depuis notre aspect.
De ce mélange mystique on ne peut faire fi,
Ni voir l'âme quand elle n'est jamais née.

Cette flûte est emplie du propre feu de Dieu,
Nul vent terrestre ne peut jouer sa cantilène.
Simplement être ce vide, et être ce creux,
Réfléchir la lumière comme la lune pleine.

Entendez le feu d'amour empli de désir ardent
Entremêlé avec chaque note dans l'espace,
Alors que de mon cœur le chagrin et la confusion
Se changent en vin d'une étonnante grâce.

Le roseau est l'ami de tout pèlerin
Qui prie que le voile soit déchiré.
Le roseau est mal et baume combinés.
La nuit plus noire et le jour plus serein.

L'intimité et le désir qu'elle produit,
Sont devenues une seule chanson.
Une désastreuse et complète reddition,
Et l'amour le plus fin, deviennent unis.

La Divine Comédie

Dante Alighieri

Dessins et adaptation de **Seymour Chwast**

NOUS DEVONS *LA DIVINE COMÉDIE*, ŒUVRE DE LA littérature mondiale à mettre impérativement en haut de la liste et fierté de l'Italie, à l'exil imposé à un important conseiller municipal et poète lyrique de la Florence médiévale, suite à son opposition répétée aux vœux du pape. Il eut alors le temps d'écrire un poème épique de plus de 14 000 vers, dans lequel il descend lui-même en enfer, passe par le purgatoire et monte au ciel (respectivement dans les chants *L'Enfer*, *Le Purgatoire* et *Le Paradis*). Dans les deux premiers périples, il est guidé par le plus grand poète de la Rome antique, Virgile. Au paradis, il est accompagné par Béatrice, une femme que Dante aimait intensément depuis l'enfance, bien qu'ils n'aient jamais eu de relation de quelque ordre que ce soit et n'aient même jamais communiqué de quelque façon. L'œuvre porte essentiellement sur la théologie catholique et les voyages spirituels, même si Dante parvient à y introduire des critiques sur ses ennemis politiques, y compris le pape.

L'Enfer est la partie la plus connue, celle que l'on cite le plus souvent. Les lecteurs ne peuvent apparemment pas se rassasier des punitions extrêmement créatives, grotesques et appropriées, réservées aux pécheurs dans les affreux neuf Cercles de l'enfer. *Le Purgatoire* contient aussi des descriptions frappantes de pécheurs torturés avec beaucoup d'imagination, mais il n'a pas eu autant de succès. (Je me demande si ce n'est pas parce que la plupart des gens ne saisissent pas la notion de purgatoire, où l'on subit des punitions aussi terribles qu'en enfer, à ceci près que les pécheurs sont finalement purifiés et autorisés à aller au paradis.) La dernière partie, *Le Paradis*, reste la moins connue, même si elle enchaîne les scènes mystiques et merveilleuses à mesure que Dante avance vers les neuf Cieux pour trouver l'union ultime avec Dieu et l'amour.

Curieusement, alors que *La Divine Comédie* fourmille d'images stupéfiantes, elle n'avait jamais fait l'objet d'un roman graphique jusqu'à ce que Seymour Chwast relève le défi en 2010. Seymour est une figure légendaire pour son travail de graphiste et ses illustrations. Dans ces deux domaines, son style est immédiatement reconnaissable grâce son approche dépouillée et graphique, à laquelle il mêle de l'esprit et de l'humour à froid. Au cours des dernières décennies, il a réalisé des couvertures pour le *Time*, des publicités pour IBM et AT&T, des affiches contre la guerre, il a été exposé au Louvre et figure dans la collection permanente du Museum of Modern Art. Ici, il donne effrontément une touche *Années folles* au chef-d'œuvre de Dante. La sélection qui suit contient des extraits des trois parties de *La Divine Comédie*.

CHANT XXIV
NOUS TRAVERSIONS UN PAYSAGE ROCAILLEUX ET SEMÉ D'EMBÛCHES POUR ARRIVER AU PUITS SUIVANT.
7E PUITS
PAR L'ENFER, QU'EST-CE QUI POURRAIT ÊTRE PIRE QUE CELA ?
J'ENTENDS LES CRIS ET LES PLAINTES DE PAUVRES ÂMES.

UNE MASSE GROUILLANTE DE SERPENTS ATTAQUE LES PÉCHEURS.
VOLEURS

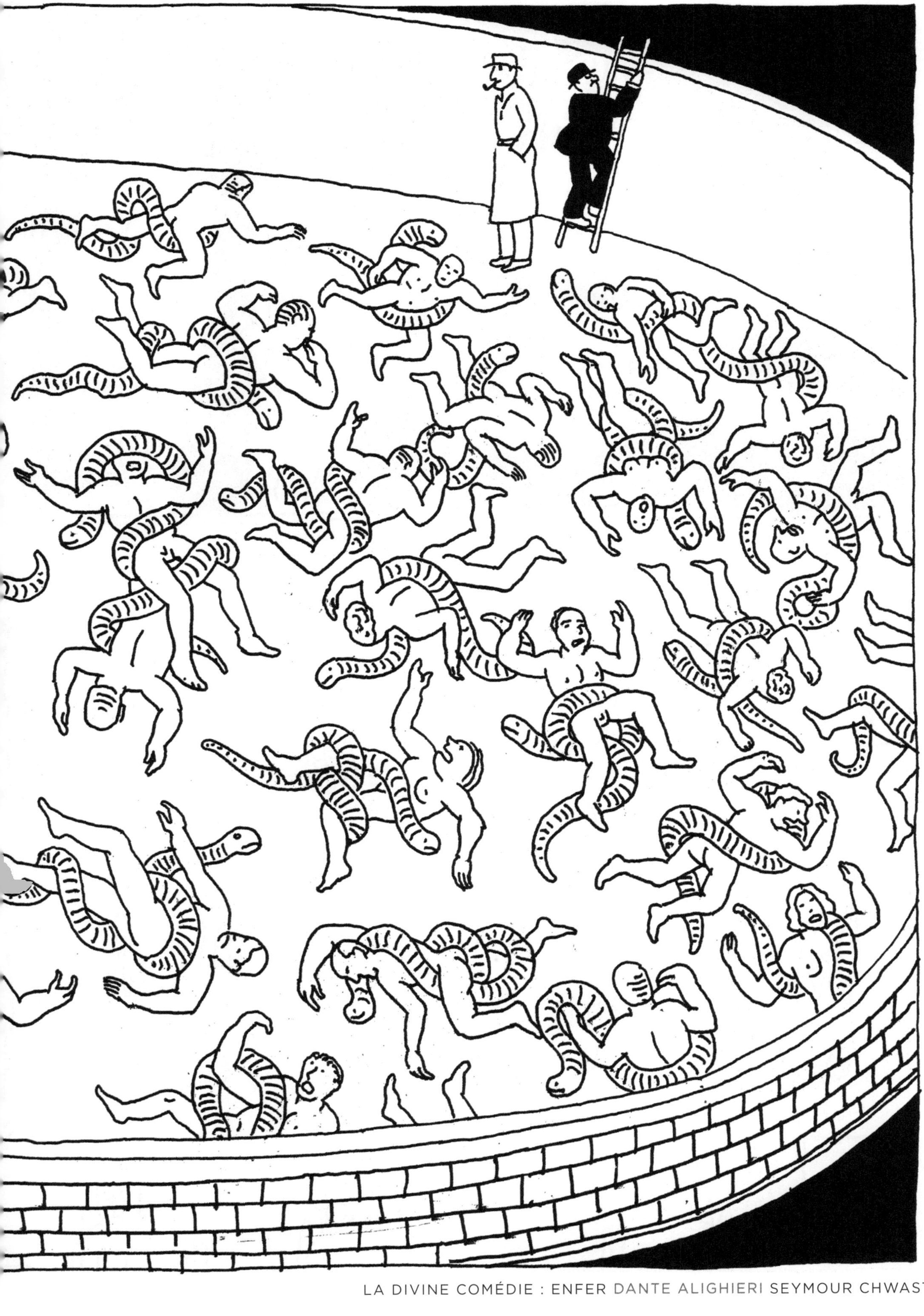

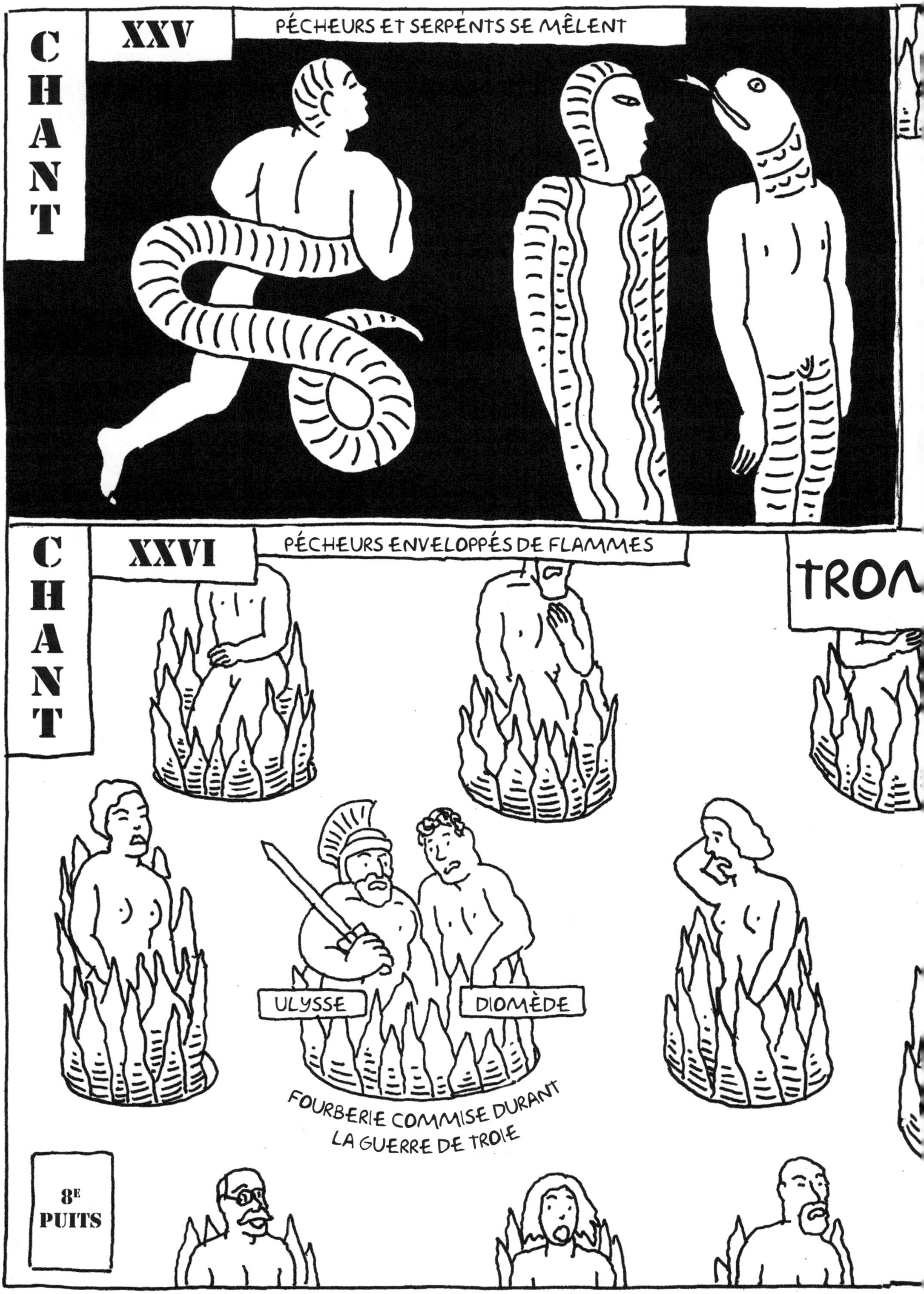
CHANT
XXV
PÉCHEURS ET SERPENTS SE MÊLENT
CHANT
XXVI
PÉCHEURS ENVELOPPÉS DE FLAMMES
TROM
ULYSSE
DIOMÈDE
FOURBERIE COMMISE DURANT
LA GUERRE DE TROIE
8E
PUITS

EURS
CHANT XXVII
DANTE, JE M'APPELLE MONTEFELTRO.
LE PAPE BONIFACE VIII ME DEMANDA CONSEIL POUR ASSIÉGER PALESTRINA.
1
IL ME PROMIT L'ABSOLUTION SI MON CONSEIL N'ÉTAIT PAS AVISÉ.
2
MON CONSEIL N'ÉTANT PAS BON, UN DIABLE ME REFUSA L'ABSOLUTION...
3
CAR LE REPENTIR NE PEUT PRÉCÉDER LE PÉCHÉ. JE FUS ACCUSÉ DE CONSEIL FRAUDULEUX.
4

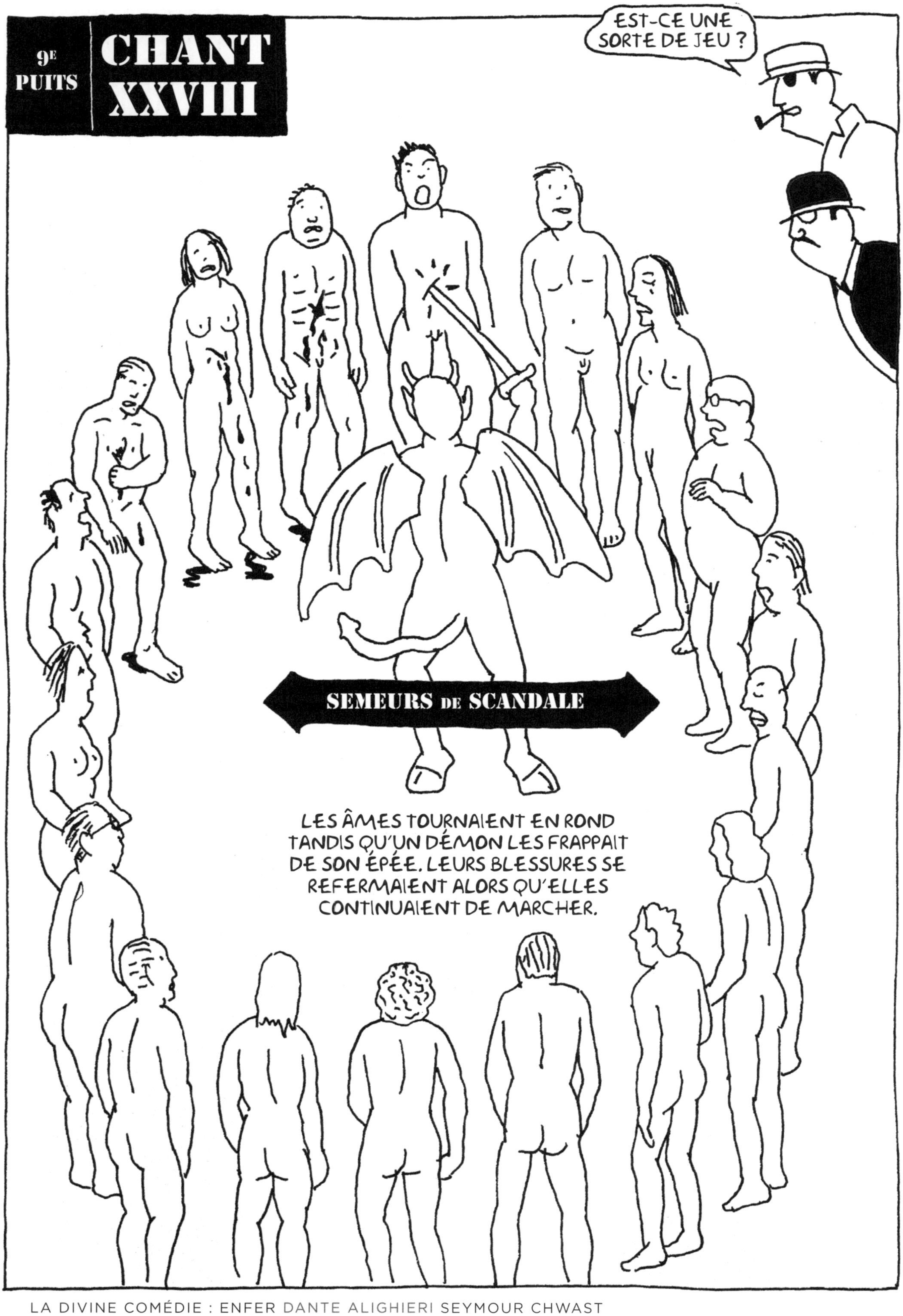
9E PUITS
CHANT XXVIII
EST-CE UNE SORTE DE JEU ?
SEMEURS DE SCANDALE
LES ÂMES TOURNAIENT EN ROND TANDIS QU'UN DÉMON LES FRAPPAIT DE SON ÉPÉE. LEURS BLESSURES SE REFERMAIENT ALORS QU'ELLES CONTINUAIENT DE MARCHER.

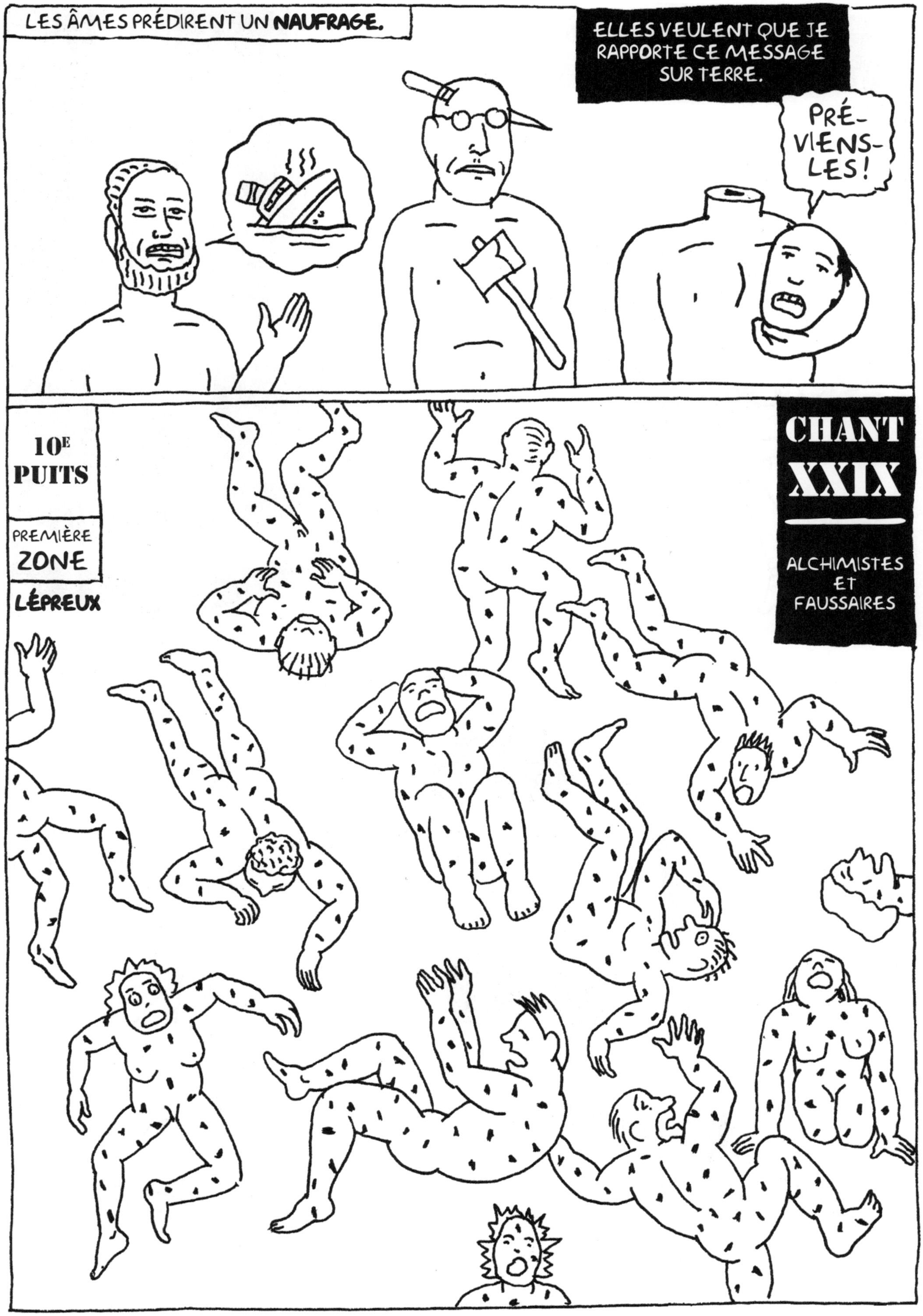
LES ÂMES PRÉDIRENT UN NAUFRAGE.
ELLES VEULENT QUE JE RAPPORTE CE MESSAGE SUR TERRE.
PRÉ-VIENS-LES!
10E PUITS
PREMIÈRE ZONE
LÉPREUX
CHANT XXIX
ALCHIMISTES ET FAUSSAIRES

UNE FEMME NOMMÉE LUCIA ME PORTA JUSQU'AUX PORTES DU PURGATOIRE.
J'Y FUS ACCUEILLI PAR UN ANGE TENANT UNE ÉPÉE ENFLAMMÉE.
ENTRÉE SUR INVITATION UNIQUEMENT
L'ANGE TRAÇA AVEC SON ÉPÉE 7 "P" SUR MON FRONT ET ME DIT DE LES LAVER LORS DE MON PASSAGE AU PURGATOIRE.
CHAQUE "P" REPRÉSENTE UN PÉCHÉ.

CHANT X
LES ORGUEILLEUX
VIRGILE ET MOI TRAVERSÂMES LES PORTES ET PASSÂMES DEVANT UN BAS-RELIEF REPRÉSENTANT DES SCÈNES D'HUMILITÉ.
L'EMPEREUR TRAJAN
DIEU
LA PAUVRE VEUVE
DAVID
L'ANNONCIATION
LA PREMIÈRE CORNICHE
NOUS FÛMES REJOINTS PAR UN GROUPE D'ÂMES, LES ORGUEILLEUX, QUI AVANÇAIENT SUR CETTE CORNICHE PLOYANT SOUS LE POIDS D'UN BLOC DE PIERRE.

CHANT XI
LES ORGUEILLEUX
PARDON, QUEL EST LE CHEMIN LE PLUS RAPIDE VERS LE SOMMET ?
SUIVEZ-MOI, JE VAIS VOUS MONTRER.
L'ORGUEIL D'OMBERTO ALDO BRANDESCO AVAIT RUINÉ SA FAMILLE.
CHANT XII
LA PREMIÈRE TERRASSE
SAÜL
NEMROD
SATAN
EN QUITTANT LES ORGUEILLEUX, NOUS VÎMES SOUS NOS PIEDS DES RELIEFS GRAVÉS DANS LA PIERRE REPRÉSENTANT DES EXEMPLES DU PÉCHÉ D'ORGUEIL.
APPOLON

UN ANGE EFFAÇA UN "P" DE MON FRONT. MA TÊTE SEMBLA PLUS LÉGÈRE.
CHANT XIII
LES ENVIEUX
DEUXIÈME TERRASSE
ALORS QUE NOUS AVANCIONS, NOUS ENTENDÎMES LA VOIX DÉSINCARNÉE DE LA GÉNÉROSITÉ OPPOSÉE À CELLE DE L'ENVIE.
LOVE
LOVE
LOVE
ALCMAÉON
ARACHNÉE
LES PAUPIÈRES DES ENVIEUX ÉTAIENT COUSUES ET ILS S'APPUYAIENT L'UN CONTRE L'AUTRE, VÊTUS D'UN CILICE.

CHANT XIV
DEUX ÂMES AVEUGLES
J'ENTENDS LA VOIX D'UN VIVANT.
QUI ÊTES-VOUS ET D'OÙ VENEZ-VOUS ?
JE SUIS DU VAL D'ARNO.
C'EST EN TOSCANE. JE HAIS LA TOSCANE !
ET QUI ÊTES-VOUS ?
JE SUIS GUY DU DUC.
ET MOI, RÉNIER DE CALBOLI. NOUS SOMMES DE ROMAGNE.
JE HAIS LA ROMAGNE, CETTE RÉGION DE DÉGÉNÉRÉS !
LA PRINCESSE ATHÉNIENNE AGLAURE FUT CHANGÉE EN PIERRE CAR ELLE ENVIAIT SA SŒUR, L'AMANTE DU DIEU MERCURE.

CHANT XXVIII

NEUVIÈME SPHÈRE : PREMIER MOBILE

BÉATRICE ET MOI VOYIONS DIEU COMME UN POINT DE LUMIÈRE AUTOUR DUQUEL TOURNAIENT NEUF CERCLES D'ANGES. LES PLUS PUISSANTS ÉTAIENT LES MOINS NOMBREUX, MAIS LES PLUS PRÈS DE DIEU. BÉATRICE M'EXPLIQUA LA HIÉRARCHIE DES ANGES.

CHANT XXIX
L'EMPYRÉE
DIEU LE TRÈS HAUT
LES ANGES
LES ANGES SONT PARFAITS
CERTAINS ANGES (DONT LUCIFER) SE RÉVOLTÈRENT.
APPARURENT EN MÊME TEMPS QUE LA CRÉATION.
UN NOMBRE INFINI
LES ANGES FURENT CRÉÉS DANS L'EMPYRÉE.
LORS DE LA CRUCIFIXION, LES TÉNÈBRES S'ÉTENDIRENT SUR LES TERRES.
CERTAINS PRÊCHEURS MENTENT EN DISANT QUE LES TÉNÈBRES FURENT CAUSÉES PAR UNE ÉCLIPSE DE LUNE. MAIS LA BIBLE NOUS DIT QUE CES TÉNÈBRES ÉTAIENT UN MIRACLE.
BÉATRICE CONDAMNA CES PRÊCHEURS (DONT LES APÔTRES) QUI DÉFORMENT LA RÉALITÉ DES ÉCRITURES.
ILS DEVRAIENT RÉPANDRE LA BONNE PAROLE, PAS CES ÂNERIES !

CHANT XXX
DANS L'EMPYRÉE, LA BEAUTÉ DE BÉATRICE ÉTAIT PARFAITE. ELLE NE POUVAIT ÊTRE DÉCRITE À UN MORTEL.
UNE RIVIÈRE DE LUMIÈRE APPARUT ET ON ME DIT D'Y BOIRE.
UNE ROSE MYSTIQUE ÉMERGEA DE CETTE RIVIÈRE DE LUMIÈRE.
HENRI VII SIÈGERA SUR CETTE ROSE, CAR IL TENTA EN VAIN DE CONQUÉRIR L'ITALIE.
IL BLÂMAIT LE PAPE CLÉMENT V POUR SON ÉCHEC.

CHANT XXXI
COMME DES ABEILLES, DES ANGES ALLAIENT EN VOLANT DE DIEU À LA FLEUR. APPORTANT AUX ÂMES QUI S'Y TROUVAIENT LE SALUT ÉTERNEL.
BÉATRICE REJOIGNIT LES AUTRES ÂMES DANS LA ROSE MYSTIQUE.
JE VOUS SUIS RECON-NAISSANT DE M'AVOIR GUIDÉ, BÉATRICE.
PUISSE LA VIERGE PARFAIRE TON ÉDUCATION SPIRITUELLE.
ST BERNARD

CHANT XXXII
ST BERNARD M'EXPLIQUA LA STRUCTURE DE LA ROSE. LA VIERGE SIÉGEAIT EN HAUT DE L'UNE DES DEUX MOITIÉS DE LA ROSE.
LES JUIVES (CROYANT QUE LE CHRIST VIENDRAIT)
SUR L'AUTRE MOITIÉ TRÔNAIT JEAN LE BAPTISTE.
SAINTS MÂLES (CROYANT LE CHRIST VENU)
GABRIEL ENVELOPPA MARIE DE SES AILES.
ST BERNARD M'ENJOIGNIT DE PRIER LA VIERGE POUR MON JOURNAL FINAL.
ADAM
MOÏSE
ST PIERRE
ST JEAN
STE ANNE
STE LUCIE
ST BERNARD ME MONTRA, DANS LA ROSE, LES AUTRES ÂMES IMPORTANTES.

L'Enfer

Dante Alighieri

DESSINS ET ADAPTATION D'**Hunt Emerson**

COMME JE L'AI DÉJÀ SOULIGNÉ DANS LA présentation précédente, *L'Enfer* est de loin la partie la plus connue de *La Divine Comédie* et celle qui a eu le plus d'influence. Personne ne peut résister à l'inventivité et à la justesse des punitions endurées par les pécheurs. Les hypocrites portent en apparence de beaux vêtements, mais ceux-ci sont doublés de plomb. Les diseurs de bonne aventure ont la tête tournée vers l'arrière. Les gloutons sont couchés dans de la boue putride, comme des cochons. Ceux qui firent preuve de violence contre autrui bouillent dans une rivière de sang, alors que les flatteurs passent l'éternité dans les excréments.

Un tel matériau aurait pu donner une adaptation plastique des plus épouvantables et morbides, mais Hunt Emerson parvient à trouver de l'humour en enfer. Souvent appelé le « doyen des artistes britanniques de bandes dessinées », Hunt a apporté de l'excentricité et de la légèreté à tout ce qu'il a touché au cours des trois dernières décennies, même en ce qui concerne d'autres œuvres littéraires classiques (voyez ses travaux sur Coleridge et Keats dans le volume II du *Canon graphique*). Son adaptation de *L'Enfer* sera bientôt publiée dans son intégralité. Mais pour l'instant, nous visitons avec Hunt le huitième Cercle, le foyer de ceux qui ont commis différentes sortes d'escroqueries.

QUEL EST CE BRUIT QUI S'AMPLIFIE ?
C'EST CELUI DE LA RIVIÈRE QUI PLONGE DANS LE GOUFFRE !
ASSOURDISSANT
HUMMMM
ELLE TRAVERSE LES CERCLES DE L'INCONTINENCE ET DE LA VIOLENCE ET PLONGE DANS L'ABYSSE DE LA TROMPERIE. ÇA REPRÉSENTE…
QUOI ?
… TOUTE LA MISÈRE ET LES PÉCHÉS HUMAINS CUMULÉS !!
QUOI?
TONNERRE
ÇA FAIT BEAUCOUP DE PÉCHÉS ET DE MISÈRE…
GRONDEMENT ASSOURDISSANT
… ET ON N'EST MÊME PAS À MI-PARCOURS …

AURAIS-TU UN MORCEAU DE FICELLE ?
J'AI CECI... C'EST PLEIN DE NOEUDS ET J'EN AI MÂCHÉ LE BOUT...
BEURK ! ÇA IRA...
QUE FAIS-TU ?
REGARDE...
GÉRYON, MONSTRE DE LA TROMPERIE...
COMMENT VA ?

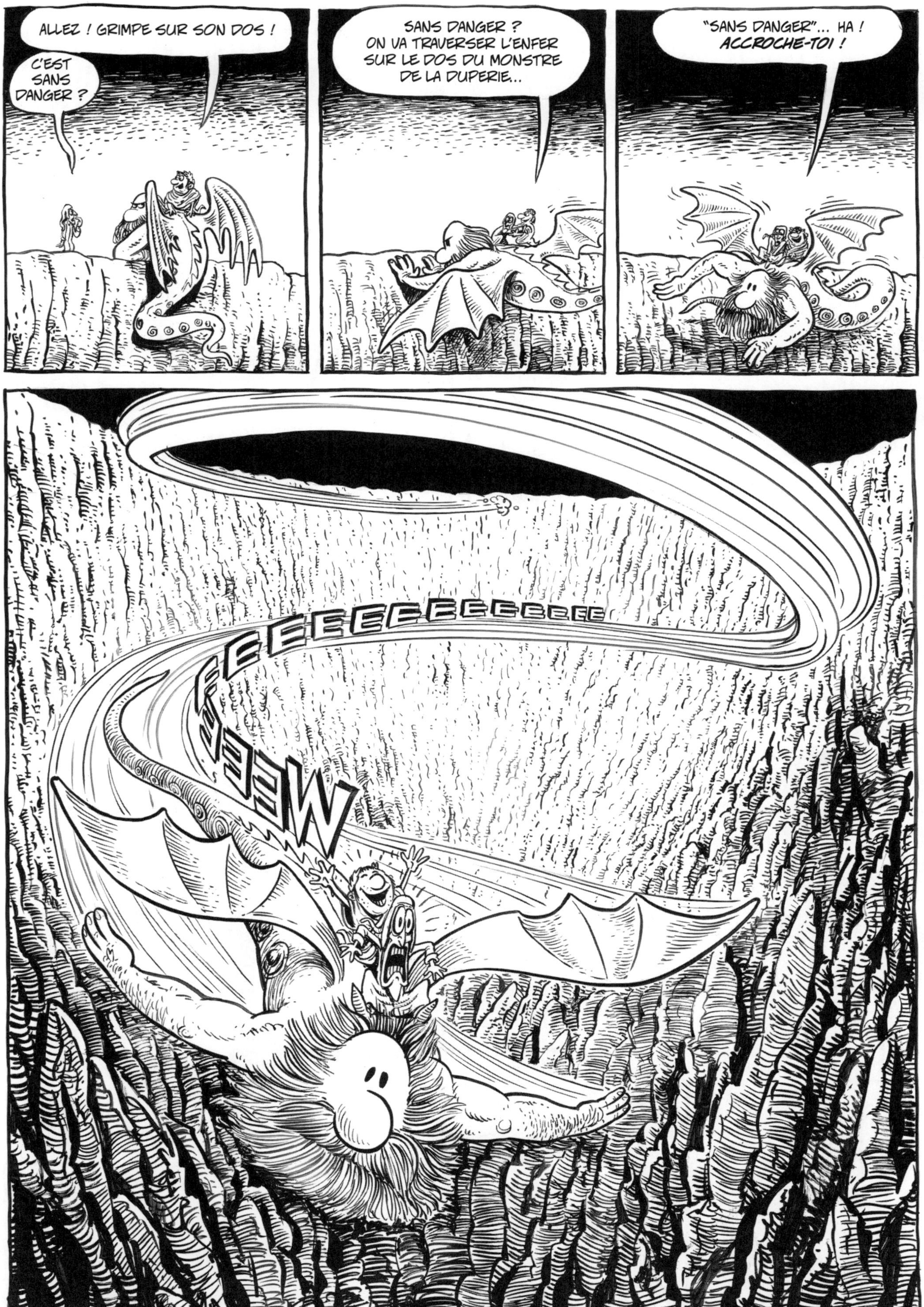
ALLEZ ! GRIMPE SUR SON DOS !
C'EST SANS DANGER ?
SANS DANGER ? ON VA TRAVERSER L'ENFER SUR LE DOS DU MONSTRE DE LA DUPERIE...
"SANS DANGER"... HA ! ***ACCROCHE-TOI !***
WEEEEEEEEEEEEEEEEEEE

HUITIÈME CERCLE DE L'ENFER ! TERMINUS !
SCREEEECCH
BONK BONK
FOOOOOOM !
8e CERCLE
VIRGIL, QUEL GENRE DE PÉCHÉS SONT PUNIS DANS LE HUITIÈME CERCLE ?
ON POURRAIT PARLER DE "TROMPERIE", JE SUPPOSE. CES MISÉRABLES ONT ABUSÉ DE LEUR DON DE RAISON !
OUAH... DUR !
CE CERCLE EST CONSTITUÉ DE ONZE FOSSÉS INFERNAUX APPELÉS "BOLGES" OÙ RODENT LES PÉCHEURS. CES "BOLGES" SONT TRAVERSÉS PAR DES ARCHES DE PIERRE. C'EST COMME ÇA QU'ON ARRIVERA AU BORD DU PUITS.
TROMPER N'EST PAS SI TERRIBLE. PAR EXEMPLE, VENDRE DES ACTIONS POURRIES OU PIRATER DES CARTES DE CRÉDIT...
MAIS NOOON... C'EST AU SENS MÉTAPHYSIQUE. L'EFFET D'EMPRISONNEMENT QUE ÇA A SUR TON ÂME ET TOUT !

LE PREMIER FOSSÉ EST POUR LES RUFFIANS ET LES SÉDUCTEURS ...
QUELLE DIFFÉRENCE ?
LES RUFFIANS VONT DANS UN SENS ALORS QUE LES SÉDUCTEURS VONT DANS L'AUTRE... JE NE ME RAPPELLE JAMAIS LEQUEL EST LEQUEL, MAIS...
ILS SONT TOUS COUPABLES D'AVOIR SOUMIS DES INNOCENTES À LA LUXURE !
GOUJATS !
DES ORDURES, OUI !
ON TRAVERSE ICI...
ILS SE FONT TOUS FOUETTER PAR DES DÉMONS CORNUS !
MON DIEU !
PROCHAIN FOSSÉ ?
LES FLATTEURS !
MINCE ! MAIS ÇA...
MERDE !
PUE ? LE FOSSÉ EST UNE RIVIÈRE D'EXCRÉMENTS !
PONG PONG PONG
JE N'Y VOIS RIEN...
LES BORDS SONT ENCROÛTÉS DE MOISI. BEURK !
ON DIT QUE LA FLATTERIE NE MÈNE NULLE PART, MAIS JE SUIS BIEN ARRIVÉ LÀ...
TU AS TOUJOURS EU UN SUPER SENS DE L'ORIENTATION...

BIEN ! PASSONS À AUTRE CHOSE.
FIOU ! ET VITE, S'IL TE PLAÎT !
DANS LE PROCHAIN PUITS : LES SIMONIAQUES !
TU SAIS CE QU'EST LA SIMONIE, N'EST-CE PAS ?
BIEN SÛR !
PAS MOI !
QUELLE CHANCE ! VOUS N'AURIEZ JAMAIS EU D'EXPLICATION, SINON.
LA SIMONIE, C'EST LA VENTE PAR L'ÉGLISE D'INDULGENCES ET D'ABSOLUTIONS, DE CE QUI EST SACRÉ, QUOI.
OH, MERCI !
C'EST EUX...
C'EST QUI, CELUI QUI REMUE BEAUCOUP ?
VIENS, JE VAIS TE PORTER POUR Y DESCENDRE...
HUE, DADA ! HA !
PARDON.
BONJOUR !
BONIFACE, C'EST TOI ? ENFIN ! ÇA FAIT VINGT ANS QUE JE SUIS LÀ !
JE NE SUIS PAS LE PAPE BONIFACE. JE NE FAIS QUE PASSER. QUI ÊTES-VOUS ?
LE PAPE NICOLAS II... LORSQU'IL VIENDRA, IL PRENDRA MA PLACE ET JE SERAI COMPRESSÉ DANS LE TROU AVEC LES AUTRES PAPES.
TU AS BIEN MÉRITÉ CE QUI T'ARRIVES, VIEUX PAPE ! "LA SIMONIE", HEIN ? HA !
VIENS DANTE, LAISSE-LE...

ALLEZ, DANTE, TU PEUX MARCHER !
AÏE ! ÇA VA, PARDON ...
LE PROCHAIN BOLGE ?
MAGICIENS, ENSORCELEURS, DEVINS, AUGURES, ASTROLOGUES...
... PRESTIDIGITATEURS, DISEURS DE BONNE AVENTURE...
C'EST BON, J'AI COM-PRIS...
PROPHÈTES, ILLUSIONNISTES, SORCIERS...
OK, ÇA VA...
RIEN DANS MA MANCHE...
CHOISIS-SEZ UNE CARTE !
ILS ONT LA TÊTE VISSÉE À L'ENVERS ET MARCHENT À RECULONS...
OUI, ET TU REMARQUERAS QUE LEURS LARMES DE DÉSESPOIR COULENT DANS LEUR DOS ET BAIGNENT LEUR DERRIÈRE !
MONTREZ-MOI VOS MAINS !
ILS ONT PASSÉ LEUR VIE À REGARDER DANS LA *MAUVAISE* DIRECTION, AFIN DE GUIDER LES AFFAIRES DES HOMMES !
LA MAGIE ET TOUTES CES PRATIQUES SONT LA RELIGION DES PROFANES ET BAFOUENT LA FOI CHRÉTIENNE !
DU CALME, DU CALME...
TU ES TRÈS REMONTÉ CONTRE LA MAGIE...
BEN...
SERAIT-CE PARCE QUE TU ES CONSIDÉRÉ COMME UNE SORTE DE MAGICIEN ?
EST-CE MA FAUTE SI CERTAINS ONT... EUH... UTILISÉ MES TRAVAUX COMME SOURCE DE SAGESSE ?

C'EST LE CINQUIÈME FOSSÉ ? IL Y FAIT TRÈS SOMBRE. C'EST POUR QUEL PÉCHÉ ?
LA *CONCUSSION !* IL VA FALLOIR EXPLIQUER ÇA À NOS LECTEURS, AUSSI.
UN *CONCUSSIONNAIRE* EST UN FONCTIONNAIRE CORROMPU. ILS BOUILLENT POUR L'ÉTERNITÉ DANS DE LA POIX.
OH OH, CACHE-TOI, UN DÉMON ARRIVE.
EEKEEK EEK EEK EEK EEKEEK EEK...
HÉ, DÉMONS ! VOILÀ UN CONSEILLER DE LA VILLE DE LUCQUES. ILS SONT TOUS CONCUSSIONNAIRES, LÀ-BAS ! FAITES-LE BIEN CUIRE PENDANT QUE JE VAIS EN CHERCHER D'AUTRES !
AAAAAGH
YAHAHAHAHAAAAA
RESTE ICI PENDANT QUE JE VAIS PARLEMENTER AVEC EUX...

WHOA ! DU CALME, MES AMIS ! J'AIMERAIS PARLER À VOTRE CAPITAINE !
OUAIS, C'EST POUR QUOI ?
J'AI UN PASS TOUTES ZONES. REGARDEZ ! VOUS DEVEZ NOUS LAISSER PASSER !
NOUS ?
AAA
MINCE ! C'EST VRAI, LES GARS. ON PEUT RIEN LEUR FAIRE...
TOUT VA BIEN, DANTE, TU PEUX SORTIR...
JE N'APPELLE PAS ÇA "BIEN ALLER", MAIS BON...
ATTENDEZ ! ATTENDEZ !
ÇA SERT À RIEN D'ALLER PAR LÀ, LE PONT EST CASSÉ.
VA FALLOIR ALLER UN PEU PLUS LOIN POUR TRAVERSER LE FOSSÉ. J'ENVOIE DES GARS POUR PIQUER LES CONCUSSIONNAIRES, VOUS POUVEZ ALLER AVEC EUX.
NON, NE VOUS DÉRANGEZ PAS POUR NOUS...
OH, LES GARS ! VOUS AVEZ PAS FAIT LE SALUT DES DÉMONS !
OH, PARDON... DÉSOLÉS...
THRRZZZZP!!!
PLARP
ÇA, C'EST MES GARS ! BONNE ROUTE !
BEURK !

Le Livre des morts tibétain (Bardo Thödol)

Padmasambhava et Karma Lingpa

DESSINS ET ADAPTATION DE **Sanya Glisic**

***LE LIVRE DES MORTS TIBÉTAIN* EST LE NOM** donné à un recueil de textes bouddhistes destinés à être lus aux gens au moment où ils meurent et dans les jours qui suivent immédiatement leur décès, afin de les guider tandis qu'ils font l'expérience de l'état « intermédiaire » avant de renaître (ils peuvent aussi occasionnellement achever la libération/illumination, mettant par là un terme au cycle de la réincarnation). Le cycle entier est connu comme *La Libération par l'écoute dans les états intermédiaires* (ou *Bardo Thödol*) ; dans la traduction appelée *Le Livre des morts tibétain*, on ne trouve en général que trois parties de ce travail.

Les documents originaux auraient été écrits dans une langue secrète par Padmasambhava, maître bouddhiste indien du IXe siècle qui a introduit le bouddhisme au Tibet. Conscient que le moment n'était pas opportun pour une diffusion de ces textes au Tibet (et de milliers d'autres), il les enterra ou les cacha dans tout le pays. Quand la population fut prête à recevoir cet enseignement particulier, il apparut dans un rêve à l'un de ses disciples réincarnés et lui indiqua où trouver le document. Il fut alors traduit en tibétain.

La tradition veut que le *Bardo Thödol* ait été trouvé par Karma Lingpa, au sommet du mont Gampodar, au milieu du XIVe siècle. Walter Evans-Wentz, anthropologue américain ayant beaucoup voyagé, tomba sur un rare exemplaire dans l'Himalaya, en 1919, et le fit traduire en anglais par le lama Kazi Dawa-Samdup. L'illustratrice et sérigraphe Sanya Glisic a recouru à de nombreuses techniques traditionnelles et expérimentales pour créer ces images stupéfiantes d'êtres et d'expériences dans le *Bardo*, l'état intermédiaire.

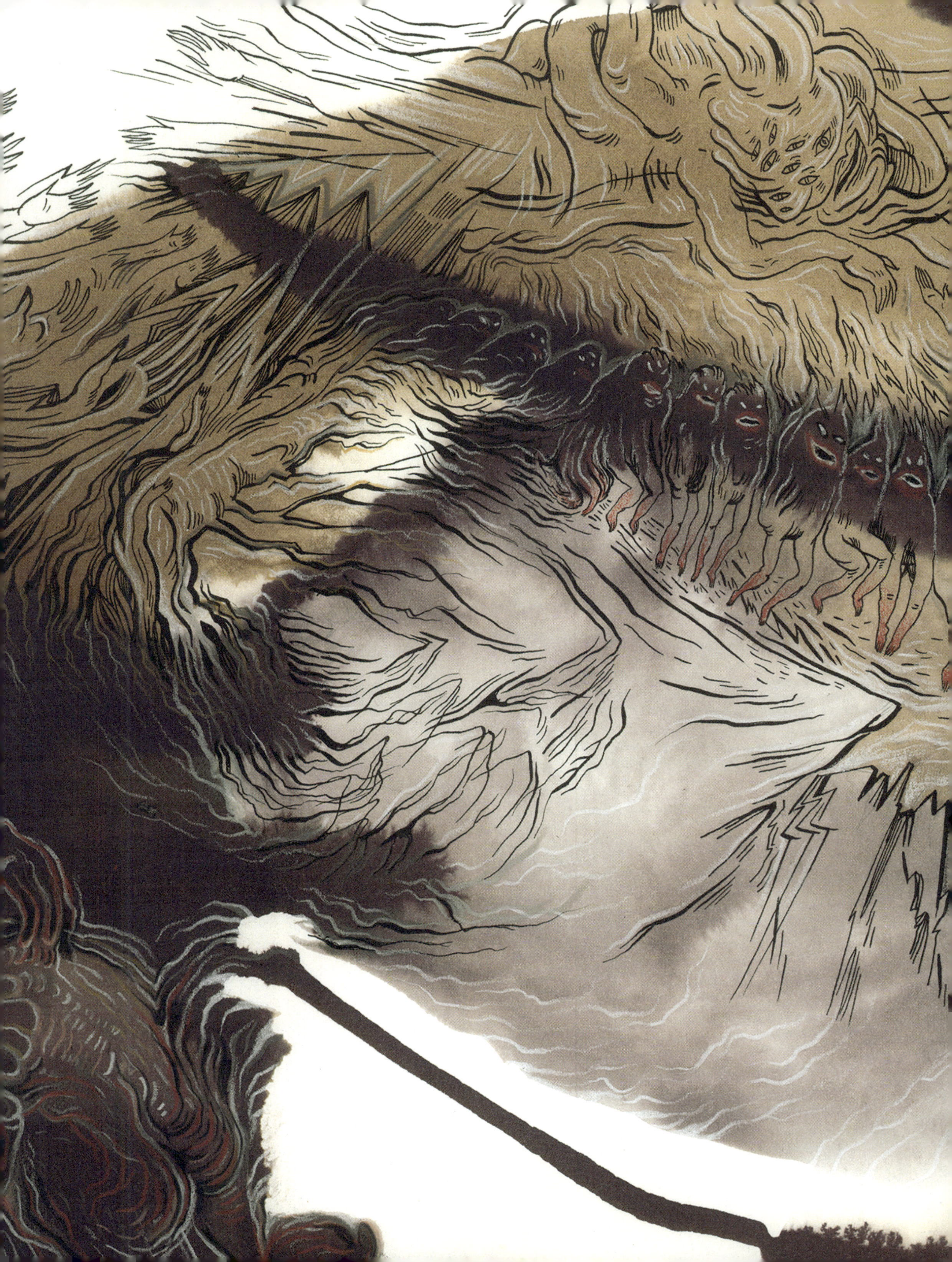

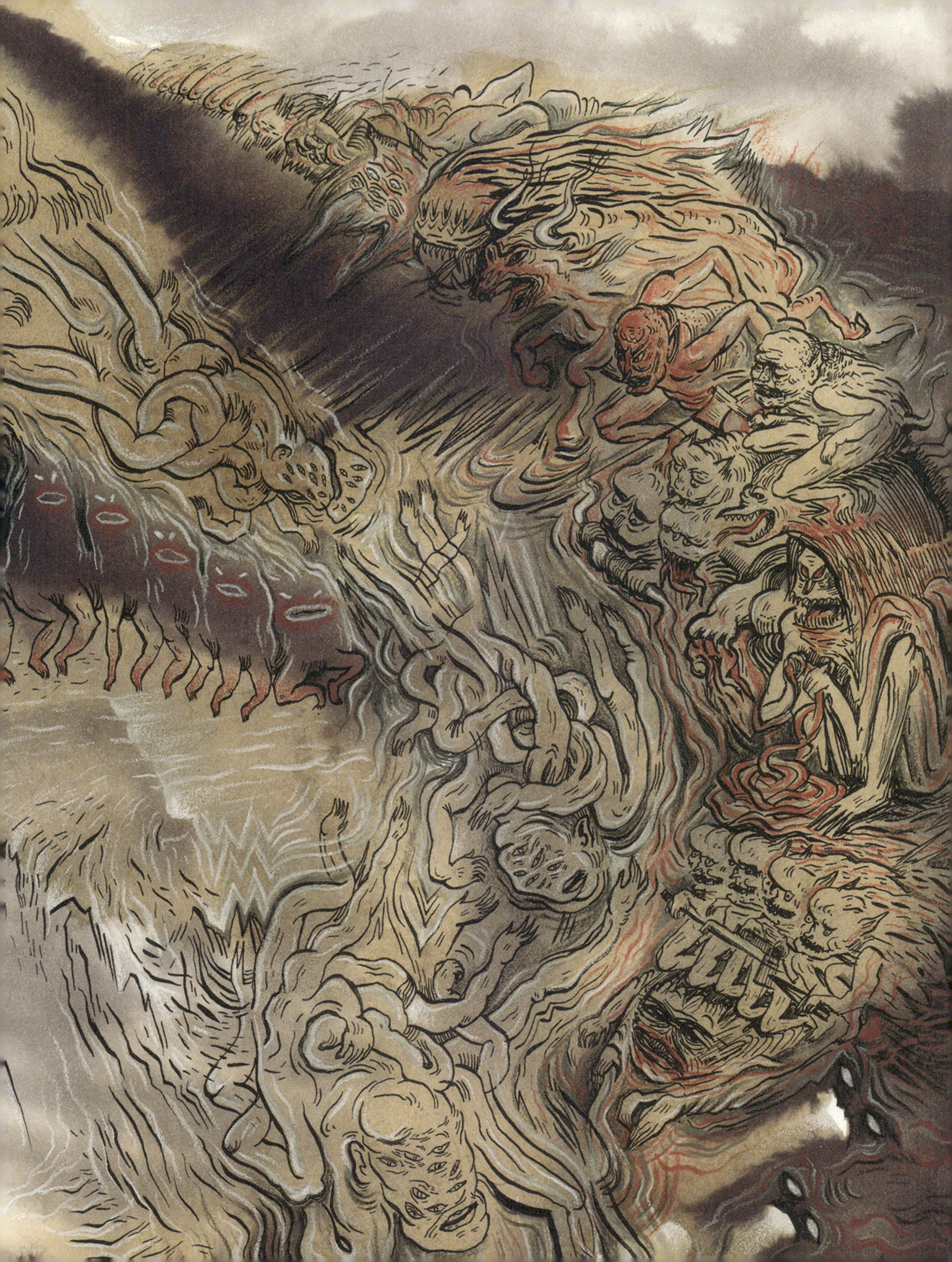

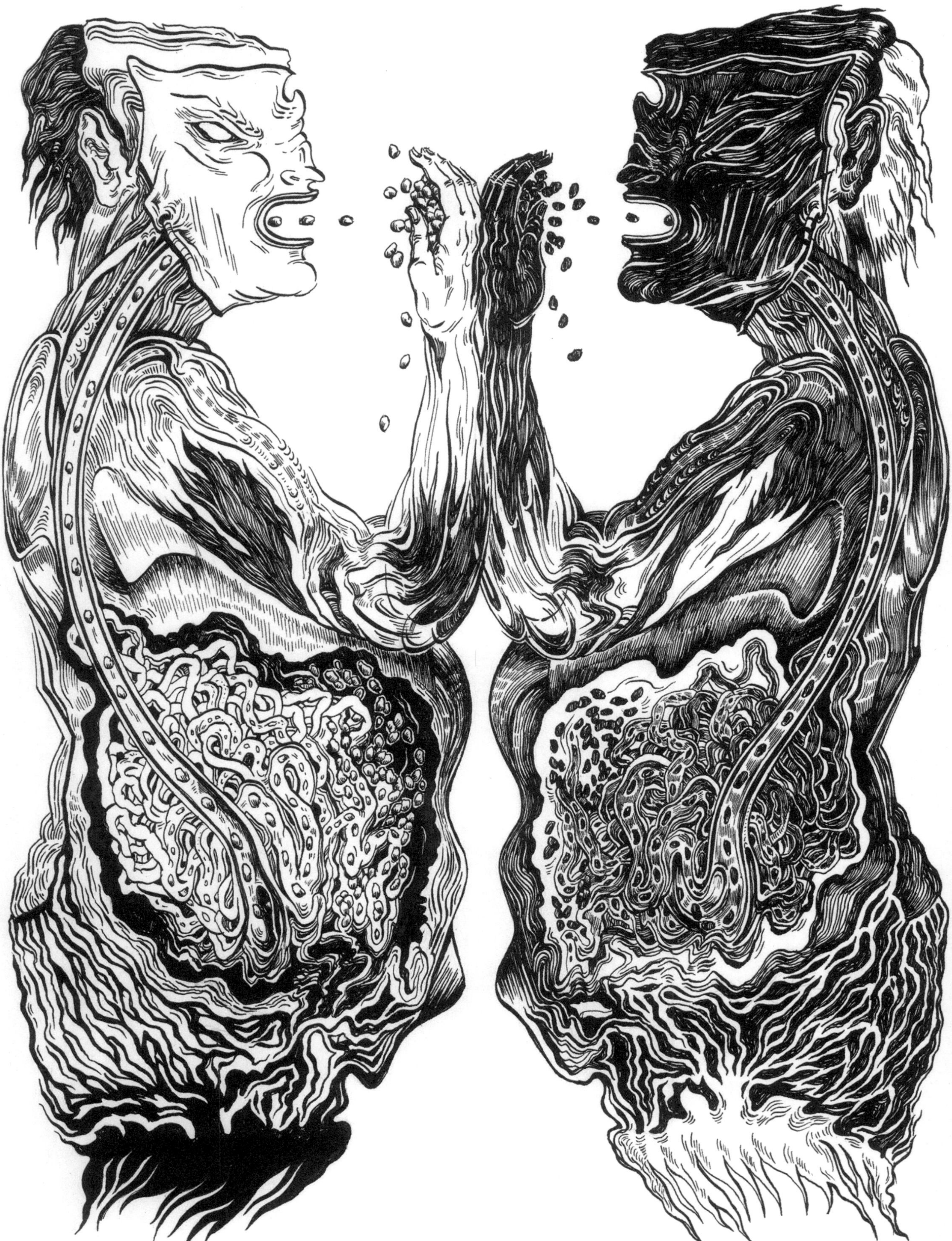

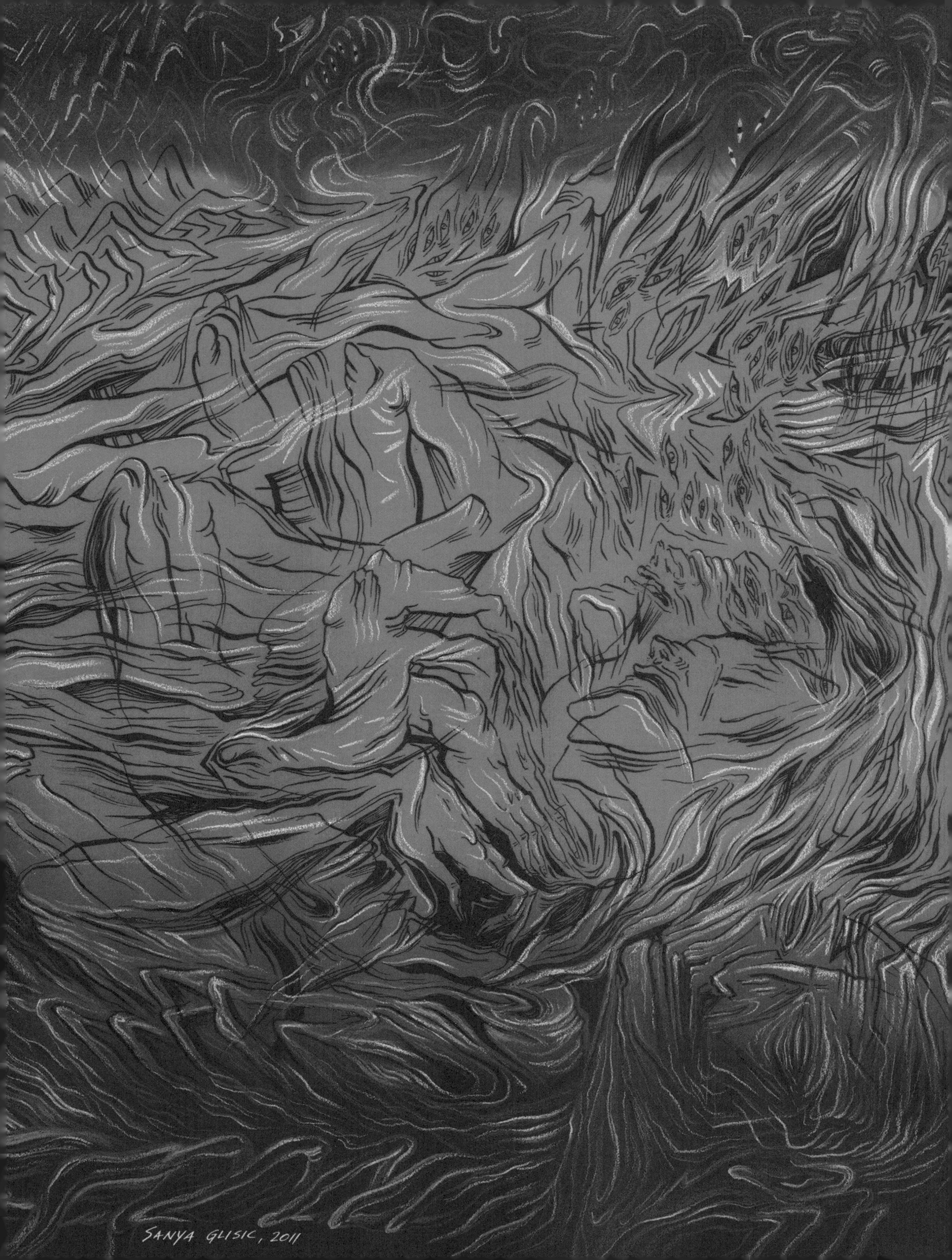
SANYA GLISIC, 2011

“Dernière ballade”

François Villon

Dessins et adaptation de **Julian Peters**

FRANÇOIS VILLON, L'UN DES PLUS GRANDS poètes lyriques français, est né pauvre à une époque tumultueuse de l'histoire de France, le milieu du XVe siècle. Il a mené une vie peu recommandable : il effectua de longs séjours en prison et connut l'exil pour divers délits (notamment pour l'homicide d'un prêtre lors d'une bagarre dans un débit de boissons, encore qu'il ait été amnistié par le roi quand il fut découvert qu'il s'agissait d'un cas d'autodéfense). Il finit par disparaître définitivement après avoir été de nouveau banni de Paris.

Après un séjour de trois mois en prison, dans un immonde cachot si profond que la lumière ne pouvait y pénétrer, Villon écrivit *Le Grand Testament*. Comptant plus de 2 000 vers et largement autobiographique, ce flamboyant chef-d'œuvre de poésie aborde la grivoiserie, l'amour, la piété, les regrets, *le carpe diem*, la criminalité et les voyous, le vieillissement, et un appétit de vivre. « Dernière ballade » est, comme son titre l'indique, l'ultime poème de l'œuvre. Villon fut, au moins une fois dans sa vie, condamné à mort ; ce poème relate cette époque et les pensées qui lui passèrent alors par l'esprit. Et si vous pensez qu'une personne qui va être pendue médite sur des sujets plus urgents que l'échec amoureux, cela signifie que vous n'avez jamais vraiment eu le cœur brisé.

Le style de Julian Peters, illustrateur de Montréal, s'inspire des romans-photos et au sujet de « Dernière ballade », il a déclaré : « J'ai essayé de saisir le sens de l'humour particulier de ce poème (la définition même, j'imagine, de l'humour macabre), tout en, je l'espère, suscitant une certaine empathie pour la souffrance humaine considérable à l'origine de son inspiration. »

dernière ballade de François Villon
Ici se clôt le testament
Et finit le pauvre Villon
Venez à son enterement,
Quand vous oirez le carillon,
Vêtsu rouge avec vermillon,
Car en amour mourut martyr
Ce jura-t-il sur son couillon
Quand de ce monde voulut partir.

Et je crois bien que pas ne ment
Car chassé fut comme un souillon

Tant que d'ici à Roussillon,

Brosse n'y a ni brossillon,
Qui n'eût, ce dit-il sans mentir,

Un lambeau de son cotillon

Quand de ce monde voulut partir.

Il est ainsi et tellement,
Quand mourut n'avait qu'un haillon ;
Qui plus, en mourant, malement,
Le poignait d'amour l'aiguillon ;
Plus aiguë que le ranguillon
D'un baudrier lui faisait sentir
(C'est de quoi nous émerveillons)
Quand de ce monde voulut partir.

Prince, gent comme émerillon,
Sachez qu'il fit au départir
Un trait but de vin morillon,
Quand de ce monde voulut partir.
Extrait de « le Testament »
De François Villon 1461
Dessiné par
Julian Peters 2009

Les Contes de Canterbury

Geoffrey Chauceri

Dessins et adaptation de **Seymour Chwast**

EN ANGLETERRE, PRESQUE TOUT LE MONDE LIT des extraits des *Contes de Canterbury* à l'école. Avec le recul, il paraît étonnant qu'un livre aussi paillard et scatologique soit devenu un pilier de l'enseignement secondaire. Même si tous les contes ne sont pas grivois, c'est sans contexte l'œuvre la plus leste de la littérature britannique. Pour ceux qui ont dormi pendant les cours d'anglais, rappelons que *Les Contes de Canterbury* sont un recueil de récits indépendants les uns des autres, qui se déroulent lors d'un pèlerinage religieux. Vingt-neuf personnes et le narrateur s'acheminent vers le tombeau de Thomas Becket (connu aussi sous le nom de saint Thomas de Cantorbéry) ; pour passer le temps, ils font un concours d'histoires. Homme du monde cultivé, Geoffrey Chaucer mit toute sa connaissance et son expérience de la vie au Moyen Âge en Angleterre dans ce poème aussi épais qu'un livre. Dans un élan radical, il écrivit cette épopée en anglais, afin d'en faire une langue littéraire à l'égal du latin et du français.

Le génie de cette œuvre ne réside pas seulement dans l'intérêt que présentent la plupart des récits variés, mais dans la façon vivante dont les pèlerins sont dépeints en tant qu'individus, tout comme dans la manière dont ils interagissent entre eux, se donnant souvent des petits coups de bec, ce qui rajoute énormément à l'œuvre. Ils proviennent de différents milieux et classes socioéconomiques, et exercent des professions diverses. On trouve ainsi un cavalier et un meunier, un docteur et un charpentier, un moine et un cuisinier, une nonne et un marin.

La Bourgeoise de Bath est généralement considérée comme l'un des plus grands personnages littéraires jamais créés. Bien ancrée dans la réalité, sensuelle et honnête, elle a survécu à quatre maris, et espère qu'il en ira de même pour son actuel époux, ayant pour objectif de se marier six fois. Elle aime le sexe, mais s'en sert aussi pour atteindre ses objectifs. Son long prologue est la partie phare de l'œuvre, le récit en lui-même étant un peu moins fort.

Après avoir adapté *La Divine comédie* (dont nous présentons un extrait dans ce volume), l'illustrateur et graphiste Seymour Chwast s'est intéressé aux *Contes de Canterbury* ; il ajoute une touche personnelle en juchant les pèlerins sur des motos.

PROLOGUE DE LA BOURGEOISE DE BATH
LES GENS ME REPROCHENT LE NOMBRE DE MARIS QUE J'AI EU, MAIS CES PERSONNAGES DE L'ANCIEN TESTAMENT ONT EU PLUSIEURS FEMMES EN MÊME TEMPS.
ABRAHAM
JACOB
SALOMON
DEPUIS MES DOUZE ANS, J'AI ÉTÉ MARIÉE À CINQ GENTILSHOMMES. DIEU N'A-T-IL PAS DIT : "CROISSEZ ET MULTIPLIEZ-VOUS" ?
ÇA S'ANNONCE BIEN !
JE N'AI PAS VOCATION À LA CHASTETÉ. S'IL N'Y AVAIT PAS DE MARIAGE, D'OÙ VIENDRAIENT LES NOUVELLES GÉNÉRATIONS DE VIERGES ?
BON
BON
BON
MAUVAIS
MAUVAIS
MES CINQ MARIS
LORSQUE MON 5e MARI MOURRA, J'EN CHERCHERAI UN AUTRE.

JE N'AI RIEN CONTRE LA VIRGINITÉ. UNE MAISON PEUT AVOIR DIFFÉRENTES VAISSELLES, ET TOUTES NE SONT PAS FORCÉMENT EN OR. UN HOMME PEUT APPRÉCIER MANGER DANS UNE ASSIETTE EN BOIS, AUSSI.
OR
OR
OR
OR
BOIS
JE NE VAIS PAS M'ABSTENIR AVEC MON PROCHAIN MARI. NOS ORGANES GÉNITAUX SERVENT AUSSI BIEN À PROCRÉER QU'À NOTRE PLAISIR. JE LAISSE MES MARIS FAIRE CE QU'ILS VEULENT AVEC MOI. AINSI, MON POUVOIR SUR EUX GRANDIT.
MADAME, J'AI PRÉVU DE ME MARIER. CHERCHEZ-VOUS À ME FAIRE CHANGER D'AVIS ?
NE ME FRAPPE PAS
CE SERA PIRE AVEC MES HISTOIRES DE QUERELLES CONJUGALES !

MES MARIS ÉTAIENT BOURGEOIS, MAIS VIEUX. SI BIEN QU'ILS AVAIENT DU MAL À REMPLIR LEUR DEVOIR. ÇA NE ME DÉRANGEAIT PAS, ILS M'AVAIENT DONNÉ LEURS TERRES ET LEUR ARGENT.
CE N'EST PAS GRAVE, MON CHER.
MA RUSE CONJUGALE
JE SAIS QUE TU ME TROMPES.
QUOI ?
TU CROIS QUE JE VEUX TE DÉTRUIRE ?
IL EST SAOUL !
NON, NON ! TU ES UNE FEMME MERVEILLEUSE, JAMAIS JE NE TE TROMPERAIS. TU AURAS CE QUE TU VEUX !
BEAUTÉ
DANSE
CHANT
CE QUE LES HOMMES DÉSIRENT CHEZ UNE FEMME
CORPS DÉSIRABLE
ARGENT
LONGUES JAMBES

UNE FEMME MOCHE PREND TOUT CE QU'ELLE PEUT.
LE PLUS SAGE DES HOMMES S'OCCUPE DE SES AFFAIRES ET NON DE CELLES DES AUTRES.
LES FEMMES ABHORRENT LES MARIS QUI LES SURVEILLENT ET VEULENT LES CONTRÔLER.
PARFOIS, JE PARADAIS COMME UN CHAT... UN TRÈS BEAU FÉLIN.
AH, LORSQUE J'ÉTAIS JEUNE, J'AVAIS L'ARDEUR D'UNE POULICHE ! C'EST FINI, MAIS LES SOUVENIRS RESTENT ET JE SAIS TOUJOURS JOUER À CE PETIT JEU.
MON CINQUIÈME MARI ÉTAIT BEAU. IL ME BATTAIT, MAIS IL ÉTAIT TRÈS BON AU LIT. IL S'APPELAIT JEANNOT.

JE RENCONTRAI JEANNOT APRÈS LA MORT DE MON QUATRIÈME MARI. IL PENSAIT QUE J'ÉTAIS AMOUREUSE DE LUI. JE LUI DIS QUE J'AVAIS RÊVÉ QU'IL ME POIGNARDAIT, MAIS QUE JE SERAI HEUREUSE AVEC LUI, CAR LE SANG NE REPRÉSENTE-T-IL PAS L'OR ?
LE RÊVE
JE PENSAIS POUVOIR LE SATISFAIRE MÊME S'IL AVAIT VINGT ANS ET MOI QUARANTE.
NOUS AVIONS UNE BIBLIOTHÈQUE. L'UN DES LIVRES DÉCRIVAIT EN QUOI LES FEMMES SONT RESPONSABLES DE LA CHUTE DES HOMMES.
NOUS SOUFFRONS TOUS À CAUSE D'ÈVE.
FEMMES CRUELLES.
DALILA A COUPÉ LA CHEVELURE DE SAMSON. IL A ÉTÉ VAINCU PAR LES PHILISTINS ET ILS LUI ONT ENSUITE CREVÉ LES YEUX.
PROVERBES DE SALOMON.

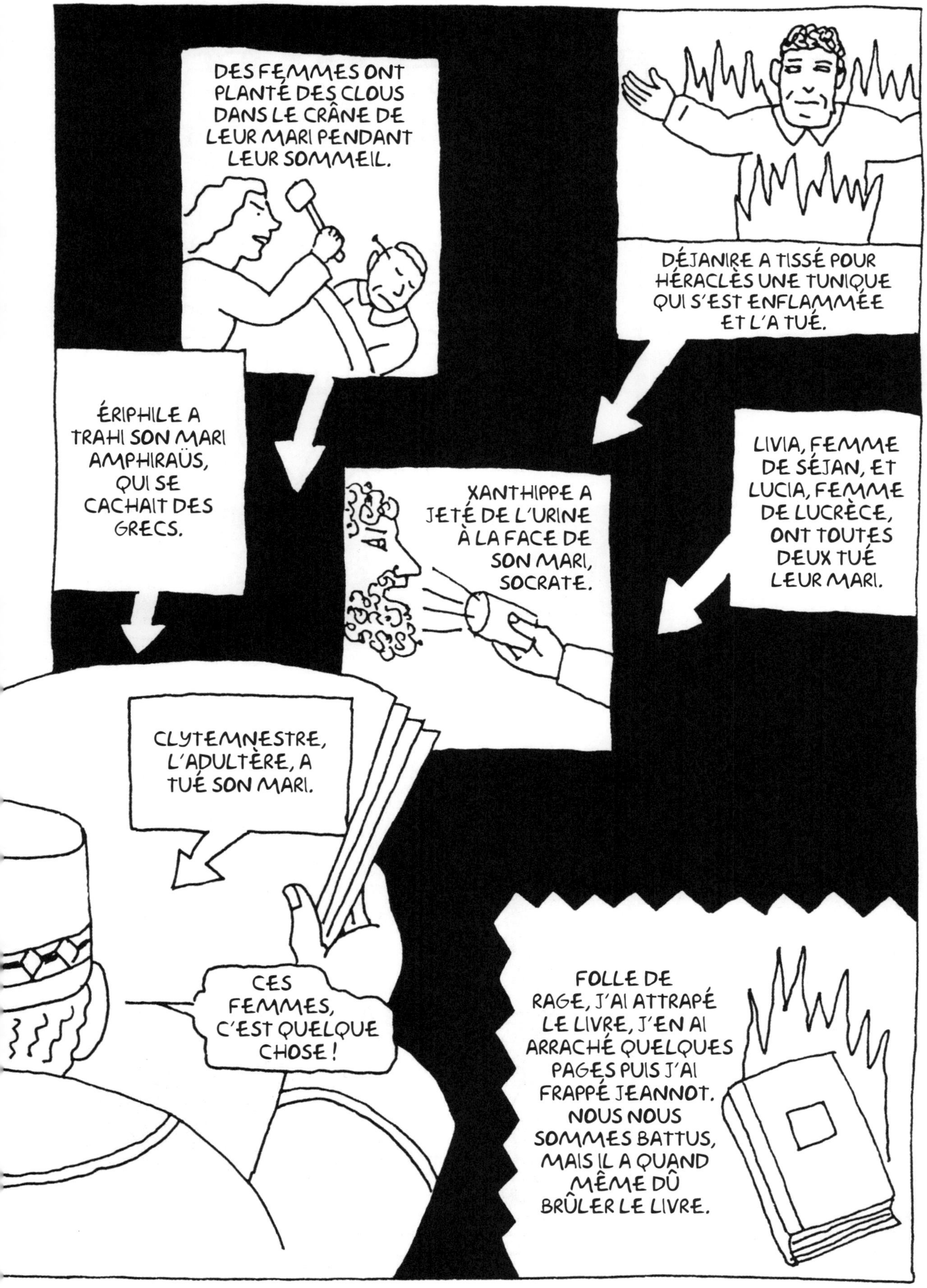
DES FEMMES ONT PLANTÉ DES CLOUS DANS LE CRÂNE DE LEUR MARI PENDANT LEUR SOMMEIL.
DÉJANIRE A TISSÉ POUR HÉRACLÈS UNE TUNIQUE QUI S'EST ENFLAMMÉE ET L'A TUÉ.
ÉRIPHILE A TRAHI SON MARI AMPHIRAÜS, QUI SE CACHAIT DES GRECS.
XANTHIPPE A JETÉ DE L'URINE À LA FACE DE SON MARI, SOCRATE.
LIVIA, FEMME DE SÉJAN, ET LUCIA, FEMME DE LUCRÈCE, ONT TOUTES DEUX TUÉ LEUR MARI.
CLYTEMNESTRE, L'ADULTÈRE, A TUÉ SON MARI.
CES FEMMES, C'EST QUELQUE CHOSE !
FOLLE DE RAGE, J'AI ATTRAPÉ LE LIVRE, J'EN AI ARRACHÉ QUELQUES PAGES PUIS J'AI FRAPPÉ JEANNOT. NOUS NOUS SOMMES BATTUS, MAIS IL A QUAND MÊME DÛ BRÛLER LE LIVRE.

LE CONTE DE LA BOURGEOISE DE BATH
AU TEMPS DU ROI ARTHUR, FÉES ET ELFES ÉTAIENT MONNAIE COURANTE, ...
... JUSQU'À CE QU'ILS SOIENT REMPLACÉS PAR LES PRIÈRES DES MOINES. CES DERNIERS ÉTAIENT AUSSI BONS POUR FAIRE PERDRE LEUR VERTU AUX JEUNES FILLES.
LORSQU'UN DES CHEVALIERS DU ROI ARTHUR, UN JEUNE HOMME LUBRIQUE, TOMBA SUR UNE JEUNE FEMME, IL LA VIOLA.
LA COUR FUT SCANDALISÉE ET LE ROI LE CONDAMNA À MORT.

LA REINE ET SES SUIVANTES IMPLORÈRENT LE ROI.
PITIÉ !
MON SEIGNEUR, LAISSEZ-MOI...
... DÉCIDER S'IL DOIT VIVRE OU MOURIR.
PITIÉ !
LE ROI Y CONSENTIT.
JE VOUS DONNE UN AN POUR DÉCOUVRIR CE QUE DÉSIRENT VRAIMENT LES FEMMES. SI VOTRE RÉPONSE EST ADÉQUATE, VOUS AUREZ LA VIE SAUVE.
MERCI, VOTRE MAJESTÉ.
DIEU M'AIDERA À TROUVER LA RÉPONSE.
IL ENTREPRIT DONC UNE QUÊTE D'UN AN.

VOILÀ CE QU'IL TROUVA
JE VEUX ÊTRE LIBRE.
JE VEUX QU'ON ME PRENNE.
JE VEUX ÊTRE RICHE.
JE VEUX DEVENIR VEUVE POUR ME REMARIER.
JE VEUX LE PRESTIGE.
JE VEUX DE BEAUX ATOURS.
JE VEUX QU'ON ME FASSE CONFIANCE.
JE VEUX QU'ON ME FLATTE.
CELA FAIT UN AN. JE VAIS RETOURNER VOIR LA REINE, MAIS JE SUIS PERDU...
JE VEUX
JE VEUX
JE
JE VEUX
JE VEUX
JE VEUX
LES JEUNES FILLES DISPARURENT, MAIS UNE VIEILLE FEMME RESTAIT. IL LUI FIT PART DE SON DÉSESPOIR.
JE T'AIDERAI À TROUVER LA BONNE RÉPONSE, MAIS TU DEVRAS FAIRE CE QUE JE TE DEMANDE.

LE CHEVALIER ACCEPTA ET ILS SE RENDIRENT AU PALAIS.
VOILÀ LA BONNE RÉPONSE : LES FEMMES VEULENT GOUVERNER LEURS HOMMES.
C'EST EFFECTIVEMENT CE QUE VEULENT LES FEMMES. VOUS POUVEZ PARTIR.
ET MAINTENANT, MA RÉCOMPENSE : ÉPOUSE-MOI !
ILS CONSOMMÈRENT LEUR UNION CETTE NUIT-LÀ.
JE SUIS DE BONNE FAMILLE, POURQUOI AI-JE FINI AINSI ?
MA FAMILLE EST PAUVRE. MAIS ÊTRE RICHE C'EST AVOIR PEU ET NE RIEN VOULOIR.
MON MARI, VOUS AVEZ LE CHOIX.
JE PEUX RESTER VILAINE, MAIS ÊTRE UNE ÉPOUSE FIDÈLE, OU JE PEUX DEVENIR BELLE, MAIS JE SERAI ALORS VOLAGE.

MADAME, JE PRÉFÈRE VOUS LAISSER DÉCIDER CE QUE VOUS VOULEZ ÊTRE.
VOUS ME LAISSEZ DÉCIDER ? EN CE CAS, JE SERAI JEUNE ET JOLIE ET JE VOUS RESTERAI FIDÈLE.
ET NOUS VÉCÛMES HEUREUX ET EÛMES BEAUCOUP D'ENFANTS.
GRÂCE À DIEU, LES FEMMES AURONT DE JEUNES MARIS ACTIFS AU LIT ET DEVIENDRONT VITE VEUVES.

Le Morte d'Arthur

Sir Thomas Malory

Dessins et adaptation d'**Omaha Perez**

PRESQUE TOUTE LA LITTÉRATURE EN LANGUE anglaise que l'on possède sur le roi Arthur provient des 1 000 pages du *Morte d'Arthur*, que Sir Thomas Malory acheva en 1470 (il fut publié quinze ans plus tard, après sa mort). Il a rassemblé et traduit les meilleurs récits anglo-normands des deux siècles précédents, ajouté quelques sources en vieil anglais et peut-être écrit lui-même certaines histoires, avant d'assembler le tout en une intrigue cohérente. À peu près tout ce qu'on attend du genre s'y trouve : l'épée dans la pierre, la Table ronde, le Saint Graal, la Dame du lac, Merlin, Lancelot, Guenièvre...

Petit détail intéressant : Malory fut en mesure de réaliser ce recueil colossal et ingérable parce qu'il effectuait de nombreux séjours en prison, ce qui lui laissait beaucoup de temps libre. Bien qu'il soit né dans une famille nantie, se soit illustré dans l'armée et ait été membre du Parlement, il devint un vrai criminel, commettant des vols, des extorsions de biens, des viols, des tentatives d'homicides et bien d'autres horreurs encore.

Omaha Perez, qui s'était auparavant aventuré dans le domaine littéraire avec Sherlock Holmes, a adapté le récit de l'infortuné Sir Gauvain, raconté aux chapitres sept et huit du Livre Trois. (Pour la petite histoire et parce que Omaha ne l'a pas évoqué car c'est un aspect du récit plutôt décevant, précisons qu'à la fin, le roi Arthur et la reine Guenièvre décrètent que Gauvain doit accomplir de nombreuses missions galantes, être courtois et accorder sa miséricorde à ceux qui le lui demandent.)

SOURCE

Graves, Robert, « Introduction », *in Malory's Le Morte d'Arthur : King Arthur and the Legends of the Round Table*, Signet Classic, 2001.

D'APRÈS LE MORTE D'ARTHUR
De Sir Thomas Malory
Adapté par Omaha Perez
COMMENT LE CERF FUT POURSUIVI DANS UN CHATEAU ET Y FUT OCCIS
ET COMMENT MESSIRE GAUVAIN POURFENDIT UNE DAME

Ô MON CERF BLANC, JE ME REPENS QUE TU SOIS MORT, CAR LA DAME DE MON CŒUR T'A DONNÉ À MOI...
... ET JE T'AI MAL GARDÉ, ET TA MORT M'EN COÛTERA TANDIS QUE MOI-MÊME JE VIS.
POURQUOI AVOIR OCCIS MES CHIENS ? ILS N'ONT FAIT QUE SUIVRE LEUR NATURE ET J'AURAIS PRÉFÉRÉ QUE VOUS PASSIEZ VOTRE COLÈRE SUR MOI PLUTÔT QUE SUR MES BÊTES.
VOUS DITES VRAI, JE ME SUIS VENGÉ SUR VOS CHIENS, ET JE VAIS LE FAIRE SUR VOUS AVANT QUE VOUS FUYIEZ.

ILS S'ASSAILLIRENT VIOLEMMENT...
ET FENDIRENT LEURS BOUCLIERS...
ET BOSSELÈRENT LEURS HEAUMES...
ET BRISÈRENT LEURS HAUBERTS, FAISANT COULER LE SANG À LEURS PIEDS.

GRÂCE !
VOUS ALLEZ MOURIR POUR AVOIR OCCIS MES CHIENS.
JE FERAI AMENDE HONORABLE SI JE LE PUIS.

HÉLAS, C'EST UN ACTE IGNOBLE ET ABOMINABLE, VOUS DEVRIEZ EN AVOIR HONTE...
DE PLUS, VOUS DEVRIEZ FAIRE GRÂCE À CEUX QUI LE DEMANDENT, CAR UN CHEVALIER SANS MISÉRICORDE EST SANS DIGNITÉ.
LEVEZ-VOUS, JE VOUS FERAI GRÂCE.
NENNI, NENNI, JE N'AI PLUS ENVIE DE PITIÉ À PRÉSENT, CAR VOUS AVEZ OCCIS MON AMOUR ET LA DAME QUE J'AIMAIS PLUS QUE TOUTES CHOSES SUR TERRE.
JE M'EN REPENS AMÈREMENT, CAR JE PENSAIS VOUS FRAPPER ; MAIS VOUS DEVRIEZ À PRÉSENT ALLER VOIR LE ROI ARTHUR ET LUI NARRER VOS AVENTURES, ET COMMENT VOUS AVEZ ÉTÉ VAINCU PAR LE CHEVALIER QUI ÉTAIT PARTI EN QUÊTE DU CERF BLANC.
PEU M'IMPORTE DE VIVRE OU DE MOURIR.
AINSI MALGRÉ LES PÉRILS, IL FIT LE SERMENT D'ALLER AUPRÈS DU ROI ARTHUR, ET IL LUI FIT PORTER UN LÉVRIER DEVANT LUI SUR SON CHEVAL, ET UN AUTRE DERRIÈRE.
QUEL EST VOTRE NOM, AVANT QUE NOUS PARTIONS ?
JE M'APPELLE ABLAMAR DU MARAIS.
AINSI PARTIT-IL POUR CAMELOT.

Comment quatre chevaliers affrontèrent Gauvain et Gaheris, et comment ils furent vaincus et eurent la vie sauve à la demande de quatre dames

HÉLAS, MON BRAS EST SI DOULOUREUX QUE JE SUIS COMME ESTROPIÉ.
ET ALORS QU'ILS AURAIENT DÛ ÊTRE POURFENDUS ARRIVÈRENT QUATRE GENTES DAMES QUI IMPLORÈRENT LES CHEVALIERS DE GRACIER MESSIRE GAUVAIN ; CÉDANT À LA REQUÊTE DES DAMES, ILS ÉPARGNÈRENT LES VIES DE GAUVIN ET GAHERIS MAIS EN FIRENT LEURS PRISONNIERS.

TÔT LE LENDEMAIN...
MESSIRE CHEVALIER, ALLEZ-VOUS BIEN ?
QUE NENNI.
CELA EST DE VOTRE PROPRE FAUTE, CAR VOUS AVEZ COMMIS UN ACTE ODIEUX EN TRUCIDANT LA DAME ET SEREZ TOUJOURS MARQUÉ DU SCEAU DE L'INFAMIE.
MAIS N'ÊTES-VOUS POINT PARENT DU ROI ARTHUR ?
OUI, EN VÉRITÉ.
QUEL EST VOTRE NOM ?
JE M'APPELLE GAUVAIN, JE SUIS LE FILS DU ROI LOT D'ORCANIE ET MA MÈRE EST LA SŒUR DU ROI ARTHUR.
AH ! ALORS VOUS ÊTES LE NEVEU DU ROI ARTHUR. JE PARLERAI DONC EN VOTRE FAVEUR CAR VOUS AVEZ OBLIGATION D'ALLER OBTENIR LA CLÉMENCE DU ROI ARTHUR.
ILS DÉLIVRÈRENT PEU APRÈS MESSIRE GAUVIN SOUS LA PROMESSE D'EMMENER LA DÉFUNTE DAME AVEC LUI EN LA PORTANT DE CETTE MANIÈRE.
OMAHA PEREZ 2010
ET AINSI PRIT-IL LA ROUTE POUR CAMELOT.

Ollantay

Drame Inca

Dessins et adaptation de **Caroline Picard**

LES ANCIENS INCAS AVAIENT UN FORT PENCHANT pour le théâtre. Mais l'invasion espagnole a gommé cet aspect de leur culture, ainsi que tous les autres d'ailleurs. Une seule pièce a survécu dans son intégralité : *Ollantay*. Ce drame amérindien précolombien qui demeurait dans la mémoire de quelques Incas (comme la plupart des peuples autochtones, ils avaient une culture orale plutôt qu'écrite) fut retranscrit par un prêtre espagnol. Eu égard à son statut unique et important, on pourrait penser que cette pièce serait mieux connue, et pourtant elle languit dans l'obscurité, n'ayant pratiquement jamais été représentée, ne faisant partie d'aucune anthologie, ignorée dans toutes les histoires du théâtre que j'ai consultées. (Soulignons toutefois que, dans le monde hispanique, elle connaît un meilleur sort.)

Elle retrace une histoire d'amour à l'ancienne mode, comme toute époque et toute culture en connaît. Le grand chef et guerrier Apu Ollantay et la fille de l'empereur, Cusi Coyllur, sont amoureux, mais cet amour est maudit par le sort : seul un homme de sang royal a le droit d'épouser la princesse. Les deux tourtereaux se marient cependant secrètement et Cusi tombe enceinte. Il s'ensuit des troubles débouchant sur une guerre civile...

Caroline Picard, artiste et auteur de Chicago, publie des bandes dessinées d'une grande inventivité. Privilégiant la forme, elle assemble et intègre des images et des mots pour créer un flux unique et sinueux. Les vignettes en tant que telles n'existent pas. Tout se fond de façon homogène, et chaque page semble être une œuvre d'art en soi, même si elle contient une narration qui s'enchaîne. Caroline a adapté toute la pièce, mais en a écourté certaines parties, notamment en condensant l'action militaire.

SOURCE

Apu Ollantay : A Drama of the Time of the Incas, traduit par Sir Clements Markham, K. C. B., 1910.

D'APRÈS UNE TRADUCTION DE

SIR CLEMENTS R. MARKHAM

Abrégée et illustrée par Caroline Picard

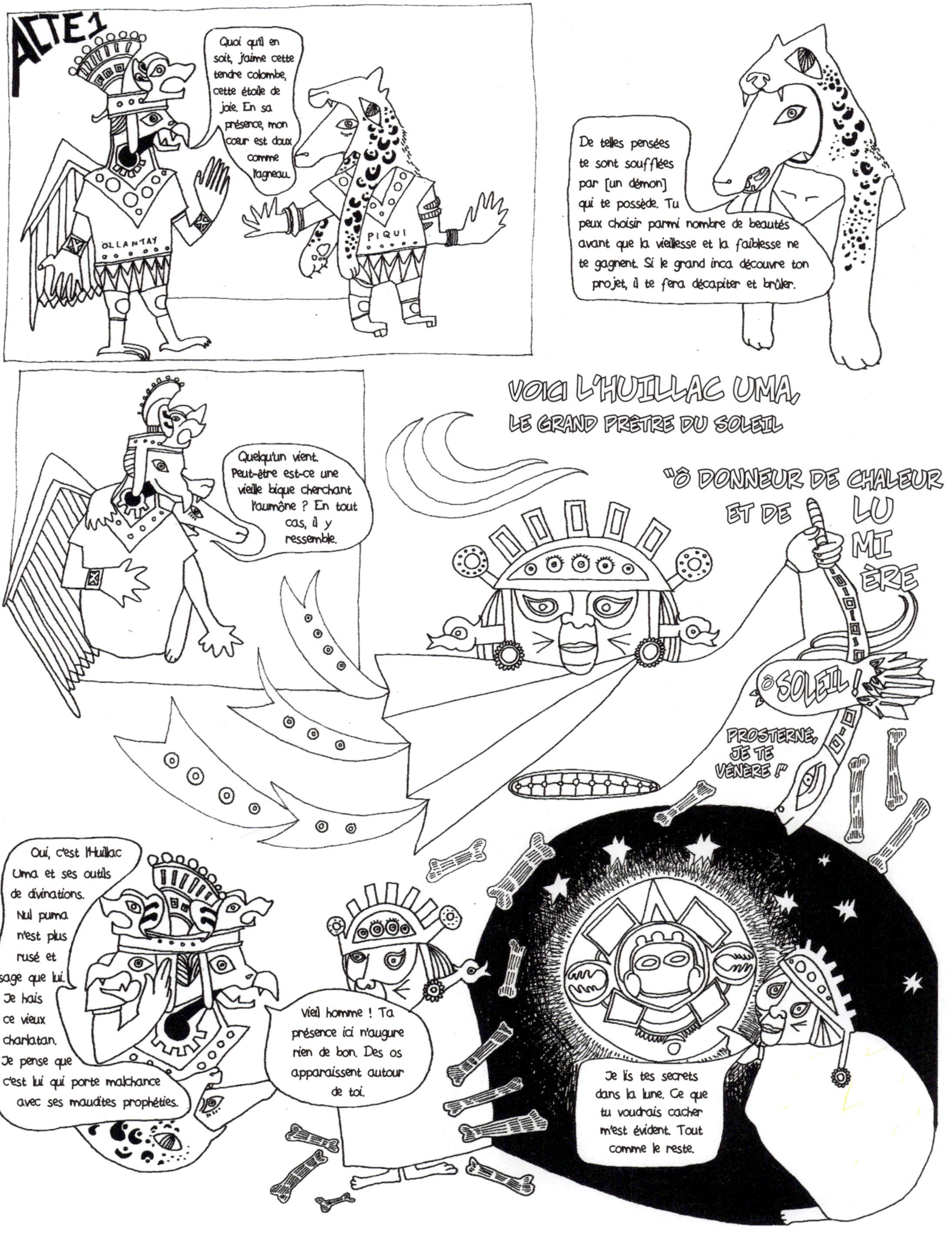
ACTE 1
Quoi qu'il en soit, j'aime cette tendre colombe, cette étoile de joie. En sa présence, mon cœur est doux comme l'agneau.
OLLANTAY
PIQUI
De telles pensées te sont soufflées par [un démon] qui te possède. Tu peux choisir parmi nombre de beautés avant que la vieillesse et la faiblesse ne te gagnent. Si le grand inca découvre ton projet, il te fera décapiter et brûler.
VOICI L'HUILLAC UMA, LE GRAND PRÊTRE DU SOLEIL
Quelqu'un vient. Peut-être est-ce une vieille bique cherchant l'aumône ? En tout cas, il y ressemble.
"Ô DONNEUR DE CHALEUR ET DE LUMIÈRE
Ô SOLEIL !
PROSTERNÉ, JE TE VÉNÈRE !"
Oui, c'est l'Huillac Uma et ses outils de divinations. Nul puma n'est plus rusé et sage que lui. Je hais ce vieux charlatan. Je pense que c'est lui qui porte malchance avec ses maudites prophéties.
Vieil homme ! Ta présence ici n'augure rien de bon. Des os apparaissent autour de toi.
Je lis tes secrets dans la lune. Ce que tu voudrais cacher m'est évident. Tout comme le reste.

Je savais, en mon coeur, que tu m'avais percé à jour, toi qui sais tout, Ô conseiller.
Maintes fois les hommes, pauvres saoulards irréfléchis, ont bu leur mort dans une coupe dorée. Les pires maux sont souvent causés par un coeur têtu.
PLONGE
VA ME CHERCHER CETTE FLEUR
REGARDE, elle est sèche & morte. REGARDE encore. Elle pleure, maintenant. Elle pleure et l'eau coule de son cœur.
La dague pendue à ta ceinture dans ma poitrine. Arrache mon pauvre cœur. Je te le demande à genoux.
Les pierres le sable rendront de l'eau avant que je ne cesse d'aimer la belle princesse.
Cette étoile de joie.
PLUS TON CRIME GRANDIT ET ENFLE, PLUS TA CHUTE SERA SOUDAINE

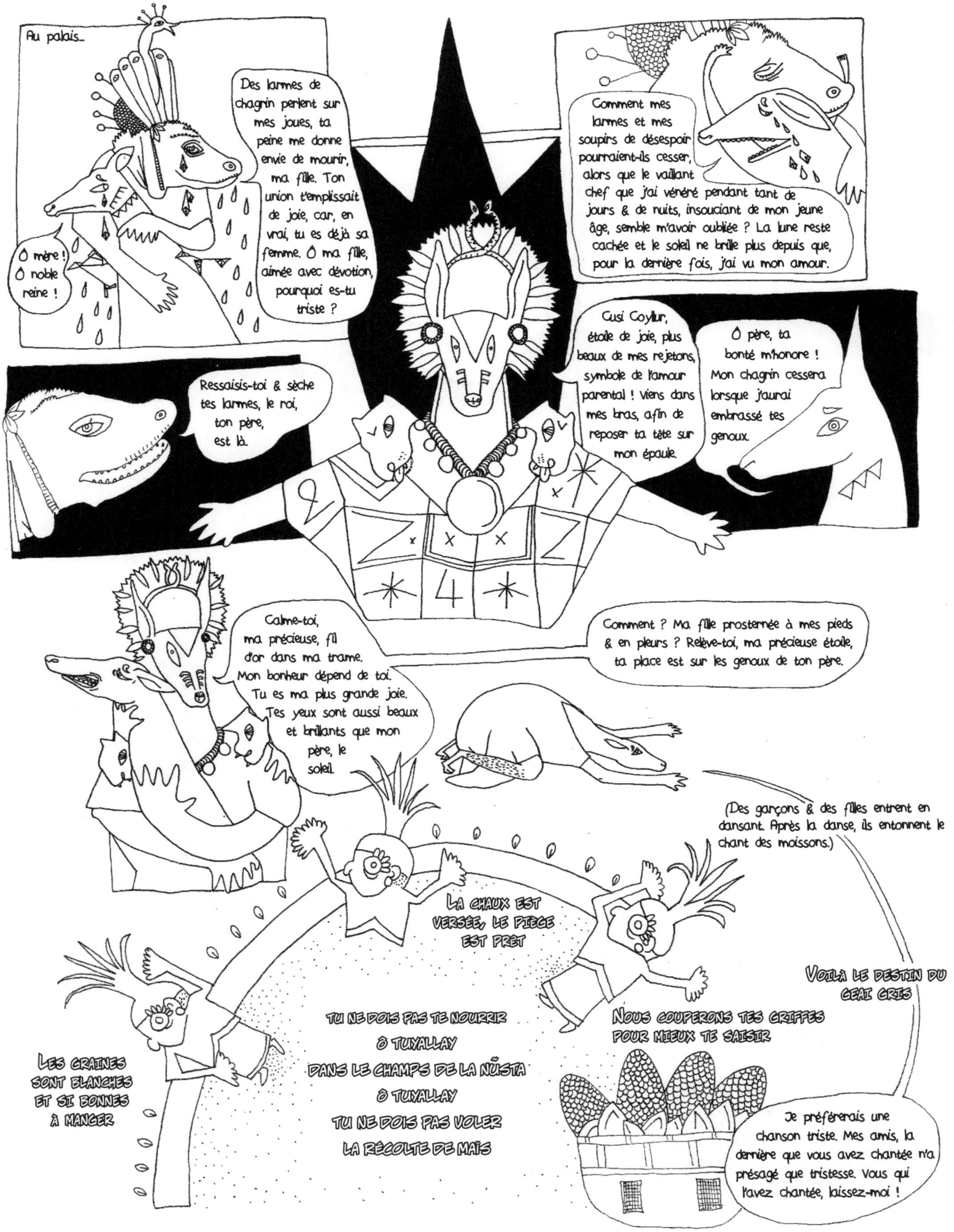
Au palais…
Des larmes de chagrin perlent sur mes joues, ta peine me donne envie de mourir, ma fille. Ton union t'emplissait de joie, car, en vrai, tu es déjà sa femme. Ô ma fille, aimée avec dévotion, pourquoi es-tu triste ?
Ô mère ! Ô noble reine !
Comment mes larmes et mes soupirs de désespoir pourraient-ils cesser, alors que le vaillant chef que j'ai vénéré pendant tant de jours & de nuits, insouciant de mon jeune âge, semble m'avoir oubliée ? La lune reste cachée et le soleil ne brille plus depuis que, pour la dernière fois, j'ai vu mon amour.
Ressaisis-toi & sèche tes larmes, le roi, ton père, est là.
Cusi Coyllur, étoile de joie, plus beaux de mes rejetons, symbole de l'amour parental ! Viens dans mes bras, afin de reposer ta tête sur mon épaule.
Ô père, ta bonté m'honore ! Mon chagrin cessera lorsque j'aurai embrassé tes genoux.
Comment ? Ma fille prosternée à mes pieds & en pleurs ? Relève-toi, ma précieuse étoile, ta place est sur les genoux de ton père.
Calme-toi, ma précieuse, fil d'or dans ma trame. Mon bonheur dépend de toi. Tu es ma plus grande joie. Tes yeux sont aussi beaux et brillants que mon père, le soleil.
(Des garçons & des filles entrent en dansant. Après la danse, ils entonnent le chant des moissons.)
La chaux est versée, le piège est prêt
Voilà le destin du geai gris
Nous couperons tes griffes pour mieux te saisir
Tu ne dois pas te nourrir ô Tuyallay dans le champs de la ñusta ô Tuyallay tu ne dois pas voler la récolte de maïs
Les graines sont blanches et si bonnes à manger
Je préférerais une chanson triste. Mes amis, la dernière que vous avez chantée n'a présagé que tristesse. Vous qui l'avez chantée, laissez-moi !

[Ollantay demande audience au roi]

ACTE 2 : QUELQUE TEMPS APRES
Ollantay, les [rebelles] t'ont choisi comme seigneur. Quand ces guerres cesseront-elles ? Chaque année, ils nous envoient dans ces contrées lointaines, où le sang coule à flots.
VAILLANTS AMIS !
Entendez ces mots du chef de la montagne. Le cœur lourd & empli de compassion pour mes hommes, ainsi ai-je parlé au roi cruel : les antisuyus doivent se reposer. Combien d'hommes ne sont jamais revenus, combien de chefs ont connu la mort dans ces guerres lointaines ?"
VIVE NOTRE ROI ! IL S'ÉLÈVE COMME L'ÉTOILE DU JOUR
Le roi a des grandes réserves de coca & de nourriture. Pourquoi se soucierait-il que son peuple meurt de faim ? Ces périples tuent nos lamas & nos pieds sont meurtris & si nous ne mourons pas de soif, nous portons alors de l'eau sur notre dos.
VIVE LE CHEF DE LA MONTAGNE !
[Un jardin de la maison des vierges du soleil]
Ima Sumac, ne t'approche pas trop des portes. Cela pourrait déclencher la colère de Mama. Il faut respecter les élus [ceux qui gardent les portes extérieures closes].
PITU
YMA
Pitu Salla, tu me répètes sans cesse la même chose. Je vais t'ouvrir mon cœur & te dire ce que je pense. Cette maison et sa cour me sont insupportables. Cet endroit m'oppresse, me terrifie. Chaque jour je maudis mon destin.

Je lui ai tout dit.
Pitu Salla, as-tu répété à l'enfant ce que je t'avais dit ?
Elle a pleuré & demandé grâce. Elle refuse de prêter le serment des vierges.
Et répond-elle en toute franchise?
Ah, ma Sumac ! Ima Sumac ! Ces murs sont bien cruels de cacher ta grande beauté
[Alors que Mama Qaqa quitte la scène]
Quel serpent ! Quel Puma !
Pitu Salla, mon amie, quand vas-tu me révéler le secret que je me languis de connaître ? Une femme souffre-t-elle, ici, de mes péchés ? Comment peut-elle être si bien cachée que je ne la trouve jamais ?
Ma Sumac, je vais tout te dire concernant ce que tu as entendu, mais tu devras rester muette comme une tombe.
DANS CE JARDIN, SE TROUVE UNE PORTE DE PIERRE
Retrouve-moi devant cette nuit, lorsque les Mama seront endormies.
UNE FOIS LA NUIT TOMBÉE
D'étranges pressentiments m'assaillent, mais je ne sais point pourquoi. Peut-être verrai-je celle qui se lamente et dont le sort me fend le cœur.

Ô mon amie, est-ce un cadavre que je contemple ? Quelle horreur, mourir dans un donjon !
N'aie crainte, ma colombe. La princesse vit. Mais enfermée ici, elle est morne et triste.
Ainsi, elle est toujours vivante ?
Approche-toi & tu verras qu'elle est bien vivante.
Qui es-tu, tendre colombe ? Pourquoi es-tu enfermée ici ?
Ô charmante enfant, fruit de l'amour, belle fleur pour mon cœur brisé, j'ai été jetée dans cet abysse. Jadis, j'étais unie à un homme comme la pupille fait partie de l'œil. Hélas, m'a-t-il oubliée ? Le roi ne savait pas qu'un tel lien nous unissait & quand il lui a demandé ma main, le roi, de rage, l'a congédié & m'a enfermée ici. Et toi, ma tendre et jeune amie, qui es-tu ?
Comme toi, je ne suis que chagrin. Je n'ai ni père ni mère et personne pour s'occuper de moi.
Quel âge as-tu ?
Selon moi, elle ne doit pas avoir plus de dix ans.
MA FILLE ! MON AMOUR PERDU ! VIENS DANS LES BRAS DE TA MÈRE.

ACTE 3
Mon enfant, ne t'es-tu pas trompée ? Où serait emprisonnée ta mère ?
Enchaînée dans ce donjon, ma mère a souffert des années, peut-être même est-il trop tard.
Est-ce un rêve ? Mon seigneur se tient devant moi ?
Ouvre cette porte !
Ô mère, j'ai craint de te trouver morte. Apportez de l'eau. Ainsi peut-être ma colombe revivra-t-elle.
Où suis-je ? Qui sont ces gens ?
N'aie crainte mère. Le roi lui-même est venu te voir.
Quelle horrible grotte est-ce là ? Qui est cette femme ? Qui est la misérable qui l'a ainsi torturée ?
Hélas, maintenant tu sais quelles tortures j'ai endurées
Mama Qaqa que signifie tout ceci ?
C'est l'horrible punition imposée par votre père pour amour interdit.
Hors de ma vue ! Que je ne te revoie plus jamais. Une femme vivant comme une chauve-souris ? Heureusement que cette enfant m'a alerté !

Cusi Coyllur, je t'avais perdue, on t'avait éloignée de moi, mais te voici revenue à la vie. Ton père aurait dû nous tuer. Étoile de joie, mon cœur est meurtri de te voir malheureuse.
Ollantay, ce donjon nous a séparés pendant dix ans. Mais nous voici réunis, peut-être pourrons-nous retrouver le bonheur.
Ollantay, contemple ta royale femme. Honore & chéris-la & toi, Ima Sumac, je t'habille d'un manteau d'amour. Tu es maintenant la joie à l'état pur.
TOUT CHAGRIN DOIT DISPARAÎTRE ET ÊTRE REMPLACÉ PAR UNE JOIE NOUVELLE

Au bord de l'eau

Shi Nai-an

ILLUSTRATIONS DE **Shawn Cheng**

***AU BORD DE L'EAU (LES HORS-LA-LOI AU BORD** de l'eau*, en anglais) est l'un des quatre grands romans classiques de la Chine ; il est souvent comparé aux aventures de Robin des Bois. S'appuyant sur les exploits enjolivés d'un véritable groupe de brigands à l'époque de la dynastie Song, cet immense roman du XIVe siècle, de Shi Nai-an, est un récit d'actions comprenant 108 anti-héros qui combattent les fonctionnaires gouvernementaux tyranniques et corrompus, à partir d'un bastion situé dans les marécages du Liangshan. Chacun est doté d'une aptitude particulière, possède une arme préférée et un surnom haut en couleur, ce qui offre à Shawn Cheng un matériau de choix pour créer toute une galerie de voyous. L'artiste a illustré huit des rebelles les plus importants et intéressants.

SOURCE

Anonyme, Chine, *Five Thousand Years of History and Civilization*, City University of Hong Kong Press, 2007.

水浒传

Au bord de l'eau par Shi Nai'an

Illustrations de Shawn Cheng

Durant les dernières années de la dynastie des Song du Nord (vers 1121-1127), la corruption et le vice règnent sur la Chine impériale. Dans ce monde injuste, des hommes honnêtes sont forcés de devenir des brigands. 108 hommes (et femmes) dans ce cas finiront par se rassembler dans les monts des marais de Liangshan.

Le Dragon dans les Nuées

Gong-sun Sheng

Gong-sun, un prêtre taoïste qui a des pouvoirs sur le vent et la pluie vient dans les marais de Liangshan après avoir participé avec les « Sept Justes » au vol de cadeaux d'anniversaire impériaux.

Le Bonze Tatoué

Lu Zhi-shen

Lu est brutal et impétueux mais est doté d'un grand sens de la justice. Il devient moine après avoir tué un notable qui terrorisait une chanteuse et son père.

Le Pèlerin
Wu Song

Wu découvre que sa belle-sœur adultère a tué son frère. Après lui avoir arraché sa confession, il la tue et se livre aux autorités.

Le Tourbillon Noir
Li Kui

Li a mauvais caractère, tendance à boire et est une force de la nature imprévisible. Il joue un rôle vital en sauvant les chefs des marais de Liangshan sur le point d'être exécutés.

Le Trépas Instantané

Ruan Xiaoer

Membre des « Sept Justes » qui interceptèrent un convoi de cadeaux d'anniversaire impériaux, Ruan devient un important commandant de marine des bandits des marais de Liangshan.

Le Tonnerre Fracassant

Ling Zhen

Général impérial expert en artillerie, Ling se révèle un terrible adversaire avant d'être capturé dans les marais de Liangshan. Il se laisse alors persuader de rejoindre les bandits.

Le Médecin Surnaturel
An Dao-quan

An est solidaire des bandits des marais de Liangshan mais refuse de les rejoindre. Un des bandits tue sa maîtresse et le fait accuser du meurtre, ne lui laissant pas d'autre choix.

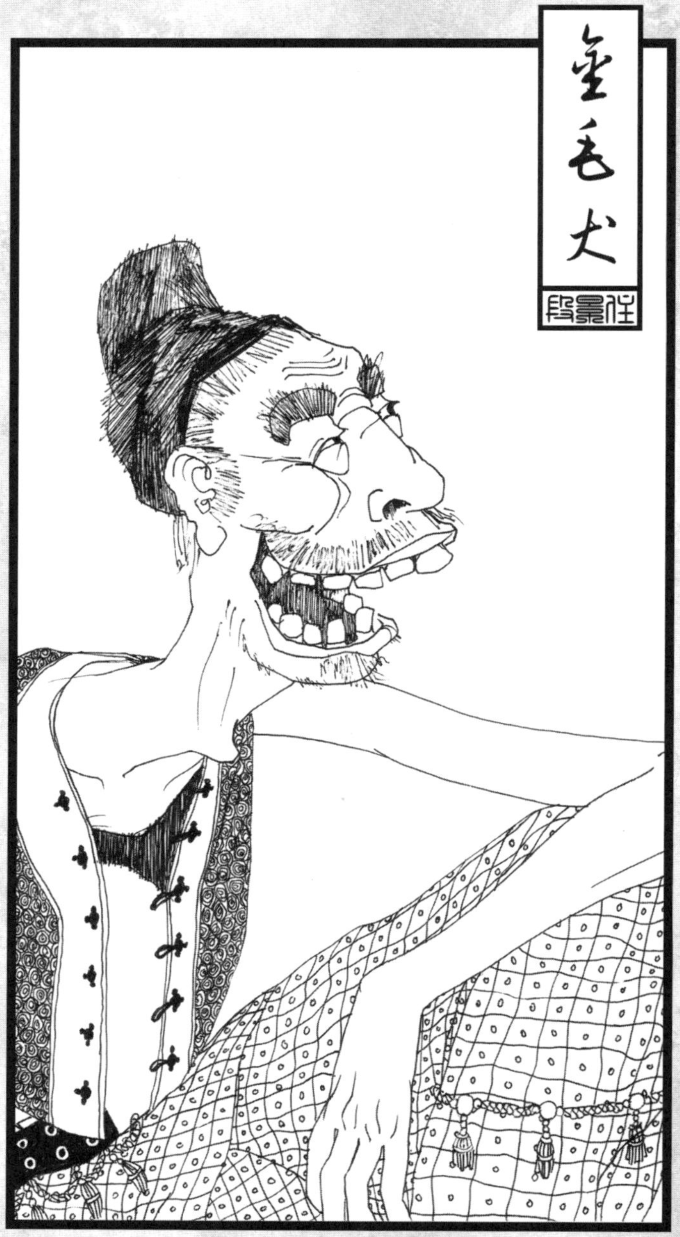

Le Chien à Poils d'Or
Duan Jing-zhu

Duan, un voleur de chevaux du Nord, acquiert l'étalon royal « Lion de Jade au Clair de Lune » et compte le présenter dans les marais de Liangshan. Il est attaqué en chemin et perd le cheval.

Hagoromo (La Légende de la cape céleste)

Drame japonais nô

DESSINS ET ADAPTATION D'**Isabel Greenberg**

LE NÔ EST UN GENRE THÉÂTRAL JAPONAIS APPARU au XIVe siècle et destiné à l'aristocratie. Au début du XVIe siècle, tout le canon nô (environ 300 pièces) avait été écrit, et il a été joué depuis lors de façon plus ou moins continue. Le texte poétique est à moitié chanté ou psalmodié sur une scène dépouillée, qui a pour seule décoration un pin représenté sur un mur noir. Les costumes élaborés et les masques compensent l'austérité de la scène. Le *Dictionary of Word Literature* explique :

> La technique de l'action est un miracle de délicatesse et de charme. La litote est l'idée-force, « l'art caché par sa propre perfection ». Les intrigues de la pièce sont simples ; la construction et la musique poétique suscitent l'émotion et le charme opère.

Hagoromo, pièce anonyme, est l'un des drames les plus populaires et les plus enracinés au Japon. (Le titre a souvent été traduit en anglais par *Feather Mantle – La Cape de plumes.*) Un pêcheur trouve un *hagoromo*, laissé incidemment par un *tennin* – être décrit dans différentes traductions comme un ange, un esprit aérien ou encore une danseuse céleste.

Isabel Greenberg, qui a remporté le prix londonien des histoires courtes graphiques de *l'Observer* en 2011, manie la litote et la délicatesse pour relater la brève rencontre d'un homme ordinaire avec le divin.

SOURCE

Shipley, Joseph Twadell, *Dictionary of World Literature : Criticism, Forms, Technique*, Taylor & Francis, 1964.

HAGOROMO

ARRÊTE.
CETTE ROBE EST À MOI !

OÙ VAS-TU AVEC ?
C'EST UNE ROBE... JE L'AI TROUVÉE ICI... JE L'EMMÈNE CHEZ MOI.
C'EST LA ROBE DE PLUMES D'UN ANGE...
AUCUN MORTEL NE PEUT LA PORTER.
REMETS-LA OÙ TU L'AS TROUVÉE.
LE PROPRIÉTAIRE DE CETTE ROBE EST UN ANGE DU CIEL ?
ALORS JE VAIS LA METTRE EN LIEU SÛR. CE SERA UN TRÉSOR NATIONAL, UNE MERVEILLE POUR LA POSTÉRITÉ.
JE NE LA RENDRAI PAS...

OH !
RENDS LA-MOI !
COMMENT VAIS-JE PARCOURIR SANS ROBE...
...LES VOIES AILÉES DE L'AIR ?
JE RECHERCHE LES PLAINES DU PARADIS. LES VOIES NUAGEUSES SONT CACHÉES PAR LA BRUME...
LE CHEMIN A DISPARU...

ÉCOUTE... MAINTENANT QUE J'AI VU TON CHAGRIN, JE VAIS TE LA RENDRE.
OH ! QUELLE JOIE !
RENDS-LA-MOI, ALORS !
ATTENDS.
J'AI ENTENDU PARLER DES DANSES QUI SONT PRATIQUÉES AU PARADIS.
DANSE POUR MOI MAINTENANT ET JE TE RENDRAI TA ROBE...
RENDS-MOI MA ROBE... JE NE PEUX PAS DANSER SANS ELLE !
PAS ENCORE. CAR SI JE TE RENDS TA ROBE, TU NE FERAS PAS LE MOINDRE PAS DE DANSE ET TU T'ENVOLERAS DIRECTEMENT VERS LE CIEL AVEC ELLE.
LA DUPLICITÉ N'EXISTE PAS AU PARADIS.
DIS CE QUE TU VOUDRAS, JE DOIS D'ABORD RÉCUPÉRER LA ROBE.

J'AI HONTE.
REGARDE. JE TE RENDS LA ROBE.

Le Popol-Vuh

Livre sacré des Mayas-Quichés

DESSINS ET ADAPTATION DE **Roberta Gregory**

LE *POPOL-VUH (LE LIVRE DU CONSEIL)* EST le livre sacré des Mayas-Quichés du Guatemala. Il retrace leur merveilleuse histoire de la création, le récit d'aventures épiques de deux frères héroïques, leur histoire mythologique et la généalogie de leurs chefs. C'est le seul livre de cette tribu amérindienne qui ait survécu et il occupe à ce titre une place unique dans la littérature mondiale. L'envahisseur et occupant espagnol a brûlé presque tous les livres hiéroglyphiques des Mayas : seuls quatre sont parvenus jusqu'à nous. Les missionnaires avaient transcrit en caractères latins la langue autochtone afin que les Mayas puissent écrire des prières catholiques ou des textes de ce type dans leur propre langue. Toutefois, appliquant ce nouveau système d'écriture à un usage non autorisé, les membres des lignées royales traduisirent de nombreux ouvrages initialement écrits en hiéroglyphes anciens, ce qui donna le *Popol-Vuh*, au milieu de XVIe siècle.

La légendaire auteure de bande dessinée underground Roberta Gregory – qui a créé le personnage de la Bitchy Bitch (garce rosse) et la bande dessinée *Feminist Funnies* – nous livre la première adaptation graphique du *Popol-Vuh* : l'histoire de la création des humains.

SOURCE

Tedlock, Dennis (traducteur), *Popol Vuh : The Definitive Edition of the Mayan Book of the Dawn of Life and the Glories of Gods and Kings* (édition révisée et complétée), Touchstone/Simon & Schuster, 1996.

Comment les dieux ont peuplé la Terre : une histoire du :

Popol-Vuh*

* Le livre de la création des Mayas Quichés

Et les dieux parlèrent : Le Créateur, le Façonneur, la Porteuse et le Géniteur :

À ces mots, la terre s'éleva : montagnes, plaines, forêts et rivières. Mais...

Ainsi arrivèrent les animaux, les gardiens, cerfs et oiseaux, sur la terre.

Mais les animaux étaient incapables de formuler des paroles de louanges et de tenir le compte des jours convenablement, comme les dieux le désiraient.

De nouveau, les dieux tentèrent de créer quelqu'un pour se souvenir des jours et les prier.

À partir de la glaise de la terre elle-même, les dieux modelèrent l'humanité. Mais...

Les dieux consultèrent les gardiens du jour : Xpiyacoc et Xmucane.

Et le peuple de bois arriva, pour bâtir des foyers et peupler la terre d'enfants.

Mais leurs esprits et leurs cœurs étaient vides. Ils ne se souvenaient pas des dieux qui les avaient amenés là ni ne savaient garder l'ordre des jours.

Cette fois les dieux eux-mêmes détruisirent leurs créations déficientes.
Leurs chiens, leurs dindons, leurs marmites et leurs pierres à aiguiser parlèrent de se venger.
Vous nous mangiez ! Maintenant on va vous manger !
Pourquoi ne nous nourrissiez-vous pas ? Vous saviez qu'on avait faim !
Aiguiser, aiguiser... toute la journée ! Quel calvaire !
À votre tour d'être martelés !
Mais vous nous donniez du bâton !
Jour après jour... à nous brûler cruellement dans le feu !
Main-tenant vous allez brûler !
Le peuple tenta de grimper aux arbres mais en fut repoussé.
Il voulut se cacher dans les grottes mais elles se fermèrent.
Lâche-moi, humain !
Allez-vous-en !
Ouf !
Qu'est-ce qui s'est passé ?
Les rares qui purent fuir dans la forêt devinrent des singes, en souvenir du premier peuple.

Au final, les animaux montrèrent que faire. Le coyote, le renard, le perroquet et le corbeau vinrent à la montagne nommée le lieu scindé et découvrirent les bons aliments :

Grand-mère Xmucane broya le maïs finement, neuf fois, et modela quatre hommes. C'étaient de vrais humains, les tout premiers mères-pères.

Ils étaient omniscients. Ils pouvaient tout voir et ils firent des remerciements.

Ainsi, les dieux retirèrent la connaissance… brouillèrent leur vision comme un miroir est embué.

Mais ils donnèrent à chaque homme une magnifique femme… et ils furent de nouveau heureux.

Et ainsi commença le nouvel âge. Les gens se multiplièrent et se propagèrent sur la terre, en de nombreuses tribus qui bientôt s'affronteraient…

L'histoire continue avec la légende de Vucub Caquix, des jumeaux héroïques, et d'autres.

Cette histoire du Popol-Vuh n'est qu'un extrait de l'exemplaire rescapé d'une version de l'épopée du peuple Maya. Création, héros, méchants, histoire culturelle, naissances miraculeuses et jeux de balles de haut vol !

La civilisation maya a produit d'innombrables manuscrits. Rares sont ceux qui n'ont pas été détruits par l'évêque Diego de Landa lors de la conquête espagnole.

Le Popol-Vuh est toujours sujet à interprétation. La traduction en anglais de Dennis Tedlock est l'une des plus respectée, mais l'histoire continue d'être écrite dans la vie du peuple maya aujourd'hui !

Un grand merci à ma bonne amie Janice Van Cleve, auteure de Eighteen Rabbit, pour ses suggestions et informations complémentaires. Merci à Donna Barr pour son aide sur les couleurs !

Les visions de sainte Thérèse d'Avila

tirées de son autobiographie

Dessins et adaptation d'**Edie Fake**

SAINTE THÉRÈSE D'AVILA EST SANS DOUTE LA PLUS connue des religieuses mystiques de l'Église catholique. Son autobiographie (*La Vie de sainte Thérèse d'Avila*) et *Le Château intérieur* sont des classiques intemporels de la littérature spirituelle. Ils contiennent tous les deux de nombreux récits de ses visions mystiques et de ses expériences transcendantes. (Elle est considérée comme une référence littéraire en Espagne.) La vision la plus célèbre de sainte Thérèse – celle d'un ange lui perçant le cœur avec une lance brûlante pour la projeter dans les transports de l'amour divin – est représentée par l'une des plus grandes sculptures du monde, *L'Extase de sainte Thérèse*, du Bernin. Thérèse s'investit également dans le monde terrestre, puisqu'elle réforma activement l'ordre du Carmel au XVIe siècle : elle fonda en effet plus d'une douzaine de couvents prônant la simplicité, la pauvreté et la prière, ce qui lui valut le courroux de l'Inquisition. Le pape finit par demander que l'on cesse de persécuter Thérèse, mais nombre de ses camarades ne furent pas aussi chanceuses.

J'étais ravi qu'Edie Fake choisisse d'illustrer les visions de sainte Thérèse, car son travail extrêmement stylisé semble déjà représenter des visions mystiques. La conjugaison de cette technique aux expériences décrites de façon frappante par sainte Thérèse ne pouvait être plus opportune.

JE VIS
UNE COLOMBE
AU DESSUS DE MA TÊTE,
PEU SEMBLABLE À CELLES QUE
L'ON VOIT D'ORDINAIRE, SON PLUMAGE
ÉTAIT DIFFÉRENT. SES AILES ÉTAIENT
NACRÉES ET BRILLAIENT VIVEMENT.

A MON ENTRÉE DANS L'ÉGLISE, JE FUS SAISIE D'UN RAVISSEMENT ET JE VIS LES CIEUX S'OUVRIR, ET PAS SEULEMENT UNE PORTE, COMME J'AVAIS ENTRAPERÇU AUPARAVANT. J'ADMIRAI LE TRÔNE AU DESSUS DUQUEL EN TRÔNAIT UN AUTRE, OÙ, BIEN QUE JE NE LE VIS PAS, SE TENAIT, J'EN ÉTAIS INEXPLICABLEMENT CERTAINE, NOTRE SEIGNEUR DIEU LUI-MÊME.

LE TRÔNE M'APPARUT, SOUTENU PAR QUELQUES ANIMAUX MAIS COMMENT ÉTAIT-IL DISPOSÉ, AINSI QUE CELUI QUI Y SIÉGEAIT, JE NE LE VOYAIS POINT. CONTRAIREMENT À LA MULTITUDE D'ANGES MAJESTUEUX AUTOUR DE LUI, DIFFÉRENTS DES UNS DES AUTRES DANS TOUTE LEUR GLOIRE MAIS, SEMBLE-T-IL, TOUS VÊTUS DE FLAMMES.

UN ANGE S'EST ALORS
APPROCHÉ DE MOI, À MA GAUCHE.
IL AVAIT FORME HUMAINE ET N'ÉTAIT
POINT GRAND MAIS DE PETITE STATURE.
IL ÉTAIT SURTOUT MAGNIFIQUE. SON
VISAGE BRÛLAIT COMME S'IL ÉTAIT L'UN
DES ANGES LES PLUS ÉLEVÉS, CEUX QUI
PARAISSAIENT N'ÊTRE FAITS QUE DE FEU.

JE VIS QU'IL TENAIT DANS SA MAIN UNE LONGUE LANCE DORÉE, ET SA POINTE ME PARUT ENFLAMMÉE. IL SE RAPPROCHA ET, AVEC ME TRAVERSA LE CŒUR ET ME PERÇA LES ENTRAILLES ; LORSQU'IL LA RETIRA, JE SENTIS QU'IL ME LES ARRACHAIT POUR NE LAISSER EN MON SEIN QUE LE FEU DE L'AMOUR GRANDIOSE DE DIEU. LA DOULEUR FUT SI GRANDE QUE J'EN GÉMIS MAIS LE RAVISSEMENT DE CETTE SOUFFRANCE LA SURPASSAIT. TANT ET SI BIEN QUE JE NE VOULAIS PAS QU'ELLE ME QUITTE.

MON ÂME SE RAPPELA ALORS À MOI ET ME PARUT AUSSI CLAIRE QU'UN MIROIR, DE TOUS CÔTÉS, EN HAUT, EN BAS, DEVANT ET DERRIÈRE ; ET EN SON CENTRE, JE VIS LE CHRIST, NOTRE SEIGNEUR.
IL ME SEMBLAIT LE VOIR DISTINCTEMENT DANS CHAQUE PARTIE DE MON ÂME, « COMME DANS UN MIROIR ». UN MIROIR, DANS LE MÊME TEMPS, ENTIÈREMENT SCULPTÉ.
JE NE PEUX L'EXPLIQUER.

NOUS DIRONS DONC QUE LE VISAGE DE DIEU EST LE PLUS SCINTILLANT DES DIAMANTS, PLUS GRAND QUE LE MONDE ENTIER. OU UN MIROIR DANS LEQUEL JE PEUX CONTEMPLER MON ÂME, D'UNE FAÇON SI ÉLEVÉE QU'IL M'EST IMPOSSIBLE DE LE DÉCRIRE.
ET QUE TOUTES NOS ACTIONS SONT VUES DANS LE PRISME DE CE DIAMANT, CONÇU EN DE TELLES DIMENSIONS QU'IL ENGLOBE ABSOLUMENT TOUT, PUISQUE RIEN N'EXISTE AU-DELÀ DE LUI.

« Amour du roi David et de la belle Bethsabée »

George Peele

Dessins et adaptation de **Dave Morice**

BIEN QUE POPULAIRE À SON ÉPOQUE, C'EST-À-DIRE pendant la seconde moitié du XVIe siècle, le dramaturge et poète anglais George Peele est quasiment tombé dans l'oubli aujourd'hui. Le premier vers de son poème – « Soleil brûlant, flamme légère » – est à la fois charmant et menaçant. David, comme vous vous le rappelez, aperçut la belle Bethsabée en train de prendre son bain dehors ; il fit alors en sorte que son mari meure au cours d'une bataille afin de pouvoir épouser la nouvelle veuve, qui était déjà enceinte de lui. Au risque de simplifier ce court poème étonnamment complexe, ajoutons que dans la première partie, la belle Bethsabée demande à sa servante de la protéger du soleil brûlant, lui suggérant de se placer devant elle afin que son ombre « l'ensevelisse ».

Le récit prend un tour noir et prémonitoire au vers six, lorsque Bethsabée se compare au soleil en ce sens qu'elle est enflammée (de désir) et percera les yeux de quiconque essaierait de l'espionner, ce qui entraînerait (et ce sera le cas) le deuil.

Dave Morice est un pionnier de l'adaptation plastique de poèmes. De 1979 à 1982, il autopublia le fanzine *Poetry Comics* où il nous livre son regard sur Shakespeare, Keats, Blake, Dickinson, Plath, Ginsberg et des douzaines d'autres. Ce travail déboucha sur trois anthologies, et un recueil éponyme publié par Simon & Schuster. Sa version op art (art optique) plastiquement saisissante de l'« Amour du roi David et de la belle Bethsabée » nous brûle presque les yeux, et met en évidence la puissante énergie – irradiant à la fois du soleil et de Bethsabée – que contient le poème.

ARDENT SOLEIL, FEU LÉGER, VIENS À MOI DOUCEUR DU VENT.
PAR GEORGE PEELE
UNE OPTIBD
ARDENT SOLEIL, FEU LÉGER
OMBRE NOIRE, MERCI À TOI, DE PROTÉGER MES CHEVEUX BLANCS

LUMIÈRE, SOLEIL, FEU ET BRÛLURE,
QUE CET AIR FRAIS M'APAISE
OMBRE NOIRE, TOI, SI PURE, QUE M'ENVELOPPER TE PLAISE

OMBRE, MA DOUCE AMIE,
EMPÊCHE-MOI DE BRÛLER
PROTÈGE-MOI, OMBRE CHÉRIE, QUE LA DOULEUR NE ME FASSE PLEURER

NE LAISSE PAS SE CONSUMER LE DÉSIR, POUR LE FEU DE MA BEAUTÉ
QU'IL NE PERCE PAS L'ŒIL DU PLAISIR
QUI AURAIT LE TORT DE S'Y POSER.

La Pérégrination vers l'Ouest

Wu Cheng'en

Dessins et adaptation de **Conor Hughes**

DE NOMBREUX CONTES POPULAIRES ET ÉCRITS de la Chine ancienne sont dus à Xuan Zang, prêtre bouddhiste du VIIe siècle. Peu satisfait de la qualité des textes bouddhistes existants dans son pays, il se rendit en Inde, déterminé à en rapporter des textes religieux authentiques. Il traversa le désert de Gobi et une chaîne de montagnes gelées, rencontra des bandits et des sentinelles hostiles, mais il parvint au bout de son voyage et en revint dix-sept ans plus tard, avec plus de 600 textes.

À la fin du XVIe siècle, l'auteur et poète de la Renaissance Wu Cheng'en écrivit sa version de ce récit, *La Pérégrination vers l'Ouest*, qui allait devenir l'un des quatre grands romans classiques de la Chine (parmi ceux-ci, on trouve *Au bord de l'eau*, également adapté dans ce volume). Si l'essentiel du roman est un récit fantastique de la quête de Xuan Zang, largement romancé et regorgeant de démons, les treize premiers chapitres se concentrent sur les quatre personnages qui deviendront ses disciples et ses compagnons de voyage. Dans les sept premiers chapitres, un singe occupe la place principale. Grâce à ses études bouddhistes, il acquiert des pouvoirs extraordinaires. C'est principalement le récit du singe qui nourrit l'adaptation de Conor Hughes. Ce dernier, graphiste pour les Nations unies, a attiré mon attention par son adaptation de *Hearts and Hands*, d'O. Henry. Nous avons discuté de diverses œuvres classiques orientales, et il a finalement choisi l'histoire du héros le plus populaire et le plus aimé de *La Pérégrination vers l'Ouest* (de fait, on parle souvent de cette œuvre comme du Roi des singes, Xuan Zang étant relégué à l'arrière-plan).

SOURCES

Cheng'en, Wu, *Journey to the West* (Volume 1), Beijing, Foreign Languages Press, 1993. Journey to the West (site Web) : www.vbtutor.net/xiyouji/journeytothewest.htm

La pérégrination vers l'ouest
"L'éveil du singe"
D'après le classique de la littérature chinoise écrit par Wu Cheng'En
Adaptation de Conor Hugues
Maître, celui-ci désire suivre votre enseignement. Il a demandé à vous voir en personne.
J'aimerais connaître, voyageur, ton nom et le pays d'où tu viens avant de t'admettre dans mon temple.
Ô maître, je viens de la Grotte du Rideau d'Eau, au mont des fleurs et des fruits.
Dans le pays d'Ao-lai.

Ses premiers mots ne sont que mensonges ! Deux continents séparent le pays d'Ao-Lai d'ici.
Un voyageur qui a l'odeur et l'apparence d'un singe ne peut avoir fait un tel voyage.
Et il n'a même pas la décence de dire son nom !
Votre humble disciple ne dit que la vérité. Je n'ai ni prénom ni nom car je suis né de la pierre.
Je suis venu étudier l'immortalité.
Et il raconta son long périple.
Il avait traversé de nombreux pays...
... Et échappé à la mort maintes fois durant dix ans, avant d'arriver.
Très impressionné, le maître décida de lui donner un nom.
Tu t'appelleras désormais Sun Wukong. Un singe conscient de la vacuité.
Oh oui ! Un nom qui te sied bien.
Ainsi, Sun Wukong s'installa au monastère. Il étudia la calligraphie, discuta de la doctrine, brûla de l'encens et s'occupa du jardin.
Hé hé

Un jour, le maître fit subtilement comprendre à Wukong qu'il devait le retrouver cette nuit-là à trois heures.
Le maître lui enseigna alors les secrets de l'immortalité.
Il le mit aussi en garde contre les épreuves qu'il devrait surmonter tous les cinq cents ans.
La première viendra de l'éclair, puis du feu et, finalement, un vent furieux viendra prendre ce qui lui revient !
Si les cieux sont contre moi, comment pourrais-je jamais triompher ?
ULP !
Tu dois être versé dans diverses disciplines. Dis-moi, apprendras-tu les Trente-Six méthodes du Ciel ou les Soixante-Douze de la Terre ?
72 est plus important que 36, n'est-ce pas ? J'apprendrai donc les 72 !
Sun Wukong passa donc les 18 années suivantes à apprendre les 72 techniques terrestres de la transformation.
Pouf !
Ainsi qu'à sauter par-dessus les nuages.
Wukong apprenait vite. Il lui suffisait d'observer quelque chose une seule fois pour en comprendre tous les aspects. Il finit par frimer devant les autres étudiants.
Pouf !
YAÏYA
WHOO !
HOU-LA !
HATCHA-HATCHA
Hé, beauté !

Mais...
Wukong, viens !
Oh oh ! Courez !
Je vais devoir te demander de partir. Je n'ai plus rien à t'enseigner.
Pouf !
Mais maître, je vous dois tant pour toutes ces années de tutelle.
Non, je préférerais que tu ne me récompenses pas.
De plus, tu ne dois jamais faire état du fait que j'ai été ton maître.
Cela vous ferait-il honte, maître ?
...
Ainsi, le cœur lourd, Wukong s'en alla.
Cependant, il avait hâte de retourner auprès de ses enfants et ses petits-enfants qu'il n'avait pas vus depuis tant d'années.
J'y suis presque, plus que 2 heures !
J'étais un vieillard lorsque je suis parti et je reviens un jeune homme !
Mais il n'eut pas droit à l'accueil qu'il espérait. Quelque chose n'allait pas...
Hé ho !

LES ENFANTS ! JE SUIS RENTRÉ !
Ils émergèrent de leurs maisons avec prudence. Ce n'est qu'après s'être approchés qu'ils reconnurent leur roi.
Père, tu reviens aussi nonchalant que tu es parti ! Mais ces 28 années ont été dures, pour nous.
Kùnhuò-umò, un démon ravageur, vole nos récoltes et enlève nos petits.
Ces enfants l'ont vu et ont maintenant peur des étrangers.
Où est-il ?
Il chevauche les nuages.
Nous ne savons pas d'où il vient. Voilà pourquoi nous ne nous sommes pas montrés quand tu as crié.
Je vois. Amusez-vous en ville, ce soir. Je vais m'occuper de lui.
Ah ! Voilà !
PHWeeeeeee
Je suis Sun Wukong, roi de la Grotte du Rideau d'Eau et du mont des fleurs et des fruits !
Allez avertir Kùnhuò-umò !
C'est qui, lui ?
Un peu de thé, d'abord ?
Mais Wukong insista.

Peu après...
Le roi de la Grotte du Rideau d'Eau ? Jamais entendu parler.
Stupide démon !
Pas besoin d'avoir de grands yeux, si tu ne me vois pas, ni de grosses narines, si tu ne me sens pas !
Petit ! Tu es encore en âge de boire du lait et tu n'as même pas d'arme. Tu es fou de venir ainsi me défier !
Si j'utilise ma lance, les autres démons se moqueront de moi. Battons-nous à mains nues !
Bien dit ! Au moins, tu n'es pas un trouillard ! **Prends ça !**
Oumf !
Aïe !
Grr..

Je vais me servir de ma lance, finalement !
Hé !
Sun Wukong arracha l'un de ses poils et...
TRANSFORMATION !
Pouf !

AAAAH!
ULP!
Après qu'il eut vaincu le démon, Wukong rentra chez lui avec ses enfants et ses petits-enfants.
Ils organisèrent un festin pour célébrer son retour.
Nous devons aussi célébrer notre nouveau nom de famille !
Quel est le nouveau nom de notre roi ?
Je me prénomme Wukong.
Notre nom de famille est Sun !
CH 2011

La Reine des fées

Edmund Spenser

ADAPTATION DE **Michael Stanyer**

DESSINS D'**Eric Johnson**

QUE DIRE DU PLUS LONG POÈME ÉCRIT EN LANGUE anglaise ? Pour commencer, qu'il représente en réalité la moitié de ce qu'il devait faire, Spenser étant mort avant d'avoir écrit les livres 7 à 12. Avec les six premiers, publiés dans les années 1590, il a créé une épopée arthurienne complexe, une fantaisie féerique et une allégorie chrétienne (plus spécifiquement protestante). Dans chaque livre, on trouve un chevalier différent, envoyé en mission par la Reine des fées, les six chevaliers personnifiant des vertus chrétiennes : la sainteté, la pondération, la chasteté, l'amitié, la justice et la courtoisie. Il est intéressant de signaler que le chevalier du livre 3 est une femme, Britomart, et c'est ce livre-là qui a été adapté pour *Le Canon graphique* : il nous fait assister à la création de la fausse Florimell.
Le dessinateur et l'auteur déclarent :

> Notre projet, *The Counterfet* (et non *The Counterfeit* – la contrefaçon –, selon l'orthographe de Spenser), suit la création et la destruction d'un personnage mineur, la fausse Florimell. Dans l'œuvre originale de Spenser, Florimell est la plus belle des femmes du pays des fées, et la fausse Florimell est sa jumelle diabolique. Créée à partir de neige et de cire par une sorcière à l'esprit tordu, et animée par une fourberie empruntée au diable, elle est censée remplacer la vraie Florimell aux yeux du fils de la reine qui se moque de tout. Mais la fausse Florimell est enlevée par un chevalier prédateur et se perd dans le monde.
> Elle perturbe l'ordre au pays des fées en utilisant sa beauté et la promiscuité de ces temps pour monter les nobles chevaliers les uns contre les autres.
> La fausse Florimell est, nous l'avons dit, un personnage mineur de *La Reine des fées*, mais elle est intéressante parce qu'elle fait parfois preuve de caractère. Bien qu'elle soit un être fait de neige, de cire et d'autres éléments inanimés, et qu'elle soit dirigée par un esprit mâle qui vient des enfers, il lui arrive parfois de penser qu'« elle » est la vraie Florimell. En concentrant notre projet autour de la fausse Florimell, nous pouvons présenter le royaume des fées et de nombreux personnages de l'œuvre originale sans avoir à traiter son aspect inachevé et tentaculaire.

Les pages présentées dans cet ouvrage ont été sélectionnées au début de l'histoire. Elles décrivent le diable inspectant la fausse Florimell en cours de création dans l'atelier de la sorcière. L'atelier constitue le cadre du récit : tout ce qui se passe avant le réveil de la fausse Florimell est raconté dans la série de vignettes où la sorcière marchande l'âme de sa nouvelle création avec le diable. Ainsi, dans l'extrait publié ici, on trouve la phrase suivante prononcée par la sorcière dans la dernière vignette : « Sur le bord de l'océan, un jeune homme amasse un trésor qui provient de la mer. » Cela sert de transition pour l'histoire du chevalier Marinell. Vous trouverez plus d'informations sur le *Counterfet* sur le site www.counterfet.com.

"Elle y conçut une véritable merveille, qui sur terre, était sans pareille.
Dame Nature envia tant la chose, qu'elle en voulut à **la contrefaçon.**
De ses mains, elle se mit en tête d'en fabriquer une comme l'ancienne Dame,
Une autre Florimell si semblable en forme et en vie qu'elle en trompa un grand nombre."
- Edmund Spenser, La reine des fées (III. viii. 5)

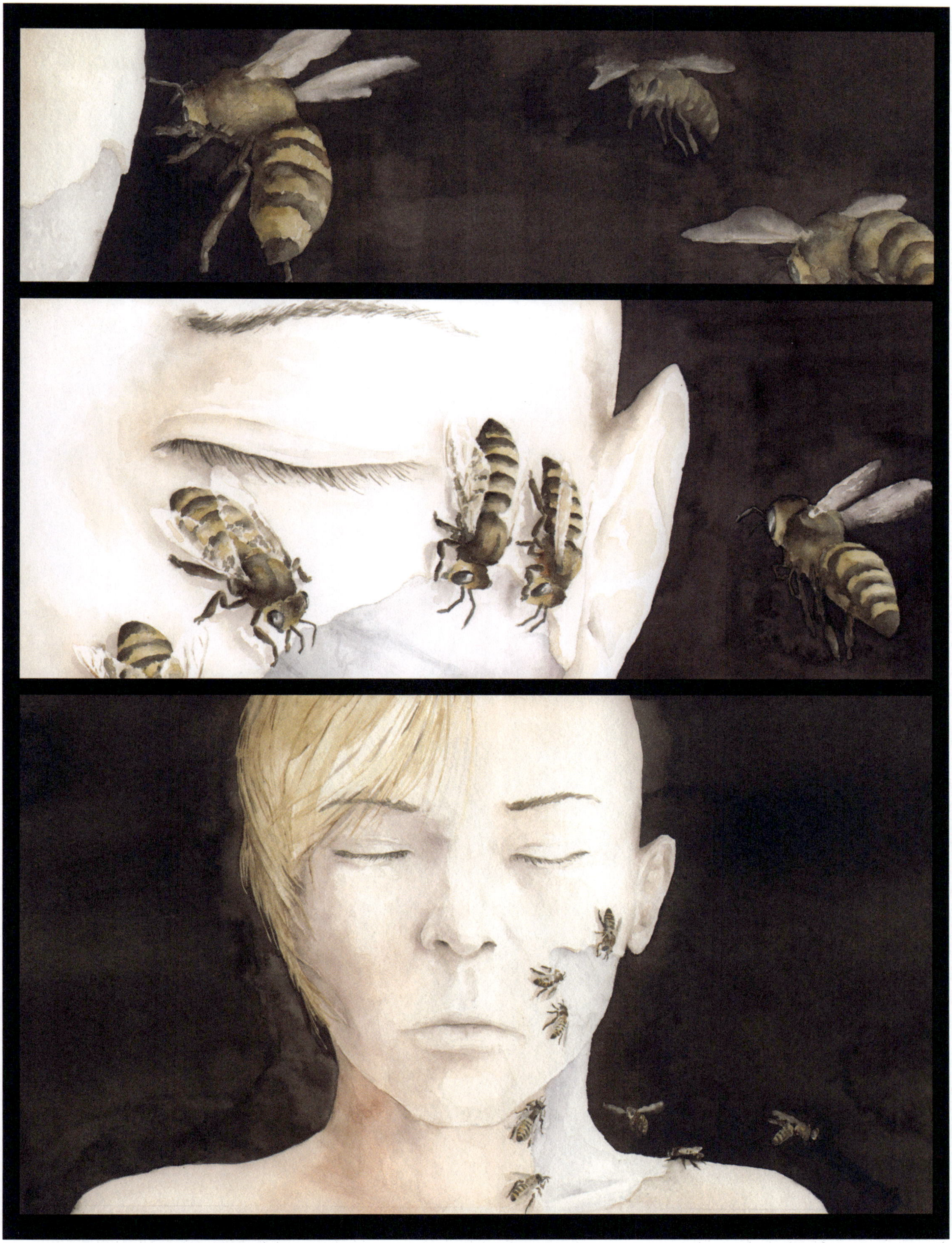

Tu t'y prends mal.

Ces vers ne t'octroieront aucun vœu.
Là, ils ont ton attention.
J'ai un nouveau projet.
J'avais deviné.
Tu appelles uniquement lorsque tu as besoin de moi.
Tu négliges ton apparence, ma vieille amie.
En quoi cela te concerne ?
Respect et étiquette. Sois polie et couvre ce visage.

L'or provenant des tombes des rois. Comme il capture le cœur des mortels.
Petits elfes, comme des lampes. D'une conception magistrale.
Si fluide, si élégant.
Le mercure sous sa peau lui donne un semblant de vie.
Pas de perles pour les dents mais de l'ivoire interdite.
D'anciennes créatures détruites pour de petits détails.

Parfait.
Meurtre, vol, sorcellerie et alchimie…
… sont les ingrédients de cette monstruosité…
… qui dépasse la somme de ses parties.
Ce n'est pas monstrueux, mais élégant. Et la peau ?
De la cire qui n'a jamais servi.

Pour quelle occasion ?
Tu es sûrement au courant.
En effet, mais tu le racontes si bien.
Au bord de l'océan, un jeune homme amasse les trésors de la mer…

Le Songe d'une nuit d'été

William Shakespeare

Dessins et adaptation de **Maxx Kelly**, en collaboration avec **Huxley King**

SHAKESPEARE VIVAIT DANS UNE PETITE VILLE anglaise et avait beaucoup de mal à gagner sa vie. Aussi quitta-t-il sa famille pour s'installer à Londres. Nous ignorons ce que le plus grand poète de tous les temps fit pendant les sept années qui suivirent (tout comme nous savons très peu de choses sur lui, ne serait-ce que le jour de sa naissance ou de sa mort), mais à un moment donné, il attrapa le virus du théâtre. Alors il écrivit *Hamlet*, *Le Roi Lear*, *Macbeth*, *Othello*, *Roméo et Juliette*, *Le Songe d'une nuit d'été* et *Jules César.* En tout, trente-huit des plus grandes pièces – que dis-je, des plus grandes œuvres littéraires – jamais écrites, en l'espace de vingt-trois ans, la plupart ayant été conçues sur une période de dix ans. Dans la foulée, il créa aussi les plus beaux sonnets de la langue anglaise, et peut-être de toutes les langues. Pendant son temps libre, il fonda et géra le plus grand théâtre d'Angleterre, le Globe, ainsi qu'une troupe largement acclamée, les Lord Chamberlain's men. Sans oublier que comme il était membre de la troupe, il jouait aussi dans nombre de ses productions. C'était un as, ce Shakespeare !

Le Songe d'une nuit d'été, incontestablement sa comédie la plus appréciée (personne ne peut résister à la magie de l'amour et aux fées), fut monté pour la première fois aux environs de 1595-1596. Trois intrigues secondaires étroitement liées se tissent autour des futures noces de Thésée, le duc d'Athènes, et de la reine des Amazones, Hippolyte : les mésaventures de quatre amoureux, les tentatives d'une troupe d'artistes pour répéter et monter une pièce au mariage royal ainsi que la querelle entre le roi et la reine des fées, Obéron et Titania.

L'extrait adapté dans cet ouvrage – tiré de la première scène de l'acte II – illustre cette dernière intrigue. L'une des suivantes de Titania meurt en donnant naissance au fils d'un souverain indien, et cette dernière emporte alors l'enfant (les fées sont en effet connues pour enlever les nouveau-nés). Obéron veut que le prince fasse partie de son escorte, mais Titania refuse fermement de le lui donner. (Cela tient peut-être au fait que la future mariée était une ancienne conquête d'Obéron).

Maxx Kelly, une artiste de Nashville que je connais bien, nous livre un riche aperçu du monde des fées, avec des géants, des hippocampes tirant le chariot de Titania et l'inattendu enfant-dieu hindou, doré et androgyne, au cœur de la dispute du couple.

FIÈRE TITANIA, ON SE RENCONTRE AU CLAIR DE LUNE.
LE JALOUX OBÉRON ! MES FÉES, ALLONS-NOUS EN, J'AI RENONCÉ À SA COUCHE ET À SA COMPAGNIE.
HALTE LÀ, PERFIDE IMPUDENTE ! NE SUIS-JE POINT TON SEIGNEUR ?
ALORS JE DOIS ÊTRE TON ÉPOUSE. MAIS CROIS-TU QU'ON NE SACHE COMMENT TU T'ENFUIS DU ROYAUME DES FÉES POUR ALLER, SOUS LES TRAITS DE CORIN, DOUX BERGER, POUSSANT D'AMPLES SOUPIRS SUR DES FLÛTES DE PAILLE, PARLANT EN VERS DE TON AMOUR À LA TENDRE PHILLIDA ? POURQUOI ES-TU REVENU DES CONFINS DE L'INDE ? ÇA NE PEUT ÊTRE QUE PARCE QUE LA ROBUSTE AMAZONE, TON AMANTE GUERRIÈRE, DOIT ÊTRE MARIÉE À THÉSÉE ; VIENS-TU BÉNIR LEUR COUCHE NUPTIALE ?

TU N'AS DONC POINT DE VERGOGNE, TITANIA, DE ME BLÂMER DE L'AMITIÉ QUE J'EUS POUR HYPPOLITE, QUAND TU N'IGNORES PAS QUE JE SAIS QUEL AMOUR T'ÉCHAUFFE POUR THÉSÉE ? OSERAIS- TU NIER L'AVOIR CONDUIT, À LA FAVEUR D'UNE NUIT SOMBRE, LOIN DE PÉRIGÉNIE QU'IL AVAIT ENLEVÉE ? N'EST- CE PAS TOI QUI LUI FIS ROMPRE LES SERMENTS QUI L'ATTACHAIENT À LA BELLE ÉGLÉ, À ARIANE, À ANTIOPE ?

CE SONT LÀ DES INVENTIONS DE TA JALOUSIE :
JAMAIS, DEPUIS LA MI- ÉTÉ,
NOUS N'AVONS PU NOUS RÉUNIR EN PAIX SUR
LES COLLINES, DANS LES VALLÉES, DANS LES PRAIRIES,
DANS LES FORÊTS,
AUPRÈS DES CLAIRES FONTAINES, OU DES RUISSEAUX
BORDÉS DE JONCS, OU SUR LES PLAGES DE LA MER, POUR
DANSER NOS RONDES AU SIFFLEMENT DES VENTS, QUE TU
N'AIES TROUBLÉ NOS JEUX DE TES CLAMEURS.
AUSSI LES VENTS, QUI NOUS FAISAIENT ENTENDRE EN VAIN
LEUR MURMURE,
COMME POUR SE VENGER, ONT POMPÉ DE LA MER
DES VAPEURS CONTAGIEUSES, QUI, VENANT À TOMBER SUR
LES CAMPAGNES,
ONT TELLEMENT ENFLÉ D'ORGUEIL DE MISÉRABLES
RIVIÈRES
QU'ELLES ONT SURMONTÉ LEURS BORDS.
LE BŒUF A DONC PORTÉ LE JOUG EN VAIN,
LE LABOUREUR A PERDU SES SUEURS, ET LE BLÉ VERT
S'EST GÂTÉ AVANT QUE LE DUVET EÛT REVÊTU
LE JEUNE ÉPI.
LES PARCS SONT RESTÉS VIDES AU MILIEU DE LA PLAINE
SUBMERGÉE,
ET LES CORBEAUX S'ENGRAISSENT DE LA MORTALITÉ DES
TROUPEAUX ;
LES JEUX DE MARELLES SONT COMBLÉS DE FANGE,
ET LES JOLIS CHEMINS SERPENTANT SUR
LA FOLÂTRE VERDURE
NE PEUVENT PLUS SE DISTINGUER PARCE QU'ON NE LES
FRÉQUENTE PLUS.
LES MORTELS DE L'ESPÈCE HUMAINE SONT SEVRÉS DE
LEURS FÊTES D'HIVER ;
IL N'Y A PLUS DE CHANTS, PLUS D'HYMNES, PLUS DE NOËLS
QUI ÉGAYENT LES LONGUES NUITS.
AUSSI LA LUNE, CETTE SOUVERAINE DES FLOTS,
PÂLE DE COURROUX, INONDE L'AIR
D'HUMIDES VAPEURS, QUI FONT PLEUVOIR LES MALADIES
CATARRHALES :
ET, AU MILIEU DE CE TROUBLE DES ÉLÉMENTS,
NOUS VOYONS LES SAISONS CHANGER ;
LES FRIMAS, À LA BLANCHE CHEVELURE, TOMBER SUR
LE TENDRE SEIN DE LA ROSE VERMEILLE ;
LE VIEIL HIVER ÉTALE, COMME PAR DÉRISION, AUTOUR DE
SON MENTON ET DE SA TÊTE GLACÉE,
UNE GUIRLANDE DE TENDRES BOUTONS DE FLEURS.
LE PRINTEMPS, L'ÉTÉ,
LE FERTILE AUTOMNE, L'HIVER CHAGRIN, ÉCHANGENT
LEUR LIVRÉE ORDINAIRE ; ET LE MONDE ÉTONNÉ
NE PEUT PLUS LES DISTINGUER PAR
LEURS PRODUCTIONS.
TOUTE CETTE SÉRIE DE MAUX PROVIENT
DE NOS DÉBATS ET DE NOS DISSENSIONS ;
C'EST NOUS QUI EN SOMMES LES AUTEURS
ET LA SOURCE.

PORTEZ-Y REMÈDE, IL NE TIENT QU'À VOUS ! POURQUOI TITANIA VEUT- ELLE CONTRARIER SON OBÉRON ? QUI NE DEMANDE QU'UN PETIT BOUT D'ENFANT VOLÉ, POUR EN FAIRE SON PAGE.
PAIX, JE VOUS PRIE ! POUR TOUT LE ROYAUME DES FÉES JE NE DONNERAIS PAS MON BEL ENFANT CHÉRI. SA MÈRE ÉTAIT INITIÉE À MES MYSTÈRES ; ET MAINTES FOIS LA NUIT, DANS L'AIR PARFUMÉ DE L'INDE, NOUS AVONS BAVARDÉ ; MAINTES FOIS, ASSISE À MES CÔTÉS SUR LES SABLES DORÉS DE NEPTUNE, ELLE OBSERVAIT LES MARCHANDS EMBARQUÉS SUR LES FLOTS. APRÈS QUE NOUS AVIONS RI DE VOIR LES VOILES S'ENFLER, ET S'ARRONDIR SOUS LES CARESSES DU VENT, ELLE SE METTAIT À VOULOIR LES IMITER, ET D'UNE NAGE GRACIEUSE, POUSSANT EN AVANT SON VENTRE, RICHE ALORS DE MON JEUNE PAGE, COMME UN VAISSEAU VOGUANT SUR LA PLAINE, ELLE M'ALLAIT CHERCHER DES BAGATELLES, POUR REVENIR ENSUITE À MOI, COMME D'UN LONG VOYAGE, CHARGÉE D'UNE PRÉCIEUSE CARGAISON. MAIS L'INFORTUNÉE ÉTANT MORTELLE, EST MORTE EN DONNANT LA VIE À CE JEUNE ENFANT, QUE J'ÉLÈVE POUR L'AMOUR D'ELLE ; C'EST POUR L'AMOUR DE SA MÈRE QUE JE NE VEUX PAS ME SÉPARER DE LUI.
RESTEREZ-VOUS LONGTEMPS ENCORE DANS CE BOIS ?
PEUT- ÊTRE JUSQU'APRÈS LES NOCES DE THÉSÉE. SI VOUS VOULEZ VOUS MÊLER PAISIBLEMENT À NOS RONDES, ET ASSISTER À NOS ÉBATS AU CLAIR DE LA LUNE, VENEZ AVEC NOUS ; SINON, ÉVITEZ- MOI, ET JE NE TROUBLERAI PAS VOS RETRAITES.
DONNEZ-MOI CET ENFANT, ET JE VOUS ACCOMPAGNERAI.
PAS POUR VOTRE ROYAUME ! PARTONS, MES FÉES ! SI JE DEMEURE ICI, NOUS ALLONS NOUS FÂCHER.
MAXX '10

Le Roi Lear

William Shakespeare

Dessins et adaptation d'**Ian Pollock**

SOUVENT CITÉE AVEC *HAMLET* COMME L'UNE DES plus grandes pièces de Shakespeare, l'implacable tragédie du *Roi Lear* fut sans doute écrite en 1605-1606. Elle s'ouvre sur le roi vieillissant de Grande-Bretagne, s'apprêtant à commettre ce que l'on peut appeler, si l'on est charitable, une manœuvre stupide : il divisera en effet son royaume en trois pour ses filles, chaque part dépendant de la force de l'amour qu'elles lui manifesteront. Goneril et Régane se plient aux exigences du vieil homme, mais Cordélia refuse de prendre part à cette offensive égocentrique. Furieux, Lear la déshérite. Mais une fois qu'il a donné son royaume aux deux autres, celles-ci le traitent avec cruauté, de sorte qu'il en perd la tête.

Dans l'intrigue secondaire parallèle, le duc de Gloucester a deux fils – un loyal et un traître – et lui aussi accorde sa confiance au mauvais enfant. Les choses se terminent dans un bain de sang. Durant tout ce temps, le bouffon de Lear, le fou (l'un des personnages les plus fascinants de Shakespeare) critique et conseille le roi, échappant à ses foudres lorsqu'il lui dit d'affreuses vérités, car il sait les envelopper d'humour.

Ian Pollock – qui compte à son actif la création de quatre timbres-poste anglais – a recouru à l'encre et à l'aquarelle pour réaliser une surprenante adaptation intégrale de cette grande tragédie. Dans l'extrait que nous publions ici, nous voyons ce qui pousse finalement Lear à craquer. Régane et son mari, le duc de Cornouailles, sont déjà arrivés au château de Gloucester et ont mis au pilori Kent, un noble loyal à Lear, pour un délit mineur. Lorsque Lear arrive à son tour, accompagné de son fou et d'un chevalier, Régane le traite avec méchanceté. Puis Goneril surgit elle aussi, et renchérit dans l'irrespect. Lear s'enfuit alors que la tempête monte…

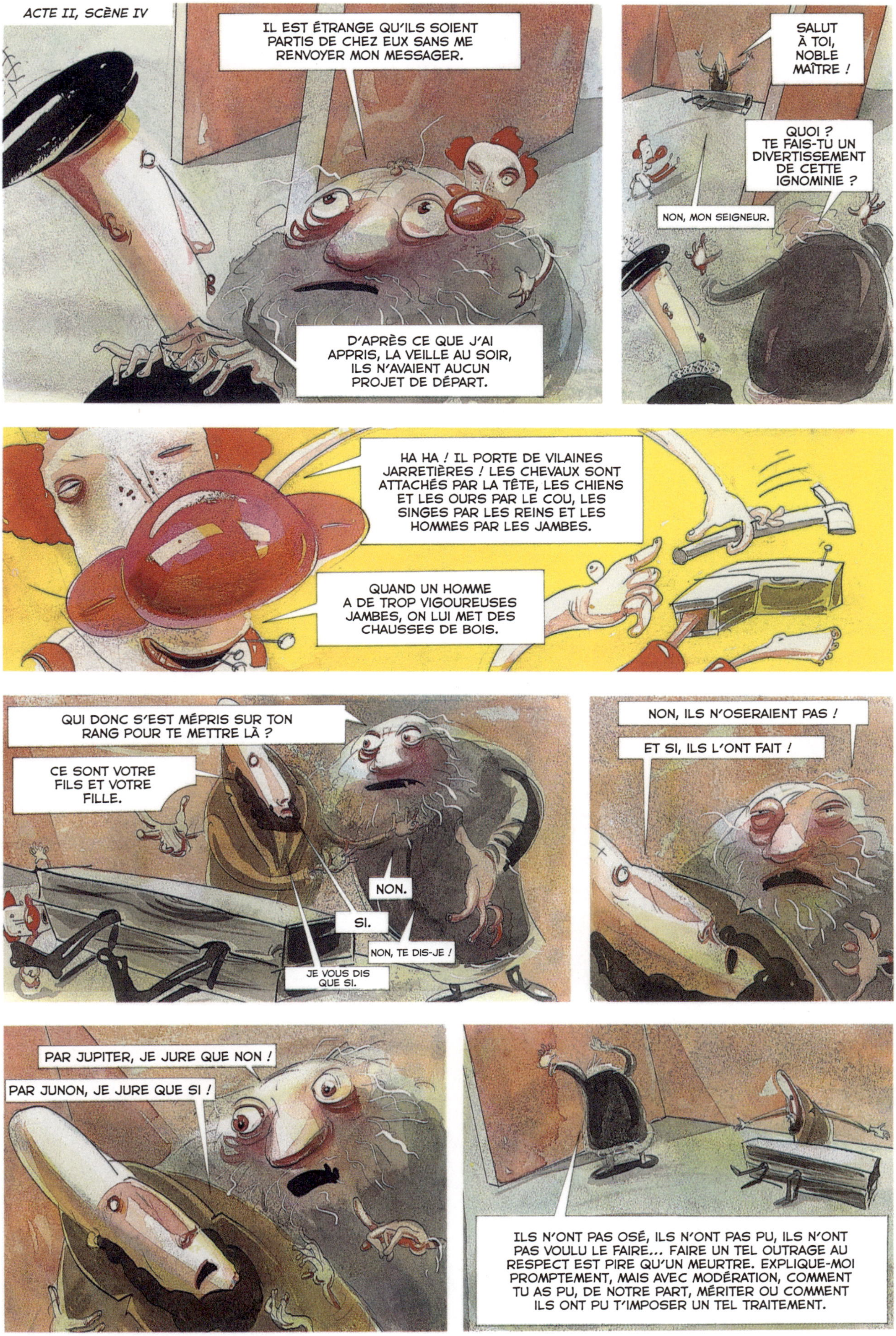
ACTE II, SCÈNE IV
IL EST ÉTRANGE QU'ILS SOIENT PARTIS DE CHEZ EUX SANS ME RENVOYER MON MESSAGER.
D'APRÈS CE QUE J'AI APPRIS, LA VEILLE AU SOIR, ILS N'AVAIENT AUCUN PROJET DE DÉPART.
SALUT À TOI, NOBLE MAÎTRE !
QUOI ? TE FAIS-TU UN DIVERTISSEMENT DE CETTE IGNOMINIE ?
NON, MON SEIGNEUR.
HA HA ! IL PORTE DE VILAINES JARRETIÈRES ! LES CHEVAUX SONT ATTACHÉS PAR LA TÊTE, LES CHIENS ET LES OURS PAR LE COU, LES SINGES PAR LES REINS ET LES HOMMES PAR LES JAMBES.
QUAND UN HOMME A DE TROP VIGOUREUSES JAMBES, ON LUI MET DES CHAUSSES DE BOIS.
QUI DONC S'EST MÉPRIS SUR TON RANG POUR TE METTRE LÀ ?
CE SONT VOTRE FILS ET VOTRE FILLE.
NON.
SI.
NON, TE DIS-JE !
JE VOUS DIS QUE SI.
NON, ILS N'OSERAIENT PAS !
ET SI, ILS L'ONT FAIT !
PAR JUPITER, JE JURE QUE NON !
PAR JUNON, JE JURE QUE SI !
ILS N'ONT PAS OSÉ, ILS N'ONT PAS PU, ILS N'ONT PAS VOULU LE FAIRE... FAIRE UN TEL OUTRAGE AU RESPECT EST PIRE QU'UN MEURTRE. EXPLIQUE-MOI PROMPTEMENT, MAIS AVEC MODÉRATION, COMMENT TU AS PU, DE NOTRE PART, MÉRITER OU COMMENT ILS ONT PU T'IMPOSER UN TEL TRAITEMENT.

SEIGNEUR À PEINE ARRIVÉ CHEZ EUX, JE LEUR AI REMIS LES LETTRES DE VOTRE ALTESSE. JE NE M'ÉTAIS PAS ENCORE RELEVÉ DE MON SALUT...
... QU'EST ARRIVÉ UN MESSAGER TOUT SUANT, PRESQUE HORS D'HALEINE, QUI LEUR A BALBUTIÉ LES SALUTATIONS DE SA MAÎTRESSE GONERILLE.
IL LEUR A REMIS DES LETTRES, SANS SE SOUCIER DE M'INTERROMPRE, QU'ILS ONT LUES SUR-LE-CHAMP. SUR LEUR CONTENU, ILS SONT MONTÉS À CHEVAL ET M'ONT ORDONNÉ, EN ME JETANT DES REGARDS GLACIALS...
... DE LES SUIVRE ET D'ATTENDRE QU'ILS AIENT LE LOISIR DE ME RÉPONDRE.
L'AUTRE ENVOYÉ ÉTAIT LE MÊME DRÔLE QUI S'ÉTAIT MONTRÉ INSOLENT ENVERS VOTRE ALTESSE. AYANT PLUS DE COURAGE QUE DE RAISON, J'AI DÉGAINÉ. CE LÂCHE A ALERTÉ TOUTE LA MAISON PAR SES HAUTS CRIS.
VOTRE FILS ET VOTRE FILLE ONT JUGÉ QU'UNE TELLE FAUTE MÉRITAIT L'OUTRAGE QUE VOUS ME VOYEZ SUBIR.
L'HIVER N'EST PAS ENCORE PASSÉ, SI LES OIES SAUVAGES VOLENT DANS CETTE DIRECTION.
LE PÈRE QUI PORTE DES HAILLONS REND SES ENFANTS AVEUGLES ; MAIS LE PÈRE QUI PORTE LA BOURSE VERRA SES ENFANTS AFFECTIONNÉS. LA FORTUNE, CETTE INSIGNE PROSTITUÉE, JAMAIS N'OUVRE SA PORTE AU PAUVRE.
APRÈS TOUT, TU AURAS DE TES FILLES PLUS DE DOULEURS QUE TU POURRAIS EN COMPTER EN UN AN.

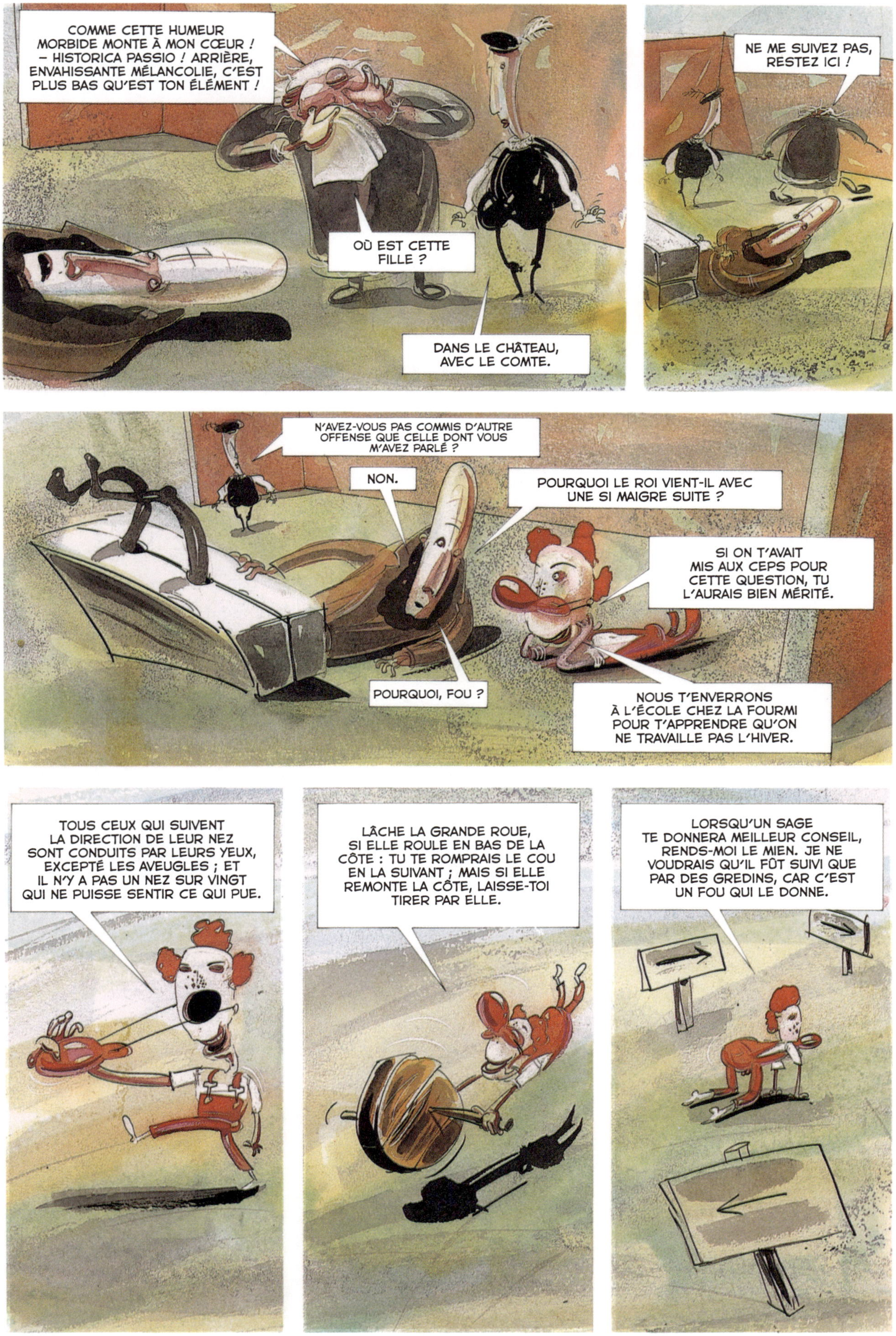
COMME CETTE HUMEUR MORBIDE MONTE À MON CŒUR ! – HISTORICA PASSIO ! ARRIÈRE, ENVAHISSANTE MÉLANCOLIE, C'EST PLUS BAS QU'EST TON ÉLÉMENT !
OÙ EST CETTE FILLE ?
DANS LE CHÂTEAU, AVEC LE COMTE.
NE ME SUIVEZ PAS, RESTEZ ICI !
N'AVEZ-VOUS PAS COMMIS D'AUTRE OFFENSE QUE CELLE DONT VOUS M'AVEZ PARLÉ ?
NON.
POURQUOI LE ROI VIENT-IL AVEC UNE SI MAIGRE SUITE ?
SI ON T'AVAIT MIS AUX CEPS POUR CETTE QUESTION, TU L'AURAIS BIEN MÉRITÉ.
POURQUOI, FOU ?
NOUS T'ENVERRONS À L'ÉCOLE CHEZ LA FOURMI POUR T'APPRENDRE QU'ON NE TRAVAILLE PAS L'HIVER.
TOUS CEUX QUI SUIVENT LA DIRECTION DE LEUR NEZ SONT CONDUITS PAR LEURS YEUX, EXCEPTÉ LES AVEUGLES ; ET IL N'Y A PAS UN NEZ SUR VINGT QUI NE PUISSE SENTIR CE QUI PUE.
LÂCHE LA GRANDE ROUE, SI ELLE ROULE EN BAS DE LA CÔTE : TU TE ROMPRAIS LE COU EN LA SUIVANT ; MAIS SI ELLE REMONTE LA CÔTE, LAISSE-TOI TIRER PAR ELLE.
LORSQU'UN SAGE TE DONNERA MEILLEUR CONSEIL, RENDS-MOI LE MIEN. JE NE VOUDRAIS QU'IL FÛT SUIVI QUE PAR DES GREDINS, CAR C'EST UN FOU QUI LE DONNE.

CELUI, MESSIRE, QUI SERT ET CHERCHE SON INTÉRÊT ET NE SUIT QUE POUR LA FORME, PLIERA BAGAGE DÈS QU'IL COMMENCERA À PLEUVOIR ; ET TE LAISSERA EXPOSÉ À L'ORAGE ; MAIS JE DEMEURERAI : LE FOU RESTERA ET LAISSERA LE SAGE S'ENFUIR, GREDIN DEVIENT LE FOU QUI S'ENFUIT ; ET FOU, PARDIEU, N'EST PAS LE COQUIN !
OÙ AS-TU APPRIS CELA, FOU ?
PAS AUX CEPS, FOU.
ILS REFUSENT DE ME PARLER ? ILS SONT MALADES, FATIGUÉS ET ONT CHEVAUCHÉ TOUTE LA NUIT ? PURS PRÉTEXTES OÙ JE VOIS LA RÉVOLTE !
RAPPORTEZ-MOI UNE MEILLEURE RÉPONSE.
MON CHER SEIGNEUR, VOUS CONNAISSEZ LA NATURE BOUILLANTE DU DUC : IL EST INÉBRANLABLE ET OBSTINÉ.
VENGEANCE, PESTE, MORT, CONFUSION !
"BOUILLANT" ?
LE DUC "BOUILLANT" ?
GLOCESTER, GLOCESTER, JE VOUDRAIS PARLER AU DUC DE CORNOUAILLES ET À SA FEMME.
MON CHER MAÎTRE, JE LES EN AI INFORMÉS.
INFORMÉS ?
ME COMPRENDS-TU, HOMME ?
OUI, MON BON SEIGNEUR.

LE ROI SOUHAITE PARLER À CORNOUAILLES.
LE PÈRE CHÉRI VEUT PARLER À SA FILLE !
IL EXIGE SON OBÉISSANCE !
EN SONT-ILS "INFORMÉS" ?
PAR MON SANG ET MA VIE !
BOUILLANT ? LE DUC, BOUILLANT ?
DIS AU BOUILLONNANT DUC...
MAIS NON, PAS ENCORE...
IL POURRAIT ÊTRE INDISPOSÉ !
LA MALADIE A TOUJOURS NÉGLIGÉ TOUS LES DEVOIRS AUXQUELS EST SOUMISE LA SANTÉ : NOUS NE SOMMES PLUS NOUS-MÊMES QUAND LA NATURE ACCABLÉE FORCE L'ESPRIT À SOUFFRIR AVEC LE CORPS.
JE VEUX ME CALMER, ET J'EN VEUX À MON IMPÉTUOSITÉ, DE PRENDRE LA BOUTADE MORBIDE D'UN MALADE POUR LA DÉCISION D'UNE SAINE VOLONTÉ.
MALÉDICTION SUR MON ÉTAT.
MAIS POURQUOI EST-IL LÀ ?
CET ACTE ME PROUVE QUE LA RÉCLUSION DU DUC ET DE MA FILLE N'EST QU'UN ARTIFICE.
QU'ON ME RENDE MON SERVITEUR !
VA DIRE AU DUC ET À SA FEMME QUE JE VEUX LEUR PARLER !
IMMÉDIATEMENT !
DIS-LEUR DE VENIR OU J'IRAI TAMBOURINER À LEUR PORTE JUSQU'À LES RÉVEILLER !
JE VOUDRAIS TOUT ARRANGER ENTRE VOUS.
Ô LAS, COMME MON CŒUR SE SOULÈVE !
IL FAUT LUI DIRE, TONTON, CE QUE LA MÉNAGÈRE CRIAIT AUX ANGUILLES QU'ELLE METTAIT VIVANTES DANS LA PÂTE ; ELLE LES FRAPPAIT D'UN BÂTON SUR LA TÊTE, EN CRIANT : *"À BAS, POLISSONNES ! À BAS !"* C'ÉTAIT LE FRÈRE DE CELLE-LÀ QUI, PAR GRAND AMOUR POUR SON CHEVAL, LUI METTAIT DU BEURRE DANS SON FOIN.

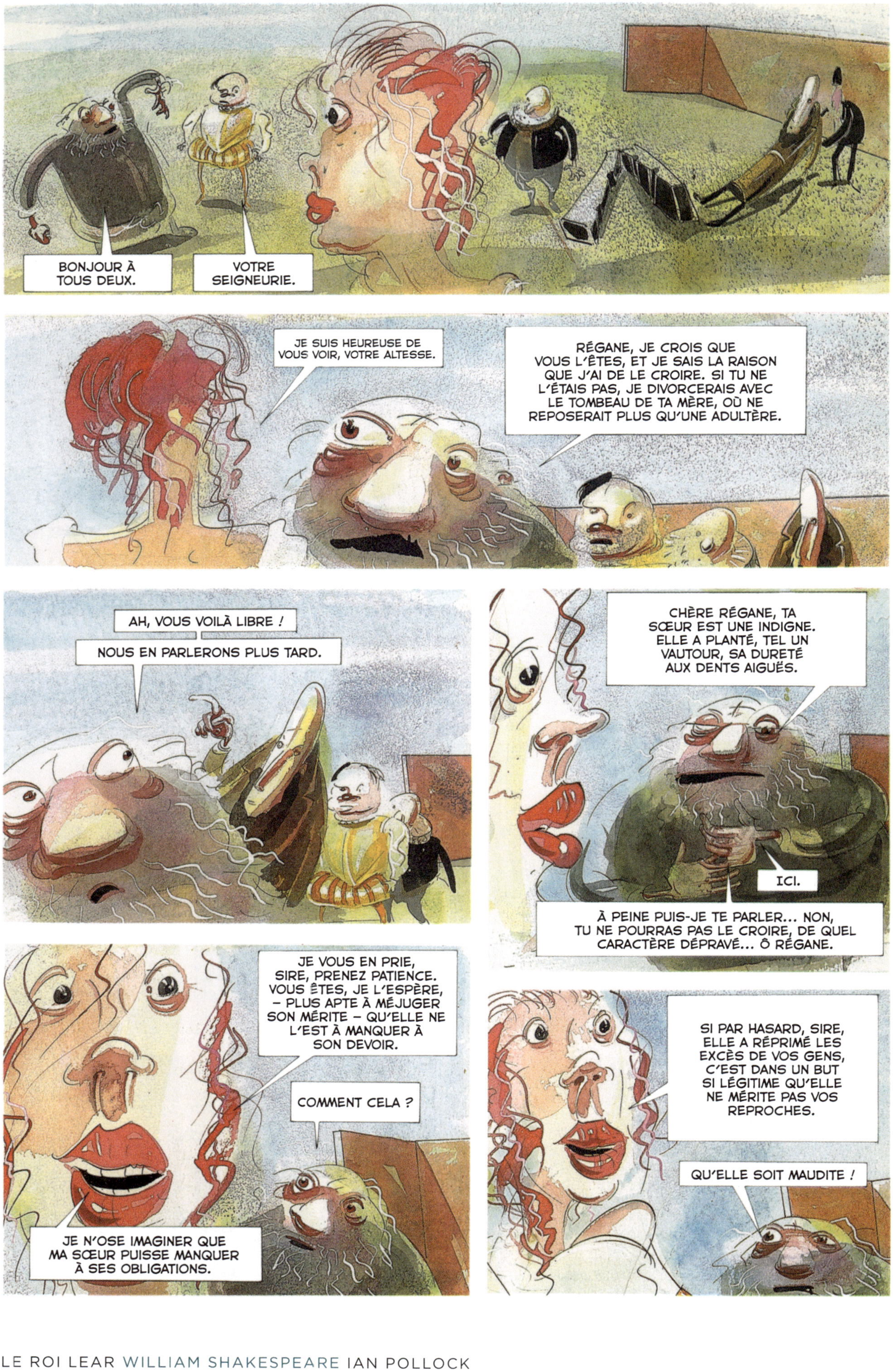
BONJOUR À TOUS DEUX.
VOTRE SEIGNEURIE.
JE SUIS HEUREUSE DE VOUS VOIR, VOTRE ALTESSE.
RÉGANE, JE CROIS QUE VOUS L'ÊTES, ET JE SAIS LA RAISON QUE J'AI DE LE CROIRE. SI TU NE L'ÉTAIS PAS, JE DIVORCERAIS AVEC LE TOMBEAU DE TA MÈRE, OÙ NE REPOSERAIT PLUS QU'UNE ADULTÈRE.
AH, VOUS VOILÀ LIBRE !
NOUS EN PARLERONS PLUS TARD.
CHÈRE RÉGANE, TA SŒUR EST UNE INDIGNE. ELLE A PLANTÉ, TEL UN VAUTOUR, SA DURETÉ AUX DENTS AIGUËS.
ICI.
À PEINE PUIS-JE TE PARLER… NON, TU NE POURRAS PAS LE CROIRE, DE QUEL CARACTÈRE DÉPRAVÉ… Ô RÉGANE.
JE VOUS EN PRIE, SIRE, PRENEZ PATIENCE. VOUS ÊTES, JE L'ESPÈRE, – PLUS APTE À MÉJUGER SON MÉRITE – QU'ELLE NE L'EST À MANQUER À SON DEVOIR.
COMMENT CELA ?
JE N'OSE IMAGINER QUE MA SŒUR PUISSE MANQUER À SES OBLIGATIONS.
SI PAR HASARD, SIRE, ELLE A RÉPRIMÉ LES EXCÈS DE VOS GENS, C'EST DANS UN BUT SI LÉGITIME QU'ELLE NE MÉRITE PAS VOS REPROCHES.
QU'ELLE SOIT MAUDITE !

AH ! SIRE, VOUS ÊTES VIEUX ; LA NATURE, EN VOUS, TOUCHE AU TERME DE SA CARRIÈRE ; VOUS DEVRIEZ VOUS LAISSER CONDUIRE ET GOUVERNER PAR QUELQUE DISCRÈTE TUTELLE, QUI COMPRÎT VOTRE SITUATION MIEUX QUE VOUS-MÊME. AINSI DONC, JE VOUS PRIE DE RETOURNER VERS MA SŒUR, ET DE LUI DIRE QUE VOUS AVEZ EU TORT ENVERS ELLE.
LUI DEMANDER PARDON ? VOYEZ COMME CELA FERAIT HONNEUR À CETTE FAMILLE :
"MA CHÈRE FILLE, J'AVOUE ÊTRE VIEUX ; LA VIEILLESSE EST INUTILE ; JE VOUS DEMANDE À GENOUX DE VOULOIR BIEN M'ACCORDER DES VÊTEMENTS, UN LIT ET MA NOURRITURE."
SIRE ! CESSEZ CES PLAISANTERIES PEU GRACIEUSES ET RETOURNEZ PRÈS DE MA SŒUR.
ELLE M'A PRIVÉ DE LA MOITIÉ DE MA SUITE ; ELLE M'A REGARDÉ D'UN AIR SOMBRE, ET DE SA LANGUE, SEMBLABLE À CELLE DU SERPENT, M'A BLESSÉ JUSQU'AU FOND DU COEUR.
QUE TOUTES LES VENGEANCES DU CIEL S'ABATTENT SUR SA TÊTE INGRATE ! VENTS NÉFASTES, FRAPPEZ SES JEUNES OS DE PARALYSIE !
FI, SIRE ! FI !
ÉCLAIRS AGILES, DARDEZ VOS FLAMMES DANS SES YEUX DÉDAIGNEUX.
VAPEURS QUE DU FOND DES MARAIS ASPIRE LE PUISSANT SOLEIL EMPOISONNEZ SA BEAUTÉ ET FLÉTRISSEZ SA VANITÉ !
Ô DIEUX BIENHEUREUX ! VOUS M'EN SOUHAITEREZ AUTANT QUAND VOS ACCÈS VOUS PRENDRONT.
NON, RÉGANE, JAMAIS TU N'AURAS MA MALÉDICTION : TON COEUR PALPITANT DE TENDRESSE NE T'ABANDONNERA JAMAIS À LA DURETÉ ; SON REGARD EST FÉROCE ; MAIS LE TIEN CONSOLE ET NE BRÛLE PAS.
IL N'EST PAS DANS TA NATURE DE ME REPROCHER MES PLAISIRS, DE DIMINUER MA SUITE, DE ME LANCER DE BRUSQUES PAROLES, DE RÉDUIRE MON TRAIN, ET, POUR FINIR, D'OPPOSER DES VERROUS À MON ENTRÉE.
TU CONNAIS MIEUX LES DEVOIRS DE LA NATURE, LES OBLIGATIONS DES ENFANTS, LES RÈGLES DE LA COURTOISIE, LES DROITS DE LA RECONNAISSANCE :
TU N'AS PAS OUBLIÉ CETTE MOITIÉ DE ROYAUME DONT JE T'AI DOTÉE.

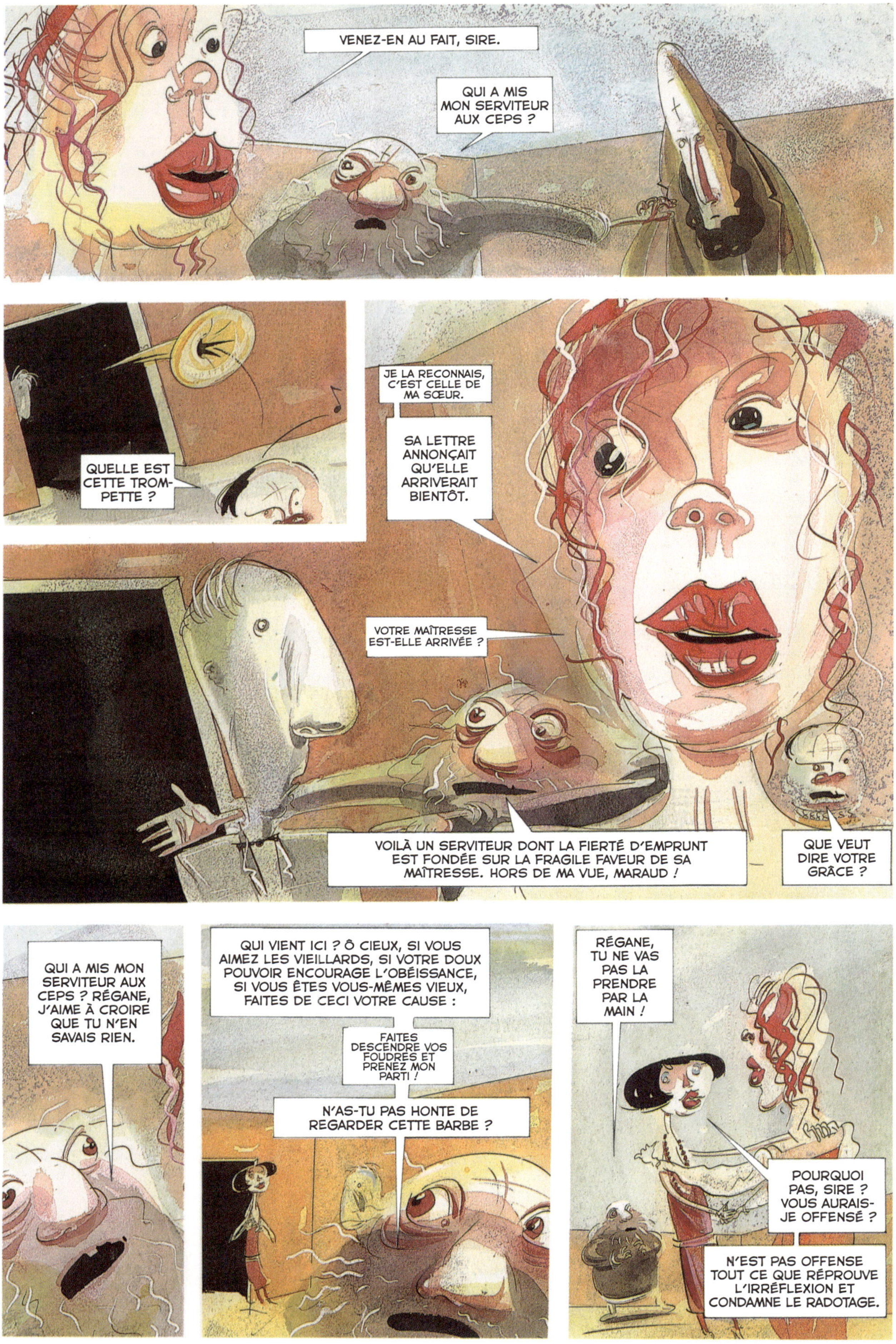
VENEZ-EN AU FAIT, SIRE.
QUI A MIS MON SERVITEUR AUX CEPS ?
QUELLE EST CETTE TROMPETTE ?
JE LA RECONNAIS, C'EST CELLE DE MA SŒUR.
SA LETTRE ANNONÇAIT QU'ELLE ARRIVERAIT BIENTÔT.
VOTRE MAÎTRESSE EST-ELLE ARRIVÉE ?
VOILÀ UN SERVITEUR DONT LA FIERTÉ D'EMPRUNT EST FONDÉE SUR LA FRAGILE FAVEUR DE SA MAÎTRESSE. HORS DE MA VUE, MARAUD !
QUE VEUT DIRE VOTRE GRÂCE ?
QUI A MIS MON SERVITEUR AUX CEPS ? RÉGANE, J'AIME À CROIRE QUE TU N'EN SAVAIS RIEN.
QUI VIENT ICI ? Ô CIEUX, SI VOUS AIMEZ LES VIEILLARDS, SI VOTRE DOUX POUVOIR ENCOURAGE L'OBÉISSANCE, SI VOUS ÊTES VOUS-MÊMES VIEUX, FAITES DE CECI VOTRE CAUSE :
FAITES DESCENDRE VOS FOUDRES ET PRENEZ MON PARTI !
N'AS-TU PAS HONTE DE REGARDER CETTE BARBE ?
RÉGANE, TU NE VAS PAS LA PRENDRE PAR LA MAIN !
POURQUOI PAS, SIRE ? VOUS AURAIS-JE OFFENSÉ ?
N'EST PAS OFFENSE TOUT CE QUE RÉPROUVE L'IRRÉFLEXION ET CONDAMNE LE RADOTAGE.

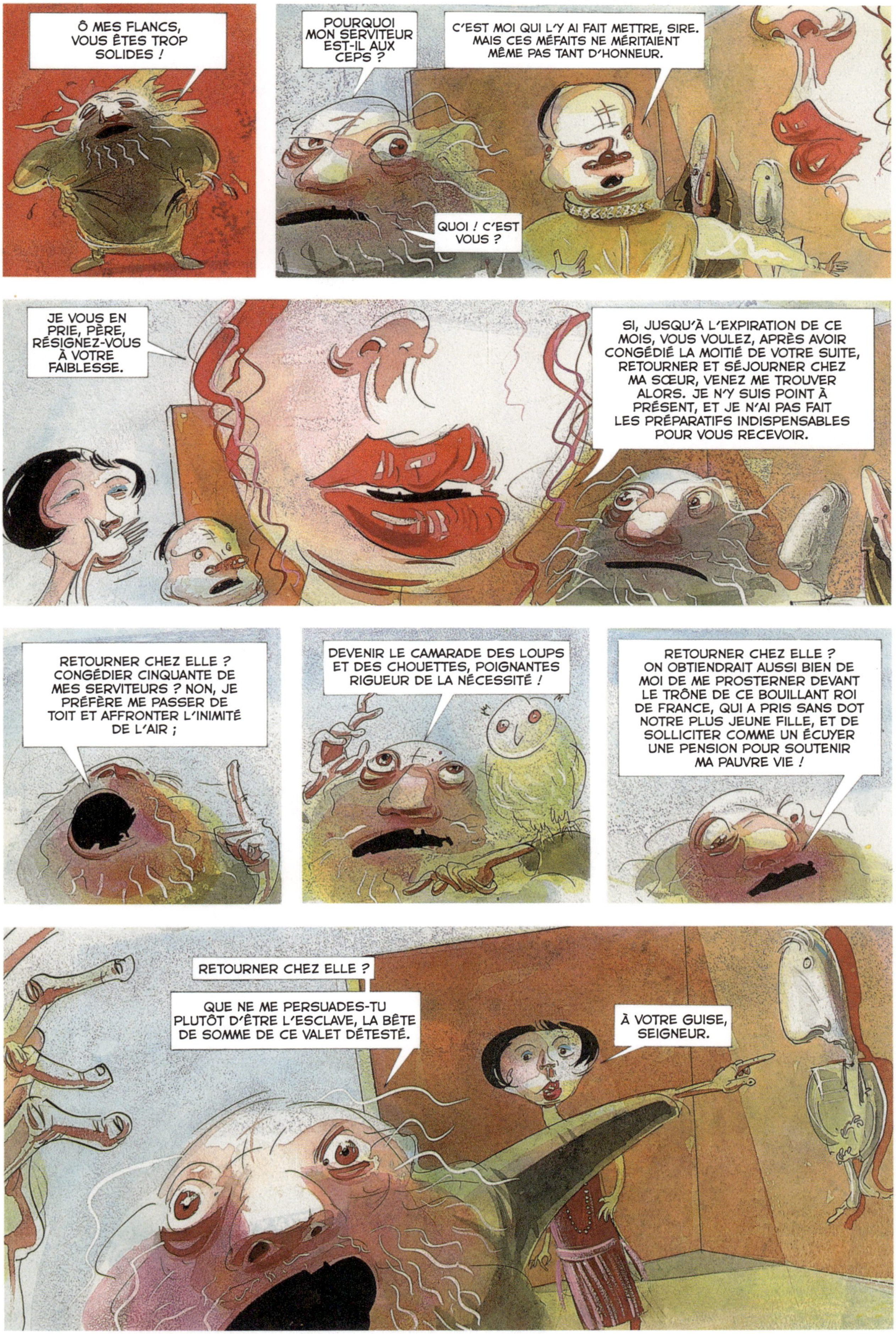
Ô MES FLANCS, VOUS ÊTES TROP SOLIDES !
POURQUOI MON SERVITEUR EST-IL AUX CEPS ?
C'EST MOI QUI L'Y AI FAIT METTRE, SIRE. MAIS CES MÉFAITS NE MÉRITAIENT MÊME PAS TANT D'HONNEUR.
QUOI ! C'EST VOUS ?
JE VOUS EN PRIE, PÈRE, RÉSIGNEZ-VOUS À VOTRE FAIBLESSE.
SI, JUSQU'À L'EXPIRATION DE CE MOIS, VOUS VOULEZ, APRÈS AVOIR CONGÉDIÉ LA MOITIÉ DE VOTRE SUITE, RETOURNER ET SÉJOURNER CHEZ MA SŒUR, VENEZ ME TROUVER ALORS. JE N'Y SUIS POINT À PRÉSENT, ET JE N'AI PAS FAIT LES PRÉPARATIFS INDISPENSABLES POUR VOUS RECEVOIR.
RETOURNER CHEZ ELLE ? CONGÉDIER CINQUANTE DE MES SERVITEURS ? NON, JE PRÉFÈRE ME PASSER DE TOIT ET AFFRONTER L'INIMITÉ DE L'AIR ;
DEVENIR LE CAMARADE DES LOUPS ET DES CHOUETTES, POIGNANTES RIGUEUR DE LA NÉCESSITÉ !
RETOURNER CHEZ ELLE ? ON OBTIENDRAIT AUSSI BIEN DE MOI DE ME PROSTERNER DEVANT LE TRÔNE DE CE BOUILLANT ROI DE FRANCE, QUI A PRIS SANS DOT NOTRE PLUS JEUNE FILLE, ET DE SOLLICITER COMME UN ÉCUYER UNE PENSION POUR SOUTENIR MA PAUVRE VIE !
RETOURNER CHEZ ELLE ?
QUE NE ME PERSUADES-TU PLUTÔT D'ÊTRE L'ESCLAVE, LA BÊTE DE SOMME DE CE VALET DÉTESTÉ.
À VOTRE GUISE, SEIGNEUR.

JE T'EN PRIE, MA FILLE, NE ME FAIS PAS DEVENIR FOU. JE NE VEUX PAS TE DÉRANGER, MON ENFANT. ADIEU, NOUS NE NOUS RENCONTRERONS PLUS, NOUS NE NOUS REVERRONS PLUS.
MAIS TU RESTES LA CHAIR DE MA CHAIR, MA FILLE.
TU ES PLUTÔT, DANS MA CHAIR, UNE PLAIE QUE JE DOIS APPELER MIENNE. TU ES UN ABCÈS, UN ULCÈRE DOULOUREUX, UNE TUMEUR ENFLAMMÉE, PRODUIT DE MON SANG CORROMPU.
MAIS JE NE VEUX PAS TE FAIRE DE REPROCHES : QUE LA HONTE TOMBE SUR TOI QUAND IL LUI PLAIRA ; JE NE L'APPELLE PAS. JE N'INVOQUE PAS LES COUPS DE CELUI QUI PORTE LE TONNERRE ; JE NE FAIS POINT DE RAPPORTS CONTRE TOI À JUPITER, NOTRE JUGE SUPRÊME.
CORRIGE-TOI QUAND TU LE POURRAS, DEVIENS MEILLEURE À TON LOISIR ; JE PUIS PRENDRE PATIENCE : JE PUIS RESTER CHEZ RÉGANE, MOI ET MES CENT CHEVALIERS.
PAS TOUT À FAIT, SEIGNEUR. JE NE VOUS ATTENDAIS PAS ENCORE, ET JE N'AI RIEN PRÉPARÉ POUR VOUS RECEVOIR CONVENABLEMENT. ÉCOUTEZ MA SOEUR. CEUX QUI FONT CONTRÔLER VOTRE PASSION PAR LA RAISON DOIVENT PRENDRE LEUR PARTI DE SONGER QUE VOUS ÊTES VIEUX, ET QU'AINSI...
MAIS ELLE SAIT BIEN CE QU'ELLE FAIT.
EST-CE DONC LÀ BIEN PARLER ?
J'OSE LA SOUTENIR, SIRE. QUOI ! CINQUANTE ÉCUYERS, N'EST-CE PAS ASSEZ ? QU'AVEZ-VOUS BESOIN DE PLUS, OU MÊME D'AUTANT ? LA DÉPENSE, LE DANGER, TOUT PARLE CONTRE UN SI NOMBREUX CORTÈGE. COMMENT, DANS UNE SEULE MAISON, SOUS DEUX AUTORITÉS, TANT DE GENS PEUVENT-ILS VIVRE D'ACCORD ? C'EST DIFFICILE, PRESQUE IMPOSSIBLE.
NE POURRIEZ-VOUS PAS, MON SEIGNEUR, ÊTRE SERVI PAR SES DOMESTIQUES OU LES MIENS ?

POURQUOI PAS, MILORD ? SI ALORS IL LEUR ARRIVAIT DE VOUS NÉGLIGER, – NOUS POURRIONS Y METTRE ORDRE... SI VOUS VOULEZ VENIR CHEZ MOI, (CAR À PRÉSENT J'APERÇOIS LE DANGER), JE VOUS PRIE DE N'EN AMENER QUE VINGT-CINQ ; À UN PLUS GRAND NOMBRE, JE REFUSE DE DONNER PLACE OU HOSPITALITÉ.
JE VOUS AI TOUT DONNÉ !
ET IL ÉTAIT GRAND TEMPS.
J'AI FAIT DE VOUS MES GARDIENNES, MES DÉLÉGUÉES, MAIS EN RÉSERVANT POUR MA SUITE UN NOMBRE FIXE DE SERVITEURS. QUOI ! IL FAUT QU'EN VENANT CHEZ VOUS JE N'EN AIE QUE VINGT-CINQ ! RÉGANE, AVEZ-VOUS DIT CELA ?
ET JE LE RÉPÈTE, SIRE. JE N'EN ACCEPTERAI PAS PLUS.
CES VILES CRÉATURES SE PRÉSENTENT ENCORE À NOUS SOUS UN ASPECT FAVORABLE, QUAND IL S'EN TROUVE DE PLUS MÉCHANTES QU'ELLES. N'ÊTRE PAS CE QU'IL Y A DE PIRE, C'EST ENCORE ÊTRE AU NIVEAU D'UN ÉLOGE.
J'IRAI CHEZ TOI. TES CINQUANTE SONT LE DOUBLE DE VINGT-CINQ : TU AS DONC LE DOUBLE DE SA TENDRESSE.
ÉCOUTEZ-MOI, MON SEIGNEUR : QU'AVEZ-VOUS BESOIN DE VINGT-CINQ PERSONNES, DE DIX, DE CINQ, POUR VOUS SUIVRE DANS UNE MAISON OÙ DEUX FOIS AUTANT ONT ORDRE DE VOUS SERVIR ?
QU'AVEZ-VOUS MÊME BESOIN D'UNE SEULE ?

OH ! NE RAISONNEZ PAS LE BESOIN. NOS PLUS VILS MENDIANTS TROUVENT LE SUPERFLU DANS LA PLUS PAUVRE CHOSE. N'ACCORDER À LA NATURE QUE CE DONT LA NATURE A BESOIN, C'EST METTRE LA VIE DE L'HOMME À AUSSI BAS PRIX QUE CELLE DES BÊTES.
TU ES UNE GRANDE DAME. EH QUOI ! SI LA MAGNIFICENCE CONSISTAIT SEULEMENT À SE TENIR CHAUDEMENT, LA NATURE AURAIT-ELLE BESOIN DE CETTE MAGNIFIQUE PARURE QUE TU PORTES, QUI TE TIENT À PEINE CHAUD ?
MAIS, QUANT AU VRAI BESOIN... CIEL, ACCORDE-MOI LA PATIENCE ; C'EST DE PATIENCE QUE J'AI BESOIN !
VOUS ME VOYEZ, DIEUX, UN VIEILLARD, AUTANT ACCABLÉ PAR LES DOULEURS QUE PAR L'ÂGE !
SI C'EST VOUS QUI EXCITEZ LE CŒUR DE CES FILLES CONTRE LEUR PÈRE, NE M'ABAISSEZ PAS AU POINT DE LE SUPPORTER PATIEMMENT !
ANIMEZ-MOI D'UNE NOBLE COLÈRE ET NE LAISSEZ PAS LES PLEURS, CES ARMES DE FEMMES, ENTACHER MES JOUES.
NON, SORCIÈRES ! MA REVANCHE SERA TELLE QUE LE MONDE...
JE FERAI DE TELLES CHOSES... QUOI, JE NE LE SAIS PAS ENCORE...
MAIS ELLES FERONT TREMBLER LA TERRE !
VOUS CROYEZ QUE JE VAIS PLEURER ? NON, JE NE PLEURERAI PAS.
J'AI POURTANT BIEN DES RAISONS DE PLEURER.
MAIS CE CŒUR SE BRISERA EN CENT MILLE ÉCLATS AVANT QUE JE PLEURE.
Ô BOUFFON, J'EN DEVIENDRAI FOU !

RETIRONS-NOUS, UNE TEMPÊTE APPROCHE.
CETTE MAISON EST PETITE, LE VIEILLARD ET SA SUITE NE PEUVENT PAS Y ÊTRE BIEN LOGÉS.
C'EST SA FAUTE : IL S'EST LUI-MÊME PRIVÉ D'ASILE ; IL FAUT QU'IL SOUFFRE DE SA FOLIE.
JE LE RECEVRAIS AVEC PLAISIR ; MAIS PAS UN SEUL DE SES SERVITEURS.
C'EST AUSSI MON INTENTION.
MAIS OÙ EST LORD GLOCESTER ?
IL A SUIVI LE VIEILLARD.
LE VOILÀ QUI REVIENT.
LE ROI EST DANS UNE COLÈRE NOIRE.
OÙ VA-T-IL ?
IL A FAIT MANDER SES CHEVAUX, MAIS JE NE SAIS PAS OÙ IL VA.
MIEUX VAUT LE LAISSER FAIRE... QU'IL SE DIRIGE.
SIRE, NE LE PRESSEZ NULLEMENT DE RESTER.
HÉLAS ! LA NUIT VIENT, ET LES VENTS GLACÉS SE DÉCHAÎNENT FURIEUSEMENT. À PLUSIEURS MILLES À LA RONDE, IL Y A À PEINE UN FOURRÉ.
OH ! SEIGNEUR ! IL FAUT BIEN QUE LES HOMMES OPINIÂTRES REÇOIVENT QUELQUES LEÇONS DES MAUX QU'ILS SE SONT ATTIRÉS À EUX-MÊMES.
FERMEZ VOS PORTES.
IL A POUR ESCORTE DES FORCENÉS, ET VU LES EXCÈS AUXQUELS IL PEUT ÊTRE ENTRAÎNÉ PAR EUX, FACILE À TROMPER COMME IL L'EST, LA SAGESSE NOUS ORDONNE DE REDOUTER CE QU'ILS POURRAIENT OBTENIR DE SA COLÈRE.
FERMEZ VOS PORTES, MON SEIGNEUR. IL FERA MAUVAIS TEMPS, CETTE NUIT. MA RÉGANE EST DE BON CONSEIL.
ABRITONS-NOUS DE LA TEMPÊTE !

Don Quichotte

Miguel Cervantes

Dessins et adaptation de **Will Eisner**

CE QUE *LA DIVINE COMÉDIE* EST À L'ITALIE ET *Le Dit de Genji* au Japon, *Don Quichotte* l'est à l'Espagne, c'est-à-dire l'œuvre littéraire la plus importante du pays. Et si *Le Dit de Genji* est considéré comme le premier roman du monde, *Don Quichotte* est reconnu comme le premier roman moderne, et même parfois comme le premier roman post-moderne, tant il est truffé d'autoréférences, d'interventions multiples de l'auteur et de personnages qui prennent conscience qu'on est en train d'écrire sur eux.

Miguel de Cervantes a conçu une parodie des récits de chevaliers alors très populaires. Il les tenait pour une bouillie décérébrante et cucul la praline. Voilà pourquoi il créa un personnage dont l'esprit avait réellement été atteint par ses lectures incessantes sur des chevaliers en cuirasse brillante et sur des demoiselles en détresse. Don Quichotte est un propriétaire terrien qui enfile une armure usagée (un héritage familial), enfourche un vieux canasson qu'il prend pour un étalon et arpente son pays pour vivre son délire chevaleresque. Son combat contre des moulins à vent qu'il prend pour des géants est célèbre, tout comme ses attaques aléatoires contre des passants, y compris des moutons, et la rossée que lui donnent des voyous. Sancho Pança, son faire-valoir à l'esprit réaliste, essaie de lui éviter les ennuis, mais c'est souvent lui qui en subit finalement les conséquences.

Don Quichotte est constitué en réalité de deux volumes, un roman initial paru en 1605 et sa suite, qui fut publiée dix ans plus tard. Ils sont maintenant édités en un seul ouvrage. Face à l'énorme succès rencontré par *Don Quichotte* dès sa sortie – de fait, ce fut un véritable phénomène –, Cervantes écrivit en effet une suite plus ambitieuse intellectuellement. *Don Quichotte* n'y est rien de moins qu'un fou violent, et dans ce récit plus complexe, il est difficile de faire la différence entre ses illusions et la réalité.

Le défunt Will Eisner n'a plus besoin d'être présenté. En tant que pionnier de la bande dessinée et du roman graphique, il a créé dans les années 1940 une BD qui a fait sensation : *The Spirit*, le premier roman graphique révolutionnaire : Un Pacte avec Dieu (1978), et a inventé l'art séquentiel. L'un des prix les plus prestigieux pour le neuvième art porte son nom. Insatiable, Eisner produisit, alors qu'il était octogénaire, un album de 32 pages hautement anecdotique et bourré d'humour : *Le Dernier Chevalier*. Notre ouvrage reprend les toutes premières scènes emblématiques du roman.

CHAAARGEZ !
AOUTCH !
ATTENDEZ, LAISSEZ-MOI VOUS AIDER, SIRE.
OH HO… QUEL COMBAT ! AAAH, J'AI PERDU MA LANCE !
JE VOUS AVAIS DIT QUE C'ÉTAIT UN MOULIN, SIRE !
COCHER, ARRÊTEZ CE CARROSSE !
OUI, M'DAME.
QU'EST-CE ?
ON DIRAIT UN… HUM… CHEVALIER EN… HA HA… ARMURE, M'DAME.

QUI ÊTES-VOUS, MONSIEUR ?
C'EST **DON QUICHOTTE DE LA MANCHE** !
SELON LES LOIS DE LA **CHEVALERIE,** JE SUIS À VOTRE SERVICE, M'DAME !
OUSTE, VIEIL IDIOT ! TU ENNUIES LA DUCHESSE !
OH HO !
MON ÉPÉE !
MON ÉPÉE !

... OÙ EST-IL ?
... OÙ EST-IL ?
JUSTE DERRIÈRE VOUS, SIRE.
NON ! ÉPARGNEZ-LE, JE VOUS EN PRIE !
TU ES VAINCU, COQUIN !
BRAVO !
J'AI ÉPARGNÉ VOTRE HOMME. PUIS-JE VOUS DEMANDER DE FAIRE PART DE MA VALEUR AU ROI ?
MAIS BIEN SÛR.
VIEUX FOU !
HA HA... MAIS IL VOUS VOUS A BATTU À LA RÉGULIÈRE !
QUELLE BRAVOURE, MON SEIGNEUR !
AH SANCHO, LA BRAVOURE EST LA QUALITÉ PREMIÈRE D'UN CHEVALIER.
REGARDE !
UN NUAGE DE POUSSIÈRE ! UNE BATAILLE ! VIENS... NOUS DEVONS Y PRENDRE PART !

REGARDE ! DES CAVALIERS VIENNENT VERS NOUS.
MAIS ILS ATTAQUENT NOS MOUTONS !
JE N'EN CROIS PAS MES YEUX... UN CHEVALIER EN ARMURE !
ON DOIT L'ARRÊTER !
LAPIDEZ CE VIEUX FOU !
SIRE, CE NE SONT QUE DES MOUTONS !
PRENDS ÇA !
ATTENTION, CES BERGERS NOUS JETTENT DES PIERRES !!
ON NE TRAITE PAS UN CHEVALIER DE CETTE FAÇON !

ON Y VA, LES GARS ! ON LUI A FICHU UNE BONNE LEÇON.
OH LÀ LÀ ! CES BERGERS ONT BIEN FAILLI VOUS TUER !
CE N'EST PAS GRAVE, SANCHO... NOUS PASSERONS LA NUIT DANS CE VALLON.
SIRE, JE SUIS UN HOMME SIMPLE. PARLEZ-MOI DU CODE D'HONNEUR DE LA CHEVALERIE...
SANCHO, NOUS SOMMES CE QUE NOUS CROYONS ÊTRE... AINSI, JE SUIS UN CHEVALIER CAR JE CROIS ÊTRE UN CHEVALIER.
C'EST, EN EFFET, TRÈS SIMPLE, SIRE.
AINSI, J'ACCOMPLIS DE BONNES ACTIONS, COMME TOUT BON CHEVALIER... OUAAAAH
OUI... ZZZZZZ
DEBOUT SANCHO ! IL FAIT JOUR ET DE **GRANDES AVENTURES NOUS ATTENDENT !**

Sonnet 18

William Shakespeare

Dessins et adaptation de **Robert Berry**, en collaboration avec **Josh Levitas**

L'UN DES PLUS CÉLÈBRES SONNETS DE SHAKESPEARE - « Devrais-je te comparer au jour d'été ? » – a été adapté de manière inattendue par Robert Berry, auteur de l'immense projet *Ulysses « Seen »,* version graphique en ligne du chef-d'œuvre de James Joyce dans son intégralité. Cette ode à l'aimée a toujours été considérée comme un poème romantique, si bien que nous ne nous en rendons même plus compte. Robert nous révèle ici un nouvel aspect, un type d'amour différent. Josh Levitas s'est chargé des couleurs, créant un superbe jaune ensoleillé qui magnifie la chaleur émotionnelle (et s'enchevêtre joliment au texte qui mentionne d'ailleurs le soleil dans les bulles 5 et 6).

Devrais-je te comparer au jour d'été ?

Tu es bien plus tendre et plus tempérée.

Des vents violents secouent les chers bourgeons de mai,
ICE CREAM
Et de son terme s'approche le bail de l'été.

Parfois trop chaud l'œil du ciel luit,

Et souvent sa complexion dorée se ternit,

Et toute beauté qui soit un jour dépérit,

Par hasard, ou au cours changeant de la nature, abîmée :

Mais ton
éternel été
ne se flétrira pas

Ni perdra possession de cette beauté que tu as,

Et que tu erres dans son ombre, la mort ne se vantera pas,

Quand en rimes éternelles au fil du temps
WILLIAM SHAKESPEARE
WORKS
tu grandiras ;

Tant que les hommes respireront et le regard verra,

Tant que ceci vivra,

SONNET XVIII

de William Shakespeare

Adapté par Robert Berry et Josh Levitas

Sonnet 20

William Shakespeare

Dessins et adaptation d'**Aidan Koch**

LE SONNET 20 DE SHAKESPEARE EST SANS doute celui qui a suscité le plus de débats. Comme dans beaucoup de ses sonnets, le ton y est tendre et amoureusement admiratif, mais il s'adresse à un homme, ce qui a nourri des spéculations sans fin sur les préférences sexuelles de Shakespeare. De façon surprenante pour un poème publié en 1609 (et écrit probablement au début des années 1590), celui-ci joue en effet avec la notion de sexe. Le sonnet fait valoir que l'homme en question a été créé aussi beau qu'une femme, et s'adresse à lui comme « maître-maîtresse de ma passion ». Au fil des vers, on apprend qu'il aurait tout à fait pu être une femme sauf que, la nature s'étant emballée, elle lui a attribué, comme touche finale, un pénis : « En t'ajoutant une chose qui ne me sert de rien ». Cela permet à Shakespeare de faire un jeu de mots sexuels comme il les affectionne, en affirmant que la nature « t'a membré pour le plaisir des femmes ».Terminant sur une note ambiguë, le narrateur du poème déclare que si les femmes peuvent tirer plaisir de l'homme en question, lui peut bénéficier de son amour. Chacun le prendra comme il le veut. Aidan Koch, avec ses dessins en damier, remplis de mots écrits à la main et de dessins retranscrivant le sonnet, mélange l'imagerie masculine et féminine.

20
Tu as un visage de femme que la Nature a fardé
Ô toi, de ma passion tu es maître et maîtresse ;
Tu as le cœur tendre d'une femme et tu es dénué
De la versatilité qui fait des femmes des traîtresses ;
Ton œil est plus vif que le leur, moins apte à tromper
Parant de dorure les objets qu'il examine ;

Homme d'apparence
Tu en as tous les aspects,
fascine
Ce qui ravit l'œil des hommes et l'âme des femmes
Et c'est pour être femme que tu fus d'abord créé ;
Mais en te façonnant la Nature s'éprit de toi,

Et te fit un don qui de toi m'a dérouté,
En t'ajoutant une chose sans intérêt pour moi.
Mais puisque pour le plaisir des femmes elle t'a membré,
Garde ton amour pour moi, et son usage pour les combler.

“La puce”

John Donne

Dessins et adaptation de **Noah Patrick Pfarr**

À LA FOIS VIF ET SPIRITUEL, JOHN DONNE (1572-1631) fut un poète éblouissant, capable de créer des métaphores superbement élaborées et intelligentes (appelées figures de rhétorique) de sorte que, même si elles sont complètement inattendues, elles semblent finalement évidentes. Sa production poétique se divise en plusieurs catégories : les satires sociales et politiques, les premiers vers sur l'amour romantique et le sexe, puis les poèmes religieux. (Il fut prêtre anglican durant les seize dernières années de sa vie, pondant des sermons à la chaîne, qui comportent en tout plus d'un million de mots.) Bien qu'ardus, ses écrits ont toujours été réimprimés et il a légué au monde des phrases célèbres comme : « Ne sois pas fière, ô mort », « Aucun homme n'est une île » et « Pour qui sonne le glas ».

Dans un de ses poèmes les plus connus, « La puce », le narrateur essaie de convaincre une femme de coucher avec lui. Si vous croyez que vous connaissez toutes les façons de cajoler quelqu'un pour qu'il cède, vous verrez que Donne a trouvé la plus extravagante, il y a 400 ans. Une puce avait dévoré le sang de l'auteur, puis avait sauté sur la femme convoitée, où l'insecte avait sucé ses corpuscules. « Tu vois, dit le narrateur, nos sangs sont mêlés, nous avons été unis par la puce. Par conséquent, nous avons été liés physiquement, nos fluides se sont mélangés, et nous sommes comme mariés, peut-être même mieux que mariés. Aussi pouvons-nous coucher ensemble. » Apparemment de façon ironique, il lui demande de ne pas tuer la puce qui contient maintenant leurs forces de vie à tous deux. Elle ne l'écoute pas et dans la dernière strophe, il la réprimande en se moquant d'elle. À la fin du poème, il lui dit que la minuscule quantité de sang que la puce lui a pris ne pèse pas plus que la quantité d'honneur infiniment petite qu'elle aurait perdu en se soumettant à ses vœux. Nous ne saurons jamais si son approche taquine tirée par les cheveux aura eu l'effet désiré.

Précisons que j'ai utilisé le pronom masculin « il » en parlant du narrateur, car chacun suppose que c'est un homme qui est en train de séduire une femme. (Nous savons que l'objet des attentions du narrateur est féminin, en raison de la référence à son visage de jeune fille.) Il se trouve que, pour Noah Patrick Pfarr, rien dans le poème ne nous dit expressément que le narrateur est un homme. Sans doute Donne ne l'entendait-il pas de cette façon, mais si l'on se fonde uniquement sur le poème, on ne peut exclure que ce soit une femme qui essaie de convaincre une autre femme de faire le grand saut avec elle. Noah nous livre alors une vision inattendue d'un poème sur le rôle inopiné d'une puce.

SOURCES

Edwards, David L., *John Donne : Man of Flesh and Spirit,* Londres et New York, Continuum, 2001.

Paglia, Camille*, Break Burn Blow : Camille Paglia Reads Forty-Three of the World's Best Poems,* Vintage Books, 2005.

La Puce
DE JOHN DONNE
ILLUSTRÉ PAR NOAH PATRICK PFARR

OBSERVE CETTE PUCE ET NOTE...
... COMBIEN PEU DE CHOSES EST CE QUE TU ME REFUSES !
AYANT D'ABORD SUCÉ MON SANG, LE TIEN ENSUITE, ELLE A MÊLÉ NOS SANGS EN ELLE ;
TU SAIS QU'ON NE SAURAIT Y VOIR HONTE OU PÉCHÉ, NI PERTE DE VIRGINITÉ.
POURTANT, SANS PRÉLUDE, ELLE JOUIT ET S'ENFLE, GORGÉE DE NOS DEUX SANGS RÉUNIS
CECI, HÉLAS, EST PLUS QUE CE QUE NOUS NE SAURIONS FAIRE.

ARRÊTE !
ÉPARGNE EN UNE PUCE TROIS VIES. NOUS SOMMES PRESQUE...
NON, PLUS QUE MARIÉES !
EN CETTE PUCE QUI EST TOI ET MOI.
TEMPLE DE NOTRE UNION ET DE NOTRE LIT DE NOCE ;
MALGRÉ TES PARENTS, TON REFUS... CES MURS DE JAIS, CLOÎTRE VIVANT, NOUS ONT UNIES.
TU PEUX ME TUER, C'EST L'USAGE, MAIS NE VA AJOUTER SUICIDE ET SACRILÈGE À CE MEURTRE, TROIS PÉCHÉS EN TROIS ASSASSINATS.

CRUELLE ET BRUTALE !
AS-TU DÉJÀ EMPOURPRÉ TON NOM DU SANG DE L'INNOCENCE ?
QUEL CRIME A COMMIS CETTE PUCE, SI CE N'EST TE PRENDRE UNE GOUTTE DE SANG ?
TU TRIOMPHES POURTANT, ET DIS QUE TU NE T'EN SENS PAS NI NE M'EN SENS PLUS FAIBLE ?

HA !
C'EST VRAI, TES PEURS ÉTAIENT DONC VAINES !
EN CÉDANT, TU PERDRAS TOUT JUSTE AUTANT D'HONNEUR...
... QUE T'ENLEVA DE VIE LA MORT DE CETTE PUCE.
KLUNK !
PURRRRRRRRRRRRR
Fin.

“À sa timide maîtresse”

Andrew Marvell

Dessins et adaptation d’**Yien Yip**

FILS D’UN PASTEUR DE LA SAINTE ÉGLISE DE LA Trinité à Hull, en Angleterre, Andrew Marvell était surtout connu pour avoir été fonctionnaire et employé du gouvernement, et pour ses satires politiques où il brocardait à la fois la monarchie et le *Commonwealth* d’Oliver Cromwell (il soutint aussi les deux institutions à des moments différents et parvint à éviter l’exécution). Bien peu de la poésie lyrique et incandescente de Marvell fut publiée de son temps. Ce n’est qu’après sa mort que sa gouvernante trouva un manuscrit de poèmes et, se faisant passer pour sa femme, le fit publier. Il devint alors l’un des plus grands poètes du XVIIe siècle. (Encore un exemple de grande littérature qui a bien failli nous échapper.)

« À sa timide maîtresse » est le plus célèbre poème d’anthologie de Marvell, l’une des plus grandes déclarations jamais écrites sur le *carpe diem*. Un homme essaie de convaincre une femme de venir dans son lit (le mot « maîtresse » n’avait pas alors la même signification qu’aujourd’hui, il pouvait désigner une petite amie ou tout simplement une dame). Elle était sans doute intéressée, mais elle l’avait définitivement repoussé, peut-être par jeu, peut-être par respect des convenances. Aller lentement et être mis à l’épreuve, pourquoi pas, dit-il, si nous avions toute l’éternité devant nous pour marcher à pas de loup ! Mais comme tout le monde, nous filons vers la mort, aussi devons-nous prendre notre plaisir maintenant. Le poème bourdonne de vers puissants :

> Mais dans mon dos j’entends sans relâche
> Le char ailé du temps qui toujours se rapproche.
> …
> La tombe est certes un doux asile
> Mais n’est pas, que je sache, un lieu où l’on s’enlace.

Aucun argument plus subtil, plus incontestable pour inciter l’autre à passer à l’acte n’avait encore jamais été avancé (même si « La puce » de John Donne est sans doute la démarche la plus intelligente et la plus originale). L’illustratrice et sérigraphe Yien Yip a situé son adaptation au XVIIIe siècle, c’est-à-dire un siècle après que le poème a probablement été écrit (au début des années 1650), mais il aurait tout à fait pu se dérouler de nos jours. Cueillir le jour présent sera toujours de mise.

SOURCE

Wilcher, Robert, *Andrew Marvell,* Cambridge University Press, 1985.

Si nous avions tout le temps du monde,
Cette coquetterie, Madame, ne serait pas immonde
Nous nous assoirions et nous demanderion de quelle façon Passer notre journée pleine de passion
Vous sur les rives du Gange trouveriez Des rubis, moi, ballotté par la marée De Humber, je me plaindrais. Je vous aimerais bien avant le Déluge, Et vous pourriez, s'il vous en plaisait, me repousser Jusqu'à la conversion de tous les Juifs. Mon amour latent s'en trouverait Plus vaste que les empires et plus lent ; Cent ans seraient réservés aux louanges
Sur vos yeux et votre regard ;
Deux cents pour adorer chaque sein,
Et trente mille pour le reste ;
Une ère, au moins, pour chaque partie, Et la dernière ère devrait être réservée à votre cœur. Car, Madame, vous méritez cet état,
Je n'aimerais pas pour moins que cela.

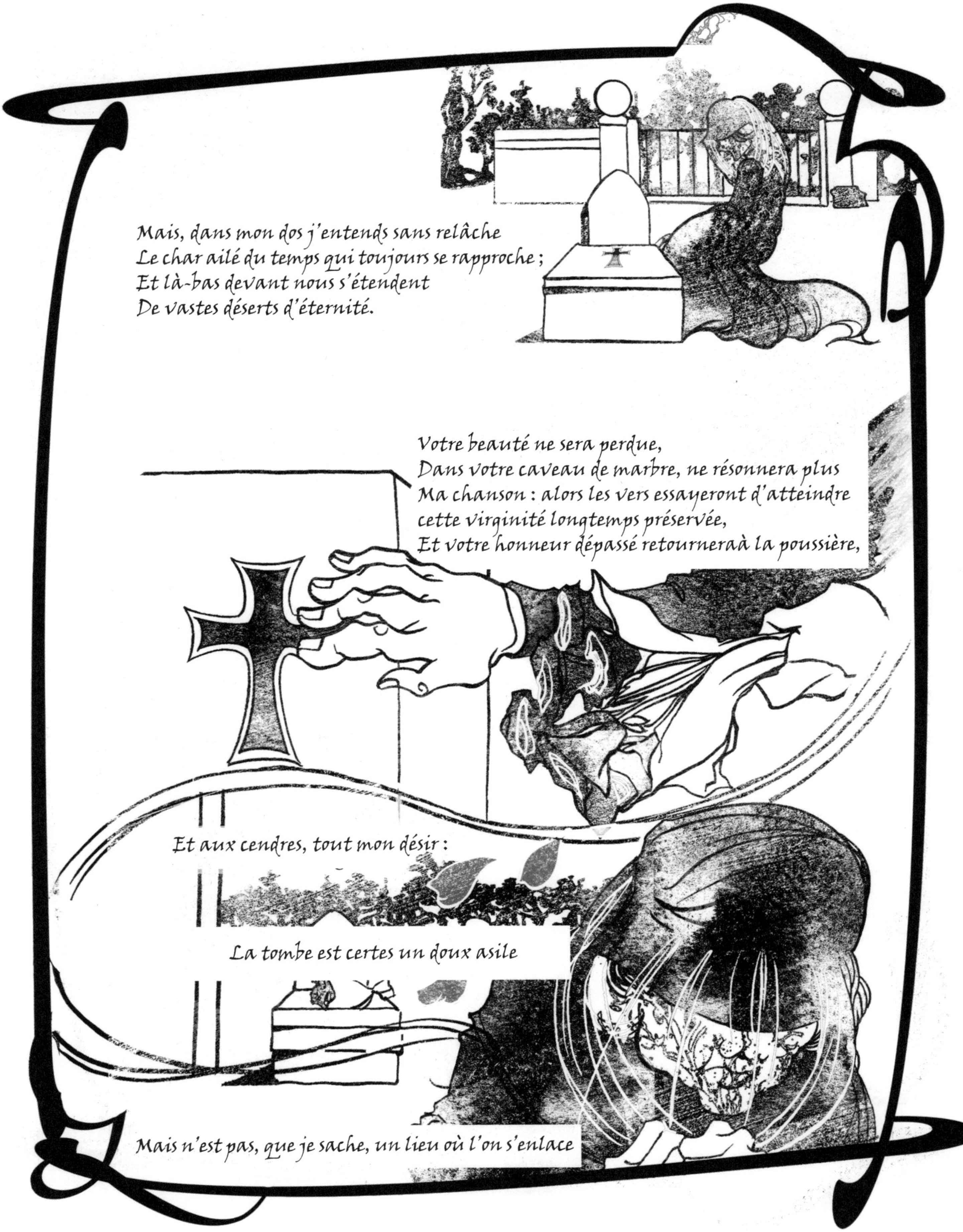

Mais, dans mon dos j'entends sans relâche
Le char ailé du temps qui toujours se rapproche ;
Et là-bas devant nous s'étendent
De vastes déserts d'éternité.
Votre beauté ne sera perdue,
Dans votre caveau de marbre, ne résonnera plus
Ma chanson : alors les vers essayeront d'atteindre
cette virginité longtemps préservée,
Et votre honneur dépassé retourneraà la poussière,
Et aux cendres, tout mon désir :
La tombe est certes un doux asile
Mais n'est pas, que je sache, un lieu où l'on s'enlace

Maintenant donc, pendant que
la teinte juvénile
S'étale sur votre peau comme
la rosée matinale,
Et pendant que votre âme
disposée transpire
Par chaque pore des feux éphémères,

Laissons-nous aller tant que nous
le pouvons, et maintenant,
Comme des oiseaux de proie amoureux,
Dévorons notre temps immédiatement
Plutôt que d'être lentement
consumés par son pouvoir.
Façonnons une boule avec toute notre
force et notre douceur,

Et déchirons nos plaisirs par de
rugueux conflits.
Par les portes en
fer de la vie :

Puisque nous ne pouvons
arrêter notre soleil nous
le ferons courir.

“Pardonnez-nous nos offenses ”

Aphra Behn

Dessins et adaptation d'**Alex Eckman-Lawn**

APHRA BEHN EST GÉNÉRALEMENT CONSIDÉRÉE comme la première auteure professionnelle en langue anglaise. Après avoir servi d'espionne à l'Angleterre lorsqu'elle se trouvait à Anvers, elle fut jetée en prison pour dettes en 1668, quand Charles II ne la rémunéra pas pour ses services. Une fois libérée (peu de temps après), elle écrivit un grand nombre de pièces qui furent jouées, ainsi que de courtes histoires, des poèmes bien accueillis et quelques-uns des premiers romans anglais. Son travail aborde souvent des thèmes sexuels, ce qui renforce son caractère de pionnière. Son poème « Pardonnez-nous nos offenses » peut être interprété comme une prise de position en faveur d'une émancipation sexuelle, qu'elle aurait, selon la rumeur, mise en pratique dans sa vie personnelle. Il contient l'un de mes passages préférés sur la poésie de l'amour :

> De tous mes crimes, la violation de tes commandements,
> l'amour en a été la cause, l'amour doux et envoûtant

Alex Eckman-Lawn, qui a réalisé des couvertures d'albums pour de nombreux groupes de metal radicaux et avant-gardistes (entre autres), nous livre ici une interprétation sombre, complexe et pourtant porteuse d'espoir : le cœur de la jeune femme a-t-il pris le jeune homme au piège ? Ou bien le jeune homme essaie-t-il de lui arracher le cœur ? Tous les deux sont munis de couteaux, aussi pourraient-ils couper les liens, s'ils le voulaient, mais ils n'en font rien.

SOURCE

Woodcock, George, *Aphra Behn : The English Sappho*, Montréal, Black Rose Books, 1989.

Que nous sommes
enclins au péché ;
que furent exquis
Les doux plaisirs
qui envahirent
nos cœurs soumis.
De tous mes crimes,
la violation de tes
commandements,
L'amour en a été la
cause, l'amour doux
et envoûtant.

De tous les sentiers que
la vanité a empruntés,
Celui-ci sera sûrement
par Dieu vite pardonné.
Si une chose sur terre
peut au ciel ressembler,
Ce doit être l'amour,
pur, constant, entier.

Mais si par hasard vers le péché le charmeur fait pression,
Pardonne, Ô Seigneur, pardonne-nous nos offenses.

Illustrations d'Alex Eckman-Lawn. Vers d'Aphra Behn

Le Paradis perdu

John Milton

Dessins et adaptation de **Rebecca Dart**

CONSIDÉRÉ COMME L'ŒUVRE LITTÉRAIRE SUPRÊME de la langue anglaise, presque au même titre que les grandes pièces de Shakespeare, *Le Paradis perdu* met en scène une myriade de personnages : Dieu, Satan, Adam et Ève, Jésus (appelé le Fils), des démons et des anges. Poète de quelque renom et essayiste pamphlétaire aux opinions politiques, religieuses et sociales aussi tranchées que controversées, le fonctionnaire britannique John Milton était déjà aveugle quand il choisit, à l'âge de 50 ans, le thème du poème épique qu'il voulait écrire depuis longtemps : la chute biblique de l'espèce humaine à travers Adam et Ève, avec l'assistance de Satan. De 1658 à 1664, Milton dicta un poème de 10 000 vers à ses assistants. Il fut publié trois ans plus tard et fut immédiatement acclamé.

Milton ne raconte pas la colossale histoire de la Guerre dans le ciel et de la tentation au Paradis sur le mode sensationnel. Son approche est sincère. En tant que fervent chrétien œcuménique, il rédigea *Le Paradis perdu* pour expliquer tant sur le plan théologique que philosophique pourquoi ces événements étaient survenus. D'ailleurs, comme de nombreux érudits l'ont souligné, il a tellement bien décrit les actions de Satan et expliqué ses motivations, que c'est en réalité Satan et non Dieu le protagoniste de l'œuvre. À la fin, Satan apparaît comme un anti-héros qui se rebelle contre un chef tyrannique, d'abord en se révoltant directement et violemment, puis en s'en prenant à la création de Dieu, c'est-à-dire en incitant Ève à manger le fruit de l'arbre de la connaissance.

À maints égards, Milton a modelé *Le Paradis Perdu sur l'Iliade, l'Odyssée* et l'*Énéide*. Mais son talent à manier la langue va au-delà. Le professeur Francis C. Blessington nous donne une idée de la densité de cette œuvre :

> Dans le poème, on entend des échos verbaux de poésie grecque, latine, hébraïque, italienne, anglaise. On y discute de concepts : la musique, la poésie, la liberté politique, la nature de Dieu, la nature de la nature, le libre arbitre, le sexe, le bonheur et l'enfer domestiques, l'histoire humaine et l'amour divin, la nature du pouvoir et les prétextes de la rébellion, l'interprétation des rêves, la tragédie et le naturel de la mort, ainsi que l'envie d'éternité pour n'en nommer que quelques-uns.

J'aurais dû me douter que Rebecca Dart, artiste de Vancouver, réaliserait une adaptation radicalement originale du *Paradis perdu.* En 2004, tout le monde avait acclamé sa bande dessinée grand format de 24 pages *RabbitHead*, dont les intrigues parallèles en arborescence se déroulaient littéralement les unes à côté des autres alors que l'action ne cessait de bifurquer avant de retrouver un fil unique. Affirmant que pour elle, « illustrer *Le Paradis perdu* de Milton était un rêve de toujours », elle retrace ici l'épopée en 12 pleines pages magnifiques, présentant des illustrations lettrées à la main où les caractères forment des effets géométriques ; les glyphes et les symboles semblent prendre vie.

SOURCE

Blessington, Francis C., *Paradise Lost : A Student's Companion to the Poem,* iUniverse, 2004.

Il déclencha au ciel une guerre impie et un combat téméraire
Dans une attente vaine. Le Pouvoir Omnipotent le jeta
Flamboyant, tête la première, de la voûte éthérée
Ruine hideuse et brûlante, il chuta dans le gouffre
Sans fond de la perdition, pour y rester couvert
De chaînes de diamant, dans le feu qui châtie
Il avait osé défier aux armes le Tout-Puissant.

Un conseil solennel dut avoir lieu incontinent
À Pandémonium, la grande capitale
De Satan et ses pairs. Leurs sommations appelèrent
De chaque bande et chaque régiment régulier
Les plus dignes en rang ou en mérite ; ils vinrent
Aussitôt par troupes de cent et de mille
Avec leurs cortèges.

Devant les portes de chaque côté,
Étaient assises deux formidables figures.

Il s'avança dans la forêt aromatique
Adam l'aperçut, il était assis à la porte
De son frais berceau, tandis que le soleil au zénith
Dardait ses rayons brûlants pour échauffer la terre
Dans ses entrailles, plus chauds qu'Adam le nécessitait ;

Va, Michel, prince des armées célestes,
Et toi juste après lui en achèvements militaires,
Gabriel, conduisez au combat ceux-là, mes enfants
Invincibles, conduisez mes saints armés
Rangés par milliers et millions pour la bataille,
Égaux en nombre à cette foule sans dieu.

Alors Satan connut la douleur
Pour la première fois et se tordit, convulsé ; cruelle
La tranchante épée, dans une blessure continue
Passa à travers lui ; mais la substance éthérée se
referma

Non longtemps divisible ; et de la blessure
Sortit un ruisseau de nectar couleur de sang
Tel que les esprits célestes peuvent en répandre,

Par hasard, quelqu'un de ta race
Dans les jours futurs, si la malice doit abonder,
Dans un dessein pervers ou inspiré par une
Machination diabolique, pourrait créer pareil
Instrument pour désoler les fils des hommes
Entraînés par le péché à la guerre et au meurtre.

L'Enfer béant les reçut
Tous enfin, et se referma sur eux,
L'Enfer, leur demeure idoine, empreint d'un feu
Inextinguible, maison de malheur et d'affliction.

"Je crains la vigilance de ceux-ci
Pour l'éviter, enveloppé ainsi dans la brume
De la vapeur de minuit, je glisse obscur, fouillant
Chaque buisson et fourré où le hasard me fera trouver
Le serpent endormi, pour dans ses replis tortueux,
Me cacher, avec la noire intention que je porte."

"Ici croît le remède à tout, ce fruit divin,
Beau à la vue, attrayant au goût,
Dont la vertu est de rendre sage ; qui interdit donc
De le cueillir et nourrir à la fois le corps et l'esprit ?"

Se disant, sa main imprudente en cette heure maléfique,
Se tendit vers le fruit, elle le cueillit, elle le mangea.
La terre sentit la blessure, et la nature sur ses fondements,
Soupirant à travers ses ouvrages, donna des signes de malheur,
Annonçant que tout était perdu.

Elle lui donna ce beau fruit attrayant d'une main
Libérale. Il n'eut aucun scrupule à en manger
Malgré ce qu'il savait, et il ne fut pas dupé,
Mais naïvement vaincu par le charme d'une femme.

La terre trembla dans ses entrailles, comme si elle avait
Encore des crampes, et la nature gémit une seconde fois ;
Le ciel se couvrit, fit entendre un faible tonnerre et pleura
Des larmes tristes quand s'accomplit le péché originel mortel.

Le monde entier était devant eux pour y choisir
Le lieu de leur repos, et la Providence les guidait.
Main dans la main, à pas incertains et lents
Ils prirent à travers Éden leur chemin solitaire.

Les Voyages de Gulliver

Jonathan Swift

DESSINS ET ADAPTATION DE **Gareth Hinds**

***LES VOYAGES DE GULLIVER* REPRÉSENTENT UNE** satire suprême, typique des Lumières, de la politique, de la religion et de la nature humaine en général. Le récit de Jonathan Swift sur Lemuel Gulliver, chirurgien de marine (qui deviendra plus tard capitaine), est avant tout connu pour la première partie, où le héros fait naufrage sur les rives de Lilliput, île habitée par de minuscules personnes. Celles-ci voient en Gulliver une arme extraordinaire pour conquérir un pays voisin, mais il s'y refuse, de sorte qu'on le condamne à mort. (Les deux pays sont en guerre parce qu'ils n'arrivent pas à s'entendre sur la façon de casser un œuf – sur l'extrémité la plus fine, ou la plus grosse. Swift se moque ici des différences insignifiantes qui conduisirent à des guerres de religion sanglantes entre les catholiques et les protestants.)

Le reste du roman, qui concerne d'autres pays et leurs habitants, est en général négligé, aussi pouvons-nous nous réjouir que Gareth Hinds, qui consacre tout son temps à l'adaptation d'œuvres littéraires, se soit intéressé à la deuxième partie située à Brobdingnag, le pays des Géants. Dans sa tentative pour impressionner le roi au sujet de l'Angleterre, Gulliver n'obtient pas exactement l'effet désiré. En lisant cette partie de l'histoire, vous serez à la fois stupéfait et attristé de retrouver, dans ce roman anglo-irlandais datant de 1726, les États-Unis ou le Royaume-Uni d'aujourd'hui, ce qui prouve d'une part que la grande littérature est intemporelle, et d'autre part que la politique est toujours un cloaque, quels que soient l'époque et le lieu où on l'exerce.

LES VOYAGES DE GULLIVER

2ème partie : Voyage à Brobdingnag

Par Jonathan Swift, 1726 – Adaptation de Gareth Hinds, 2003

Le navire tint bon, mais nous fûmes poussés environ cinq cents lieues vers l'orient, de sorte que le plus vieux et le plus expérimenté des mariniers ne sut nous dire en quelle partie du monde nous étions.

Le seizième jour de juin 1703, un mousse découvrit la terre du haut du perroquet ; le dix-septième, nous vîmes clairement une grande île ou un continent.

J'allai me promener sur la plage pendant que mes compagnons cherchaient de l'eau.
THUD
THUD
SPLASH
!
GURGABAN NORBA SPLACK-NUCK ?

Le géant et moi ne nous comprenions pas, mais à mon discours et mes gestes il fut convaincu que j'étais un être rationnel. Il entreprit alors de m'amener au souverain de son pays.

Sa Majesté et sa suite furent extrêmement diverties de mes manières. La reine donna ordre à son ébéniste personnel de fabriquer une boîte qui puisse me servir de chambre à coucher.
Un ouvrier, célèbre pour les petit bijoux curieux, entreprit de me faire un lit, deux chaises, une table et une armoire. De même, la reine fit chercher chez les marchands les étoffes de soie les plus fines pour me faire des habits, mais qui étaient en fait plutôt encombrants.
Ma maîtresse avait une fille de l'âge de neuf ans, qui devint ma "glumdalclitch", ou petite nourrice. Elle était aussi ma maîtresse d'école et m'apprit sa langue, que je ne trouvais pas trop compliquée.
Les demoiselles d'honneur étaient très éprises de moi, mais je ne pouvais souffrir leurs affections, car pour moi, leur peau était grotesquement rugueuse, grêlée et sentait fort !
J'étais toujours dégoûté par les monstrueuses mouches qui volaient autour de la table à manger, dont les excréments et les sécrétions visqueuses étaient par trop apparentes.

De fait, comme tout dans cette contrée avait une taille proportionnelle à ses habitants, je me retrouvai à plusieurs occasions en grand danger face aux créatures locales.

Le roi, qui était un seigneur d'un grand entendement, ordonnait fréquemment que l'on m'amène dans ma boîte et que l'on me dépose sur sa table. Il désirait que je lui fasse un compte-rendu précis de mon pays natal et de la manière dont il était gouverné.

Imaginez-vous, mon cher lecteur, combien je désirai alors avoir le génie et la langue de Démosthène et de Cicéron pour être capable de dépeindre dignement ma chère patrie et d'en dresser un portrait à la hauteur de ses mérites.

* **Grildrig,** comme ils me nommèrent, signifie ce que les Latins appellent "homunculus" et les Anglais "mannikin".

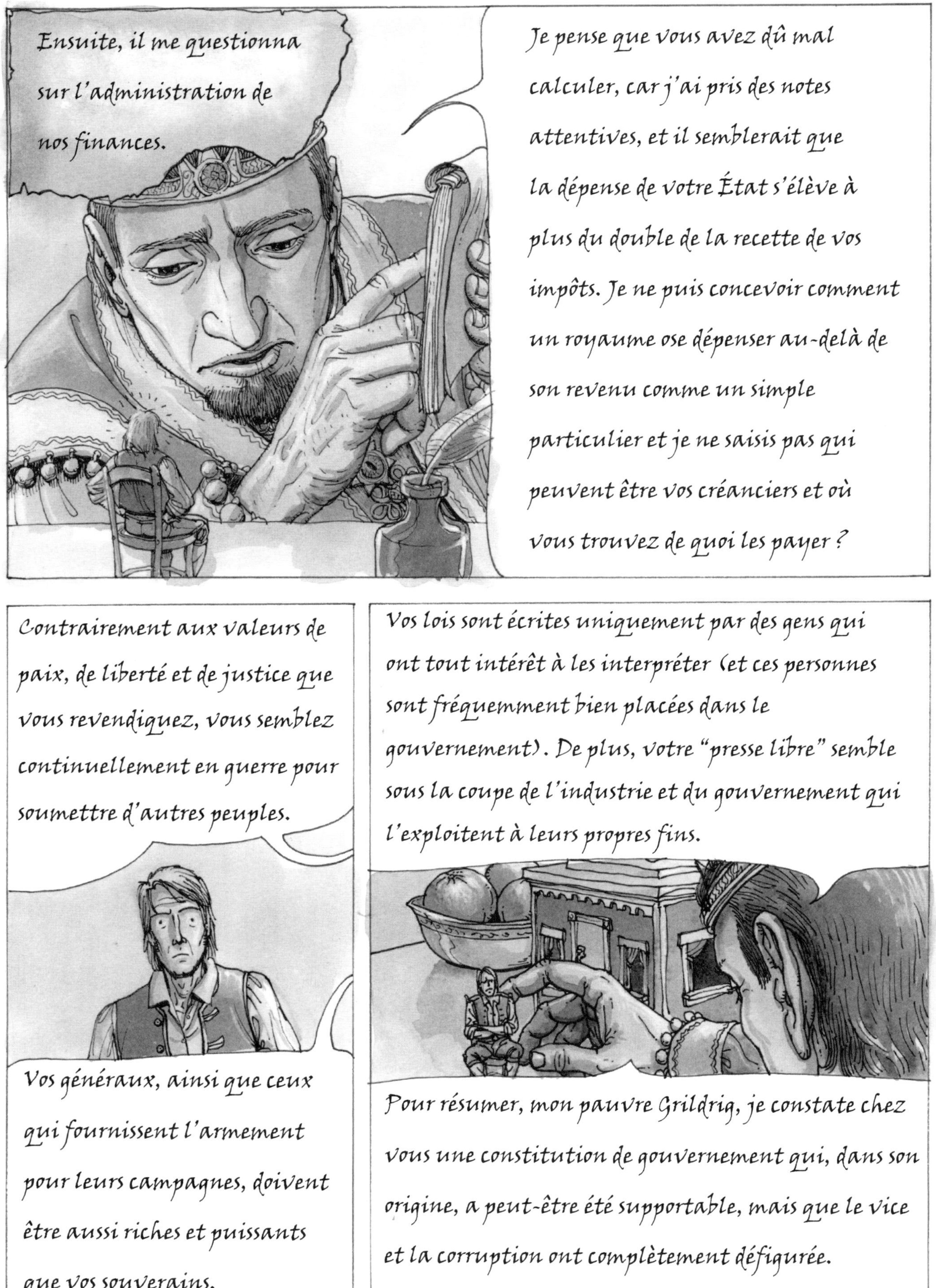
Ensuite, il me questionna sur l'administration de nos finances.
Je pense que vous avez dû mal calculer, car j'ai pris des notes attentives, et il semblerait que la dépense de votre État s'élève à plus du double de la recette de vos impôts. Je ne puis concevoir comment un royaume ose dépenser au-delà de son revenu comme un simple particulier et je ne saisis pas qui peuvent être vos créanciers et où vous trouvez de quoi les payer ?
Contrairement aux valeurs de paix, de liberté et de justice que vous revendiquez, vous semblez continuellement en guerre pour soumettre d'autres peuples.
Vos généraux, ainsi que ceux qui fournissent l'armement pour leurs campagnes, doivent être aussi riches et puissants que vos souverains.
Vos lois sont écrites uniquement par des gens qui ont tout intérêt à les interpréter (et ces personnes sont fréquemment bien placées dans le gouvernement). De plus, votre "presse libre" semble sous la coupe de l'industrie et du gouvernement qui l'exploitent à leurs propres fins.
Pour résumer, mon pauvre Grildrig, je constate chez vous une constitution de gouvernement qui, dans son origine, a peut-être été supportable, mais que le vice et la corruption ont complètement défigurée.

Je fus forcé de faire preuve de patience tandis que mon noble et cher pays était si indignement traité. Mais je peux dire pour ma propre défense que j'éludai adroitement la plupart de ses questions, et je donnai à chaque chose le tour le plus favorable que je pouvais, bien plus que la rigueur de la vérité le permettait.

Car j'ai toujours tenu à conserver une partialité louable à l'égard de ma patrie, si nécessaire à l'historien : je fais tout pour cacher ses infirmités et ses difformités et pour présenter sa vertu et sa beauté dans le jour le plus avantageux.

Dans l'espoir de me gagner les bonnes grâces de Sa Majesté, je lui décrivis l'invention de la poudre à canon. Je lui expliquai qu'une certaine quantité de cette poudre mise dans un tube de bronze ou de fer, selon sa grosseur, poussait un boulet de plomb ou de fer avec une si grande violence et tant de vitesse que rien ne pouvait soutenir sa force. Que les boulets ainsi déchargés pouvaient non seulement dévaster les rangs complets d'une armée, mais abattre les plus fortes murailles et envoyer par le fond des vaisseaux avec des milliers d'âmes à leurs bords, et lorsqu'ils étaient reliés par une chaîne, ils coupaient à travers les mâts et les gréements, tranchaient des centaines de corps en deux et semaient le chaos.

J'expliquai que cette poudre, mise dans un globe de fer lancé avec une machine sur une ville que nous assiégerions, exploserait en jetant des éclats de tous côtés, en défonçant les chaussées, en anéantissant les maisons et en pulvérisant les cervelles de tous ceux qui se trouveraient à proximité.
J'offris de décrire à ses ingénieurs comment fabriquer aisément...
Arrêtez !
C'est une invention d'un ennemi de l'humanité. Je vous ordonne de ne plus jamais en faire part à qui que ce soit !
Étrange effet pitoyable de principes moraux étroits et bornés ! Mais je suis sûr que ce défaut ne venait que de
Cela faisait deux années que j'étais dans ce pays, et au début de la troisième, Glumdalclitch et moi nous joignîmes au roi et à la reine pour un voyage vers la côte méridionale du royaume.

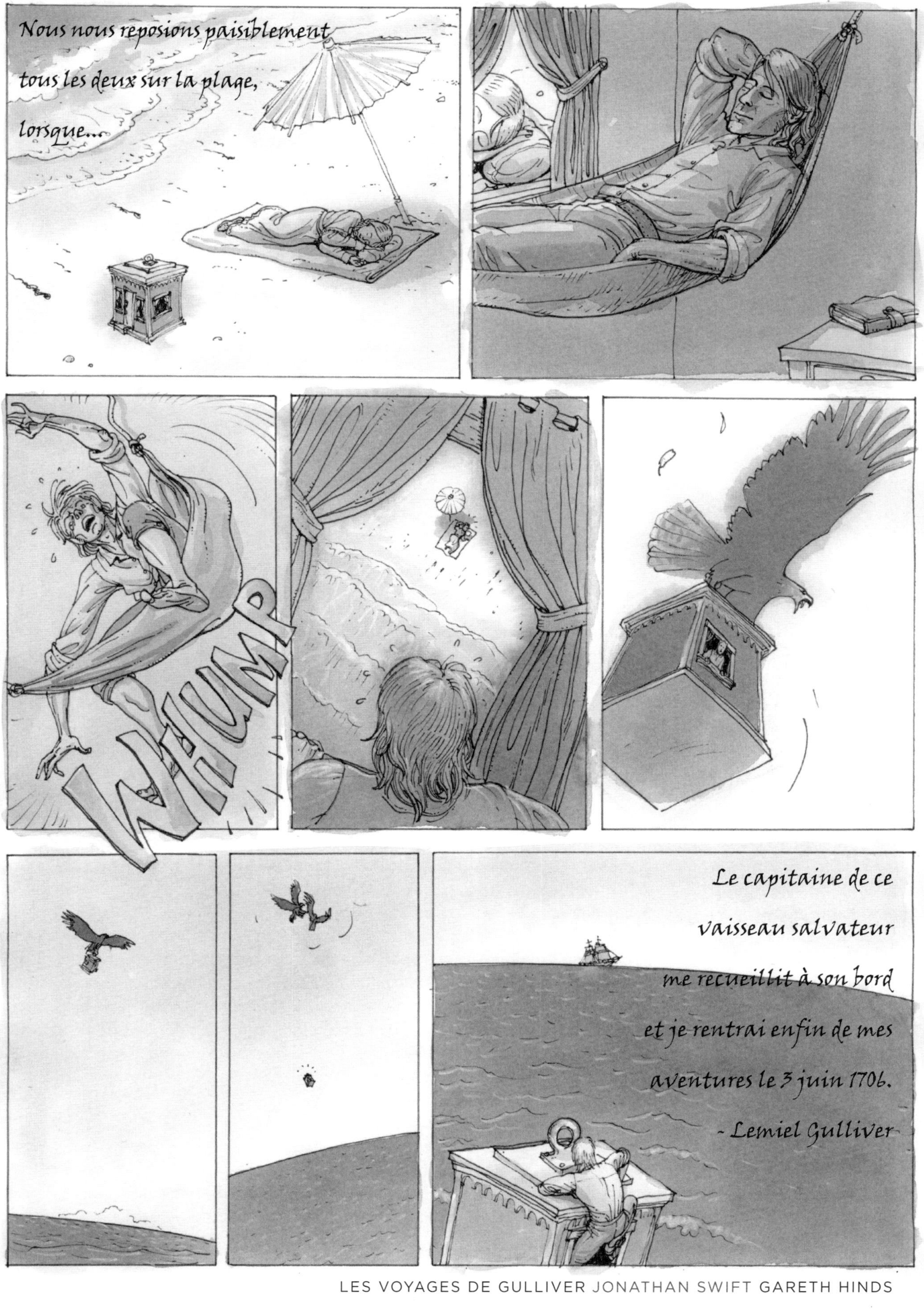
Nous nous reposions paisiblement tous les deux sur la plage, lorsque...
WHUMP
Le capitaine de ce vaisseau salvateur me recueillit à son bord et je rentrai enfin de mes aventures le 3 juin 1706.
- Lemiel Gulliver

Candide

Voltaire

ILLUSTRATIONS D'**Ian Ball**

VOLTAIRE A PRODUIT UNE QUANTITÉ IMPRESSIONNANTE d'écrits : des travaux philosophiques et scientifiques, des ouvrages d'histoire, plus de cinquante pièces, d'innombrables pamphlets, le premier poème épique écrit en français et plus de 20 000 lettres. Vous imaginez peut-être un homme au visage blême, penché sur son bureau, reclus, en train d'écrire ses millions de mots à la plume d'oie. Pas du tout ! Voltaire était un homme du monde. Ses vues mordantes sur la religion et la politique lui ont valu d'être emprisonné à la Bastille. Il arrivait que ses ouvrages soient bannis, et ils furent même brûlés. Il dut fuir Paris, puis la France. Comme beaucoup de personnages importants des Lumières, il était bien né, à un léger petit détail près puisqu'il était probablement bisexuel ; on raconte qu'il comptait parmi ses amants sa propre nièce et Frédéric le Grand. Il se battit pour les droits de l'homme, y compris la liberté de religion. Il escroqua la loterie française et adorait se salir les mains en jardinant et cultivant ses terres.

C'était manifestement un homme complexe, tout comme l'est son œuvre la plus connue, *Candide*, petit conte philosophique écrit en 1759. Il s'agit d'une attaque radicale contre l'optimisme et d'une réfutation de cette notion (notamment au sens où l'entend le philosophe allemand Leibniz), à savoir que « nous vivons dans le meilleur des mondes possibles » parce qu'il a été créé par un Dieu parfait. Candide, notre infortuné héros, est au début du conte un optimiste à tous crins, mais lui-même et les autres personnages du récit vont faire l'expérience d'une série incessante de catastrophes et de malheurs risiblement exagérés, tandis que le personnage de Pangloss (une caricature de Leibniz) s'ingénie à les faire passer pour positifs. Candide finit par avoir une autre vision des choses, mais il n'en devient pas pour autant pessimiste. Ce serait trop facile. Il a désormais un regard bien plus nuancé et dur sur le monde. Comme l'explique le professeur de philosophie A. C. Grayling, Candide est devenu quiétiste, « acceptant les choses telles qu'elles sont, se tenant hors de la ligne de feu, et continuant à vivre tranquillement sans plus se poser d'inlassables questions (ni essayer d'agir) sur le meilleur et le pire de ce monde ».

Dans les illustrations suivantes, Ian Ball a su rendre avec panache deux des plus célèbres scènes du conte : les catastrophes naturelles qui s'abattent sur Lisbonne lorsque Candide et Pangloss y arrivent en bateau, et le passage dans lequel Pangloss remonte le cours des causes de sa syphilis, de la femme de chambre qui la lui a donnée à l'équipage de Christophe Colomb.

SOURCES

Grayling, A. C., « Voltaire's Candide, or Optimism », page Web R-U de Penguin Classics.

Voltaire, *Candide and Related Texts,* traduit et présenté par David Wootton, Indianapolis, Hackett Publishing Company, 2000.

C'était une chose indispensable, un ingrédient nécessaire dans le meilleur des mondes ; car si Colomb n'avait pas attrapé dans une île de l'Amérique cette maladie qui empoisonne la source de la vie, qui souvent même fait obstacle aux générations, et qui est évidemment l'opposé du grand but de la nature, nous n'aurions ni le chocolat ni la cochenille.

Tout ceci est pour le mieux. S'il y a un volcan à Lisbonne, il ne pouvait être ailleurs ; il est impossible que les choses ne soient pas où elles sont, car tout est bien.
Candide de Voltaire

“Modeste proposition”

Jonathan Swift

Dessins et adaptation de **Peter Kuper**

EN 1729, PARMI LES PAMPHLETS QUE L’ON TROUVAIT à la vente sur les étals de livres, à Londres et ailleurs, il y en avait un qui avait pour titre « Modeste proposition pour empêcher les enfants des pauvres en Irlande d’être à la charge de leurs parents ou de leur pays, et pour les rendre utiles au public ». L’auteur anonyme suggère que les personnes démunies, en Irlande, vendent leurs enfants comme nourriture aux riches Anglais.

Peu de chose, voire quasiment rien, dans ce pamphlet ne laisse supposer qu’il s’agit d’une blague. Il présente de façon détaillée l’aspect culinaire, financier et moral du programme. Le gouvernement britannique avait fait subir des privations économiques et une oppression politique inhumaines au peuple d’Irlande. Ce pamphlet pousse simplement la situation jusqu’au bout de sa logique.

Comme tout le monde le sait maintenant, l’auteur en était le bel esprit des Lumières et maître de la satire, Jonathan Swift. Son essai est désormais un classique dans les cours de littérature sur l’ironie, à l’université. Comme la plupart des écrits cinglants de Swift, « Modeste proposition » pique toujours au vif aujourd’hui. Il concernait l’Irlande et la Grande-Bretagne du début du XVIIIe siècle, mais son message global vaut aujourd’hui pour les États-Unis et bien d’autres pays du XXIe siècle. De fait, Peter Kuper – qui se sert lui aussi de son art pour exprimer des commentaires sociopolitiques virulents – a décliné le discours au présent.

MODESTE PROPOSITION
Pour empêcher les enfants des pauvres en Irlande d'être à la charge de leurs parents ou de leur pays et pour les rendre utiles au public.
C'est un objet de tristesse pour ceux qui traversent cette grande ville de voir les rues encombrées de mendiants.
sans-abri. aide s'il vous plaît.
Ayant réfléchi à ce sujet capital,
Je suis, heureusement, arrivé à cette proposition qui est tout à fait nouvelle et gratuite. Je vous propose donc humblement mes conclusions qui je l'espère, ne soulèveront pas la moindre objection.
Un Américain bien avisé m'a assuré qu'un enfant en bonne santé constitue une nourriture des plus délicieuses,
nourrissantes et saines, qu'il soit cuit en daube, au pot, rôti à la broche ou au four. Je ne doute pas qu'il soit aussi succulent préparé en fricassée ou en ragoût.

Ce comestible sera quelque peu onéreux,
mais il conviendra parfaitement aux
propriétaires terriens qui, ayant déjà
sucé la moelle des pères, semblent
les mieux qualifiés pour
manger la chair des enfants.
Par ailleurs, le fait que les denrées de ce nouveau plat qui envahira les tables des gens aisés proviennent de notre propre production, signifie que l'argent ne circulera qu'entre nous.
On peut aussi citer d'autres avantages. Par exemple, les reproducteurs permanents tireront profit de la vente de leurs enfants. Cela pourrait être une belle incitation au mariage et les mères en seraient d'autant plus tendres et attentionnées envers leurs enfants.
Les hommes deviendront aussi affectueux avec leurs femmes qu'ils le sont avec leurs vaches lorsqu'elles sont pleines ou avec leurs truies lorsqu'elles vont mettre bas.
Je conjure ceux qui
réprouvent ma proposition visant
à résoudre l'impossibilité de
payer un loyer sans
argent ni
travail
d'y songer.
J'affirme ne pas avoir le moindre intérêt personnel à promouvoir ce projet nécessaire. Je n'ai d'autre motivation que le bien public de mon pays, le bien-être de nos enfants et de donner un peu de plaisir aux riches.
Essai de Jonathan Swift (1667 – 1745)
Illustrations de Peter Kuper (1958 –)

"L'art de choisir sa maîtresse"

Benjamin Franklin

Tableau de **Cortney Skinner**

EST-IL NÉCESSAIRE DE PRÉSENTER BENJAMIN FRANKLIN ? D'une certaine façon, oui. Pas étonnant si l'on considère que c'était un esprit universel, un homme de la Renaissance, le principal Américain à avoir collaboré (avec Thomas Jefferson) à l'esprit des Lumières, un Don Juan, un scientifique, un inventeur, un philosophe, un éditeur et un ambassadeur dont les écrits rempliront quarante-sept volumes épais quand Yale University Press les aura tous publiés (l'entreprise a commencé en 1959, et n'est toujours pas achevée).

Comme tous ses frères des Lumières (Swift, Voltaire, Boswell), Franklin avait un côté grivois, que *Le Canon graphique* va vous présenter. En 1745, il écrivit une lettre railleuse, destinée à rester entre les mains des hommes de sa connaissance, dans laquelle il énumérait les vertus du sexe avec des femmes âgées. La lettre a circulé pendant 180 ans par des voies clandestines avant d'être publiée ouvertement en 1926.

Cortney Skinner nous livre ici une vision fidèle, méticuleuse et détaillée (chacune des briques a été peinte à la main !) d'un jeune homme de l'époque où l'on mit le conseil de Franklin en pratique. Ou du moins était-ce ce que ce dernier aurait souhaité.

Mon cher ami,

Je ne connais aucun médicament capable de diminuer les inclinations naturelles violentes que vous avez mentionnées. Et si c'était le cas, je crois que je ne vous le communiquerais pas. Le mariage est le remède approprié. C'est l'état le plus naturel de l'homme, et par conséquent l'état dans lequel on est le plus susceptible de trouver un solide bonheur. Les raisons que vous invoquez pour ne pas vous engager présentement par les liens du mariage ne me semblent pas légitimes. Les avantages circonstanciels que vous pensez tirer en le retardant sont non seulement incertains, mais peu de chose en comparaison de la chose elle-même, c'est-à-dire au fait d'être marié et installé. C'est l'union de l'homme et de la femme qui rend l'être humain complet. Séparée de l'homme, la femme veut la force de son corps et la puissance de sa raison. Et lui, il réclame sa douceur, sa sensibilité et l'acuité de son discernement. Ensemble, ils ont plus de chance de réussir dans le monde. Un célibataire n'a pas tout à fait la même valeur qu'un homme marié. C'est un animal incomplet. Il ressemble à une moitié de ciseaux. Si vous avez une femme prudente et en bonne santé, l'application dont vous ferez preuve dans votre profession, alliée à son sens de l'économie, sera une source de bonheur satisfaisant.

Toutefois, si vous ne voulez pas suivre mon avis et persistez à penser qu'un commerce avec l'autre sexe est inévitable, alors je répète mon conseil précédent, à savoir qu'entre tous vos amours, vous devez préférer les femmes âgées aux jeunes. Vous me direz que c'est un paradoxe et m'en demanderez les raisons. Les voici :

1. Parce que ayant une meilleure connaissance du monde et ayant stocké en leur esprit davantage d'observations, leur conversation est plus enrichissante et plus agréable à la longue.

2. Parce que, quand les femmes cessent d'être belles, elles s'efforcent d'être bonnes. Pour maintenir leur influence sur les hommes, elles compensent leur beauté flétrie par une utilité accrue. Elles apprennent à rendre mille petits et grands services, et sont les amies les plus tendres et les plus efficaces quand vous êtes malade. Cela, tout en étant aimables. Aussi est-il extrêmement rare qu'une femme âgée ne soit pas bonne.

3. Parce qu'il n'y a aucun risque d'enfants qui, conçus de façon irrégulière, pourraient entraîner des ennuis.

4. Parce que étant plus expérimentées, elles sont plus prudentes et plus discrètes sur la façon de gérer une liaison sans attirer les soupçons. Leur commerce est donc plus sûr pour votre réputation. Et quant à la leur, si une liaison venait à se savoir, les gens attentionnés seraient plutôt enclins à excuser une femme âgée qui prendrait gentiment soin d'un jeune homme, formerait ses manières en lui prodiguant de bons conseils, et éviterait qu'il ne ruine sa santé et sa fortune en fréquentant des prostituées vénales.

5. Parce que, chez l'animal qui marche debout, le déficit en fluide qui remplit les muscles se manifeste en premier dans ses parties du haut : c'est d'abord son visage qui se ternit et se ride, puis le cou, puis la poitrine et les bras, les parties du bas restant plus rebondies que jamais. Aussi si l'on recouvre le haut d'une corbeille et que l'on regarde juste ce qui se trouve au-dessous de la ceinture, il est impossible entre deux femmes de distinguer la vieille de la jeune. Et comme dans le noir tous les chats sont gris, le plaisir de la jouissance physique avec une vieille femme est au moins égal, et fréquemment supérieur, chaque jeu pouvant être amélioré grâce à l'expérience.

6. Parce que le péché est moindre. Débaucher une vierge peut causer sa ruine, et la rendre malheureuse pour la vie.

7. Parce que les remords sont moins vifs. Avoir créé le malheur d'une jeune fille pourra entraîner chez vous des pensées amères, ce qui ne sera pas le cas, si vous avez fait le bonheur d'une femme âgée.

Enfin huitième et dernier point : Elles sont *si reconnaissantes !* Voilà pour le paradoxe. Mais je continue à vous conseiller de vous marier directement. À vous sincèrement, votre affectueux ami.

ENLIST
HEROES
Shadow Portraits
Cortney Skinner

Le Journal de Boswell. Amours à Londres

James Boswell

DESSINS ET ADAPTATION DE **Robert Crumb**

L'IRLANDAIS JAMES BOSWELL, QUI VÉCUT AU XVIIIe siècle, était avocat, écrivain, intellectuel et libertin. Durant toute sa vie, il a abusé d'alcool, de sexe et de jeux de hasard. Il a rédigé une biographie qui passe pour la meilleure de la littérature : *Vie de Samuel Johnson.* Ce dernier était son ami et l'une des plus grandes lumières littéraires de Grande-Bretagne ; il fut le créateur d'un des plus importants dictionnaires de langue anglaise.

Boswell a aussi tenu de nombreux journaux intimes. Parce qu'il y racontait sa vie dissolue, tout comme ses rencontres avec les principaux intellectuels de l'époque, ses héritiers refusèrent leur publication. C'était un sujet gênant pour la famille. Toutefois, par chance, les différents descendants de Boswell ne purent se résoudre à détruire ce qu'ils savaient être un trésor littéraire. Les volumineux journaux passèrent près de 130 ans dans des tiroirs, dans les coffres d'une remise abandonnée et, pour ce qui est des *Amours à Londres,* dans une boîte de croquet. Ce n'est qu'en 1920 que le travail de toute une vie fut sauvé par des étrangers et remis à Yale où ils ont été conservés.

Amours à Londres couvre la période allant de novembre 1762 au mois d'août suivant, et comprend sans doute l'événement le plus important de la vie de Boswell, c'est-à-dire sa rencontre avec Samuel Johnson.

Je suppose que pour la plupart des lecteurs de cette anthologie, il n'est pas nécessaire de présenter Robert Crumb. Véritable légende de son temps, c'est le plus grand artiste de bandes dessinées underground de la première génération, et sa popularité n'est pas près de fléchir, ni son œuvre de perdre en intérêt. (Combien de personnes auraient les moyens d'acheter une maison dans le sud de la France en échange d'un de leurs propres carnets de croquis ?) Il a adapté plusieurs classiques de la littérature (*La Nausée* de Sartre figure dans le volume 3 de cette collection). Avec Boswell, il a trouvé un sujet qui alterne activités sexuelles et réflexions intellectuelles.

SOURCES

Boswell, James, *Boswell's London Journal,* 1762-1763, Frederick Pottle (directeur de publication), préfacé par Christopher Morley, Yale University Press, 1992.

A KLASSIC KOMIC
EXCERPTS FROM Boswell's LONDON JOURNAL 1762-1763
SIR JAMES BOSWELL ÉTAIT UN ARISTOCRATE ÉCOSSAIS QUI S'ÉTAIT ÉTABLI À LONDRES AU COURS DE L'ANNÉE 1768, À L'ÂGE DE 22 ANS. IL VIVAIT D'UNE PENSION VERSÉE PAR SA FAMILLE ET PASSAIT SON TEMPS À TENTER DE S'ÉLEVER SOCIALEMENT. IL TENAIT ÉGALEMENT UN JOURNAL DÉTAILLÉ DE SES MULTIPLES AVENTURES ET RÉFLEXIONS.
©1981 BY R. CRUMB
MARDI 14 DÉCEMBRE 1762
"IL EST TRÈS CURIEUX DE SONGER QUE JE SUIS À PRÉSENT À LONDRES DEPUIS PLUSIEURS SEMAINES SANS AVOIR JAMAIS PROFITÉ DU BEAU SEXE, BIEN QUE JE SOIS ENTOURÉ DE FEMMES DE TOUTES SORTES, DONT LES CŒURS SONT LIBRES...
EN EFFET, DANS MON ESPRIT, IL NE PEUT Y AVOIR DE PLUS GRANDE FÉLICITÉ EN CE MONDE POUR UN HOMME QUE DE PARTAGER UNE AUTHENTIQUE TENDRESSE AMOUREUSE AVEC UNE FEMME AIMABLE. AINSI IL S'OFFRE LE LUXE DES SENTIMENTS DÉLICATS ET DES PLAISIRS, TANT CEUX DU CORPS QUE DE L'ESPRIT, TANDIS QUE DANS LE MÊME TEMPS, DANS CETTE UNION ENCHANTERESSE, IL S'EXALTE DANS LA CONSCIENCE QU'IL EST L'ÊTRE SUPÉRIEUR. LA DIGNITÉ DE SON SEXE EST SAUVEGARDÉE. CES SCÈNES PARADISIAQUES DE GALANTERIE ONT EXALTÉ MON ENTENDEMENT ET AFFINÉ MON GOÛT, SI BIEN QUE JE NE PEUX M'ABAISSER AU POINT DE PRENDRE POUR COMPAGNE LA PLUS INTIME UNE INDIGNE CRÉATURE À L'ÂME VILE ET SANS ÉDUCATION, TOUT COMME MA DÉLICATESSE NE PEUT SE SATISFAIRE DE LA VOLUPTÉ GROSSIÈRE DES ÉTUVES" (*)
(*) MAISONS DE BAINS.
"POUR CETTE RAISON, JE ME SUIS RENDU À PLUSIEURS REPRISES CHEZ UNE FORT BELLE COMÉDIENNE DU THÉÂTRE DE COVENT GARDEN, AVEC LAQUELLE J'ÉTAIS UN PEU LIÉ ET QUE JE DISTINGUERAI DANS LE PRÉSENT JOURNAL EN L'APPELANT LOUISA..."
VENDREDI 17 DÉCEMBRE 1762 —
MADAME, J'AI ÉTÉ FORT HEUREUX DE VOUS TROUVER! JE VOUS AI ADMIRÉE DÈS LA PREMIÈRE FOIS QUE JE VOUS AI VUE!
OH, MONSIEUR!
MAIS SI, EN VÉRITÉ! CE QUE J'AIME AU-DELÀ DE TOUT EST D'AVOIR LA COMPAGNIE D'UNE FEMME AGRÉABLE, CHEZ QUI JE PEUX PRENDRE LE THÉ ET GOÛTER LE PLAISIR D'UNE CONVERSATION CONVENABLE. JE SUIS TOUT À FAIT HEUREUX D'ÊTRE ICI!
MONSIEUR, VOUS ÊTES LE BIENVENU ICI AUSSI SOUVENT QU'IL VOUS PLAIRA... TOUS LES SOIRS, SI BON VOUS SEMBLE!
MADAME, JE VOUS EN SUIS INFINIMENT OBLIGÉ!
"C'ÉTAIT TOUT CE QUE JE DÉSIRAIS. JE LA QUITTAI D'EXCELLENTE HUMEUR ET DÎNAI CHEZ SHERIDAN. IL DISAIT QUE NOTRE ÉPOQUE ÉTAIT CELLE DE LA FRIVOLITÉ".
SOUS LE RÈGNE DE LA REINE ANNE, LE MÉRITE ÉTAIT ENCOURAGÉ. EN CE TEMPS, LE GÉNIE ÉTAIT ENCOURAGÉ PAR LES FAVEURS DE LA COUR. MAIS SOUS LES RÈGNES DE GEORGES Ier ET GEORGES II, L'INTELLIGENCE ÉTAIT UN INCONVÉNIENT. L'IGNORANCE ET LA CORRUPTION ÉTAIENT LES SEULES FAÇONS DE RÉUSSIR.
J'ESPÈRE, MONSIEUR, QUE NOUS VIVONS À PRÉSENT DANS UNE ÉPOQUE MEILLEURE ET QUE LE RÈGNE DE GEORGES III DONNERA AU GÉNIE TOUS LES ENCOURAGEMENTS QU'IL MÉRITE.
OUI, NOUS POUVONS DÉSORMAIS ESPÉRER QUE LE MÉRITE VA S'ÉPANOUIR.
"SHERIDAN TROUVAIT DES ERREURS DANS LA TRADUCTION QUE FRANCIS AVAIT FAITE D'HORACE."
CAR, POUR DONNER LE SENS LITTÉRAL D'HORACE, IL DOIT ÊTRE EN VERS. POUR RESTITUER SON STYLE ET SON ESPRIT, IL FAUDRAIT UNE ADAPTATION MODERNE, COMME LES DEUX ADAPTATIONS DE SWIFT, QUI SONT LES SEULES BONNES.
ET CELLES DE POPE?
LUI, MONSIEUR, A PLUS L'IMPERTINENCE DE JUVÉNAL QUE LA DÉLICATE ÂPRETÉ D'HORACE!

MARDI 22 DÉCEMBRE 1792 — "CE MATIN, JE ME SUIS RENDU CHEZ LOUISA LE CŒUR REMPLI D'ESPOIR D'UN BONHEUR CONSOMMÉ. D'ÉTRANGES SENTIMENTS SE BOUSCULAIENT EN MOI. J'ÉTAIS RAVI À LA PERSPECTIVE DE MON BONHEUR ET CEPENDANT UNE TELLE ANXIÉTÉ S'ABATTAIT SUR MOI QUE JE CRAIGNAIS UN AFFAIBLISSEMENT DE MES PERFORMANCES. J'EN VENAIS PRESQUE À SOUHAITER D'ÊTRE LIBÉRÉ DE CE RENDEZ-VOUS."
"JE RESSENTIS LE TOURMENT D'ANGOISSE D'UN AMOUR SÉRIEUX. JE M'ASSIS ET PARLAI AVEC LA DISTANCE D'UNE RELATION NOUVELLE ET NON AVEC L'AISANCE ET L'ARDEUR D'UN AMANT OU DU MOINS D'UN GENTLEMAN. J'AURAIS DONNÉ N'IMPORTE QUOI POUR ÊTRE HORS DE CETTE PIÈCE. NOUS PARLÂMES DE RELIGION."
CEUX QUI REJETTENT CELA FONT MONTRE D'UN MANQUE DE RAISON.
POUR MA PART, MADAME, JE REGARDE L'ADORATION DE L'ÊTRE SUPRÊME COMME L'UN DES PLUS GRANDS PLAISIRS QUE NOUS AYONS. JE NE VOUDRAIS PAS ME DÉBARASSER DE MES IDÉES RELIGIEUSES.
"ME TROUVANT COMPLÈTEMENT ABATTU PAR L'AMOUR, JE ME MIS À POUSSER DE VRAIS CRIS ET DISANT QUE J'ÉTAIS MALHEUREUX, ET QU'ÉTANT STUPIDE, J'ALLAIS PARTIR... JE ME LEVAIS... JE M'ASSIS DE NOUVEAU..."
VOUS SAVEZ MADAME, VOUS NE VOUS DITES PAS PLATONICIENNE... JE VOUS CONJURE D'ÊTRE AIMABLE ! VOUS AVEZ DIT QUE VOUS ÉTIEZ AU-DESSUS DE LA FINESSE DE VOTRE SEXE (*). JE VOUS ADORE !
NON, CHER MONSIEUR ! DE GRÂCE, CALMEZ-VOUS !
(*) "NE MANQUEZ JAMAIS DE DIRE À UNE FEMME QU'ELLE VAUT MIEUX QUE SON SEXE."
UNE TELLE CHOSE DEMANDE RÉFLEXION !
MADAME, J'ADMETS QUE CELA SERAIT NÉCESSAIRE POUR TOUT HOMME AUTRE QUE MOI... JE SUIS D'EXCELLENT CARACTÈRE, TRÈS HONNÊTE ET POSSÈDE UN PEU D'ARGENT. JE DEVRAIS ÊTRE RÉCOMPENSÉ POUR MON HONNÊTETÉ.
MAIS MONSIEUR, LAISSEZ-MOI LE TEMPS DE M'EN REMETTRE !
SAMEDI 25 DÉCEMBRE 1762 — "J'ÉTAIS, CE JOUR-LÀ, DANS DE MEILLEURES DISPOSITIONS ; C'ÉTAIT NOËL, JOUR QUI M'AVAIT TOUJOURS INSPIRÉ LES SENTIMENTS LES PLUS AGRÉABLES. JE PASSAI UN MOMENT CHEZ COUTT PUIS CHEZ MCFARLANE PUIS ME RENDIT CHEZ DAVIE. NOUS CAUSÂMES POÉSIE, RÉCITÂMES DU GOLDSMITH..."
LA POÉSIE HÉTÉROCLITE DE NOTRE ÉPOQUE N'EST RIEN COMPARÉE À CELLE D'ANTAN. ELLE EST TELLEMENT PAUVRE !
NOUS AVONS UNE AUTRE FORME DE POÉSIE. ET "LE SPLEEN" N'A PAS SON ÉGAL DANS LA POÉSIE D'ANTAN.
ET QUE PENSEZ-VOUS DES ODES DE GRAY ? NE SONT-ELLES PAS ADMIRABLES ?
AH, LE TONNERRE GRONDANT ! JE ME SOUVIENS D'UN AMI QUI AIMAIT BEAUCOUP GRAY "OUI", DIS-JE, "IL EST TRÈS BON EN EFFET, PAR EXEMPLE — PRENEZ LE BLANC, PRENEZ LE ROUGE, PRENEZ LE BLEU, PRENEZ LE VERT; PRENEZ LES COULEURS QUI TOUTES S'EFFACENT, EN TRAVERSANT LE FIRMAMENT." "OH OUI", DIT-IL, "SUPERBE ! SUPERBE !" "IL EST VRAI, MONSIEUR", DIS-JE, "MAIS JE VIENS À L'INSTANT DE FAIRE CES VERS."
HM!

EH BIEN, J'ADMIRE PRODIGIEUSEMENT GRAY, ET J'AI LU SES ODES À EN PERDRE PRESQUE LA TÊTE !
ELLES SONT TERRIBLEMENT OBSCURES ! IL FAUT ÊTRE HISTORIEN ET ÉRUDIT POUR POUVOIR LES COMPRENDRE !
ET POURQUOI PAS ? IL N'ÉCRIT PAS POUR LES PORTEFAIX OU LES COCHERS. IL ÉCRIT POUR DES HOMMES DE SAVOIR !
BOSWELL PARVIENT FINALEMENT À ARRANGER UN RENDEZ-VOUS AVEC LOUISA. IL L'EMMÈNE AU BLACK LION INN SOUS UN FAUX NOM DE COUPLE MARIÉ, M. ET MME "DIGGES." —
MERCREDI 12 JANVIER 1763 — "JAMAIS JE N'AI JOUI D'UNE NUIT PLUS SENSUELLE. CINQ FOIS JE ME PERDIS COMPLÈTEMENT DANS L'EXTASE SUPRÊME. LOUISA ÉTAIT FOLLEMENT ÉPRISE DE MOI. ELLE DÉCLARA QUE J'ÉTAIS UN PRODIGE ET ME DEMANDA SI CELA N'ÉTAIT PAS EXTRAORDINAIRE POUR UN ÊTRE HUMAIN..."
JEUDI 20 JANVIER 1763 — "JE ME LEVAIS TERRIBLEMENT DÉPRIMÉ, APRÈS ÊTRE RESTÉ CLOUÉ AU LIT EN RAISON DE L'INFECTION PERNITIEUSE QUI COURAIT DANS MES VEINES. L'ANXIÉTÉ OPPRESSAIT MA POITRINE. JE N'EN CROYAIS PAS MES YEUX. C'ÉTAIT BIEN SIGNOR GONORRHÉE !"
QUOI ! COMMENT CETTE FEMME, BELLE, SENSÉE, AGRÉABLE, PEUT-ELLE ÊTRE SI TRISTEMENT SOUILLÉE ?! LA CORRUPTION PEUT-ELLE SE LOGER SOUS DE SI BEAUX ATOURS ?
AURAIS-JE ÉTÉ DUPÉ ? AI-JE ÉTÉ, MOI QUI CONNUS DES AVENTURES SAINES ET RAFFINÉES AVEC DES FEMMES DU MONDE, LA DUPE D'UNE PUTAIN ??
A RAKE'S PROGRESS
... ET ME SERA-T-IL INTERDIT (POUR UN BON MOMENT DU MOINS) DE FAIRE MA PROMENADE, PLEIN DE SANTÉ ET D'ENTRAIN, AUTOUR DU PARC, AVANT LE PETIT-DÉJEUNER, D'ALLER VOIR LES GARDES MAGNIFIQUES À LA PARADE ET JOUIR DE TOUS MES PLAISANTS DIVERTISSEMENTS ?
OH DIEU, OH DIEU ! QUELLE MALÉDICTION ME FRAPPE ! QUE JE SUIS DONC UNE MISÉRABLE CRÉATURE !
"AINSI SE CONCLUT MON AVENTURE AVEC L'HONNÊTE LOUISA, DONT JE ME FLATTAIS, ET DONT J'ATTENDAIS UN HIVER AU MOINS DE SAINE COPULATION."
BOSWELL SE PLAÇA ENTRE LES MAINS D'UN MÉDECIN, ET APRÈS DEUX MOIS, FUT COMPLÈTEMENT RÉTABLI. —
JEUDI 30 MARS 1763 — "JE FLÂNAI TOUT LE JOUR. À LA NUIT TOMBÉE, J'ALLAIS DANS LE PARC, ET PRIS LA PREMIÈRE PUTAIN QUE JE CROISAIS..."
"... AVEC LAQUELLE, SANS TROP DE MOTS, JE COPULAI LIBRE DE TOUT DANGER, ÉTANT DÛMENT PROTÉGÉ. ELLE ÉTAIT LAIDE ET DÉCHARNÉE ET SON HALEINE SENTAIT L'ALCOOL. JE N'AI PAS DEMANDÉ SON NOM. QUAND CE FUT FAIT, ELLE S'ÉCLIPSA. J'AVAIS UNE PIÈTRE OPINION DE CETTE PRATIQUE VULGAIRE ET RÉSOLUS DE NE PLUS M'Y ADONNER."

MARDI 12 AVRIL 1763 — "LA NUIT DERNIÈRE, JE RENCONTRAI SUR LES QUAIS UNE PUTAIN MONSTRUEUSEMENT GROSSE, QUE J'EUS UNE GRANDE ENVIE DE LUBRIFIER, COMME ON DIT. J'ALLAI AVEC ELLE DANS UNE TAVERNE, OÙ ELLE ME MONTRA TOUTES LES PARTIES DE SON ÉNORME CARCASSE."
"MAIS JE DÉCOUVRIS QUE SON AVARICE ÉTAIT AUSSI GRANDE QUE SON C—, CAR ELLE REFUSA ABSOLUMENT DE PRENDRE CE QUE JE LUI OFFRAIS. ELLE M'AURAIT VOLONTIERS PROVOQUÉ À LUI PARLER DUREMENT ET CRÉER AINSI UN INCIDENT, MAIS JE SORTIS AVEC LA DIGNITÉ D'UN ÉVÊQUE DE BARCELONE."
JEUDI 19 MAI 1763 — "JE ME MIS EN CHEMIN POUR LE PIAZZA(*), EMPLI D'ARDEUR ANIMALE ET BRÛLANT D'UN DÉSIR IMPÉRIEUX. JE RENCONTRAI DEUX RAVISSANTES JEUNES FILLES QUI ME PRIÈRENT DE LES PRENDRE AVEC MOI."
MES CHÈRES FILLES, JE SUIS UN PAUVRE DIABLE. JE NE PEUX VOUS DONNER D'ARGENT. MAIS SI VOUS ACCEPTEZ UN VERRE DE VIN ET MA COMPAGNIE ET QUE NOUS SOYONS AIMABLES ET GAIS LES UNS AVEC LES AUTRES SANS ARGENT, JE SUIS VOTRE HOMME !
(*) UNE TAVERNE POPULAIRE.
ELLES ACCEPTÈRENT, PLEINES D'ENTRAIN. JE RETOURNAI DONC AU "SHAKESPEARE'S HEAD".
TAVERNIER, J'AI ICI DEUX ÊTRES HUMAINS ! JE NE SAIS PAS CE QU'ELLES DONNERONT !
JE VAIS VOIR ÇA VOTRE HONNEUR !
ELLES FERONT TRÈS BIEN L'AFFAIRE !
CE SONT VRAIMENT DE BONNES CRÉATURES ?! ALORS FAITES-LES ENTRER !
"EN UN CLIN D'ŒIL, ON NOUS CONDUISIT DANS UNE BONNE CHAMBRE AVEC UNE BOUTEILLE DE SHERRY. JE JAUGEAI MON SÉRAIL, TOUTES DEUX ME SEMBLANT DE BONS SUJETS POUR LES JEUX DE L'AMOUR. JE JOUAI AVEC ELLES, BUS ET CHANTAI "YOUTH'S THE SEASON" ME PRENANT POUR LE CAPITAINE MACHEATH(*)."
(*) DE "L'OPÉRA DES GUEUX".
"PUIS JE ME CONSOLAI DE L'EXISTENCE AVEC ELLES, L'UNE APRÈS L'AUTRE, PAR ORDRE D'ÂGE. J'ÉTAIS PLUTÔT DRESSÉ, COMME ON DIT, À L'IDÉE DE ME TROUVER DANS UNE TAVERNE DE LONDRES, JOUISSANT D'UNE GRANDE DÉBAUCHE, APRÈS UN HIVER D'ABSTINENCE."

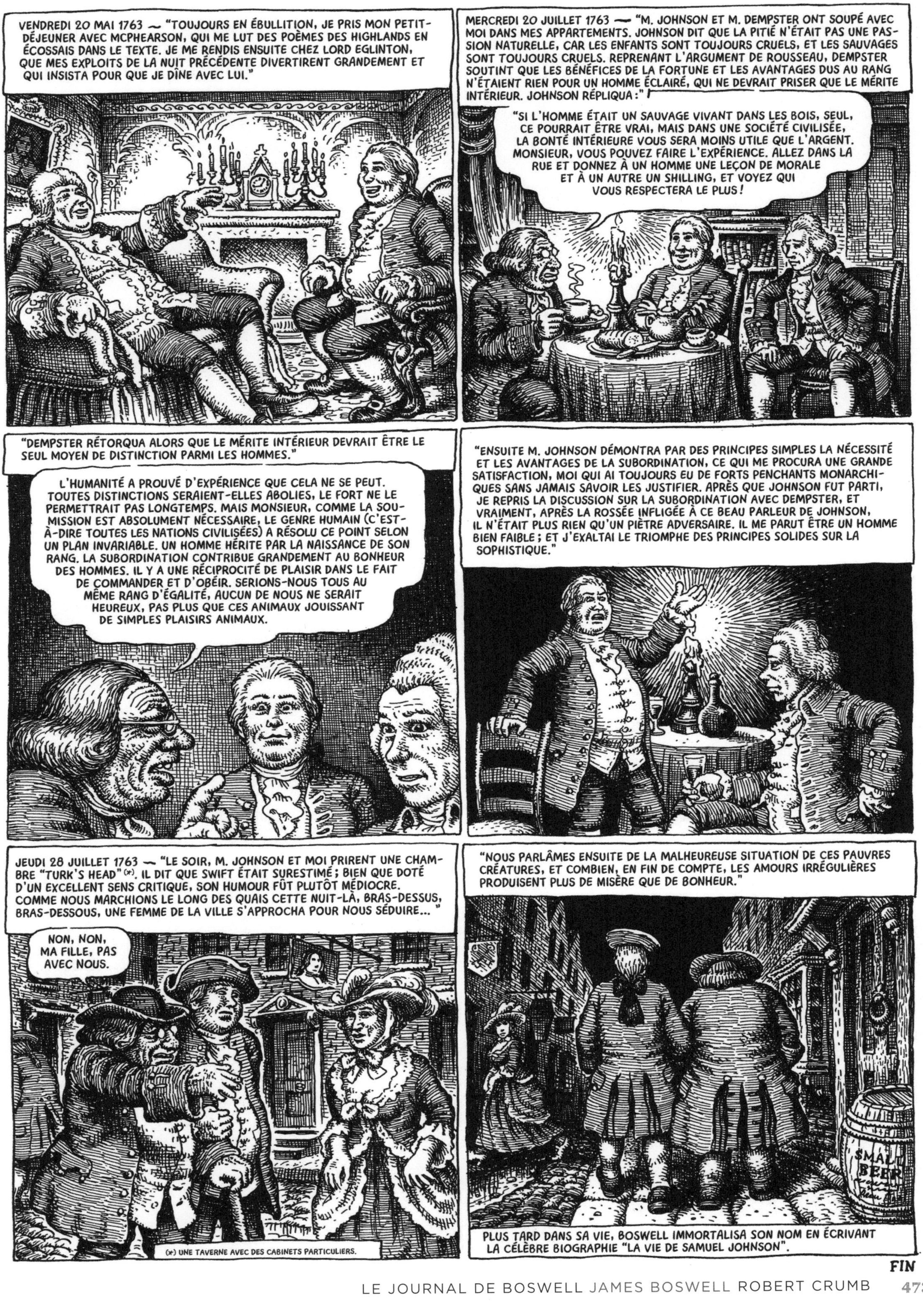
VENDREDI 20 MAI 1763 — "TOUJOURS EN ÉBULLITION, JE PRIS MON PETIT-DÉJEUNER AVEC MCPHEARSON, QUI ME LUT DES POÈMES DES HIGHLANDS EN ÉCOSSAIS DANS LE TEXTE. JE ME RENDIS ENSUITE CHEZ LORD EGLINTON, QUE MES EXPLOITS DE LA NUIT PRÉCÉDENTE DIVERTIRENT GRANDEMENT ET QUI INSISTA POUR QUE JE DÎNE AVEC LUI."
MERCREDI 20 JUILLET 1763 — "M. JOHNSON ET M. DEMPSTER ONT SOUPÉ AVEC MOI DANS MES APPARTEMENTS. JOHNSON DIT QUE LA PITIÉ N'ÉTAIT PAS UNE PASSION NATURELLE, CAR LES ENFANTS SONT TOUJOURS CRUELS, ET LES SAUVAGES SONT TOUJOURS CRUELS. REPRENANT L'ARGUMENT DE ROUSSEAU, DEMPSTER SOUTINT QUE LES BÉNÉFICES DE LA FORTUNE ET LES AVANTAGES DUS AU RANG N'ÉTAIENT RIEN POUR UN HOMME ÉCLAIRÉ, QUI NE DEVRAIT PRISER QUE LE MÉRITE INTÉRIEUR. JOHNSON RÉPLIQUA :"
"SI L'HOMME ÉTAIT UN SAUVAGE VIVANT DANS LES BOIS, SEUL, CE POURRAIT ÊTRE VRAI, MAIS DANS UNE SOCIÉTÉ CIVILISÉE, LA BONTÉ INTÉRIEURE VOUS SERA MOINS UTILE QUE L'ARGENT. MONSIEUR, VOUS POUVEZ FAIRE L'EXPÉRIENCE. ALLEZ DANS LA RUE ET DONNEZ À UN HOMME UNE LEÇON DE MORALE ET À UN AUTRE UN SHILLING, ET VOYEZ QUI VOUS RESPECTERA LE PLUS !
"DEMPSTER RÉTORQUA ALORS QUE LE MÉRITE INTÉRIEUR DEVRAIT ÊTRE LE SEUL MOYEN DE DISTINCTION PARMI LES HOMMES."
L'HUMANITÉ A PROUVÉ D'EXPÉRIENCE QUE CELA NE SE PEUT. TOUTES DISTINCTIONS SERAIENT-ELLES ABOLIES, LE FORT NE LE PERMETTRAIT PAS LONGTEMPS. MAIS MONSIEUR, COMME LA SOUMISSION EST ABSOLUMENT NÉCESSAIRE, LE GENRE HUMAIN (C'EST-À-DIRE TOUTES LES NATIONS CIVILISÉES) A RÉSOLU CE POINT SELON UN PLAN INVARIABLE. UN HOMME HÉRITE PAR LA NAISSANCE DE SON RANG. LA SUBORDINATION CONTRIBUE GRANDEMENT AU BONHEUR DES HOMMES. IL Y A UNE RÉCIPROCITÉ DE PLAISIR DANS LE FAIT DE COMMANDER ET D'OBÉIR. SERIONS-NOUS TOUS AU MÊME RANG D'ÉGALITÉ, AUCUN DE NOUS NE SERAIT HEUREUX, PAS PLUS QUE CES ANIMAUX JOUISSANT DE SIMPLES PLAISIRS ANIMAUX.
"ENSUITE M. JOHNSON DÉMONTRA PAR DES PRINCIPES SIMPLES LA NÉCESSITÉ ET LES AVANTAGES DE LA SUBORDINATION, CE QUI ME PROCURA UNE GRANDE SATISFACTION, MOI QUI AI TOUJOURS EU DE FORTS PENCHANTS MONARCHIQUES SANS JAMAIS SAVOIR LES JUSTIFIER. APRÈS QUE JOHNSON FUT PARTI, JE REPRIS LA DISCUSSION SUR LA SUBORDINATION AVEC DEMPSTER, ET VRAIMENT, APRÈS LA ROSSÉE INFLIGÉE À CE BEAU PARLEUR DE JOHNSON, IL N'ÉTAIT PLUS RIEN QU'UN PIÈTRE ADVERSAIRE. IL ME PARUT ÊTRE UN HOMME BIEN FAIBLE ; ET J'EXALTAI LE TRIOMPHE DES PRINCIPES SOLIDES SUR LA SOPHISTIQUE."
JEUDI 28 JUILLET 1763 — "LE SOIR, M. JOHNSON ET MOI PRIRENT UNE CHAMBRE "TURK'S HEAD" (*). IL DIT QUE SWIFT ÉTAIT SURESTIMÉ ; BIEN QUE DOTÉ D'UN EXCELLENT SENS CRITIQUE, SON HUMOUR FÛT PLUTÔT MÉDIOCRE. COMME NOUS MARCHIONS LE LONG DES QUAIS CETTE NUIT-LÀ, BRAS-DESSUS, BRAS-DESSOUS, UNE FEMME DE LA VILLE S'APPROCHA POUR NOUS SÉDUIRE... "
NON, NON, MA FILLE, PAS AVEC NOUS.
(*) UNE TAVERNE AVEC DES CABINETS PARTICULIERS.
"NOUS PARLÂMES ENSUITE DE LA MALHEUREUSE SITUATION DE CES PAUVRES CRÉATURES, ET COMBIEN, EN FIN DE COMPTE, LES AMOURS IRRÉGULIÈRES PRODUISENT PLUS DE MISÈRE QUE DE BONHEUR."
PLUS TARD DANS SA VIE, BOSWELL IMMORTALISA SON NOM EN ÉCRIVANT LA CÉLÈBRE BIOGRAPHIE "LA VIE DE SAMUEL JOHNSON".
FIN

"Une lettre du Dr Benjamin Franklin à l'Académie royale de Bruxelles" (alias "Péter fièrement")

DESSINS ET ADAPTATION DE **Stan Shaw**

BIEN QUE NÉGLIGÉE, LA LITTÉRATURE SCATOLOGIQUE s'inscrit dans une longue tradition. Excréments, urine et autres flatuosités sont présents dans *L'Épopée de Gilgamesh,* la Bible, chez Rabelais, Chaucer, Martin Luther (dans ses sermons), Shakespeare, Swift, Hugo, Twain, Joyce, Pynchon et bien d'autres. Benjamin Franklin fait partie de ce « canon » excrétoire, en raison de sa fameuse lettre à l'Académie royale de Bruxelles. Bien que cette lettre ait été baptisée de manière informelle « Péter fièrement », ces mots n'apparaissent pas en tant que tels dans le texte. De fait, c'est le titre de l'anthologie à petit tirage des écrits obscènes de Franklin qui popularisa la lettre.

Alors qu'il résidait à Paris au titre d'ambassadeur des États-Unis en France, Franklin utilisa sa propre imprimerie pour tirer, à titre privé, un petit essai humoristique (*Bagatelles*), pour la plus grande joie du cercle de ses connaissances (surtout les dames). Il y aborde des sujets comme l'alcool, le jeu d'échecs, le déménagement en Amérique, mais aussi, les flatuosités. L'objectif de cette dernière thématique était de ridiculiser l'Académie royale de Bruxelles, société scientifique prestigieuse, qui selon Franklin perdait son énorme intelligence collective sur des sujets ineptes et insignifiants. Il proposa que le groupe mît son talent à l'étude d'un sujet pratique bien plus pressant.

Le texte cité dans la première vignette ci-contre est le réel défi mathématique présenté aux membres de l'Académie (« Une figure quelconque étant donnée, on demande d'y inscrire le plus grand nombre de fois possibles une autre figure plus petite, elle aussi donnée », la deuxième phrase étant : « l'Académie a jugé que cette découverte, en tendant les limites de nos connaissances, ne serait pas sans utilité. »). Stan Shaw fait figurer le texte entier de la lettre (en adoptant l'orthographe contemporaine) dans son adaptation plastique qui fait référence à l'émission satirique américaine *The Daily Show with Jon Stewart*. On comprend alors que Benjamin Franklin aurait été le correspondant idéal – si ce n'est l'animateur – de ce show qui parodie et moque la politique et les informations.

SOURCES

Franklin, Benjamin, *The Bagatelles From Passy, New York, Eakins Press, 1967.*

Franklin, Benjamin, *Fart Proudly : Writings of Benjamin Franklin You Never Read in School*, Carl Japikse (directeur de publication), Enthea Press and Frog Ltd., 1993, 2003.

PÉTEZ FIÈREMENT
DE BENJAMIN FRANKLIN
MESSIEURS DE L'ACADÉMIE ROYALE DE BRUXELLES, J'AI PRIS NOTE DE VOTRE QUESTION POUR LE PRIX DE MATHÉMATIQUES DE L'ANNÉE PROCHAINE, POSÉE À LA PLACE D'UNE QUESTION PLUS PHILOSOPHIQUE. JE CITE : "UNE FIGURE QUELCONQUE ÉTANT DONNÉE, ON DEMANDE D'Y INSCRIRE LE PLUS GRAND NOMBRE DE FOIS POSSIBLES UNE AUTRE FIGURE PLUS PETITE, ELLE AUSSI DONNÉE." J'AI ÉTÉ HEUREUX D'Y TROUVER LES MOTS SUIVANTS : "L'ACADÉMIE A JUGÉ QUE CETTE DÉCOUVERTE, EN TENDANT LES LIMITES DE NOS CONNAISSANCES, NE SERAIT PAS SANS UTILITÉ."
PUISQUE VOUS PLACEZ L'UTILITÉ COMME UN POINT ESSENTIEL DE VOS DEMANDES, CE QUI N'EST PAS LE CAS DE TOUTES LES ACADÉMIES, J'EN CONCLUS QUE VOUS AVEZ POSÉ CETTE QUESTION PLUTÔT QU'UNE PLUS PHILOSOPHIQUE OU, COMME LES LETTRÉS AIMENT À LE DIRE, UNE QUESTION PHYSIQUE, CAR VOUS NE POUVIEZ EN TROUVER DE CETTE SORTE PROMETTANT UNE PLUS GRANDE UTILITÉ.
PERMETTEZ-MOI D'EN PORTER UNE À VOTRE RÉFLEXION ET PAR VOTRE BIAIS, SI VOUS L'APPROUVEZ, À L'ATTENTION ÉRUDITE DES PHYSICIENS, CHIMISTES ET AUTRES DE CETTE PÉRIODE ÉCLAIRÉE.

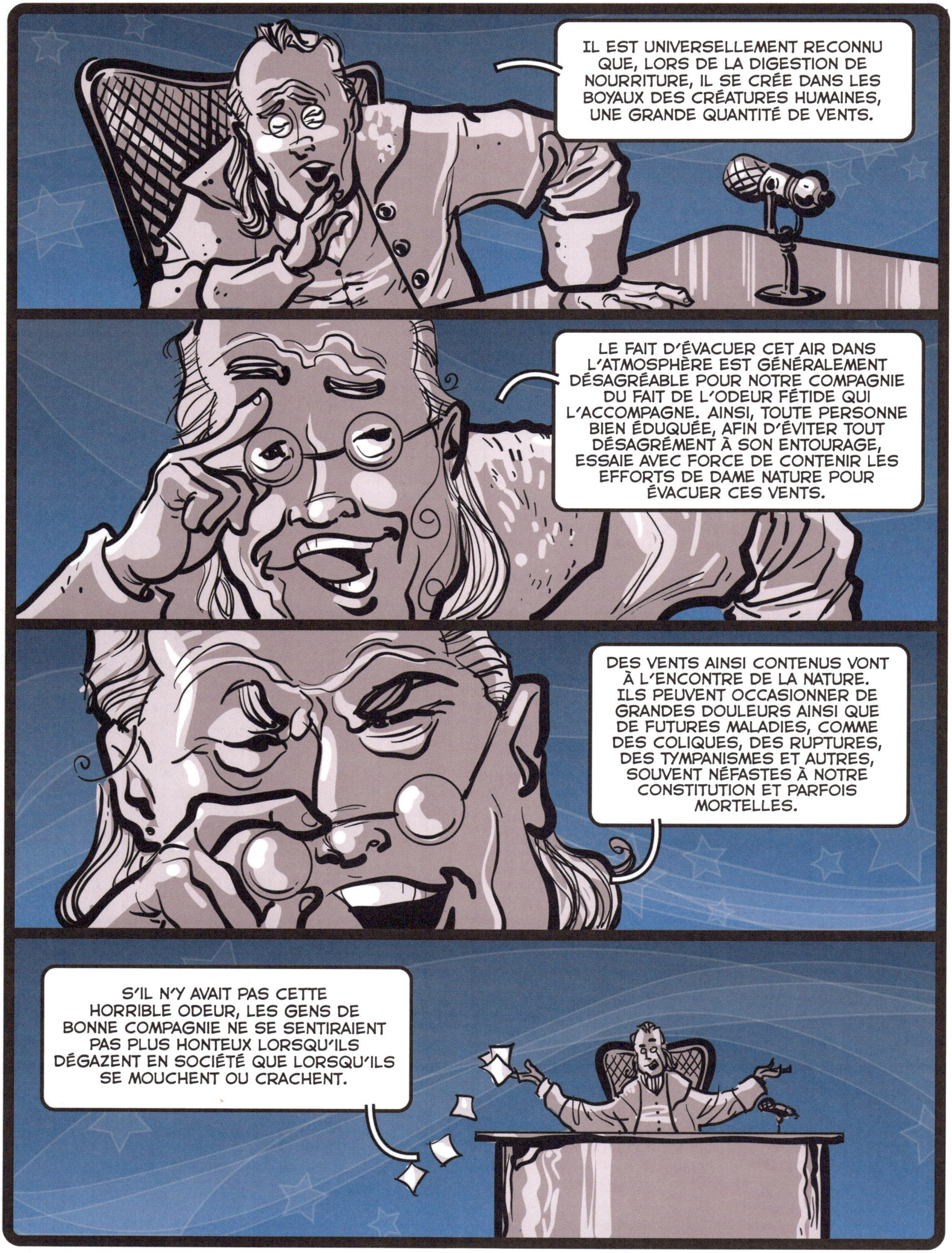
IL EST UNIVERSELLEMENT RECONNU QUE, LORS DE LA DIGESTION DE NOURRITURE, IL SE CRÉE DANS LES BOYAUX DES CRÉATURES HUMAINES, UNE GRANDE QUANTITÉ DE VENTS.
LE FAIT D'ÉVACUER CET AIR DANS L'ATMOSPHÈRE EST GÉNÉRALEMENT DÉSAGRÉABLE POUR NOTRE COMPAGNIE DU FAIT DE L'ODEUR FÉTIDE QUI L'ACCOMPAGNE. AINSI, TOUTE PERSONNE BIEN ÉDUQUÉE, AFIN D'ÉVITER TOUT DÉSAGRÉMENT À SON ENTOURAGE, ESSAIE AVEC FORCE DE CONTENIR LES EFFORTS DE DAME NATURE POUR ÉVACUER CES VENTS.
DES VENTS AINSI CONTENUS VONT À L'ENCONTRE DE LA NATURE. ILS PEUVENT OCCASIONNER DE GRANDES DOULEURS AINSI QUE DE FUTURES MALADIES, COMME DES COLIQUES, DES RUPTURES, DES TYMPANISMES ET AUTRES, SOUVENT NÉFASTES À NOTRE CONSTITUTION ET PARFOIS MORTELLES.
S'IL N'Y AVAIT PAS CETTE HORRIBLE ODEUR, LES GENS DE BONNE COMPAGNIE NE SE SENTIRAIENT PAS PLUS HONTEUX LORSQU'ILS DÉGAZENT EN SOCIÉTÉ QUE LORSQU'ILS SE MOUCHENT OU CRACHENT.

MA QUESTION POUR LE PRIX SERAIT DONC DE TROUVER UN MÉDICAMENT SAIN ET NON DÉPLAISANT QUE NOUS POURRIONS MÉLANGER À NOTRE NOURRITURE AFIN DE RENDRE L'ÉVACUATION DE NOS VENTS NATURELS NON SEULEMENT INOFFENSIFS, MAIS AUSSI AGRÉABLES À L'ODEUR.
IL APPARAÎTRA RAPIDEMENT QUE CE N'EST PAS UN PROJET CHIMÉRIQUE ET TOTALEMENT IMPOSSIBLE. NOUS CONNAISSONS DÉJÀ PLUSIEURS MOYENS D'ALTÉRER UNE ODEUR.
CELUI QUI NE SE NOURRIT QUE DE CHAIR, SURTOUT SI ELLE EST ACCOMPAGNÉE D'OIGNONS, VERRA SES VENTS AFFUBLÉS D'UNE ODEUR QU'AUCUNE COMPAGNIE NE SAURAIT TOLÉRER. PAR CONTRE, CELUI QUI SE NOURRIT EXCLUSIVEMENT DE LÉGUMES AURA DES VENTS DONT L'ODEUR SERA SI PURE, QUE MÊME LE PLUS DÉLICAT DES NEZ Y SERA INSENSIBLE. S'IL PEUT EN ÉVITER LE BRUIT, IL POURRA ALORS SE RELÂCHER EN TOUTE IMPUNITÉ.
MAIS POUR CERTAINS, UN RÉGIME UNIQUEMENT BASÉ SUR DES LÉGUMES SERAIT "INCOMMODE".
?

UN PEU DE CHAUX VIVE VERSÉE DANS LES GOGUES PEUT ÉLIMINER L'INCROYABLE FÉTIDITÉ DE L'AIR QUI S'EN DÉGAGE ET RENDRE CETTE ODEUR QUELQUE PEU PLAISANTE. PEUT-ÊTRE QU'UN PEU DE CHAUX VIVE, INGURGITÉE AVEC NOTRE NOURRITURE, OU UN VERRE D'EAU DE CHAUX, POURRAIT AVOIR LE MÊME EFFET SUR L'AIR PRODUIT PAR NOS INTESTINS. CELA VAUT BIEN QUELQUES RECHERCHES.
IL EST AUSSI CERTAIN QUE NOUS POUVONS CHANGER L'ODEUR D'UNE AUTRE DE NOS PRODUCTIONS, NOTRE URINE. QUELQUES ASPERGES LUI DONNERONT UNE ODEUR FORT DÉSAGRÉABLE, ALORS QU'UNE PILULE DE TÉRÉBENTHINE, PAS PLUS GRANDE QU'UN PETIT POIS, LUI CONFÉRERA LE PARFUM DES VIOLETTES. POURQUOI SERAIT-IL DONC IMPOSSIBLE DE TROUVER UN MOYEN DE PARFUMER NOS VENTS ?
HEM... Y A-T-IL, EN EUROPE, UNE VINGTAINE D'HOMMES QUE L'ENSEIGNEMENT D'ARISTOTE A RENDU PLUS HEUREUX OU RICHES ? QUEL RÉCONFORT LA THÉORIE DES TOURBILLONS DE DESCARTES APPORTE-T-ELLE À QUELQU'UN DONT LES ENTRAILLES SONT NOUÉES ? LA THÉORIE DE L'ATTRACTION DES PARTICULES DE NEWTON PEUT-ELLE SOULAGER QUELQU'UN QUI EST TORTURÉ PAR LEUR RÉPULSION ET LA CRUELLE DILATATION QU'ELLE OCCASIONNE ?
LE RARE PLAISIR ÉPROUVÉ PAR QUELQUES PHILOSOPHES À LA VUE DES FILS DE LUMIÈRES SÉPARÉS EN SEPT COULEURS PAR LE PRISME NEWTONIEN EST-IL COMPARABLE AU CONFORT QUE PEUT RESSENTIR SEPT FOIS PAR JOUR TOUT ÊTRE VIVANT EN LIBÉRANT L'AIR DE SES INTESTINS ?

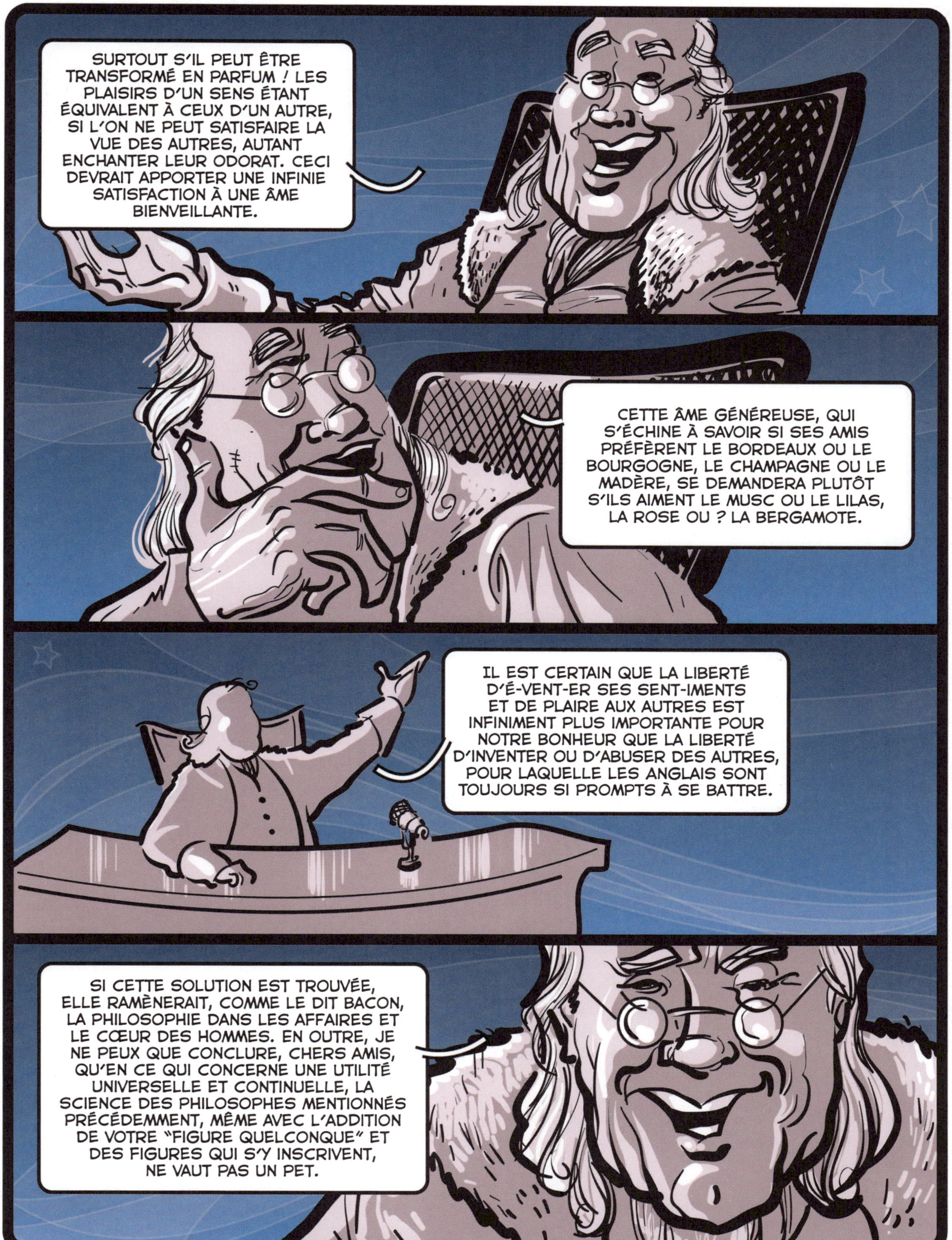
SURTOUT S'IL PEUT ÊTRE TRANSFORMÉ EN PARFUM ! LES PLAISIRS D'UN SENS ÉTANT ÉQUIVALENT À CEUX D'UN AUTRE, SI L'ON NE PEUT SATISFAIRE LA VUE DES AUTRES, AUTANT ENCHANTER LEUR ODORAT. CECI DEVRAIT APPORTER UNE INFINIE SATISFACTION À UNE ÂME BIENVEILLANTE.
CETTE ÂME GÉNÉREUSE, QUI S'ÉCHINE À SAVOIR SI SES AMIS PRÉFÈRENT LE BORDEAUX OU LE BOURGOGNE, LE CHAMPAGNE OU LE MADÈRE, SE DEMANDERA PLUTÔT S'ILS AIMENT LE MUSC OU LE LILAS, LA ROSE OU ? LA BERGAMOTE.
IL EST CERTAIN QUE LA LIBERTÉ D'É-VENT-ER SES SENT-IMENTS ET DE PLAIRE AUX AUTRES EST INFINIMENT PLUS IMPORTANTE POUR NOTRE BONHEUR QUE LA LIBERTÉ D'INVENTER OU D'ABUSER DES AUTRES, POUR LAQUELLE LES ANGLAIS SONT TOUJOURS SI PROMPTS À SE BATTRE.
SI CETTE SOLUTION EST TROUVÉE, ELLE RAMÈNERAIT, COMME LE DIT BACON, LA PHILOSOPHIE DANS LES AFFAIRES ET LE CŒUR DES HOMMES. EN OUTRE, JE NE PEUX QUE CONCLURE, CHERS AMIS, QU'EN CE QUI CONCERNE UNE UTILITÉ UNIVERSELLE ET CONTINUELLE, LA SCIENCE DES PHILOSOPHES MENTIONNÉS PRÉCÉDEMMENT, MÊME AVEC L'ADDITION DE VOTRE "FIGURE QUELCONQUE" ET DES FIGURES QUI S'Y INSCRIVENT, NE VAUT PAS UN PET.

Défense des droits de la femme

Mary Wollstonecraft

ADAPTATION DE **Fred Van Lente**

DESSINS DE **Ryan Dunlavey**

CETTE ADAPTATION D'UNE PAGE RÉALISÉE PAR Fred Van Lente et Ryan Dunlavey pour la magnifique série *Action Philosophers !* fait figure d'introduction à Mary Wollstonecraft et à son travail le plus connu. Aussi utiliserai-je cet espace pour présenter des passages tirés de l'introduction que Mary Wollstonecraft a écrite pour son pamphlet courageux pro-féministe :

> Après que j'eus étudié les ouvrages historiques et observé le monde autour de moi avec une sollicitude anxieuse, les plus grandes émotions mélancoliques de triste indignation se sont abattues sur mon âme, et j'ai soupiré quand j'ai été contrainte de confesser que soit la nature a établi une grande différence entre l'homme et la femme, soit la civilisation qui s'est mise en place dans le monde a été très partiale. J'ai feuilleté de nombreux livres ayant pour thématique l'éducation et j'ai patiemment observé la conduite des parents et la façon dont les écoles étaient gérées. Et quel en a été le résultat ? J'en ai acquis la conviction profonde que l'éducation négligée de mes semblables est la grande source de la misère que je déplore, et que l'on fait des femmes, en particulier, des êtres faibles et misérables en raison d'une quantité de causes convergentes, qui ont pour origine une conclusion hâtive. La conduite et les manières des femmes montrent, à l'évidence, qu'elles ne sont pas saines d'esprit. Car, telles les fleurs plantées dans un sol trop riche, leur force et leur utilité sont sacrifiées à la beauté, et les feuilles étalées, après avoir satisfait un œil méticuleux, fanent dans l'indifférence sur leur tige, bien avant la saison où elles auraient dû arriver à maturité.
>
> J'attribue l'une des causes de cette floraison stérile à un système d'éducation erroné, établi en fonction des livres écrits sur le sujet par des hommes qui, considérant les femmes en tant que sexe opposé et non comme des êtres humains, tenaient plus à en faire des maîtresses élégantes que des épouses. Sous l'influence déformante de cet hommage spécieux, les femmes civilisées de notre siècle, à de rares exceptions près, ne pensent qu'à inspirer l'amour alors qu'elles devraient nourrir une plus noble ambition et, par leurs capacités et leurs vertus, exiger le respect.
>
> Mon propre sexe, je l'espère, me pardonnera si je le traite comme un être rationnel, au lieu de flatter sa grâce fascinante et de considérer les femmes comme si elles se trouvaient dans l'état perpétuel de l'enfance, incapables de se débrouiller seules. Je souhaite sérieusement souligner en quoi consistent la véritable dignité et le bonheur humain. Je souhaite les persuader de fournir des efforts pour acquérir une force spirituelle et physique, et les convaincre que les phrases douces, la sensibilité du cœur, la délicatesse des sentiments, le raffinement du goût sont presque tous synonymes de faiblesse, et que ces créatures qui sont uniquement des objets de pitié, tout comme le genre d'amour qu'elles inspirent, deviendront bientôt objets de mépris.
>
> Rejetant ces jolies phrases féminines, que les hommes utilisent avec condescendance pour adoucir notre condition d'esclave, et méprisant cette faible élégance de l'esprit, cette délicieuse sensibilité, et cette douce docilité des manières, supposées être les caractéristiques sexuelles du vaisseau faible, je souhaite démontrer que l'élégance est inférieure à la vertu, que la première ambition louable consiste à se faire un caractère en tant qu'être humain, indépendamment du sexe. Et j'espère que d'autres vues viendront étayer cette simple pierre de touche.

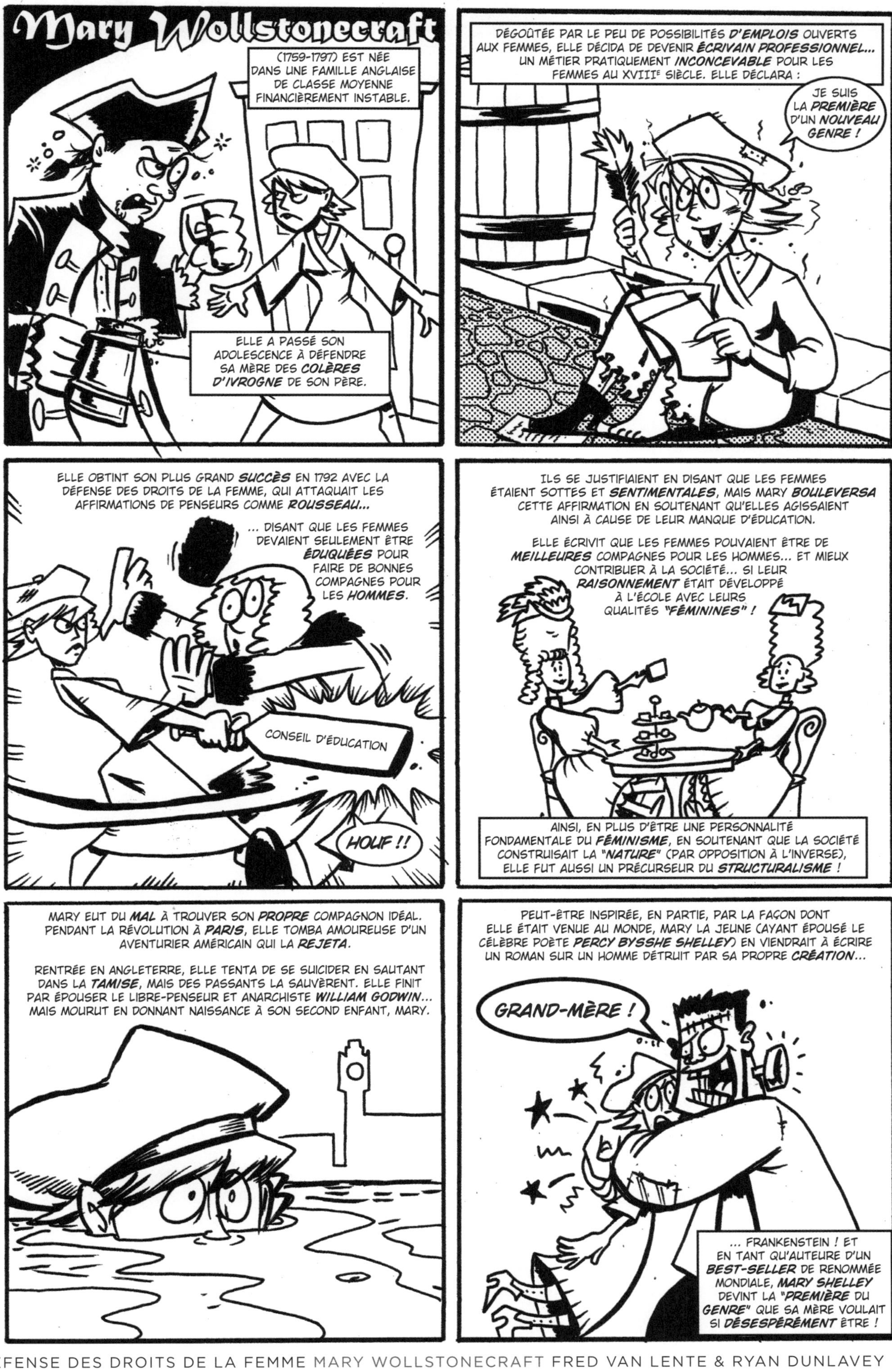
Mary Wollstonecraft
(1759-1797) EST NÉE DANS UNE FAMILLE ANGLAISE DE CLASSE MOYENNE FINANCIÈREMENT INSTABLE.
ELLE A PASSÉ SON ADOLESCENCE À DÉFENDRE SA MÈRE DES COLÈRES D'IVROGNE DE SON PÈRE.
DÉGOÛTÉE PAR LE PEU DE POSSIBILITÉS D'EMPLOIS OUVERTS AUX FEMMES, ELLE DÉCIDA DE DEVENIR ÉCRIVAIN PROFESSIONNEL... UN MÉTIER PRATIQUEMENT INCONCEVABLE POUR LES FEMMES AU XVIIIe SIÈCLE. ELLE DÉCLARA :
JE SUIS LA PREMIÈRE D'UN NOUVEAU GENRE !
ELLE OBTINT SON PLUS GRAND SUCCÈS EN 1792 AVEC LA DÉFENSE DES DROITS DE LA FEMME, QUI ATTAQUAIT LES AFFIRMATIONS DE PENSEURS COMME ROUSSEAU...
... DISANT QUE LES FEMMES DEVAIENT SEULEMENT ÊTRE ÉDUQUÉES POUR FAIRE DE BONNES COMPAGNES POUR LES HOMMES.
CONSEIL D'ÉDUCATION
HOUF !!
ILS SE JUSTIFIAIENT EN DISANT QUE LES FEMMES ÉTAIENT SOTTES ET SENTIMENTALES, MAIS MARY BOULEVERSA CETTE AFFIRMATION EN SOUTENANT QU'ELLES AGISSAIENT AINSI À CAUSE DE LEUR MANQUE D'ÉDUCATION.
ELLE ÉCRIVIT QUE LES FEMMES POUVAIENT ÊTRE DE MEILLEURES COMPAGNES POUR LES HOMMES... ET MIEUX CONTRIBUER À LA SOCIÉTÉ... SI LEUR RAISONNEMENT ÉTAIT DÉVELOPPÉ À L'ÉCOLE AVEC LEURS QUALITÉS "FÉMININES" !
AINSI, EN PLUS D'ÊTRE UNE PERSONNALITÉ FONDAMENTALE DU FÉMINISME, EN SOUTENANT QUE LA SOCIÉTÉ CONSTRUISAIT LA "NATURE" (PAR OPPOSITION À L'INVERSE), ELLE FUT AUSSI UN PRÉCURSEUR DU STRUCTURALISME !
MARY EUT DU MAL À TROUVER SON PROPRE COMPAGNON IDÉAL. PENDANT LA RÉVOLUTION À PARIS, ELLE TOMBA AMOUREUSE D'UN AVENTURIER AMÉRICAIN QUI LA REJETA.
RENTRÉE EN ANGLETERRE, ELLE TENTA DE SE SUICIDER EN SAUTANT DANS LA TAMISE, MAIS DES PASSANTS LA SAUVÈRENT. ELLE FINIT PAR ÉPOUSER LE LIBRE-PENSEUR ET ANARCHISTE WILLIAM GODWIN... MAIS MOURUT EN DONNANT NAISSANCE À SON SECOND ENFANT, MARY.
PEUT-ÊTRE INSPIRÉE, EN PARTIE, PAR LA FAÇON DONT ELLE ÉTAIT VENUE AU MONDE, MARY LA JEUNE (AYANT ÉPOUSÉ LE CÉLÈBRE POÈTE PERCY BYSSHE SHELLEY) EN VIENDRAIT À ÉCRIRE UN ROMAN SUR UN HOMME DÉTRUIT PAR SA PROPRE CRÉATION...
GRAND-MÈRE !
... FRANKENSTEIN ! ET EN TANT QU'AUTEURE D'UN BEST-SELLER DE RENOMMÉE MONDIALE, MARY SHELLEY DEVINT LA "PREMIÈRE DU GENRE" QUE SA MÈRE VOULAIT SI DÉSESPÉRÉMENT ÊTRE !

Les Liaisons dangereuses

Choderlos de Laclos

ILLUSTRATIONS DE **Molly Crabapple**

LES LIAISONS DANGEREUSES « BRÛLENT COMME de la glace », a déclaré Charles Baudelaire. Ce roman qui date de 1782, le seul écrit par le militaire et homme politique Choderlos de Laclos, séduit par sa prose soyeuse et exquise qui vous fait presque oublier que vous êtes en train de lire l'histoire de deux libertins antisociaux qui manipulent cruellement toutes les personnes de leur entourage à des fins de vengeance personnelle. Présentée sous la forme d'un strict échange épistolaire entre les différentes parties, l'histoire tisse un tout cohérent de situations complexes tandis que nous voyons des intrigues éclore, des plans dérailler, des contingences se rajouter, et que les événements échappent au contrôle des personnages.

Un ancien amant de la Marquise de Merteuil est fiancé à la jeune et virginale Cécile de Volanges. Alors qu'il se trouve hors du pays, Mme de Merteuil ourdit un complot pour ruiner la vie de ce dernier : elle engagera Valmont pour débaucher la nubile Cécile, puis après le mariage, répandra dans la société parisienne la rumeur que la femme trophée adolescente de son ex n'était pas vierge, mais qu'elle mène une vie de débauche. (Évidemment, personne ne s'en émouvrait aujourd'hui, mais à cette époque – même dans un Paris décadent et prérévolutionnaire –, c'était une cause de suicide.)

Les choses se compliquent dès le début puisque Valmont indique à Mme de Merteuil qu'il ne peut pas participer à son plan, car il essaie de débaucher une autre personne, une femme mariée guindée qui ne tromperait son mari pour rien au monde. Par ailleurs, il est perturbé par le fait que la marquise ne veuille plus de lui comme amant. Le frisson grandit quand celle-ci confesse son attirance pour la juvénile Cécile, à qui le jeune chevalier Danceny fait la cour, glissant régulièrement des mots froissés dans l'étui de sa harpe. Cette romance naissante est fortement encouragée par Mme de Merteuil, car si ce n'est pas le vicomte qui déflore Cécile, ce sera ce jeune Roméo…

Laclos a déclaré : « Je voulais écrire […] un livre qui continuerait à faire sensation et résonnerait dans le monde après que je l'aurai quitté. » Bien joué, monsieur !

L'artiste Molly Crabapple était faite pour illustrer *Les Liaisons dangereuses*. Les aristocrates débauchés, se gavant de gâteaux sous des perruques poudrées, font partie du noyau dur de ses personnages. Elle a probablement dessiné la première œuvre de style *steampunk* à avoir pour cadre la France rococo, au lieu du Londres victorien (cf. le Puppet Makers de DC webcomic).

SOURCES

Laclos, Choderlos de (traduction d'Helen Constantine), Dangerous Liaisons, New York, Penguin Classics, 2007.

Laclos, Choderlos de (traduction d'Ernest Dowson), Les Liaisons Dangereuses, Mineola, NY, Dover Publications, 2006.

BIBLIOGRAPHIE

À nos lecteurs qui voudraient se (re)plonger dans les textes originaux qui ont été adaptés dans ce volume, voici quelques humbles recommandations bibliographiques sur les éditions les plus couramment recommandées ou les plus récentes, suivies d'indications sur les éditions en langue anglaise quand il s'agit d'œuvres anglo-saxonnes ou n'ayant pas été traduites en français (ce qui est rare). Pour ces dernières, nous avons suivi les indications de Liz Byer.

L'ÉPOPÉE DE GILGAMESH
Pour la version française, la traduction de Jean Bottéro fait toujours autorité.
L'Épopée de Gilgamesh, le grand homme qui ne voulait pas mourir, traduit de l'akkadien et présenté par Jean Bottéro, Gallimard, nrf, 1992.

« COYOTE ET LES GALETS »
Les contes populaires amérindiens étaient transmis de façon orale. À notre connaissance, il n'existe pas de traduction française de cette histoire. De même, en anglais, on trouve essentiellement des éditions pour enfants ou des travaux universitaires. Cependant, l'adaptation de Micah Farritor et Dayton Edmonds pour ce volume a été tirée d'une impressionnante collection de contes amérindiens mis en images et ayant pour titre *Trickster: Native American Tales* (Matt Dembicki, éd., Fulcrum Books, 2010). Chacune des vingt et une histoires de cette collection est adaptée dans un style unique et vivant, célébrant le thème du « filou », trait commun aux nombreux contes populaires provenant d'une quantité de tribus différentes. Pour plus d'histoires sur Coyote, l'arrogant galopin de la mythologie du filou, *Coyote Stories* de Mourning Dove (Bison Books, 1990) se révèle un document inestimable. Pour une approche plus adulte du genre voyou, consultez les réjouissants *American Indian Trickster Tales* (Penguin, 1999) de Richard Erdoes et Alfonso Ortiz (fréquemment expurgés à l'attention d'un public plus jeune, ces contes étaient à l'origine bien plus lestes).

L'ILIADE
La liste des nombreuses traductions et réinterprétations de *l'Iliade* d'Homère est si longue que l'on pourrait la qualifier d'épique. Pour ce qui est de la traduction *canonique* de ce récit, c'est celle de Paul Mazon qui fait autorité. Initialement publiée dans la Collection des Universités de France aux Belles Lettres (1938-1939), elle est désormais proposée dans des éditions de poche telles que GF ou Folio. Pour une traduction plus récente, consultez celle de Philippe Brunet aux éditions du Seuil (2010).

L'ODYSSÉE
La traduction de Victor Bérard reste incontournable. Elle est aujourd'hui accessible en poche (Le Livre de Poche, 1974).

POÈMES ET FRAGMENTS DE SAPPHO
Poétesse classique dotée sans doute de la sensibilité la plus moderne, Sappho a laissé bien peu aux érudits quand elle est morte, au VIe siècle avant J.-C. Pour la traduction française : *Odes et fragments*, traduction d'Yves Battisti, Gallimard, 2005 (une édition bilingue existe en version poche).

MÉDÉE
Euripide est un des trois auteurs tragiques de l'Athènes classique avec Sophocle et Eschyle.
Médée, édition bilingue français-grec ancien, traduction de Louis Méridier, Myrto Gondicas et Pierre Judet de la Combe, Belles Lettres, 2012.

LYSISTRATA
Aristophane (Ve siècle avant J.-C.) a écrit de nombreuses pièces comiques dont une dizaine nous sont parvenues. Dans Lysistrata, les femmes font la grève du sexe pour obtenir des hommes qu'ils mettent fin à la guerre… Une traduction truculente a été publiée par Victor-Henry Debidour (*Aristophane, théâtre complet*, Le Livre de Poche, 1965-1966, réédition Folio, 1987).
Une traduction récente, adaptée aux représentations théâtrales, a été publiée par Lætitia Bianchi et Raphaël Meltz (Arléa, 2007).

LE LIVRE D'ESTHER (DE LA BIBLE HÉBRAÏQUE)
Le Livre d'Esther figure dans ce que les chrétiens nomment l'Ancien Testament. La Bible hébraïque est disponible chez Sefarim dans une version en hébreu et en français, dans la traduction du Rabbinat, avec le commentaire du Rachi, traduction de Jacques Kohn.

LE BANQUET

L'œuvre de Platon fut traduite en latin au XVIe siècle et diffusée dans toute l'Europe. Au XXe siècle, la lecture de ce philosophe a connu un renouveau, notamment en France. La traduction de Luc Brisson, *Le Banquet*, 4e éd., Flammarion, 2005 (GF, 987), est beaucoup utilisée. Pour une édition plus originale, on peut également signaler la traduction par Paul Vicaire (Les Belles Lettres, 1992), très bien illustrée par Joann Sfar (Bréal, 2003).

TAO TE KING (LE LIVRE DE LA VOIE ET DE LA VERTU)

Ce recueil de quatre-vingt-un textes brefs et poétiques sur la nature suprême de la réalité constitue le document fondateur du taoïsme. Pour en savoir plus, *Tao Te King*, traduit par Claude Larre, Desclée de Brouwer, 2010.

LE MAHÂBHÂRATA

Ce très long texte est disponible dans une version accessible qui tente de respecter la forme originelle de cette œuvre gigantesque : *Le Mahâbhârata* conté selon la tradition orale, Serge Demetrian, Albin Michel, 2005.

ANALECTES (ENTRETIENS) ET AUTRES ÉCRITS

Il est difficile de trouver une traduction complète des pensées du Confucius. Pour une première approche, *Entretiens du maître avec ses disciples*, La Petite Collection (Mille et Une Nuits, 2002), est tout à fait recommandable.

DE RERUM NATURA (DE LA NATURE DES CHOSES)

Pour mieux comprendre l'oeuvre de Lucrèce, *Le Miel et l'absinthe. Poésie et philosophie chez Lucrèce*, André Comte-Sponville, Éditions Hermann, 2008.

L'ÉNÉIDE

Il existe évidemment de nombreuses traductions de cette fresque en français, notamment en poche. Parmi elles, Philippe Heuzé, *L'Énéide*, Virgile, Édition Marketing, coll. « Ellipses », 1999.

L'APOCALYPSE (DU NOUVEAU TESTAMENT)

Selon les croyants, ce livre aurait été écrit par saint Jean. Pour ceux qui souhaitent le lire dans son intégralité : *la Traduction œcuménique de la Bible* (TOB), parue en 1975-1976, une traduction française effectuée en commun par des catholiques et des protestants (11e édition, Cerf) ; ou encore *la Bible de Jérusalem*, traduite sous la direction de l'École biblique de Jérusalem (nouvelle édition revue et augmentée, Cerf, 2011).

TROIS POÈMES DES TANG

Les plus grands vers de l'histoire chinoise ont été écrits pendant la dynastie Tang (618-907). Les plus célèbres d'entre eux font partie de l'anthologie datant de 1763 de Sun Zhu, Tang Shi San Bai Shou (Trois Cents Poèmes des Tang), qui comprend les trois dont il est question dans ces pages. Pour découvrir les 297 autres, référez-vous à l'ouvrage Trois Cents Poèmes des Tang (Beijing Daxue, 2006), une édition bilingue français-chinois de l'anthologie classique de la dynastie des Tang.

BEOWULF

Ce grand poème épique anglo-saxon, comporte près de 3 200 vers. On peut recommander la traduction d'André Crépin, accompagnée du texte en vieil anglais et d'une étude fouillée du poème, *Beowulf*, Le Livre de Poche, 2007. Il existe bien sûr de nombreuses éditions en vieil anglais et en anglais moderne ; pour une traduction proche de l'original, la version de Howell D. Chikering, *Beowulf* (Anchor, 2006), est tout à fait pertinente.

LE DIT DE GENJI

Souvent considéré comme le premier roman, *Le Dit de Genji* reste l'œuvre littéraire absolue au Japon. Écrit il y a environ 1 000 ans par Murasaki Shikibu, une dame de la cour japonaise, c'est un ouvrage colossal : les traductions françaises et anglaises non abrégées comportent en général au moins 1 100 pages. En français, retrouvez *Le Dit du Genji* chez les Publications Orientalistes de France (1988).

LETTRES D'ABÉLARD ET D'HÉLOÏSE

Quintessence des amants maudits par le sort, le couple médiéval le plus mythifié – Abélard et Héloïse – a donné à la littérature une belle correspondance complexe de sept lettres d'amour. *Lettres d'Abélard et d'Héloïse*, Lettres gothiques, Le Livre de Poche, 2007.

« O NOBILISSIMA VIRIDITAS »

Parmi les oeuvres d'Hildegarde de Bingen traduites traduites en français, on peut indiquer *Louanges* (présentation et traduction de ses poésies complètes, par Laurence Moulinier), bilingue, La Différence, 1990.

« LE PÊCHEUR ET LE GÉNIE » ET « LA FEMME AUX DEUX VAGINS »

Les Mille et Une Nuits contiennent des centaines d'histoires indépendantes les unes des autres, réunies dans un immense ouvrage. Elles furent d'abord traduites en français dans une édition publiée entre 1704 et 1717. « Le Pêcheur et le génie » en est l'un des premiers récits. *Les Mille et Une Nuits*, Le pêcheur et le génie, Histoire de Ganem, traduction d'Antoine Galland, Garnier Flammarion, 1995. L'intégrale de ces contes orientaux a également été publiée chez Gallimard, dans la collection de la Pléiade, 2005
(4 tomes).

POÈMES DE RÛMÎ

Mohammad Jalâl al-dîn Rûmî (1207-1273) fut l'un des poètes les plus inspirés de la littérature persane et l'un des mystiques les plus incandescents de la tradition de l'islam spirituel. On peut le découvrir en lisant *La Religion de l'amour*, textes choisis et présentés par Leila Anvar (Points, 2011). Rûmî est le poète dont l'œuvre se vend le mieux aux États-Unis. En anglais, Coleman Barks a réalisé un travail remarquable sur son œuvre : il s'est en effet consacré à l'interprétation des différentes traductions de Rûmî pour en rendre des versions de grande qualité.

LA DIVINE COMÉDIE ET L'ENFER

André Pézard est pour le XXe siècle le grand spécialiste français de Dante avec la publication, en 1965, de l'œuvre complète traduite et commentée. Plus récemment, Jean-Charles Vegliante a publié une édition bilingue, *La Comédie (Enfer, Purgatoire, Paradis)*, Imprimerie nationale/Actes Sud, 3 vol., 1996-2007.

LE LIVRE DES MORTS TIBÉTAIN (BARDO THÖDOL)

Le Livre des morts tibétain est le nom donné à un recueil de textes bouddhistes destinés à être lus aux gens leur dernière heure venue. En poche, Robert A.F. Thurman, *Le Livre des morts tibétain* Padmasambhava, LGF/ Le Livre de Poche (1997).

« DERNIÈRE BALLADE »

François Villon est l'un des plus grands poètes lyriques français. Difficile à lire dans la langue originale, son œuvre peut cependant être appréhendée par le biais d'éditions comportant d'importantes notes. *Poésies complètes*, édition présentée, établie et annotée par Pierre Michel, préfaces de Clément Marot et de Théophile Gautier, Le Livre de Poche, coll. « Le Livre de Poche classique », 1972.

LES CONTES DE CANTERBURY

Les *Contes de Canterbury* sont un recueil de récits indépendants les uns des autres. André Crépin, Les *Contes de Canterbury*, présentation et traduction nouvelle (destinée à la Bibliothèque de la Pléiade), avec une postface de G.K. Chesterton (extraite de son *Chaucer publié* en 1932), Gallimard, Folio classique, 2000. La traduction de Peter Ackroyd, *The Canterbury Tales* (Penguin Classics, 2010), est drôle et facilement accessible aux lecteurs contemporains que nous sommes.

LE MORTE D'ARTHUR

Presque toute la littérature en langue anglaise que l'on possède sur le roi Arthur provient du *Morte d'Arthur*, que Sir Thomas Malory acheva en 1470.
Marguerite-Marie Dubois, *Le Roman d'Arthur et des chevaliers de la Table ronde* de Malory, introduction, traduction, notes, Aubier, 1948. En anglais, *The Acts of King Arthurand his Noble Knights*, Penguin Classics, 2008.

OLLANTAY

Les anciens Incas avaient un fort penchant pour le théâtre. Mais l'invasion espagnole a gommé cet aspect de leur culture, ainsi que tous les autres d'ailleurs. Une seule pièce a survécu dans son intégralité : *Ollantay*. Nous n'avons pas trouvé de version actuellement disponible en français. Une référence existe : *Ollantay, drame en vers quechua du temps des Incas*, Maisonneuve, 1878.

AU BORD DE L'EAU

Au bord de l'eau est l'un des quatre grands romans classiques de la Chine ; écrit par Shi Nai-an au XIVe siècle, il est souvent comparé aux aventures de nos trois mousquetaires. *Au bord de l'eau* (2 tomes), Gallimard, Folio, 2011.

HAGOROMO (LA LÉGENDE DE LA CAPE CÉLESTE)

Hagoromo, pièce anonyme, est l'un des drames les plus populaires et les plus enracinés au Japon. Nous n'en avons pas trouvé de traduction française.

LE POPOL-VUH

Le *Popol-Vuh* (c'est-à-dire *Le Livre du conseil*) est le livre sacré des Mayas-Quichés du Guatemala. C'est le seul livre de cette tribu amérindienne qui ait survécu et il occupe à ce titre une place unique dans la littérature mondiale. *Pop Wuh, le livre des événements*, version d'Adrian Chàvez, traduit par Annie Amberni, Gallimard, 1990.

LES VISIONS DE SAINTE THÉRÈSE D'AVILA

Sainte Thérèse d'Avila est sans doute la plus connue des religieuses mystiques de l'Église catholique.*Vie écrite par elle-même*, Thérèse d'Avila, éditions du Seuil, Points sagesse, 1997. Pour une hagiographie plus décalée mais tout à fait réjouissante, on ne saurait que trop vous recommander

La Vie passionnée de Thérèse d'Avila par Claire Brétécher, Dargaud, 2007.

« AMOUR DU ROI DAVID ET DE LA BELLE BETHSABÉE »
Très populaire à son époque, c'est-à-dire pendant la seconde moitié du XVIe siècle, le dramaturge et poète anglais George Peele est quasiment tombé dans l'oubli aujourd'hui. En français, on trouve ses œuvres dans des ouvrages traitant du théâtre anglais de la Renaissance. En anglais, il existe davantage d'ouvrages de George Peele ; pour un court extrait de sa poésie, consultez le recueil *The Penguin Books of Renaissance Verse : 1509-1659* (Penguin Books, 2005).

LA PÉRÉGRINATION VERS L'OUEST
À la fin du XVIe siècle, l'auteur et poète de la Renaissance Wu Cheng'en écrivit sa version de la quête de Xuan Zang, prêtre bouddhiste du VIIe siècle qui se rendit en Inde déterminé à en rapporter des textes religieux authentiques. Cela donna *La Pérégrination vers l'Ouest*, qui allait devenir l'un des quatre grands romans classiques de la Chine (parmi ceux-ci, on trouve Au bord de l'eau, également adapté dans ce volume). Wu Cheng'en, *La Pérégrination vers l'Ouest* (2 tomes), Bibliothèque de La Pléiade, Gallimard, 1991.

LA REINE DES FÉES
Edmund Spenser est un poète anglais de la période élisabéthaine (XVIe siècle). On lui doit le premier grand poème épique de la littérature anglaise : *La Reine des fées* (The Faerie Queene), publié en 1596. Le succès de cet ouvrage lui a valu d'être considéré comme le plus grand poète de son temps. Nous n'en avons pas trouvé de traduction française actuellement disponible. En anglais, Longman edition (2006), A.C. Hamilton, très bien traduit par Hiroshi Yamashita et Toshiyuki Suzuki comprend beaucoup de notes très utiles au lecteur.

LE SONGE D'UNE NUIT D'ÉTÉ
Le Songe d'une nuit d'été, comédie de William Shakespeare écrite entre 1594 et 1595, est une histoire complexe qui se déroule en Grèce et réunit pour mieux les désunir deux couples de jeunes amants. Nous vous conseillons une édition bilingue, par exemple *Le Songe d'une nuit d'été* (*A Midsummer Night's Dream*), traduction de Jules Supervielle et Jean-Louis Supervielle, Garnier Flammarion, 1996. En anglais, la version de The Signet Classics edition (1998) remplit parfaitement son rôle.

LE ROI LEAR
Souvent citée avec *Hamlet* comme l'une des plus grandes pièces de Shakespeare, l'implacable tragédie du *Roi Lear* fut sans doute écrite en 1605-1606. L'édition bilingue de Garnier Flammarion (2007) est parfaitement recommandable. Dans la langue de Shakespeare, les éditions de Signet ou Pelican conviendront à la majorité des lecteurs. Pour un regard davantage documenté sur la pièce, The Arden Shakespeare edition (1997) possède également une introduction très utile.

DON QUICHOTTE
Ce que *La Divine Comédie* est à l'Italie et *Le Dit de Genji* au Japon, *Don Quichotte* l'est à l'Espagne, c'est-à-dire l'œuvre littéraire la plus importante du pays. Vous pouvez attaquer l'œuvre de Cervantes avec une édition de poche (*Don Quichotte de la Manche*, traduction de Jean-Raymond Fanlo, Le Livre de Poche, La Pochotèque, 2008) ou bien à la Pléiade (*Œuvres romanesques complètes, tome I, Don Quichotte*, précédé de La Galatée ; introduction, traduction et notes sous la direction de Jean Canavaggio, avec la collaboration de Claude Allaigre, Michel Moner et Jean-Marc Pelorson, Bibliothèque de la Pléiade, Gallimard, 2001).

SONNET 18 ET SONNET 20
À lire en édition bilingue, *Sonnets*, traduction de Robert Ellrodt, Actes Sud, coll. « Babel », 2007. En anglais, l'édition la plus complète disponible est celle de The Oxford World's Classics edition, éditée par Colin Burrow (2008). L'introduction est une des meilleures études faites sur les poèmes de Shakespeare.

« LA PUCE »
À la fois vif et spirituel, John Donne (1572-1631) fut un poète éblouissant. L'édition bilingue, *Méditations divines Divines meditations* (traduction, présentation et notes de Claude Salomon, Alidades, 2009), est malheureusement indisponible actuellement. En anglais, pour une excellente introduction à l'œuvre de Donne, lisez le fabuleux *The Complete Poetry and Selected Prose of John Donne* (Modern Library Classics, 2001).

« À SA TIMIDE MAÎTRESSE »
Bien peu de la poésie lyrique et incandescente de Marvell fut publiée de son temps. En français, il existe peu de références à cet auteur britannique. *Poèmes choisis* (en anglais, en latin et en grec), traduction et notes de Jean-Pierre Mouchon, éditions Ophrys, 1989, est actuellement indisponible. En anglais, pour une vision complète de l'œuvre, consultez *The Complete Poems*, édité par Elizabeth Story Donno (Penguin Classics, 2005).

« PARDONNEZ-NOUS NOS OFFENSES »
Peu connue en France, Aphra Behn est généralement considérée comme la première auteure professionnelle en langue anglaise. Nous n'avons pas trouvé de traduction de l'œuvre de cette pionnière, qui comprend un grand nombre de pièces qui furent jouées, ainsi que de courtes histoires,

des poèmes bien accueillis en leur temps et quelques-uns des premiers romans anglais. En anglais, donc, chez Penguin Classics editions, *Oroonoko, The Rover, and Other Works* (2003) fournit une sélection de romans, de pièces et de poèmes de cette auteure à découvrir.

LE PARADIS PERDU

Considéré comme l'œuvre littéraire suprême de la langue anglaise, presque au même titre que les grandes pièces de Shakespeare, *Le Paradis perdu* met en scène une myriade de personnages : Dieu, Satan, Adam et Ève, Jésus (appelé le Fils), des démons et des anges. En français, le poème de John Milton a été traduit par Chateaubriand, à découvrir dans l'édition de Robert Ellrodt, Poésie/Gallimard, 1995. Chez Belin, à lire également la traduction de Claude Mouchard (2011). En anglais, une édition facile d'accès pour les lecteurs contemporains peu familiers de Milton, The Norton Critical edition (2004), éditée par Gordon Teskey.

LES VOYAGES DE GULLIVER

Ce roman écrit par Jonathan Swift aux débuts des années 1720 est une satire suprême, typique des Lumières, de la politique, de la religion et de la nature humaine en général. Pour connaître la meilleure façon de casser un œuf sur les rives de Lilliput, Les Voyages de *Gulliver*, Gallimard, Folio, 2011. En anglais, The Norton Critical edition, éditée par Albert J. Rivero (2001), contient des notes et des analyses très pertinentes.

CANDIDE

Tout le monde, ou presque, a étudié au lycée ce conte philosophique, écrit par Voltaire en 1759. Il existe évidemment de nombreuses éditions du célèbre texte ; une édition de poche vous rafraîchira la mémoire sur les pérégrinations de ce pauvre Candide et de son maître Pangloss.

« MODESTE PROPOSITION »

Cet essai de Jonathan Swift est désormais un classique dans les cours de littérature sur l'ironie des universités anglo-saxonnes. Comme la plupart des écrits cinglants de Swift, il pique toujours au vif aujourd'hui. En libre accès, « Modeste proposition » est disponible sur le Net dans une traduction de Léon de Wailly, Poulet-Malassis et De Broise (1859). Il existe plusieurs versions en poche de ce texte (par exemple, *Modeste Proposition et autres textes*, Gallimard, Folio, 2012). Pour une édition anglaise bon marché et pratique de ce texte et des principaux romans de Swift, *Gulliver's Travels and a Modest Proposal*, Simon & Schuster, 2005.

« L'ART DE CHOISIR SA MAÎTRESSE ET AUTRES CONSEILS INDISPENSABLES » ET « UNE LETTRE DU DR BENJAMIN FRANKLIN À L'ACADÉMIE ROYALE DE BRUXELLES »

Benjamin Franklin avait un côté grivois. En 1745, il écrivit une lettre railleuse, destinée à rester entre les mains des hommes de sa connaissance. La lettre a circulé pendant 180 ans par des voies clandestines avant d'être publiée en 1926. « La lettre du Dr Franklin à l'Académie de Bruxelles » fait partie d'un petit essai humoristique, *Bagatelles. Bagatelles et autres écrits* a été publié chez Mille et Une Nuits, en 2009. En anglais, ces deux récits se retrouvent dans *Fart Proudly : Wrintings of Benjamin Franklin You Never Read in School* (Frog, Ltd., 2003).

LE JOURNAL DE BOSWELL. AMOURS À LONDRES

L'Irlandais James Boswell, qui vécut au XVIIIe siècle, a tenu de nombreux journaux intimes dans lesquels il racontait sa vie dissolue, tout comme ses rencontres avec les principaux intellectuels de l'époque. D'occasion, vous pouvez trouver une édition de 1952 : *Les Papiers de Boswell. Amours à Londres* (1762-1763), préface d'André Maurois, texte français de Mme Blanchet. En anglais, la meilleure édition est celle de Yale Press University (2004), très riche en notes explicatives.

DÉFENSE DES DROITS DE LA FEMME

Mary Wollstonecraft, femme de lettres anglaise du XVIIIe siècle, est surtout connue pour son pamphlet contre la société patriarcale de son temps, *Défense des droits de la femme* (préface de Marie-Françoise Cachin, Payot, 2005). En anglais, la biographie très détaillée, *Mary Wollstonecraft: A Revolutionary Life* (Columbia University Press, 2002), vaut vraiment le détour.

LES LIAISONS DANGEREUSES

Les Liaisons dangereuses de Choderlos de Laclos « brûlent comme de la glace », a déclaré Charles Baudelaire. Pour lire ce grand classique, vous pouvez investir dans la Pléiade, Les Liaisons dangereuses, Bibliothèque de la Pléiade, Gallimard, 2011. Il existe évidemment de très bonnes éditions de poche (Le Livre de Poche, Folio).

COLLABORATEURS

ANDRICE ARP réalise des bandes dessinées, des peintures, des illustrations et de petits objets à Portland, dans l'Oregon. Elle a été coéditrice de la collection anthologique de la bande dessinée *Hi-Horse* qui a été publiée de 2001 à 2004, et de *Hi-Horse Omnibus* publiée en 2004, par Alternative Comics. Depuis, ses bandes dessinées et ses peintures paraissent dans *MOME*, anthologie trimestrielle de Fantagraphics, entre autres. Ses peintures ont par ailleurs été exposées de façon collective dans des galeries, notamment à Giant Robert, et à titre individuel à Secret Headquarters. En ce moment, elle s'est donné pour tâche d'essayer de comprendre toute chose.

IAN "ALBINAL" BALL produit des animations professionnelles, des illustrations et des choses interactives géniales pour les gens qui veulent faire passer leur message avec brio. Il a obtenu des récompenses pour son travail sur le Web, remporté des prix dans des compétitions prestigieuses, et ses images sont publiées sous forme d'albums. Outre son travail, ses enfants (pas au sens littéral) et ses projets personnels l'occupent suffisamment, mais il s'efforce aussi de courir régulièrement pour « brûler un peu de blanc de baleine ».

COLEMAN BARKS est né et a grandi à Chattanooga, dans le Tennessee, puis a étudié à l'université de Caroline du Nord et de Berkeley. Il enseigne la poésie et la création littéraire à l'université de Géorgie depuis trente ans. Il est l'auteur de nombreuses traductions de Rûmî et pratique le soufisme depuis 1977. Son travail sur Rûmî a fait l'objet d'un film d'une heure dans le cadre de la série Language of Life de Bill Moyers, sur PBS. Il participe également au site dédié à la poésie de Bill Moyers *Fooling with Words*, en tant que poète et traducteur. Coleman est père de deux grands enfants et quatre fois grand-père. Il habite à Athens, en Géorgie.

ROBERT BERRY a laissé derrière lui une carrière de peintre avec chevalet à Detroit, il y a dix ans, pour emménager à Philadelphie afin de réaliser des bandes dessinées et d'écrire des histoires. Avec son partenaire de production, Josh Levitas, il est le dessinateur de *Ulysses « Seen »* , adaptation en bande dessinée interactive du grand roman de Joyce. Le travail réalisé ici est bien sûr dédié à sa mère qui lui a appris tout ce qu'il sait sur Shakespeare, sur la poésie et lui a transmis l'énergie intransigeante nécessaire à l'exercice d'un métier artistique.

TOM BIBY a grandi dans le Montana et a fréquenté l'école des beaux-arts de Missoula. Il vit actuellement à San Francisco où il réalise du travail sur bois et de la menuiserie, tout comme il conçoit des romans graphiques et des livres illustrés, en tant qu'un des deux membres des Two Fine Chaps. On peut voir leurs travaux sur twofinechaps.com.

ALESSANDRO BONACCORSI est un illustrateur et un graphiste de Toscane. Il a travaillé dans différents domaines comme l'édition, le design, la publication, la culture et diverses entreprises pendant de nombreuses années. Il s'est illustré par un style surréaliste en peinture, en lettrage à la main et dans le numérique. Laissant le réalisme aux autres, il préfère l'inimaginable, l'absurde, le rêvé, l'inattendu, l'inhabituel, l'étrange, l'exaltant. Vous pouvez consulter son portfolio sur zuppassion.com ou bonaccorsiart.com.

LISA BROWN est une illustratrice, auteure et dessinatrice à succès du *New York Times*. Elle habite à San Francisco. Vous pouvez la retrouver sur americanchickens.com.

LIZ BYER est une rédactrice et auteure free-lance habitant dans le quartier de Brooklyn, à New York. Elle a collaboré à une douzaine de journaux, petits et grands. Ses articles sont publiés dans le magazine *Get Ahead*, le journal de mode *Worn*, et bon nombre de ses publications sont diffusées en ligne.

SHAWN CHENG est un artiste et dessinateur établi à New York. Il a conçu des bandes dessinées faites à la main et en édition limitée en tant que membre du collectif de la bande dessinée et des arts Partyka. Ses bandes dessinées ont été publiées dans SPX *Anthology* et *Best American Comics*. Ses peintures et ses gravures ont été exposées à la galerie Fredericks & Freiser à New York et dans les galeries Giant Robot de Los Angeles et de San Francisco. Shawn est né à Taïwan et a grandi à Long Island. Il a étudié la peinture et la gravure à l'université de Yale. Il habite actuellement à Astoria, dans le Queens, avec sa femme et ses deux filles.

SEYMOUR CHWAST, dont le travail a été récompensé par plusieurs prix, a influencé deux générations de créateurs et d'illustrateurs. Il a cofondé Push Pin Studios, qui a rapidement acquis une réputation internationale pour ses créations et ses illustrations novatrices. Le langage plastique de Push Pin (qui se réfère à la culture et à la littérature) est né de sa passion pour les mouvements de design historiques et a révolutionné la vision que les gens avaient du design. Il a reçu la médaille AIGA, a été accueilli par l'Art Directors Hall of Fame, et est professeur honoraire aux beaux-arts de la Parsons School of Design. Le Museum of Modern Art, le Metropolitain Museum of Art et d'autres musées importants du monde entier ont acheté ses œuvres. Les créations de Chwast ont été beaucoup exposées et il a lui-même tenu de nombreuses conférences.

MOLLY CRABAPPLE est dessinatrice, créatrice de bandes dessinées et fondatrice de la Dr Sketchy's Anti-Art School, qui consiste en des manifestations consacrées aux dessins alternatifs. Elles ont lieu dans cent quarante villes, dans le monde entier. Elle est coauteure, avec John Leavitt, de *Puppet Makers* (DC Comics) [DC webcomics dans notice Les Liaisons dangereuses] et de *Straw House* (First Second Books).

Durant presque quatre décennies, **ROBERT CRUMB** a choqué, diverti, titillé, et défié l'imagination (et les inhibitions) des amateurs de bandes dessinées partout dans le monde. De fait, la BD alternative telle que nous la connaissons aujourd'hui aurait pu ne jamais voir le jour sans l'influence de Robert Crumb – le « père » reconnu de la bande dessinée underground peut aussi être appelé le « grand-père » de la BD alternative. Mr Natural, Angelfood McSpade, Flakey Foont et plus spécialement la version hédoniste anthropomorphique de l'animal d'enfance de Crumb, Fritz (le chat), sont devenus des icônes cultes. Ses dessins d'ébats amoureux voluptueux et sous acide des années 1960 sont accompagnés en contraste de dialogues sombres et introspectifs ainsi que d'accusations cinglantes portées contre la culture américaine. En 2009, il a publié une adaptation complète de la Genèse – ce qui lui a valu d'être acclamé dans le monde entier.

REBECCA DART est artiste et animatrice, et vit à Vancouver, en Colombie-Britannique. Elle cohabite avec son mari, l'artiste Robin Bougie, et un gros chat asthmatique. Suivez ses aventures artistiques sur lickr.com/people/rebeccadart.

KENT H. DIXON a publié des travaux dans tous les genres, avec une prédominance pour la fiction. Il a remporté des récompenses et des prix pour ses œuvres de fiction et de non-fiction, a été nommé au Pushcart, et a été finaliste ou demi-finaliste à de nombreuses compétitions (Sarabande, Iowa Short Fiction, Midwest Quartely). Il a effectué des traductions de Baudelaire, de Mallarmé, de Rilke et de Sappho en ligne. Pour interpréter L'Épopée de Gilgamesh, il a pris des cours par courrier électronique à l'institut oriental de l'université de Chicago. Il enseigne la création littéraire et la littérature à l'université de Wittenberg, à Springfield, dans l'Ohio, où avec sa femme Mimi il a élevé quatre merveilleux garçons, dont l'un a illustré l'épisode du Taureau du ciel de Gilgamesh, dans cette anthologie.

Utilisant l'interprétation très documentée du texte effectué par son père Kent Dixon, **KEVIN DIXON** a transposé la plus vieille épopée du monde du cunéiforme au comix. Kevin a aussi réalisé la série autobiographique *... And Then There Was Rock*, des histoires vraies sur le fait de jouer de la musique dans un groupe de loosers. Avec son collaborateur Eric Knisley, il a produit *Tales of the Sinister Harvey, Mickey Death and the Winds of Impotence*, ainsi que *Flavor Contra Comix and Stories* qui a remporté un Xeric. Son dernier projet non lié à Gilgamesh est *Mkele Mbembe*, qui n'a rien à voir avec le dinosaure kényan légendaire des temps modernes. Vous pouvez prendre contact avec lui à l'adresse suivante : ultrakevin@hotmail.com.

ALICE DUKE est une illustratrice et une artiste de l'art séquentiel résidant au Royaume-Uni. Ses bandes dessinées ont paru dans des anthologies publiées par Self Made Hero (*Lovecraft Anthology Vol. 1 et Nevermore*) ainsi que par Blank Slate (*Nelson*). Elle a illustré des couvertures d'albums, des magazines, des jeux vidéo, et réalisé des tatouages à mettre sur la peau. Vous trouverez des informations supplémentaires à son sujet à l'adresse suivante : alice-duke.com.

L'illustrateur **RYAN DUNLAVEY** est surtout connu comme le cocréateur (avec Fred Van Lente) de la bande dessinée *Action Philosophers !* qui a remporté l'American Library Award. C'est aussi l'auteur d'autres bandes dessinées comme MODOK pour Marvel Comics, *Tommy Atomic* pour le magazine *Royal Flush et Comic Book Comics* (en collaboration avec Van Lente), publié par lui-même, première histoire en BD de l'industrie de la bande dessinée américaine. Ses bandes dessinées et ses illustrations sont publiées dans *MAD, Wizard, Toy-Fare, la Princeton Review, Time Out et Disney Adventures*. Il vit à New York avec sa femme et son fils.

ALEX ECKMAN-LAWN est illustrateur. Il a obtenu son diplôme de l'University of the Arts en 2007. Il adore les univers sanguinolents. Il exprime son talent dans des bandes dessinées, des jeux de rôle, des couvertures de CD ou de livres, et dans des films. Il a aussi collaboré avec différents groupes musicaux et exposé dans des galeries à titre personnel.

Des pistes de danse d'été dans le sud de l'Oklahoma aux refuges sauvages du Nord-Est enneigé en passant par des histoires de parcours ancestraux et des récits de luttes présentes, **DAYTON EDMONDS,** véritable Amérindien de la nation Caddo, a élaboré un style de vie et une approche artistique qui se distingue par leur beauté et leur diversité. Dayton fut missionnaire de l'Eglise méthodiste unie dont il est aujourd'hui retraité. Pendant vingt-cinq ans, il a été un « community developer » (promoteur de communauté) professionnel dans l'Oregon du Sud et à North Central Washington. Il a travaillé de façon œcuménique dans toute la nation avec des congrégations confessionnelles, des institutions éducatives, des partis, des groupes communautaires, des bibliothèques et autres, utilisant des histoires, des marionnettes, des pitreries, l'imagerie positive et bien d'autres talents pour stimuler la sensibilité et la prise de conscience. Les formes d'expression artistique de Dayton – le dessin, la peinture, la sculpture, la gravure – se mélangent à son talent de conteur et l'aident à tisser des images qui poussent l'esprit à la réflexion. Vous en apprendrez plus en vous rendant sur daytonedmonds.net.

WILL EISNER est né William Erwin Eisner le 6 mars 1917, dans le quartier de Brooklyn, à New York. Au moment de sa mort, le 3 janvier 2003, des suites d'une opération à cœur ouvert, Eisner a été salué dans le monde entier comme l'un des géants de l'art séquentiel, terme qu'il a inventé. Dans sa carrière qui s'étend sur presque soixante-dix ans – des débuts de la bande dessinée à l'arrivée de la BD numérique –, il a réellement été l'« Orson Welles du neuvième art » et le « père du roman graphique ». Il a ouvert un nouveau champ dans le développement de la narration visuelle et du langage de la BD. Il fut le créateur de The Spirit, John Law, Lady Luck, Mr Mystic, Oncle Sam, Blackhawk, Sheena et de nombreux autres personnages. L'un des prix les plus prestigieux de l'industrie de la BD, le Eisner Award, porte son nom. Reconnus comme les Oscar du neuvième art américain, les Eisner sont présentés chaque année dans une salle de bal comble, lors de Comic-Con International à San Diego. C'est l'une des plus grandes manifestations dédiées à la bande dessinée aux États-Unis.

HUNT EMERSON réalise des dessins humoristiques et des bandes dessinées depuis le début des années 1970. Il a publié une trentaine de livres et d'albums de BD, la plupart chez Knockabout Comics (Londres), parmi lesquels on compte *Lady Chatterley's Lover, The Rime of the Ancient Mariner et Casanova's Last Stand*. Ses personnages comprennent Firkin the Cat (une BD en forme de satire sexuelle qui est publiée dans le magazine Fiesta au Royaume-Uni depuis 1981), Calculus Cat (le chat qui déteste la télévision), PussPuss (encore un autre chat), Max Zillion et Alto Ego (un musicien de jazz et son saxophone), Alan Rabbit et beaucoup d'autres encore. Ses bandes dessinées ont été traduites en dix langues, il a reçu de nombreux prix pour son travail. En 2000, il a été sélectionné pour faire partie de l'exposition « Les maîtres de la bande dessinée européenne » organisée par la Bibliothèque nationale de France et le CNBDI d'Angoulême. Vous pouvez voir et acheter son travail sur son site, largecow.com.

EDIE FAKE est né à « Chicagoland » en 1980 et a depuis partagé son temps entre Providence, New York, Los Angeles, San Francisco et Baltimore. Il fut l'un des premiers à recevoir le Printed Matter's Awards for Artists. Ses dessins ont été publiés dans *Hot and Cold, Creative Time Comics et LTTR*. Son premier roman graphique, *Gaylord Phoenix*, a été publié par Secret Acres en 2010. Il habite actuellement à Chicago et travaille pour Quimby's Book.

MICAH FARRITOR est un illustrateur qui a réalisé deux romans graphiques : *The Living and the Dead* de Todd Livingston et Robert Tinnell, et Night Trippers de Mark Ricketts. On peut trouver d'autres travaux de Farritor dans *Read Magazine*, dans *Weekly Reader/Reader's Digest*, dans la série *White Picket Fences* d'Ape Entertainment, dans *Trickster: Native American Tales*, dans *Science Fiction Classics*, qui contient son adaptation de *la Guerre des mondes*, ainsi que dans *Christmas Classics* où il présente une version d'Un Chant de Noël.

JONATHAN FETTER-VORM a étudié l'histoire et l'art à l'université de Stanford. Après avoir obtenu son diplôme, il a été apprenti comme imprimeur de texte et relieur à la main. Avec son ami d'enfance Tom Biby, il a lancé la marque Two Fine Chaps (Deux chics types), dédiée à la publication de livres illustrés à la main. Jonathan écrit et illustre actuellement une histoire graphique du *Manhattan Project*, qui sera publiée par Hill & Wang en 2012. Il habite dans le quartier de Brooklyn, à New York.

BENJAMIN FRISCH est un dessinateur de bandes dessinées, également journaliste et caricaturiste. Il habite à Williamsburg, en Virginie. Il a publié diverses œuvres parmi lesquelles le roman graphique sous forme de série *Ayn Rand's Adventures in Wonderland*, publié sur Wonkette, le site satirique politique primé, et une BD éphémère mais adorablement travestie appelée *Maurice Antoinette*. Son histoire « At the Concert Hall, a Symphony for Space Invaders » a été adaptée pour la National Public Radio dans le cadre de l'émission *Weekend Edition Sunday*. En 2011, Benjamin a obtenu le meilleur diplôme des beaux-arts de sa classe en art séquentiel, au Savannah College of Art and Design. Il habite actuellement à Austin, au Texas, où il travaille sur un roman graphique ayant pour sujet une famille de bande dessinée et où il mange chaque jour des tacos.

RICK GEARY a été dessinateur de BD et illustrateur free-lance pendant une quarantaine d'années. Ses illustrations et ses histoires graphiques ont été publiées dans *National Lampoon*, *MAD*, *le New York Times*, *Heavy Metal*, *Disney Adventures* et bien d'autres journaux encore. Il a écrit et illustré cinq livres pour enfants. Parmi ses romans graphiques, on trouve les biographies de *J. Edgar Hoover et Trotsky*, tout comme neuf volumes de la série *A Treasury of Victorian Murder* et quatre volumes de la série *A Treasury of 20th Century Murder*, dont le dernier est *The Lives of Sacco & Vanzetti*. En 2007, après trente ans passés à San Diego, Rick et sa femme, Deborah, se sont installés à Carrizozo, au Nouveau-Mexique. Pour en savoir plus sur son travail, allez sur le site rickgeary.com.

SANYA GLISIC est illustratrice et graveuse à Chicago, dans l'Illinois. Elle est originaire de Bosnie. Durant sa résidence d'artiste en 2010 à Spudnik Press, à Chicago, elle a illustré, sérigraphié et relié à la main une édition de livres ayant pour thème *Der Struwwelpeter* (ou *Pierre l'Ébouriffé*), conte du XIXe siècle d'Heinrich Hoffmann. Elle a collaboré à plusieurs publications, notamment Lumpen Magazine et Artifice, [*Artifice Magazine* dans notice Caroline Picard] et son travail a été présenté en couverture de Newcity Magazine et du zine *Koshka*. Elle figurera dans l'anthologie à venir *BLACK EYE N° 2*, publiée par Rotland Press. Ses gravures faisaient partie de l'exposition Blaque Lyte au Hyde Park Art Center ; elle a également exposé dans d'autres galeries de Chicago. Elle a remporté le titre d'artiste en résidence pour 2011-2012 au Chicago Printmakers Collaborative. Vous en saurez plus sur son travail en allant sur le site sanyaglisic.com.

MICHAEL GREEN a été moine artiste errant, peintre d'enseignes, paysagiste et directeur artistique à la télévision. Son talent a fini par s'enraciner dans les livres. Aujourd'hui, plus de 2 500 000 exemplaires de ses ouvrages les plus célèbres sont en réimpression, parmi lesquels *The Illuminated Prayer*, *Unicornis*, *Zen & the Art of the Macintosh* et (le plus connu) *The Illuminated Rumi*. Son style, qui mélange dessin et texte, a toujours mis l'accent, comme la physique moderne, sur l'unité mystérieuse existant sous une multiplicité apparente de réalités. Il est ironique de souligner que ce domaine transcendant soulève une ferveur - la religiosité - qui divise souvent la famille humaine. C'est aussi une réalité qui menace actuellement la planète entière. Si les hommes politiques ne parviennent pas à trouver un terrain d'entente, peut-être que l'art pourra ouvrir les cœurs et les esprits. Tel est l'espoir qui nourrit son travail.

ISABEL GREENBERG est illustratrice et conteuse. Elle a obtenu son diplôme d'illustratrice en 2010 à l'université de Brighton, et depuis vit et travaille à Londres. Elle a notamment travaillé avec une société de conception d'expositions sur un certain nombre de projets pour divers clients, dont le National Trust. Une de ses bandes dessinées a été publiée dans l'anthologie *Nobrow A Graphic Cosmogony*.

ROBERTA GREGORY crée des bandes dessinées uniques depuis les années 1970. Elle a fait des incursions dans l'underground avec *Wimmen's Comix* et son propre titre *Dynamite Damsels*. Dans les années 1990, elle s'est illustrée avec quarante numéros (et beaucoup de collections) de son unique titre chez Fantagraphics : *Naughty Bits*. Son personnage célèbre de Bitchy Bitch a fait l'objet d'une bande dessinée hebdomadaire, traduite dans de nombreuses langues, de trois spectacles vivants et d'un dessin animé sur la télévision câblée. Roberta a également réalisé le roman graphique *Winging It, Sheila and the*

Unicorn et Artistic Licentiousness, pour ne citer qu'eux. Son dernier ouvrage paru est un recueil de ses travel comics, *Follow Your Art*, et elle travaille actuellement sur un roman graphique « Bitchy », *True Cat Toons*, ainsi que sur Mother Mountain, une série de quatre romans en prose (accompagnée d'un roman graphique). Sans compter l'adaptation du *Popol-Vuh*. Elle est très occupée, mais son site est facilement accessible : robertagregory.com.

GARETH HINDS est spécialisé dans les adaptations graphiques de littérature classique. Ses livres comprennent le *Beowulf* (que Publishers Weekly a qualifié de « merveille de moyens d'expression mêlés »), *King Lear* (que Booklist a classé premier parmi une liste de dix romans graphiques pour adolescents), *The Merchant of Venice* (qui selon Kirkus est « le standard que tous les autres doivent s'efforcer d'atteindre ») et *l'Odyssée* (qui a reçu d'excellentes critiques et figurait dans de nombreux palmarès 2010). Ses albums sont publiés chez Candlewick Press, et on les trouve dans toutes les librairies et les salles de cours d'anglais de tout le pays. Son travail artistique a été exposé dans différents lieux comme la Society of illustrators, la New York Historical Society, et il figure dans plus d'une dizaine de jeux vidéo. Sa page Web est la suivante : garethhinds.com.

CONOR HUGHES est né à New York en 1986 et a grandi dans le New Jersey. Ses influences vont de Boroque à Mazzucchelli en passant par Jack Kirby, et son travail s'étend de la mythologie au quotidien, avec quelques exemples entre les deux. Il a étudié à la School of Visual Arts et travaille actuellement aux Nations unies. Il est en train de créer un webcomic, mais il est ouvert à tout nouveau défi. Vous pouvez prendre contact avec lui à l'adresse suivante : conorthecartoonist@gmail.com, si vous voulez discuter art et bandes dessinées.

Programmeur le jour et artiste la nuit, **ERIC JOHNSON** ne mélange pas ces deux domaines puisqu'il emploie des matériaux traditionnels à base d'eau pour dessiner. Doté d'une imagination invitant résolument à l'évasion et passionné de science-fiction, il s'efforce de prêter du merveilleux et de la fantaisie à son œuvre en travaillant le détail et le réalisme.

MAXX KELLY est une performeuse canadienne, également auteure de romans graphiques et passionnée par les graffitis de Nashville, dans le Tennessee. On peut la croiser fréquemment à des manifestations liées à la BD, déguisée en la cultissime Thong Girl. Maxx est membre fondateur du collectif artistique E Flat Dillingers (eflatdillingers.com) et s'efforce chaque année de laisser sa marque artistique au festival de Bonnaroo. Elle travaille actuellement avec son amie et collaboratrice artistique Huxley King sur une aventure historique située à Nashville, en 1890. Elle est joignable via son site Web maxxkelly.wordpress.com.

MOLLY KIELY est dessinatrice, illustratrice et cartooniste underground. Canadienne exilée à Tucson, en Arizona, c'est aussi une mère au foyer qui s'emporte pour un rien. Elle dessine des comix érotiques depuis 1991 (notamment les séries *Diary of a Dominatrix* et *Saucy Little Tart*, et les romans graphiques *That Kind of Girl et Tecopa Jane*). Pour en savoir plus, rendez-vous sur mollykiely.com ou mollykiely.tumblr.com.

HUXLEY KING est rédactrice, auteure et artiste. Elle vit à Nashville, dans le Tennessee. Au cours de sa carrière éclectique, elle a rédigé des articles dans tous les domaines, de la Bible aux déesses indiennes de l'amour. Elle a écrit aussi bien des catalogues que des critiques de théâtre, et illustré des couvertures d'albums et de bandes dessinées qui traitaient du côté léger de l'abus de substance toxique. Mlle King s'essaie aussi à la performance avec son collectif artistique, le E Flat Dillingers (eflatdillingers.com). Elle travaille actuellement avec son mari et fréquent collaborateur Terrence Boyce, et sa partenaire en délits créatifs, Maxx Kelly, sur une aventure historique se déroulant dans les années 1890 à Nashville. Vous pouvez prendre contact avec elle via son site Web huxleyking.com.

AIDAN KOCH est illustratrice et dessinatrice de bandes dessinées. Elle travaille à Portland, dans l'Oregon. Elle a publié son premier roman graphique, *The Whale*, en 2010. Pour en savoir plus, rendez-vous sur son site aidankoch.com.

PETER KUPER est le cofondateur du magazine graphique politique *World War 3 Illustrated*. Depuis 1997, il écrit et dessine *Spy vs. Spy* pour le magazine *MAD*. Kuper a produit plus de vingt livres, notamment *The System*, et une adaptation de *la Métamorphose* de Franz Kafka. Il a vécu à Oaxaca, au Mexique, de juillet 2006 à juillet 2008, et a alors été témoin d'une grève violente des enseignants. Son travail de cette époque se retrouve dans son album

Journal d'Oaxaca. Kuper a enseigné la bande dessinée pendant vingt-cinq ans à New York et il est professeur associé à l'université d'Harvard.

MICHAEL LAGOCKI est le fondateur du groupe activiste artistique ArtLoveMagic, au sein duquel il travaille avec des centaines d'artistes, de poètes et de musiciens au bénéfice de sa communauté. Il gagne sa vie en faisant du spectacle vivant dans des entreprises et en collaboration avec des auteurs et des animateurs connus. Mais son premier amour, c'est la bande dessinée. On lui a proposé d'adapter *l'Énéide* moins de vingt-quatre heures après qu'il était revenu de Rome, et il n'a pu ignorer cette coïncidence. Beaucoup de photos et souvenirs personnels liés à ce voyage ont influencé son travail ; il les a utilisés comme références pour cette adaptation.

JOSH LEVITAS a signé avec Robert Berry *Ulysses « Seen »*, une adaptation en bande dessinée commentée de *l'Ulysse* de James Joyce, se chargeant de la conception graphique, de la conception Web, de la production artistique et du lettrage à la main. Il s'est aussi occupé de la conception graphique et de l'interface d'autres applications iPad publiées par Throwaway Horse : *The Waste Land « Seen »* de Martin Rowson et *Age of Bronze « Seen »* d'Eric Shanower. Dans cet ouvrage, il joue le rôle du coloriste pour l'adaptation graphique unique du Sonnet 18 de Shakespeare, réalisée par Robert Berry.

Née à Long Island, l'illustratrice **ELLEN LINDNER** vit maintenant à Londres. Elle est l'auteure de *Undertow*, roman graphique sur Coney Island qui se déroule au début des années 1960, et la rédactrice en chef de *The Strumpet*, magazine de bande dessinée transatlantique qui présente les femmes cartoonistes montantes. Vous en apprendrez davantage sur les bandes dessinées et les illustrations d'Ellen en vous rendant sur littlewhitebird.com, et vous pourrez avoir un aperçu de ses carnets de croquis sur ellenlindner.livejournal.com.

TORI MCKENNA a adapté pour la première fois *Médée* d'Euripide lors d'un travail de fin d'études pour un cours sur la tragédie grecque, à l'université de Beloit d'où elle a été diplômée en 2006, à la fois en civilisations classiques et en écologie, évolution et biologie comportementale. Elle a ensuite choisi de s'adonner à sa passion artistique et a poursuivi ses études tant au Massachusetts College of Art and Design qu'au Center for Digital Imaging Arts à l'université de Boston. Elle est rompue à une grande variété de formes d'art, aussi bien numériques que traditionnelles : de la modélisation et de l'animation 3D aux costumes et à la création d'accessoires en passant par l'illustration et l'art séquentiel. Sa passion pour la biologie et les classiques se retrouve dans toutes ses créations artistiques. Elle revient maintenant à son véritable amour, l'art séquentiel, avec cette version revue de *Médée*, spécialement pour notre ouvrage. Pour en savoir plus, rendez-vous sur Torimckenna.com.

DAVE MORICE est écrivain, plasticien, performeur et éducateur. Il a écrit et publié sous les noms de Dave Morice, Joyce Hollande et Dr Alphabet. Son œuvre comprend notamment soixante marathons de poésie, trois anthologies de *Poetry Comics*, le Wooden Nickle Art Project, ainsi que *The Great American Fortune Cookie Novel*, composé uniquement des horoscopes et des devises que l'on trouve dans les beignets chinois aux États-Unis (Fortune Cookie). Il est aussi l'un des fondateurs d'Actualist Poetry Movement.

Il y avait une fille qui s'appelait **VICKI NERINO** et qui avait grandi dans le nord-ouest de l'Ontario parmi les pies et les vaches, les traces d'élans et les bois remplis d'ours. Chez elle, d'explosives disputes l'opposaient à son père tandis que sa mère les évitait. Vicki crée aujourd'hui des bandes dessinées curieuses sur des animaux s'accouplant, des idiots flasques ainsi que des petits amis difficiles, bref des sujets comme ça. Elle dessine et peint aussi de vieilles personnes, des nus, et ce genre de choses. Vous ne devriez sans doute pas visiter son site : vickinerino.com.

OMAHA PEREZ est l'auteur et le dessinateur des romans graphiques *Holmes* (2008) et *Bodhisattva* (2004). Il a contribué aux anthologies *Comic Book Tattoo* (2008) et *Flash Gordon 75th Anniversary* (2009), et maintenant au Canon graphique. Son travail en tant qu'illustrateur a été salué par la Society of Illustrators New York, la Society of Illustrators Los Angeles, *Spectrum* et le magazine d'illustration annuel *3X3 Magazine*. Graphiste professionnel depuis plus de quinze ans, Omaha possède, à Los Angeles, le studio de design Drude Studios et y travaille. Son prochain projet important de bande dessinée sera *The Drude*.

JULIAN PETERS est un dessinateur de bandes dessinées et un illustrateur qui vit à Montréal. Il a passé une bonne partie de ses années formatrices en Italie à lire des BD, et les maîtres de la tradition *fumetti* continuent à être ses plus grandes sources d'inspiration artistique. Il nourrit une passion de longue date pour l'histoire, qui est pour lui une façon de fuir le réel. Ses bandes dessinées ont pour cadre toutes sortes de tranches historiques, mais ne sont jamais situées dans le présent. Ces deux dernières années, Julian a exploré différentes voies pour allier la poésie – la forme littéraire qui s'inspire le plus des images – à la bande dessinée – l'art plastique qui repose le plus sur les mots. Il a créé des adaptations graphiques de nombreux poèmes classiques des références de la littérature anglaise, française et italienne.

NOAH PATRICK PFARR est un illustrateur et artiste free-lance originaire de Portland, dans l'Oregon. Bien qu'il aime la bande dessinée, il avoue à sa grande honte en lire (ou en dessiner !) peu. Il est en revanche fondu de littérature, aussi le projet de cet ouvrage représentait-il pour lui une alliance parfaite. Il partage méticuleusement son temps entre son obsession pour son travail et ses deux filles qui, en dépit de leur air innocent, prennent beaucoup de plaisir à torturer psychologiquement leur père. Vous pouvez voir d'autres exemples du travail de Noah sur noahillustration.com.

CAROLINE PICARD est une artiste et auteure qui habite à Chicago. Elle est aussi la directrice fondatrice et la rédactrice en chef senior de Green Lantern Press. Son travail a été publié dans de nombreuses revues, et récemment dans *Artifice Magazine*, *MAKE Magazine*, *Ampersand Review*, *Pinch* et *Proximity Magazine*. Elle contribue de façon hebdomadaire au blog BadatSports, et a publié sa première collection de nouvelles, *Psycho Dream Factory*, en 2011. Pour plus d'informations, rendez-vous sur cocopicard.com.

IAN POLLOCK travaille en free-lance depuis trente-cinq ans. Il a habité à Londres pendant vingt ans, et vit maintenant en reclus à Macclesfield, près de Peack District, avec sa femme Helen Clapcott. Il travaille surtout pour des magazines et des journaux et est souvent publié dans la « presse de qualité ». On lui a passé commande pour une illustration de *l'Empire de la terreur* : il a alors créé quatre timbres-poste qui sont sortis en mai 1997. « On me déniche encore ici pour me faire travailler... », dit Pollock en jouant avec la tige de sa vieille pipe en terre. « Il y a du travail pour tout le monde, ajoute-t-il, même pour le chauffeur de taxi. » Tout à coup amer, il déclare qu'il est un grand professionnel, mais qu'il est sous-payé. Il redoute que son travail ne trahisse des symptômes de la maladie de Gilles de la Tourette.

SHARON RUDAHL est née à Arlington, en Virginie, en 1947. Adolescente, elle a défilé aux côtés de Martin Luther King. Elle a étudié l'art à la Cooper Union, à New York, et habitait East Village au moment où le quartier était à l'apogée de sa gloire. Les recettes de son roman érotique féminin *Acid Temple Ball* lui ont permis de payer ses fournitures d'art. Après l'université, elle a participé au lancement du journal underground Take Over qui prenait position contre la guerre du Vietnam. Elle a collaboré à des journaux underground à San Francisco dans les années 1970 et a commencé à créer des bandes dessinées dans le premier *Wimmen's Comix*. Parmi ses travaux les plus importants, il faut citer *A dangerous Woman: The Graphic Biography of Emma Goldman*, *Adventures of Crystal Night*, réimprimé récemment, des pans entiers de la version graphique de *Working* de Studs Terkel et de *Yiddishkeit*, en 2011, d'Harvey Pekar. Elle est mariée à un joueur professionnel d'échecs et a deux fils adultes. Elle habite dans un bungalow hollywoodien qui a cent ans et qui est tellement recouvert de feuillages qu'on ne peut pas le voir de Google Earth.

VALERIE SCHRAG est née à Berkeley, en Californie. Elle a passé une licence de littérature classique à l'université de Chicago et est également diplômée de la New York University School of Law. Outre accumuler des diplômes inutiles, Valerie Schrag passe son temps à écrire et à réaliser des bandes dessinées. La première fois qu'elle a eu envie d'adapter en BD la pièce féministe aussi délicieuse que leste d'Aristophane, *Lysistrata*, c'était quand elle l'a traduite à l'université. Elle était très exaltée à l'idée de réaliser le rêve de sa vie sept ans plus tard, pour cette anthologie. À son actif, il y a entre autres « Snitch » dans *Stuck in the Middle* (Viking Children's Books) et deux histoires en cours : « The Autistic Lover » et « The Ufologist's son ». Valerie Schrag vit dans le quartier de Brooklyn, à New York, avec un petit chat tigré orange baptisé Jewish Henry.

STAN SHAW est connu en tant que dessinateur de BD. Ce qui n'est que partiellement vrai, étant donné qu'il lui arrive aussi d'aller faire ses courses. Toutefois, il consacre le plus clair de son temps à l'illustration éditoriale, la publicité, l'animation, l'écriture de scénarios. Dans sa liste de clients figurent le *Village Voice*, *Esquire*, *Slate*, Starbucks, les

Seattle Mariners, Nintendo, Rhino Records, Microsoft, REI, BEt, DC Comics, Wizards of the Coast, Hasbro, Lucas Film licensing, *MAD* et *Washington Post Sunday Magazine*. Son travail a été publié dans *How*, *Communication Arts*, *Print* et *Covers and Jackets* de Steven Heller. On peut prendre contact avec lui via drawstanley@ harbornet.com ou drawstanley.com.

CORTNEY SKINNER est né et a grandi en Nouvelle-Angleterre, où son admiration pour Rockwell, Wyeth et d'autres illustrateurs et peintres classiques a influencé son propre travail. Se servant indifféremment de supports traditionnels ou numériques, il aime explorer des genres différents : la science-fiction, le fantastique, le polar à sensation, l'aviation militaire et les sujets historiques. Illustrateur free-lance reconnu, il est souvent sollicité pour collaborer à des magazines, des livres et des films. Au tournant du siècle dernier, il a déménagé plus au sud de la chaîne des Appalaches, dans la vallée de Shenandoah, en Virginie, où il vit maintenant avec l'auteure Elizabeth Massie, et trouve une nouvelle inspiration pour ses illustrations, ses natures mortes, ses portraits et ses peintures de paysage.

MICHAEL STANYER est diplômé en littérature anglaise et en marketing de l'université du nord de la Colombie-Britannique. Il effectue des recherches spécifiques sur la façon dont le personnage du monstre est représenté dans les jeux vidéo en ligne. Parallèlement, il travaille à temps partiel comme photographe et graphiste. Il aime voyager et se méfie de la vie en mer.

FRED VAN LENTE est l'auteur à succès du *New York Times* pour *Incredible Hercules* (avec Greg Pak) et de *Marvel Zombies 3 & 4*, ainsi que le lauréat de l'American Library Association Award pour *Action Philosophers !* Son roman graphique original *Cow-boys & Aliens* (écrit par Andrew Foley) a été adapté pour le grand écran sous la direction de Jon Favreau, avec l'acteur Daniel Craig. Parmi ses autres BD, figurent *Comic Book Comics*, *MODOK's 11*, *X-Men Noir* et *Amazing Spider-Man*. Le magazine *Wizard* l'a nominé pour le Breakout Talent 2008 (écrivain). Comics Should Be Good a déclaré que Fred était l'une des 365 bonnes raisons d'aimer la BD. Il est considéré comme une des « nouvelles voix les plus singulières et perspicaces dans la BD ».

J. T. WALDMAN est illustrateur de comix et designer interactif. Il vit à Philly. Il est surtout connu pour son roman graphique *Megillat Esther*. Pour en savoir plus, rendez-vous sur le site jtwaldman.com.

MATT WIEGLE vit à Philadelphie et passe son temps à dessiner. Il a créé des mini-BD comme *Is It Bacon ?*, *Ayaje's Wives* et *Seven More Days of Not Getting Eaten*, et a remporté le prix Ignatz 2010 du « nouveau talent prometteur ». Il est cocréateur du webcomic Destructor écrit par Sean T. Collins. Quand il a une date butoir pour remettre un travail, il est capable de dessiner même s'il y a un ouragan. Pour en savoir plus, rendez-vous sur destructorcomics.com, wiegle.com et partykausa.com.

YIEN YIP est illustratrice et sérigraphe free-lance. Elle est née et a grandi dans l'Alberta, au Canada. Elle dessine et peint depuis qu'elle est enfant. Toutefois, comme toutes les personnes de sa famille, elle a décidé d'être « réaliste » et de faire de la comptabilité. Après cinq ans passés dans cette branche et une crise de quart de vie, elle a plié bagages et a obtenu un diplôme en illustration au Sheridan College. Passionnée de dessin, de sérigraphie, d'animations et de pâtes, elle fait peu à peu son chemin dans le monde de l'illustration.

YEJI YUN est une illustratrice qui est née et a grandi à Séoul. Elle y a étudié le graphisme et l'illustration, puis a poursuivi ses études à Baltimore et à Londres où elle réside et travaille. Elle a créé des illustrations dans de nombreux et divers domaines : pour des magazines, des livres, des logos, des affiches, des tee-shirts et des publicités. Elle réalise aussi ses propres fanzines et expose des projets personnels. Yeji est influencée par la poésie et la nostalgie et aime tirer son inspiration de ses propres émotions et de son imagination. Sa couleur préférée est le turquoise. Pour en savoir plus, rendez-vous sur seeouterspace.com.

CRÉDITS ET AUTORISATIONS

« À sa timide maîtresse » d'Andrew Marvell a été spécialement créé pour cet ouvrage. Copyright © 2012 d'Yien Yip. Imprimé avec l'autorisation de l'artiste.

« Amour du roi David et de la belle Bethsabée » de George Peele a été initialement publié dans le zine *Poetry Comics* de Dave Morice. Copyright © 1982 de Dave Morice. Réimprimé avec l'autorisation de l'artiste.

Analectes et autres écrits de Confucius ont été publiés pour la première fois dans la série BD *Action Philosophers !* de Fred Van Lente et Ryan Dunlavey. Copyright © 2006 de Fred Van Lente et Ryan Dunlavey. Imprimé avec l'autorisation des artistes.

L'Apocalypse du Nouveau Testament a été spécialement créée pour cet ouvrage. Copyright © 2012 de Rick Geary. Imprimé avec l'autorisation de l'artiste.

« L'art de choisir sa maîtresse et autres conseils indispensables » de Benjamin Franklin a été spécialement créé pour cet ouvrage. Copyright © 2012 de Cortney Skinner. Imprimé avec l'autorisation de l'artiste.

Au bord de l'eau de Shi Nai-an a paru pour la première fois dans cet ouvrage. Copyright © 2012 de Shawn Cheng. Imprimé avec l'autorisation de l'artiste.

Le Banquet de Platon a paru pour la première fois dans cet ouvrage. Copyright © 2012 de Yeji Yun. Imprimé avec l'autorisation de l'artiste.

Beowulf a été initialement publié par son auteur, Gareth Hinds, puis les trois volumes ont paru chez Candlewick Press. Un condensé du tome 1 a été créé par G. Hinds spécialement pour notre ouvrage. Copyright © 2007 de Gareth Hinds. Reproduit avec l'autorisation de Walker Books Limited, Londres, Royaume-Uni, pour la version française.

Candide de Voltaire a été spécialement créé pour cet ouvrage. Copyright © 2012 d'Ian Ball. Imprimé avec l'autorisation de l'artiste.

Les Contes de Canterbury de Geoffrey Chaucer ont été initialement publiés dans *The Canderbury Tales* de Seymour Chwast (Bloomsbury USA, 2011). Copyright © 2011 de Seymour Chwast. Réimprimé avec l'autorisation de l'artiste.

« Coyote et les galets » a paru initialement dans *Trickster : Native American Tales : A Graphic Collection*, dirigé par Michael Dembicki (Fulcrum Publishing, 2010). Copyright © 2010 de Dayton Edmonds et Micah Farritor. Réimprimé avec l'autorisation de l'éditeur et des artistes.

Tao Te King (*Le Livre de la voie et de la vertu*) de Lao Tseu a paru pour la première fois dans la série de BD *Action Philosophers !* de Fred Van Lente et Ryan Dunlavey. Copyright © 2006 de Fred Van Lente et Ryan Dunlavey. Réimprimé avec l'autorisation des artistes.

De rerum natura (*De la nature des choses*) de Lucrèce a été publié à l'origine sous le titre *The Ancient Ploughman* dans un tirage limité de 200 exemplaires par Two Fine Chaps. Copyright © 2007 de Tom Biby et Jonathan Fetter-Vorm (alias Two Fine Chaps). Réimprimé avec l'autorisation des artistes.

Défense des droits de la femme de Mary Wollstonecraft a paru pour la première fois dans la série de BD *Action Philosophers !* de Fred Van Lente et Ryan Dunlavey. Copyright © 2007 de Fred Van Lente et Ryan Dunlavey. Réimprimé avec l'autorisation des artistes.

« Dernière ballade » de François Villon a été publié pour la première fois en français sur le site de Julian Peters. Imprimé avec l'autorisation de l'artiste.

Le Dit de Genji de Murasaki Shikibu a été spécialement créé pour cet ouvrage. Copyright © 2012 de Molly Kiely. Imprimé avec l'autorisation de l'artiste.

La Divine Comédie de Dante Alighieri a été initialement publiée sous forme d'épisode dans *Dante's Divine Comedy* de Seymour Chwast (Bloomsbury USA, 2010). Copyright © 2010 de Seymour Chwast. Réimprimé avec l'autorisation de l'éditeur.

Don Quichotte de Miguel de Cervantes a été initialement publié dans *The Last Knight* de Will Eisner (NBM, 2003). Copyright © 2003 de Will Eisner. Réimprimé avec l'autorisation de l'artiste.

L'Énéide de Virgile a été spécialement créée pour cet ouvrage. Copyright © 2012 de Michael Lagocki. Imprimé avec l'autorisation de l'artiste.

L'Enfer de Dante Alighieri fait partie d'un travail en cours qui sera publié chez Knockabout Comics (Londres). Il paraît pour la première fois ici. Copyright © 2012 d'Hunt Emerson. Imprimé avec l'autorisation de l'artiste.

L'Épopée de Gilgamesh a été initialement publiée en octobre 2005 dans la parution #3 de la série BD *Gilgamesh* de Kevin et Kent Dixon. [pas de © ?] Réimprimé avec l'autorisation des artistes.

« La femme aux deux vagins » *des Mille et Une Nuits* a été spécialement créée pour cet ouvrage. Copyright © 2012 de Vicki Nerino. Imprimé avec l'autorisation de l'artiste.

Hagoromo (*La Légende de la cape céleste*) a été spécialement créé pour cet ouvrage. Copyright © 2012 d'Isabel Greenberg. Imprimé avec l'autorisation de l'artiste.

L'Iliade d'Homère a été spécialement créée pour cet ouvrage. Copyright © 2012 d'Alice Duke. Imprimé avec l'autorisation de l'artiste.

« Une lettre du Dr Benjamin Franklin à l'Académie royale de Bruxelles » (alias « Péter fièrement »), extraite d'un texte de Benjamin Franklin, a été spécialement créée pour cet ouvrage. Copyright © 2012 de Stan Shaw. Imprimé avec l'autorisation de l'artiste.

Les Lettres d'Abélard et d'Héloïse ont été spécialement créées pour cet ouvrage. Copyright © 2012 d'Ellen Lindner. Imprimé avec l'autorisation de l'artiste.

Les Liaisons dangereuses de Choderlos de Laclos ont été spécialement créées pour cet ouvrage. Copyright © 2012 de Molly Crabapple. Imprimé avec l'autorisation de l'artiste.

Le Livre de Daniel (« The Three Youths and the Fiery Furnace ») de la Bible hébraïque a été publié sur le site Web de l'artiste en 2009. Copyright © 2009 de Benjamin Frisch. Réimprimé avec l'autorisation de l'artiste.

INDEX DU VOLUME 1

TITRES

AUTEURS/POÈTES

DESSINATEURS ET AUTEURS DES ADAPTATIONS

PAYS/RÉGIONS D'ORIGINE

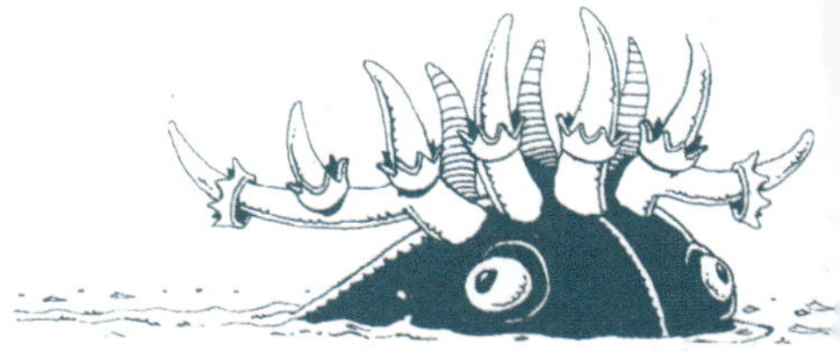

Photo de Ross Smith

RUSS KICK est l'auteur des anthologies à succès *Your Are Being Lied To* et *Everything You Know Is Wrong* qui ont été vendues à plus d'un demi-million d'exemplaires. Pour le *New York Times*, Kick est un "archéologue de l'information", le magazine *Details* le décrit comme un "homme de la Renaissance" et *Utne Reader* l'a élu au titre de "l'un des 50 visionnaires qui font changer le monde". Russ Kick vit à Nashville, dans le Tennessee, et à Tucson, en Arizona.